新版
現代ブラジル事典
Enciclopédia do Brasil Contemporâneo

ブラジル日本商工会議所 編

『新版 現代ブラジル事典』編集委員会
阿部博友　子安昭子　近田亮平　桜井敏浩　佐藤美由紀
二宮康史　浜口伸明　丸山浩明　山崎圭一

新評論

発刊の辞

ブラジルは日本から最も遠い国の一つですが、ビジネス、文化、スポーツなどを通じた両国間の交流は近年ますます盛んになっています。2008年には日本人ブラジル移住100周年、15年には日本ブラジル修好通商航海条約調印120周年を迎え、両国で盛大なイベントが催されるなど、長きにわたる良好な交流関係を再認識する機会が続いています。

また、2014年にサッカーFIFA ワールドカップがブラジルで開催されたのに続いて、16年夏にはリオデジャネイロでオリンピック・パラリンピックが開催される予定であり、日本人がブラジルを訪れる機会もいっそう増えると予想されます。ブラジルに進出する日本企業の数も、近年増加傾向にあります。

両国関係の最大の特徴は「人流」、すなわち人的交流の歴史的厚みにあります。これまで約25万人の日本人がブラジルに移住し、その子孫が根づいたことで当地は世界最大の日系人社会を擁するに至っています。そして1990年代以降は、日本に就労目的で多数の日系ブラジル人が来日するという逆流現象も起き、両国は相互に「きわめて多くの自国民とその子孫が住む国同士」の関係にあります。日系ブラジル人を介して、ブラジル社会には広く親日・知日の情が浸透し、日本ではブラジルおよび多文化共生への関心が高まりました。ブラジルをよりよく知ることは、日本人と日本社会の国際化について考えるきっかけともなるでしょう。

本書は、このような背景のもと、昨今ますますブラジルへの関心が高まっている状況に応えるべく、サンパウロを拠点とするブラジル日本商工会議所が『現代ブラジル事典』（2005年刊）の追補・最新版として企画・編集したものです。全体の構成と収載項目は、編者から委嘱された9名からなる編集委員会が決定し、各項目の執筆には2015年10月時点の状況に基づいて、人文・社会科学分野の第一線の研究者、両国の様々な事業に携わる経験豊富な官民の実務家ら総勢50名があたりました。

近年、ブラジルは経済安定化だけでなく、政治の民主化、所得分配の改善、国際的地位の向上、開発と環境保全の両立などにおいて着実に進歩を遂げています。本書ではそうした最新状況を捉えるため、ダイナミックに変化する日本・ブラジル関係（第1章）、政治・外交（第2章）、経済（第3章）、産業・ビジネス（第4章）、社会（第5章）、環境と持続可能な開発（第6章）、法制度（第7章）の各テーマごとに、2000年以降の動向を中心に記述しました。本書で割愛した自然・地理、文化、歴史などの事項については、引き続き旧版を参照していただければ幸いです。

本書の刊行にあたってご協力をいただいた執筆者の皆様、原稿整理を手伝って下さった神戸大学大学院生の佐藤祐子さんに感謝します。ブラジル日本商工会議所の村田俊典会頭、平田藤義事務局長、および会員各位には、多大なご支援を受けましたことに改めて御礼を申し上げます。最後に、この事典を世に送り出すことを快諾された新評論の山田洋氏と吉住亜矢氏に厚く御礼申し上げます。

2016年3月

『新版 現代ブラジル事典』編集委員長

浜口伸明

凡　例

1. 本事典は，2000年以降のブラジルを多角的に理解するうえで重要な項目を，各分野別の章ごとに解説したものである。分野別に編成することによって，読者が調べたい項目を見つけやすく，また周辺的な事項についても情報が得られるようにした。読み物として通読すればブラジルという国・社会を体系的に理解できるようにもなっている。目次には項目名をすべて挙げ，巻末には略語一覧，年表，索引（人名・事項）を付した。読者は読みたい項目を目次および索引から探すことができる。
2. 参照すべき関連項目は，各項末尾などに☞のマークを付け，章・節の数字や項目名を示した（例：☞2-3 は【第2章3節参照】，☞4-2「畜産」は【第4章2節「畜産」の項参照】の意）。
3. ブラジルの人名，政策，制度，組織名などの各項初出には原則としてポルトガル語の略語を併記した。正式名については巻末の「略語一覧」（アルファベット順）を参照されたい。「略語一覧」に記載のないものは，本文中の各項初出に正式名を併記した。
4. ポルトガル語をカタカナ表記する際は，次の原則に拠っている。
   ① 語尾の te, de, l は，実際には「チ」「ジ」「ウ」と発音されるが，ti, di, u との混同を避けるため「テ」，「デ」，「ル」と表記した（例：Horizonte「オリゾンテ」, Grande「グランデ」, Natal「ナタル」）。
   ② 鼻母音の ão, ões は，実際には「アン」「オンエス」と発音されるが（例：São Paulo「サンパウロ」, Solimões「ソリモンエス」），慣用化されたものについてはそれに従った（例：mensalão「メンサロン」）。
   ③ 規則的なアクセント母音およびアクセント記号がついた母音の音引記号は省略した（例 Curitiba「クリチバ」）。ただし，慣用化されたものについてはそれに従った（例：Cardoso「カルドーゾ」, Lula「ルーラ」）。
   ④ ブラジルでは一般に語頭の r および rr が有声口蓋垂摩擦音となり，「ハ」「ヘ」「ヒ」「ホ」「フ」のように発音されるが，本書では「ラ」「レ」「リ」「ロ」「ル」と表記した。
   ⑤ 慣用化されたものを除いて，b と v の区別はしていない。
   ⑥ m および n の前に置かれた母音の鼻母音化は区別しない。
   ⑦ その他，母音に挟まれた s の濁音化，h の無音化など，ポルトガル語発音の一般原則に従った。
5. 数量単位は原則として ha（ヘクタール），km（キロメートル）など記号で示した。
6. 金額表示は常に単数形とした（レアルとし，レアイスとしない）。
7. その他
   （a）「日伯関係」など慣例化している表現において，ブラジルを「伯」と表記する場合がある。
   （b）中南米は原則「ラテンアメリカ」としたが，組織・機関名など慣例化しているものについては「中南米」と表記する場合がある。
   （c）原則としてアメリカ合衆国を「米国」，ヨーロッパを「欧州」と表記する。

新版 現代ブラジル事典❖目次

発刊の辞　1
凡例　2
ブラジル全図　8

第1章　日本とブラジル　9

0. 概観　9

1. 日系ブラジル人　10
　　ブラジル社会における日系人　10／日系人企業　11／ブラジルの日系人社会の現在　13
　　ブラジルから日本へのデカセギ現象　14／在日日系ブラジル人への支援　15

2. 外交関係　17
　　日本・ブラジル間の外交関係　17／ブラジルのアジア外交と日本　18／民間経済外交　19

3. 貿易関係　20
　　日本・ブラジル間の貿易　20／対日輸出　22／対日輸入　23

4. 投資関係　24
　　日本企業のブラジル進出　24／日本企業のブラジル進出に伴う労務・法務問題　25
　　ブラジル企業の日本進出　26

5. 経済・技術協力　27
　　日本の対ブラジルODA　27／大型融資による資金協力　29

6. 文化交流　30
　　日本とブラジルをつなぐ交流団体　30／非政府組織や地方自治体レベルの交流・協力　31
　　ブラジルと日本の大学間学術交流　32／ブラジルと日本の文化交流　33
　　日本におけるブラジル研究　34／ブラジルにおける日本研究　35
　　ブラジルサッカーと日本　36／在日ブラジル人の文化活動　37

第2章　政治と外交　39

0. 概観　39

1. 政治の流れ　40
　　カルドーゾ政権　40／ルーラ政権　41／ルセフ政権（第一次）　43

2. **政府** 44

　　憲法 44／連邦制 45／大統領制 46／連邦政府 47／議会 48／司法機関 49

　　州政府 50／ムニシピオ 51／軍と国防 52／検察と警察 53

3. **政治アクター** 54

　　政党 54／選挙 55／政治家 56／経済団体・業界団体・労働組合 57

　　非政府組織（NGO） 58／マスメディア 59

4. **外交** 61

　　多国間外交 61／地域間協議・フォーラム 62／二国間外交 63

　　地域統合 64／南南外交 65／通商外交 66

第3章　経済

0. **概観** 69

1. **経済構造** 70

　　国民経済 70／成長戦略 70／インフレーション 72

2. **財政** 73

　　予算制度と財政収支 73／財政責任法と財政運営 74／債務管理 75

　　租税構造 76／財政戦争 77

3. **対外経済関係** 78

　　国際収支 78／貿易関係 79

4. **雇用と所得** 80

　　正規雇用と非正規雇用 80／労働者の法的権利 81

　　貧困と格差 82／雇用調整・失業 83

第4章　産業

0. **概観** 85

1. **産業発展・産業政策・企業** 86

　　産業発展 86／産業政策 87／企業 88

2. **アグリビジネス** 91

　　農業発展 91／農業政策 92／穀物 93／畜産 94／アグロエナジー 96

3. **鉱業・エネルギー** 97

鉄鉱石　97／非鉄金属・希少金属　97／電力　98／石油・天然ガス　99
　　　再生可能エネルギー　101

4. **基礎消費財**　102

　　　食品・飲料　102／衣料品　104／トイレタリー　105／医薬品　105

5. **耐久消費財**　106

　　　電気・電子製品　106／四輪自動車　107／オートバイ　109

6. **素材・原料・資本財**　111

　　　化学・石油化学　111／製鉄　111／紙・パルプ　112／産業機械　112
　　　医療機器　113／航空機　114／造船　115

7. **商業・金融・サービス**　116

　　　商業　116／金融業　117／保険　119／外食　120／観光　120

8. **建設・不動産**　121

　　　建設　121／不動産　122

9. **インフラ**　124

　　　インフラ政策　124／道路　125／鉄道　125／航空　126／水運　127
　　　港湾　127／上下水道　128／通信　129

第5章　社会政策・社会運動　131

0. **概観**　131

1. **社会政策**　132

　　　教育制度　132／教育の質向上への取り組み　134／保健医療　135
　　　ヘルスマンパワー　136／疾病・死因　136／感染症に対する公衆衛生対策　138
　　　年金　138／ボルサ・ファミリア　140／貧困対策と社会扶助　141／治安　142
　　　マイノリティ　143／人種差別とアファーマティブ・アクション　144
　　　性的マイノリティと信仰の自由　145

2. **社会運動**　147

　　　社会運動の現在　147／民主化と社会運動　148／新憲法制定と大統領選挙の実施　148
　　　マイノリティの社会包摂と民主主義の革新　149／経済成長と国民の生活実感　151
　　　労働運動の歴史的変遷　152／主要労働団体と政党　153
　　　参加型行政　154／参加する市民社会組織　155

第6章　環境と開発　157

0. 概観　157

1. 気候変動と環境政策　158

　気候変動の実態　158／気候変動と自然災害　159／国家気候変動政策　160

　環境外交　161

2. アマゾンの環境と開発　162

　熱帯雨林の減少　162／宇宙からのアマゾン監視　163／農業開発と環境保全　163

　大型水力発電所の建設と環境問題　164

3. パンタナールの環境と開発　166

　パンタナール：生物多様性の宝庫　166／エコツーリズムの光と影　166

　環境破壊のポリティカル・エコロジー　168

4. ノルデステの環境と開発　170

　農牧業の推移　170／干ばつとセルトンの小農経営　171

　大規模灌漑農業の現状と課題　173

5. 持続可能な開発への挑戦　174

　アグロフォレストリーの導入と普及　174／アグロフォレストリーの実践例　175

　フェアトレードの推進　176／アグロフォレストリーの課題と可能性　177

6. 　都市化の進展と都市環境　178

　都市化と国内人口移動　178／大気汚染　179／水質汚染・下水処理　180

　廃棄物処理とリサイクル　181

7. 環境都市の可能性と課題：クリチバ市の事例　182

　交通システムと土地利用計画の融合　182／環境政策の実績と課題　183

　環境都市の可能性　184

第7章　法制度　185

0. 概観　185

1. 1988年憲法・法規範の種類・司法制度の問題点　186

　1988年憲法　186／法規範の種類　188／司法制度の問題点　189

2. 刑法・刑事訴訟法　190

　刑法　190／刑事訴訟法　191

3. **民商法** 191

    2002年民法典 191／国際物品売買契約 195／有価証券法 195

4. **企業法・資本市場法** 196

    民法が規定する企業形態 196／資本市場法 199／インサイダー取引規制 200

5. **経済法** 202

    競争保護法 202／資金洗浄規制法 204／腐敗行為防止法 204

    知的財産権関連法制 205

6. **租税法** 209

    租税法の概要 209／連邦税 209／州税 210／市税 211

7. **労働法** 212

    労働法の概要 212／労使関係の成立と終了 212／労働者の権利 213

    労使協定 214／労働訴訟 214

8. **環境法** 215

    環境法制 215／部門別の環境法制と地球環境条約の批准 216

    環境ライセンス制度 217／環境犯罪法 218

9. **民事訴訟法・倒産法・仲裁法** 218

    民事訴訟法 218／仲裁法 220／倒産法 220

10. **市民生活に関連する法** 221

    外国人労働許可制度 221／飲酒運転禁止法 222／禁煙法 223／銃規制法 223

略号一覧 225
ブラジル関連年表（2000年～） 236
あとがき 241
人名索引 242／事項索引 244
執筆者一覧 253
編者・編集委員紹介 254

ブラジル全図

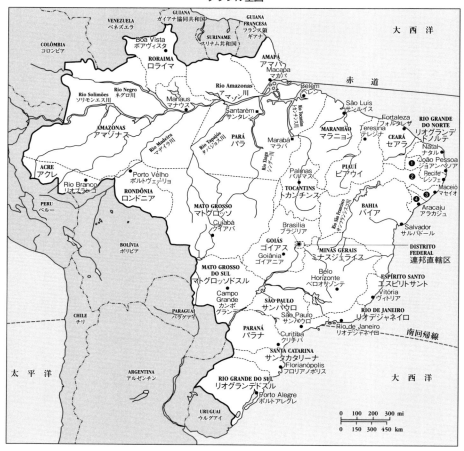

第1章 日本とブラジル

0. 概観

　ブラジルと日本の関係は，外交，移民，貿易，投資，スポーツ，文化など多層的であるが，総合的にみると，近年両国の関係は強化と発展の方向に再び動き始めたといえよう。

　比較として1990年代が想起される。当時のブラジルはまだ深刻な対外債務問題を抱え，日本経済も低迷期で，ブラジルに進出していた日本企業が多く撤退するなど，経済関係は減退しつつあった。しかし2000年代は双方において経済が好転し，関係が再び強化され始めた。世界的な資源需要の高まりによる好況，その後の中国の経済成長の鈍化などによる影響と波はあっても，ブラジルでは「クラスC（Classe C）」といわれる中間層が拡大しており，新しい市場が広がっている。このことは多様で新しいビジネス・チャンスが生まれていることを意味する。従来以上に大きな可能性を秘めた国として，ブラジル市場は私たちの目の前に再登場しているのである。

　外交関係については，2014年に安倍晋三総理のブラジル公式訪問が実現した。翌15年には，日本についての総合的広報窓口となるジャパン・ハウスを，ロンドン，ロサンジェルスと並んでサンパウロに設立することが決定し，また同年に両国は外交関係樹立120周年を迎えた。一方，2014年のサッカー・ワールドカップに続く16年のリオデジャネイロオリンピック・パラリンピック開催など，日本人にも馴染み深いイベントがブラジルで立て続けに開催され，ブラジルへの関心が再び高まりつつある。

　日本人移住が始まって108年，160万人といわれる日系人社会の存在は，ブラジル人の日本人への信頼感，親日感情の醸成に計り知れない役割を果たしてきた（日系ブラジル人の数については，「日系人」の定義，推計方法などの違いにより，160万〜190万人，あるいはそれ以上など幅がある）。一方，ブラジルから日本へのデカセギ（出稼ぎ）労働者の問題については，依然として未解決の課題が多くあるが，行政やNGOなどによる地道かつ実践的な取り組み（在日日系ブラジル人への支援など）や学際的研究が着実に蓄積されてきた。この間の蓄積に基づいて，各方面による取り組みの飛躍が求められる段階である。

　両国間の貿易については，輸出入ともに2000年代は増加し続けたが，その後減少傾向がみられる。ブラジルから日本への輸出については，品目はあまり変わっていないが，2000年代以降はエンブラエル社（EMBRAER）製の航空機など新しい品目が台頭したことが注目される。日本からブラジルへの企業進出については，1990年代に減少し続け，2000年代半ばに底を打ったが，その後増加し始め，現在は416社と史上最高といえる数に達している（東洋経済新報社刊『海外進出企業総覧［国別編］2015』掲載の現地法人数）。

　両国間のビジネス関係については，一つの新しい時代が始まりつつあるといえる。とくに近年の特徴として，純粋な民間ベースの，いわばポスト・ナショナル・プロジェクトの時代に移っていることが指摘できる。長い経済

日本祭りでのコスプレ大会出場者たち（提供：ブラジル日本都道府県人会連合会）

関係の歴史の中で培われた経験やノウハウ，人脈を，ブラジル側および日本側で，次世代のビジネスの担い手が継承・発展していくことで，両国の経済的パートナーシップは今後一段と強化されるであろう。

文化面では，ボサノーヴァやサンバをはじめブラジル音楽は日本では広く受け入れられ，ブラジル文学の訳書刊行やブラジル映画の公開機会も増えた。それらを通じて，従来以上に奥深くブラジルの文化を味わうことが可能になりつつある。また日本の文化についても，サブカルチャー（漫画，アニメ，コスプレ等）や食文化（寿司，ヤキソバ等）をも含めてブラジル社会に浸透している。スポーツでは，サッカーについてはこの20年間，日本から見たブラジルは「雲の上」の存在であったが，選手や指導者の交流，試合回数の積み重ねにより最も親近感のある国になってきた。文化はかつて想像できなかったほどに相互浸透しつつある。相互の文化になじんだ新しい担い手の登場も視野に入れつつ，重層的な両国関係の新展開が期待される。

（山崎圭一・桜井敏浩）

1. 日系ブラジル人

❖ブラジル社会における日系人

戦前から戦後にかけて約25万人の日本人がブラジルに移住し，現在では1世から6世まで約190万人の日系人が全国各地で暮らしている。1950年代まで日本人は閉鎖的で，ブラジル社会に融合しないと批判されていた。その理由の一つは異人種間の婚姻が少なかったことであったが，70年代以降は非日系人との婚姻が急増し，様々な度合いの混血者を含めれば，日系人の数は300万人台に達するともいわれている。

日系人のブラジル社会への融合が成功した理由の一つには，教育熱心であったことが挙げられる。移住の初期には永住の意思を有する者は少なく，帰国した際のことを考え，開拓時代の苦労のなかでも子女の教育を怠らなかったことは驚異的であった。

また，ブラジルでは義務教育から最高学府にいたるまで公的教育が無料であり，働きながら学べる夜学制度も発達していたため，向学心を有する移民の子女にとっては，学校教育を受ける土壌が整っていたといえる。そし

て，ブラジルも学歴尊重社会であり，大学を卒業することによって，社会的上昇が達成できたのである。

ブラジルにおける大学教育の最高峰の一つであるサンパウロ大学が設立されたのは1934年のことである。当時の学生名簿を検索すると，すでに一桁の日本人・日系人が在籍していた。笠戸丸の到着から26年目のことであり，特筆されるべきことである。

その後，大学卒業者が年を追って増加していったことは言うまでもない。それが今日のブラジル社会のあらゆる方面における日系人の進出と関係している。実業界や学術研究のみならず，連邦・地方公務員などの公職においても多数の日系人の台頭が見られる。司法界においては，早くから多くの弁護士登録が確認されていたが，1960年代以降は判事・検事に任用される者も増えていった。同時期以降，三軍や州軍警の幹部養成学校に入学する者も増え，今日では将官に昇進する者も少数ながら見られる。最難関といわれている外交官試験にも，70年代半ばに初の合格者が生じ，現在1名の大使を筆頭に20名近い日系人外交官が世界各地で活躍している。

政界においては，1970年代に初の日系人の連邦政府閣僚が任命されたことを嚆矢として，数名が職を全うしている。州知事や上院議員はいまだいないものの，下院議員，州議会議員，市議会議員のほか，州都市長（1名）をはじめ多数の地方都市の市長が選出されている。地方自治体の局長級にいたっては，枚挙にいとまがないほどである。政治家の場合，多くの当選者の票田が必ずしも日系人頼りでないことも注目に値する。

ブラジル社会への融合が決定的となった1980年代，日系社会における最大の懸念は母国日本との連携の維持であった。日本からの新規移住者の数は年間一桁かそれに近い二桁に減少し，日系3世，4世の若い世代の人々は，原則として日本語は聞いてわかっても自分からは話せず，当然読み書きもできない状態が普通となっていたことから，将来が懸念されていた。しかし，そのころ水面下で進行していたのは，日系人の母国での就労現象である。90年には入国管理法が改正され，「定住者」の地位が新設され，3世までの日系人および彼らの非日系人配偶者の入国が認められるようになった。

それまでのブラジル国籍者の訪日は少数の留学生・研修生に限定されていたが，法改正によって日本における生活体験者の数が一気に増加した。2007年12月末時点で在日ブラジル人の総数は約31.7万人に達したが，翌08年のリーマン・ショックによって多くの者が帰国し，14年末時点で約17.5万人に減っている（法務省在留外国人統計）。しかしある試算によれば，過去30年間に訪日し，日本での生活を経験したブラジル国籍者の総数は50万人とも60万人ともいわれている。これだけの人々が将来の日本・ブラジル関係に及ぼす影響は計り知れないものがある。とくに幼年時に両親とともに訪日，ないし日本で出生した者で，中学・高校を卒業して就職した人々のうち，大学進学組（通信制を含む）は数百名に達している。のみならず，高卒で帰国してブラジルの大学に進学する者も増えており，相互交流は深化しているといえる。彼らが将来の日本・ブラジル関係を担ってくれることを期待したい。

（二宮正人）

❖日系人企業

ブラジルには日系移民とその子孫が設立した企業が数多くある。正確な企業数は不明だが，ここでは成功例のみを取り上げる。

最初の企業を立ち上げたのは，20世紀初頭にブラジルへ渡った移民たちである。その一部はよりよい稼ぎを求めて，地方のコーヒー農園を離れ，都市へ移動した。彼らは，主に

表 1-1-1　Exame 誌で表彰された日系企業家

個人／家族名	企業名	事業	創業年
マエダ・ファミリー	マエダグループ	綿花・穀物生産	1932
ナカヤ・ファミリー	サクラ・ナカヤ・アリメントス	食品産業	1940
ササザキ・ファミリー	ササザキ	サッシ産業	1943
西村俊治	Jacto	農機具メーカー	1948
タカオカ・ファミリー	Y・タカオカ建設	建設業	1951
キタノ・ファミリー	ヨキ・アリメントス	食品産業	1960
大竹ルイ	ルイ・オオタケ建築事務所	建設業	1960
クリタ・ファミリー	ヒカリ・アリメントス	食品産業	1965
飯島秀昭	蒼鳳	美容院チェーン	1982
青木智栄子	ブルーツリー・ホテルズ	ホテル業	1992

出所：Exame homenageia empresários nipo-brasileiros（http://japao100.abril.com.br/arquivo/exame-homenageia-empresarios-nipo-brasileiros/.5/Jun/2008）より筆者作成

商業分野での経済的達成を求めて活動分野を広げ，新規事業を始めた。この過程はスムーズでも容易だったわけでもなく，しばしば移行期が必要であった。当初，非農業部門における取り組みの多くは，穀物の買い手，農村部の不動産や倉庫，ゲストハウスなどの仲介業者，農機具店など，農業と密接につながっていた。成功した起業家の中には，米，コーヒー，綿その他の生産物の製造用機械を組み立てる小さな会社を立ち上げた者もいた。

これら日本人企業家の先駆者たちは，第二次世界大戦中，ブラジルと日本の対立により困難な状況にさらされたが，終戦を経て 1950 年代前半からは緊張が大きく緩和された。新規参入を企図する日系企業にとって，ブラジルの環境も好転した。表 1-1-1 は，2008 年 7 月 4 日にブラジルの有力ビジネス誌『EXAME』で表彰された日系企業の一覧である。マエダグループ（2010 年 5 月，スペイン企業 Arion Capital が約 86％の経営権を獲得）以外はすべて第二次大戦開戦後に創業している。

同じく EXAME 誌が発行する企業年鑑『Melhores e Maiores』の 2015 年版によると，ブラジルにおける 2014 年の総売上高トップ 500 社に，日系企業 2 社が含まれている。うち 1 社は，1950 年にパラ州ベレン市北部で山田義雄と妻のアキ，息子の純一郎が創業した Lojas Y. Yamada である。創業時は三菱のミシンや船舶用・工業用エンジンの販売代理店を営んでいたが，化学・有機肥料，種子，殺虫剤などを扱う農業者向けの小売店を展開，やがて Y. Yamada S. A. Comércio e Indústria グループとして北部最大の小売チェーンに成長した。2014 年のブラジルスーパーマーケット協会（ABRAS）の国内ランキングでは，スーパー部門の第 14 位に入った。この年の総売上高は 5 億 320 万ドルで，『Melhores e Maiores』のランキングで 398 位であった。もう 1 社は上表にもある農機具メーカーの Jacto（西村俊治）で，年収は 4 億 910 万ドル，同ランキングで

480 位につけている。国際競争力もある会社で，同年の収入の21.7％は輸出部門から生じていた。これら以外にも，毎年新しいベンチャー企業が日系人によって設立されており，ブラジル社会への貢献の一部を成している。

〈アレシャンドレ・ウエハラ〉

❖ ブラジルの日系人社会の現在

ブラジル日系人の人口は一般に約160万人といわれる。その中から，非日系人の配偶者を伴って訪日，就労した日系人が約17万人の在日コミュニティを形成している。国境を越えて相互に行き来を繰り返すこの二つの日系人社会は，互いに不可分な存在といえる。

1990年代前半には「ブラジル全体で400の地方文協（文化協会：その地域の日系人の中心団体）がある」とされた。実際，日系社会全体を代表するブラジル日本文化福祉協会の把握するところでは，2003年時点で373の地方文協があった。

2008年，ブラジル日本移民百周年記念協会の百年史編纂委員会が，これら373の文協を対象にアンケート調査を行った（サンパウロ大学教授・森幸一氏が委員長の時代）。回答があったのは119団体のみで，未回答の文協に対して編纂委員会事務局が電話（日本語とポルトガル語）で数回催促したところ，その多くは実質的に活動停止となっている可能性が高いことがわかった。日系人口は自然増を見せているが，「コロニア」（日系としての自己認識をベースにコミュニティ活動を行う集団）の数は減少傾向にある。1985年頃から始まったデカセギ（出稼ぎ）現象が，地方で若年層の空洞化を引き起こし，後継者をなくした地方文協は90年代後半に活動を停止し，自然消滅していったようだ。

また同調査によれば，「1世が会員の2割以下の団体」が44％と多く，逆に「2世が会員の4～8割を占める団体」が43％にのぼる。

日系団体を担う人材が2世に代替わりしたことは明白だ。2000年以降この傾向が顕著で，2世・3世が日系社会の中心になることで，使用言語がポルトガル語となり，ブラジルへの順化が進んでいる。

日系団体数の減少とは裏腹に，21世紀に入って以降，日本文化のブラジル順化や普及は進んでいる。中心層の世代交替に伴い，従来は「日系人を主な対象とする，日系人による活動」だったものが，「ブラジル式に順化した日系文化活動」といったものに質的変化を起こしている。

具体例としては，①アニメ・漫画イベントの隆盛，②若者の間でブラジル式盆踊り「マツリダンス」（日本の歌謡曲に合わせて踊る）が流行，③テマケリア（Temakeria：手巻き寿司専門店）の大都市圏（リオデジャネイロ，サンパウロなど）での増加，④沖縄出身者の集住地域となっているマトグロッソドスル州都カンポグランデ市が，「沖縄ソバ」を市の無形文化財（郷土食）に認定，⑤日系のシンボルとして「鳥居」が全国で100基以上建設，⑥生長の家や世界救世教など日系宗教の普及，などが挙げられる。このように従来の「コロニア」の枠から飛び出た要素が目立つのが近年の特徴である。

また，地方の日系子弟がサンパウロの大学に進学し，卒業後に就職・定住し，親が高齢になると呼びよせることが増え，集中化が進んでいる。以前から全日系人の半分にあたる約80万人がサンパウロ州に住むとされてきたが，今やその大半がサンパウロ大都市圏に集住し，日系人による活動の中心地，日本の文化や情報の発信拠点を成している。

ブラジルには世界で唯一，日本の47都道府県すべての県人会が存在し，サンパウロ市内に集中する。うち沖縄県人会は支部だけで30以上ある。その他，医療・福祉機関，老人会，各種サークル（カラオケ，華道，茶道，日本

舞踊,ラジオ体操,ゲートボール,パークゴルフ,野球,相撲など),日系宗教諸派の本部の多くも同市内に所在する。

各県人会をとりまとめるブラジル日本都道府県人会連合会の主催で毎年7月に開催される「日本祭り」は,例年およそ20万人の来場者を集め,サンパウロ市の夏の風物詩となっている。海外で行われる日本文化のイベントとしては世界最大規模といわれ,地方でもこれに倣った「日本祭り」が次々に企画され,すでに10カ所以上で開催されている。

2000年以降は,法曹界や政界,学界で活躍した2世のエリート層が,定年退職後にコロニア団体の役員を務める傾向が顕著に見られる。これらの変化により,日系社会とブラジル社会は「棲み分け」から一体化へと移行しつつある。

(深沢正雪)

❖ブラジルから日本へのデカセギ現象

1990年の改正入管法(出入国管理及び難民認定法)施行以来,日系ブラジル人の入国は図1-1-1のように年々増加し,ブラジル国籍登録者数は,2007年には31万3,000人に達した。ブラジル人居住地は大田・大泉(群馬県),浜松(静岡県),豊橋・豊田(愛知県),鈴鹿・四日市(三重県),可児・美濃加茂(岐阜県)などの工場地帯に拡散し,バブル崩壊後の景気悪化に直面していた日本の自動車,家電,電機・電子産業,建設業などの労働力不足を補完して各産業を支えた。しかし08年のリーマン・ショックによる製造業の生産落ち込みと大量失業,および11年春の東日本大震災の影響によりブラジル人の帰国が相次ぎ,13年末現在で18万1,000人にまで急激に減少している。これは,在留資格のうち居住場所が定まっている「定住者」と,「日本人の配偶者等」の登録者の減少が顕著に影響したものである。両者の合計が08～13年の5年間で,愛知県では7万9,000人から4万8,000人へ,静岡県では5万1,000人から2万7,000人へと激減した。

不況の影響を直接受けた在日ブラジル人層は,日本政府による「帰国支援事業」などに基づいて本国へ帰国する人々と,引き続き日本に滞在する人々に分かれた。いずれの場合も日本もしくはブラジルにおける就業に困難を抱えることとなった。さらに,家族を伴っての日本滞在が長期化していた在日ブラジル人にとっては子どもの教育,若者にとっては学校卒業後の就業と生活の展望が,大きな課題となった。

ブラジルから日本へのデカセギ(出稼ぎ)現象は,①1980年代初期:主に戦後に移住した1世による日本への帰国および反復就労,②80年代半ば:日本の円高とブラジルの経済不況を要因とする2世・3世のデカセギ労働者の急増と,これに応ずる就労斡旋組織の広がり,③90年代:2世・3世の家族帯同型の来日の増加,滞在の長期化および子どもの増加,④2000年代:集住都市におけるブラジル人コミュニティの形成・拡大および定着,という4つの段階に大別することができる。

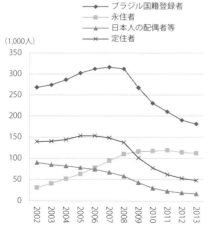

図1-1-1 在日ブラジル国籍登録者数の推移
(各年末現在)

出所:『在留外国人統計』2003～14年各年版,公益財団法人入管協会

この一連の歩みを通して，在日ブラジル人はブラジル・日本両国に多大な貢献をなしてきた。来日のピーク時は，まず本国への送金が年間二十数億ドルに達した。また少子化で人手不足に陥っていた日本の製造業の現場（工場）で労働力を提供し，地域経済の下支えとなった。さらに，食品をはじめブラジルの物産の輸入・販売事業の進展，エスニック・ビジネスの成立と消費市場の拡大，日本の不況下での多様な業種・地域への労働力提供など，彼らの様々な活動と日本への浸透なくして「ブラジル」がこれほど日本社会に身近な存在となることはなかった。

　しかし2008年秋，リーマン・ショックが起こり，日本の政府・地方自治体・企業は外国人労働者の雇用と生活環境に関して早急に総合的な対策をとることとなった。それはまた，ブラジル人コミュニティと日本社会との交流に質的変化をもたらす契機ともなった。研究・教育機関での共同人材育成，国際交流協会などによる幅広い交流事業の展開，企業と諸団体の連携による子どもの就学支援，スポーツなど各種イベントの共催，街角で流れるブラジル音楽や伝統武術カポエイラを楽しむ若者の集い，地域住民によるポルトガル語・日本語教室など，社会・文化的交流が広がりをみせた。「ブラジルから日本へのデカセギ」という労働力移動の時期を経て，今日では生活者同士の相互交流の時期を迎えている。一方でブラジル人の多様な職業移動や福利厚生を具体化するための政府施策と制度改革の必要性，および就学と就業が一体となった教育支援のあり方など，いくつかの課題も浮上している。

（石田信義）

東日本大震災に際し，福島県内の避難所で炊き出しに参加する群馬県大泉町在住のブラジル人たち
（提供：大泉町企画部国際協働課）

❖ 在日日系ブラジル人への支援

　1990年の改正入管法施行後に多数来日し，定住・永住化した日系ブラジル人の居住地では，生活環境を守るためにコミュニティが形成され，それによって地域社会の中でブラジル文化（食や言語など）の存在感が徐々に高まった。同時に文化・慣習の違いによる軋轢も生じた。日本政府はブラジル人を労働力としては受け入れたが，移民とは認めておらず，地域社会とその行政機関は，受け入れの準備なしに生活圏において日系ブラジル人たちと同居する形となり，後追いで支援策に取り組まざるを得なくなった。2001年には，最大のブラジル人集住地である静岡県浜松市が他の9つの集住都市に呼びかけて「外国人集住都市会議」が発足し，毎年外国人の受け入れとその支援策などについて協議するとともに政府への提言も行っている。同会議に参加する自治体数は，2014年度には26市町にのぼっている。

　具体的な支援内容は，日本語指導を含む生活指導，就業支援，子どもの教育・医療・福祉相談などである。定住化が進むにつれ在日ブラジル人の家庭環境は複雑化しており（離婚・再婚，母子家庭化など），高齢人口の増加により介護や生活保護の問題も出てきている。

　支援の主体は大きく分けて①政府，②地方自治体（都道府県・市町村の国際課およびその外郭団体である国際交流協会），③民間団体（NPOやボランティア団体，民間企業など）である。①の代表例は，厚労省による就労支援機関「外国人雇用サービスセンター」（名古

屋, 大阪, 東京) や, リーマン・ショック後の景気後退で不就学となった子どもを支援するため文科省が実施した「定住外国人の子どもの就学支援事業」(日本語や学習習慣の指導を行う「虹の架け橋教室」), 厚労省からの受託で日本国際協力センター (JICE) が実施した「日系人就労準備研修」などである。しかしより地域生活に密着した支援策の中心は②であり, 各地の集住都市が必要に迫られて対策を講じているのが現状である。

集住地における②の代表的な組織としては, 豊田市国際交流協会 (TIA), 浜松国際交流協会 (HICE), 豊橋市国際交流協会, 可児市国際交流協会 (FREVIA) などがある。③は浜松NPOネットワークセンターN-Pocket (33団体が加入), グローバル人財サポート浜松, ブリッジハートセンター東海 (医療支援), ABT豊橋ブラジル協会, フロンティアとよはし等がある。トヨタ自動車の本拠地・豊田市では, 上記TIAの支援で, 集住地の保見団地でトルシーダ (就学支援), 保見ヶ丘国際交流センター (多文化共生・地域づくり), 子どもの国 (放課後学習支援) 等のNPOが活動している。愛知県にはそのほかにもNPO交流ネット (一宮市), NPOみらい (知立市), 名古屋国際センター (NIC), NPOまなびや@KYUBAN (名古屋市) など多数の組織が活動している。また東海4県をカバーする組織として, NPO多文化共生リソースセンター東海がある。

以下, その他の地方別に, 主な支援組織を挙げておく。**近畿▶** NPOブラジル友の会 (美濃加茂市), 大垣外国人コミュニティサポートセンターCAPCO (大垣市), 滋賀県国際交流協会, NPO愛伝舎 (鈴鹿市), NPOハートピア三重 (四日市市), NPO関西ブラジル人コミュニティCBK (神戸市)。**中部・北陸▶** 小松市国際交流協会 (KIA), 長野県国際化協会, 山梨県ブラジル人協会。**関東▶** 大泉町国際協働課, NPO大泉国際教育技術普及センター (群馬県), 茨城県国際交流協会, 茨城NPOセンター・コモンズ, かながわ国際交流財団, NPO ABCジャパン (横浜市鶴見区)。

また, 全国規模の組織として, NPO在日ブラジル人を支援する会 (SABJA:サビジャ), 在日ブラジル学校協議会 (AEBJ), NPO国際社会貢献センター (ABIC), 日伯経済文化協会 (AMBEC) 等がある。

分野別では次の通りである。**医療支援▶** 東京, 浜松, 名古屋のブラジル総領事館が医療相談窓口を設置しているほか, NPO MAIKEN (八王子), NPO北関東医療相談会 (群馬県太田市), 横浜いのちの電話, 四谷ゆいクリニック (心療相談), NPO外国人医療センター (MICA) 名古屋, 多文化社会の保健医療を考える会 (JUNTOS, 山梨県) などが支援にあたっている。**児童発達支援▶** 浜松市発達相談支援センター ルピロ, 豊田加茂児童・障害者相談センター (豊田市), 自閉症に対する偏見をなくす会 (AAVP, 名古屋市), こどもサポート教室きらり (あいあい) (浜松市) などがある。

民間企業では三井物産 (株) が突出している。同社は2005年以降, 上述のABICの協力でブラジル人学校支援に取り組んだり, SABJAやAEBJなどのNPOに資金援助を行っているほか, 在日ブラジル人の子どもが帰国後に母国の学校 (具体的にはサンパウロ州立学校) に編入できるようサポートする「カエルプロジェクト」にも協力している。(森 和重)

2. 外交関係

❖日本・ブラジル間の外交関係

2000年から2015年までの日本とブラジルの外交関係を概観すると，三つの大きな特徴が指摘できる。まず第一に中南米に共通する，民主化の定着と新興市場としての成長という政治的・経済的要因に基づいて，両国関係は着実に政治的経済的結びつきを強めている点である。第二に，活力のある世界最大のブラジルの日系人社会の存在と，ブラジルにとって世界第三位の在外ブラジル人コミュニティが日本にあることによって，日本とブラジルが特別な人的絆により結ばれた国であることが，両国の外交関係において重要な要素となっていることである。第三に，国際社会におけるブラジルの存在感の拡大に呼応するかたちで，日本とブラジルの外交関係が，二国間関係だけではなく，国際場裏における協力関係の構築へと展開してきた点である。こうした大きな流れは，首脳をはじめとする要人往来を中心としてその進展を確認することができる。

2004年9月，日本の総理大臣として8年ぶりに中南米を公式訪問した小泉純一郎総理大臣は，ブラジルにおいて，中南米地域に対する包括的な政策方針を示す「日・中南米 新パートナーシップ構想」を発表した。この構想は，日本と中南米の関係を「協力」(「経済関係の再活性化」と「国際社会の諸課題への取組」)と「交流」という二つの指針に従って強化することを謳っている。さらに小泉総理はルーラ大統領との首脳会談において，「経済関係の再活性化」について一致し，2008年（日本人のブラジル移住100周年）を「日本ブラジル交流年」として慶賀することとした。また，国連安保理改革における常任理事国候補であることにつき相互支持の表明があり，WTOや軍縮・不拡散等の双方の共通の関心事項についての協力を進めることで一致した。翌2005年5月にはルーラ大統領が訪日し，小泉総理大臣との首脳会談で，「日伯交流年」に向けた交流の拡大，経済関係の活性化(特に，エタノール等のバイオ・エネルギー分野での協力)，国連改革等について話し合われた。

2006年のブラジルによる地上デジタル日本方式の採用は，日本の経済外交における成果のひとつであり，日伯両国が同方式の第三国への普及に向けて緊密に連携・協力を進める象徴的な案件となった。2008年の「日本人ブラジル移住100周年／日伯交流年」は，4月の日本での記念式典に引き続き，6月には皇太子殿下のブラジル御訪問が実現し，両国関係の更なる発展のための重要な契機となった。

2008年から2013年にかけ，第三国での国際会議の機会を含め，日・ブラジル首脳会談及び日・ブラジル外相会談が行われ，二国間関係の強化に加え，国連安保理改革，気候変動等の分野など，国際的課題に関し両国が緊密に連携していくことが確認された。

2014年7月～8月には，安倍総理がブラジルを含む中南米5か国を訪問し，ブラジルにおいて，「発展を共に」「主導力を共に」「啓発を共に」の三つの「共に」(ポルトガル語でJuntos ジュントス)を軸とする対中南米外交の基本理念を発表した。ルセーフ大統領との首脳会談で，日本とブラジルが人的絆により強化された伝統的な友好関係にあることを確認しあい，日本とブラジルの関係を「戦略的グローバルパートナーシップ」に引き上げることで一致した。二国間関係の強化進展に

2014年夏，安倍総理がブラジルを訪問，
ルセーフ大統領と会談 （提供：Agência Brasil）

加え，日本・インド・ドイツ・ブラジルによるG4を通じた常任・非常任の拡大を含む国連安保理改革の早期実現，軍縮・不拡散，持続可能な開発，環境，気候変動等の分野における緊密な連携及び協力強化へのコミットを盛り込んだ共同声明を発表した。

日本ブラジル外交関係樹立120周年にあたる2015年には，両国で官民双方の多くの祝賀行事が行われ，7月には両首脳が外相会談の定例化を決定してから初の外相会談が日本で行われたほか，10月〜11月には秋篠宮同妃両殿下がブラジルを御訪問された。また，2015年9月の第70回国連総会の機会に安倍総理及びルセーフ大統領がインド，ドイツの首脳とともにG4首脳会合を開催し，安保理改革について国連総会第70回会期中に具体的成果をあげるための取組を強化していくことで合意した。2016年のオリンピック・パラリンピックリオ大会，その4年後の東京大会は日本とブラジルの外交関係において，様々な機会を提供する可能性を示すものとなっている。

（外務省中南米局南米課）

❖ **ブラジルのアジア外交と日本**

ブラジルとアジアは地理的に離れていることもあり，従来はあまり関係が緊密でなかったが，1990年代後半になるとカルドーゾ政権のもとでブラジルはアジアにも目を向け始める。しかしアジア諸国との関係拡大が本格的に図られたのはルーラ政権（2003〜10年）以降である。対外関係の多様化を促進したルーラ外交のもと，アジアだけでなくアフリカや中東などとの関係も強化された。

アジアに関しては，一次産品や工業製品の輸出市場として，また資本や技術の受け入れを目的として経済関係を深めた。経済発展に伴い資源や食糧を要するアジア諸国にとっても，資源国ブラジルとの関係強化は重要であり，双方の利害の一致のもとに今日の経済関係の拡大があるといえよう。

2015年8月時点で，ブラジルの対アジア輸出は輸出総額の31.9％，アジアの対ブラジル輸入は輸入総額の33.1％を占めている。なかでも中国の占める割合が大きいが（ブラジルの対中国輸出18.8％，中国からの輸入18.8％），2000年のブラジルの対アジア輸出が全体の11.5％，アジアからの輸入が15.4％であった（うち対中国輸出2.0％，中国からの輸入2.2％）ことを考えると，21世紀に入りアジア地域全体との貿易が拡大し続けていることがわかる。

ブラジルのアジア外交の拡大は，ラテンアメリカとアジアの地域間関係の深化とも密接な関連がある。例えば2001年に発足した東アジア・ラテンアメリカ協力フォーラム（FEALAC：Forum for East Asia-Latin America Cooperation）や，南米南部共同市場（メルコスル）が東南アジア諸国連合（ASEAN）との間で2008年以降開催している外交・通商関係の閣僚級会合などに，ブラジルは積極的に参加している。また民間レベルでも，財界メンバー同士の会合などが活発に開催されている。

ブラジルの伝統的な外交パートナーは日本，中国，韓国だが，近年ではインドネシア，マレーシア，シンガポール，タイ，インドなどのプレゼンスも増している。インドネシアはASEANでは唯一ブラジルと戦略的パートナーシップを結んでいる国であり（2008年締

結)，ブラジルの資源開発大手ヴァーレ(Vale)がニッケル開発で同国に進出している。またインドとは経済関係のみならず，国連安保理改革をともに目指すG4諸国同士であり，BRICS(ブラジル，ロシア，インド，中国，南アフリカ)やIBSA(インド，ブラジル，南アフリカ)対話フォーラムなど，多方面でつながりを持つ。

近年，貿易取引が大きく拡大したのはベトナムである。同国の対ブラジル輸出額は，2000年の705万ドルから14年には15億9,285万ドルへと200倍以上に増えた。ブラジル外務省によると，ベトナムは東南アジアの中でも今後ブラジルへの投資拡大が期待される国の一つである。

1990年代後半以降の大統領(カルドーゾ，ルーラ，ルセフ)がいずれも日本より先に中国を訪問したことで明らかなように，近年のブラジルは中国をアジアで最も重要な外交パートナーと位置づけている。1999年には，途上国間としては初の宇宙開発協力パートナーシップとなる中国・ブラジル地球資源衛星(CBERS：China-Brazil Earth Resources Satellite)の共同打ち上げを開始，現在も2013〜22年宇宙開発協力10カ年計画が継続中である。2004年には幅広い分野の課題を協議する場としてブラジル・中国ハイレベル調整・協力委員会(COSBAN：Comissão Sino-Brasileira de Alto Nível de Concertação e Cooperação)が設立された。ブラジルは12年には中国との関係を「戦略的グローバルパートナーシップ」に格上げし，定期的に外相会談を開催するとともに，2021年までの10カ年協力計画も作成された。

しかしながら，中国との関係は必ずしもプラスの面だけではない。2007〜08年には中国からの輸入超過により貿易赤字が拡大するなど，ブラジル経済にとって同国はパートナーであると同時に「脅威」となる可能性もある相手である。

日本との関係は，歴史的な蓄積があるだけでなく，近年いっそう重要性を増している。2014年8月には日本の総理大臣としては10年ぶりに安倍総理がブラジルを訪問し，「Juntos !! 日本・中南米協力に限りない深化を」と題するスピーチで，ブラジルを含む中南米諸国との外交の新たな基本理念を発表した(juntosは「共に」の意)。日伯修好通商航海条約調印120周年を迎えた2015年には，両国で様々なイベントやプロジェクトが実施された。日本とブラジルは，古くから人同士のつながりを基盤に信頼関係を築き，移民，貿易，企業投資，経済協力など多面的な関わりを有してきた。気候変動や環境，海洋資源の問題など，今後協働しうる分野も多岐にわたっている。☞2-4

(子安昭子)

❖民間経済外交

日本とブラジルの民間部門の経済外交は，主に2つの枠組みを通じて行われている。

まず一つ目は，日本経済団体連合会(経団連)日本ブラジル経済委員会(委員長：飯島彰己 三井物産会長)が，ブラジル全国工業連盟(CNI)ブラジル日本経済委員会(委員長：ムリーロ・フェレイラ ヴァーレ社社長)をカウンターパートとして開催している日本ブラジル経済合同委員会である。

同委員会は日伯間の経済上の諸問題を検討し，経済交流を促進する目的で1973年に創立され，74年に第1回会合(日本側初代委員長：土光敏夫 経団連副会長)がリオデジャネイロで開催された。その後，両国間の経済関係の再活性化を背景に，2010年からは年次開催に移行し，2015年8月には第18回会合がポルトアレグレ市で開催された。

この第18回会合では，天然資源・再生可能エネルギー，ビジネス協力と投資機会，インフラ整備，科学技術・イノベーションなどの分野について両国間で活発な議論が交わされた。

また経団連とCNIが1年をかけて行った，日伯経済連携協定（EPA）実現の可能性に関する共同研究の報告書が同会合で発表され，両国政府に対しEPA交渉の早期開始を検討するよう提言を行った。

なお，日本の総理大臣として10年ぶりの訪伯となった2014年の安倍総理訪伯の際には，総理臨席のもとで経団連がブラジル経済界との意見交換を実施し，日本側からは榊原定征経団連会長，飯島日本ブラジル経済委員会委員長ほかが出席した。

第19回会合は2016年に日本で開催される予定で，今後も日本ブラジル経済合同委員会は両国間の民間ベースでの経済外交の枠組みの中心となろう。

もう一つの枠組みは，日伯戦略的経済パートナーシップ賢人会議である。2004年の日伯首脳会談（小泉総理，ルーラ大統領）における両首脳の合意により，05年6月のルーラ大統領訪日時に有識者会合「日伯21世紀協議会」が設置され，06年7月，同協議会開催時に小泉総理に提言が提出された。これら提言のうち，特に経済分野における実現可能な具体的優先課題を選定し，日伯間の戦略的経済パートナーシップの再活性化に貢献することを目的として，07年3月に「日伯戦略的経済パートナーシップ賢人会議」（日伯賢人会議）が発足した。

日伯賢人会議は現在，日本側6名（座長：三村明夫 新日鐵住金相談役名誉会長），ブラジル側5名（座長：カルロス・マリアーニ リオ工業連盟筆頭副会長）の両国経済界を代表するメンバーで構成され，その議論内容は提言書にまとめられ，両国首脳に報告されている。直近では2015年5月にリオデジャネイロで第5回会合が開催され，石油・ガス，自動車・産業競争力強化，インフラ，省エネ・再生可能エネルギー，宇宙技術，第三国協力などの分野に関する提言書がまとめられた。

なお，日伯賢人会議と日本ブラジル経済合同委員会は相互に連携する方針が確認されており，前者における大所高所からの大枠の議論を後者でフォローアップする体制が取られている。

また，日伯賢人会議の前回（第5回）会合で，これまで不定期開催であった会合を年次開催とし，開催場所は経済合同委員会に合わせて日本・ブラジルそれぞれで交互開催とすることが改めて確認され，次回第6回会合は2016年東京での開催が予定されている。

（折井陽太）

3. 貿易関係

❖ **日本・ブラジル間の貿易**

ブラジル開発商工省の通関データに基づき，2000年以降の日本・ブラジル間の輸出入額の推移をみると，2011年まで輸出入額は拡大し，その後減少に転じたことがわかる（次頁・図1-3-1）。02年以降11年まで，日本・ブラジル間の往復貿易は，リーマン・ショックで世界貿易が落ち込んだ09年を除き，ほぼ一定して増加傾向にあった。2000年以降で最大の往復貿易額を示した11年は，最小だった02年の3.9倍となった。この「拡大期」は，対日輸出増加が牽引した前半（〜07年）と，対日輸入が増加した後半（08〜11年）では異なる。すなわち，前半は中国の資源需要拡大を背景とした食糧資源の価格高騰の恩恵を受けて，ブラジルの対日輸出の伸びが牽引して二国間貿易が拡大した。そして後半は，内需拡大により乗用車をはじめとする日本からの製品輸入

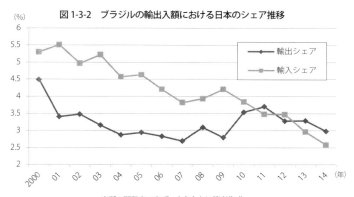

図 1-3-1　ブラジルの対日貿易推移（2000～14年） 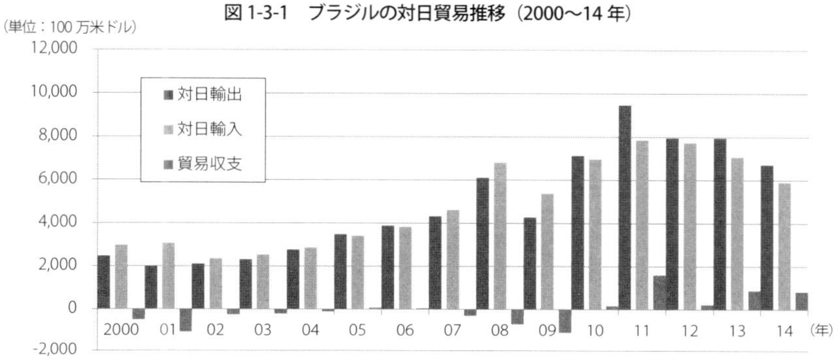
出所：開発商工省データをもとに筆者作成

図 1-3-2　ブラジルの輸出入額における日本のシェア推移
出所：開発商工省データをもとに筆者作成

　増加が牽引したものである。この拡大期の後，2012年に出された新自動車政策（Inovar-Auto）とその前身となる11年の課税措置により乗用車の輸入が減少し，また資源価格の低下により，両国間貿易額は減少に転じた。

　他方，貿易収支に着目すると，2011年以降はブラジルの出超となっているが，それ以前は2005年と06年を除き，ブラジル側の入超で推移している。ポイントは05年の鉄鉱石価格上昇と，11年のブラジルの自動車に対する工業製品税（IPI）の引き上げである。05年と06年に貿易黒字を記録しているが，これは01～02年の通貨急落後，Jカーブ効果で徐々に貿易収支が改善していたところに，05年に鉄鉱石価格の急上昇が加わったことによる。その後のレアル高とブラジル国内市場における中間財ニーズの増加で，再びブラジルから見た貿易収支は赤字基調になった。11年の工業製品税増税により，日本からの完成車輸入が激減すると，それ以降14年までの貿易収支はブラジルの出超で推移した。

　なお，ブラジルにおける対日貿易のプレゼンスという観点から，ブラジルの輸出入それぞれの総額に占める日本のシェアを見ると（図1-3-2），上記の「拡大期」も含め，輸入における日本のシェアが2000年代を通じて下落しているのがわかる。　　　（竹下幸治郎）

❖ 対日輸出

　ブラジル開発商工省の通関データによると，2000年時点，2014年時点のいずれも，日本はブラジルにとって第5位の輸出先であった。2000年以降11年まで，ブラジルの対日輸出は増加傾向にあり，その後減少に転じた。対日輸出額は，2000年と最大を記録した11年を比較すると3.8倍に増えている。ブラジルの対日輸出上位品目は，鉄鉱石やアルミなどの鉱産資源や，大豆，コーヒー，鶏肉，トウモロコシなどの食糧・食品である。トウモロコシ，エタノール，原油など，年によって輸出額が急増して上位10位以内に一時的に入った品目もあるが，中心は資源やその加工品であり，例外はエンブラエル社（EMBRAER）製の航空機くらいである。

　主要輸出品目にあまり変化がない中で対日輸出額が伸びたのは，コモディティ価格上昇の影響が大きい。2000年と11年いずれにおいても最大の対日輸出品目であった鉄鉱石を例にとると，2000年の輸出額4億6,000万ドルが11年には44億7,000万ドルへと約9.7倍となった。この間，鉄鉱石の対日輸出数量（重量ベース）は38％増加したに過ぎない。ブラジルの対日輸出総額における鉄鉱石のシェアは，2000年の18.7％から11年には46.5％に上昇した。

　鉄鉱石の輸出で，ブラジルはオーストラリアと双璧を成す。供給可能なインフラを持つ企業にしても，ブラジルのヴァーレ（Vale），オーストラリアのリオ・ティント，英・豪のBHPビリトンなど世界的にごく少数である。こうした供給企業は，2000年代に入り中国の資源需要が急増したこと，および供給サイドの寡占化を背景に，需要国との価格交渉において優位に立つことができた。しかし12年以降，中国の景気減退とコモディティ価格の下落に伴い，鉄鉱石の価格が下落し，それとともに対日輸出額も減少していった。

　2000年以降，日本市場獲得に成功した品目の代表例としては鶏肉を挙げることができよう。鉄鉱石は上記のように生産・供給元が極端に限定されているが，日本市場向け鶏肉の供給国としては中国やタイ，米国などが競合相手として存在していた。日本の通関統計によると，日本の鶏肉輸入総額におけるブラジルのシェアは，2000年の17％から14年には78％にまで拡大した（2000年以降の最大値は13年の88％）。輸入額は同期間に7.2倍となった。コモディティ価格同様，鶏肉の価格が2000年代に世界的に上昇したことも一因ではあるが，日本のブラジル産鶏肉の輸入量（重量ベース）自体，14年には対2000年比で3.5倍に増えている。その背景には，2000年代のタイや中国における鳥インフルエンザの発生がある。代替輸入先として当該感染症の影響を受けないブラジル産鶏肉に注目が集まり，「一人勝ち」といえる状況となったのである。

　前述のように，対日輸出品目は全体としてあまり変化していないものの，それ以前は対日輸出の実績が皆無で，2000年以降主要品目に名前を連ねるようになったものとして，トウモロコシ，航空機などが挙げられる。トウモロコシについては，もともとブラジルは輸入国であったが，01年を境に輸出国に転じた。日本では2000年代初頭，食用として認められていなかった米国産の害虫抵抗性遺伝子組み換え品種「スターリンク」が食品に混入していたことが発覚して以来，米国の代替輸入先として注目されるようになった。航空機については，08年に初めて対日輸出に成功して以来，日本航空やフジドリームエアラインズがエンブラエル社製の機材を導入している。

☞ 4-2「畜産」，4-3「鉄鉱石」，4-5「航空機」

（竹下幸治郎）

図1-3-3 ブラジルの対日輸入における完成車・自動車部品・半導体の輸入額推移

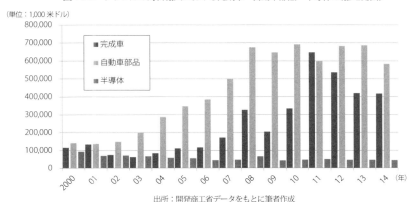

出所：開発商工省データをもとに筆者作成

❖ 対日輸入

　ブラジル開発商工省のデータによると，2000年以降，日本はブラジルにとって常に上位10位以内に入る主要輸入先であった。2000年代の対日輸入は，自動車部品を中心とする中間財と完成車を中心に増大した。他方，半導体のように中国や韓国にシェアを奪われた品目もあった。半導体に関しては，日本は2005年ごろまでブラジルにとって最大の輸入先であったが，06年に中国に逆転され，14年には3分の1のシェアを中国が占めるに至った。この間，ブラジルの対日輸入総額に占める半導体のシェアは3.2％から0.8％にまで低下した。

　他方，2000年以降，常に対日輸入の中心的な品目であったのが自動車部品である（図1-3-3）。1990年代後半から2000年代前半にかけて日系アセンブラーがブラジルに工場を立ち上げただけでなく，欧米アセンブラーがブラジルでの完成車生産を拡大したことで，自動車部品のニーズが増大した。2000年以降の完成車と自動車部品の輸入額を比較すると，自動車部品の輸入額は（HSコード8708に限定しても），11年を除いて常に完成車の輸入額を上回った。

　なお，完成車の輸入については，為替の状況や政府の政策などに左右されてきた。通貨レアルが大きく下落した2002年を底に，完成車輸入は漸増した。中国への資源輸出増加などを背景に，通貨レアルが切り上がったことなどにより，国産車に対する輸入車の価格競争力が増した。その後の資源価格上昇によるさらなるレアル高に加え，中間層の購買力増大が完成車の輸入増加を後押しした。しかし，2011年の工業製品税増税と，12年に打ち出された新自動車政策（Inovar-Auto）を境に，完成車輸入は減少に転じることになる。世界的に進んだドル高，さらには中国経済の減速が明らかになるにつれ，通貨レアルの対ドルレートは14年以降下落を続け，金利上昇による民間消費不振で輸入車をめぐる状況は一変した。☞4-5「四輪自動車」

　他方，自動車部品の対日輸入は2012年，13年と高水準を維持した。日系アセンブラーの生産台数が，日系自動車部品メーカーが進出を検討するだけのボリュームに達していないため，部品のブラジル国内調達が難しいことが理由の一つだ。日本からの直接投資がなかなか進まない背景には，中小企業が多くを占める日本の部品メーカーは海外展開を支える

人材が不足していること，税制・雇用・物流などにおける「ブラジル・コスト」により経営の難度が高いことなどがある。

その他の製造業分野でも，日本企業がブラジルでの活動の範囲を広げ，電子部品や航空機部品など，国内で生産できない中間財の対日輸入が増加している。さらに，ブラジルのインフラ政策の展開に合わせて，建設機械などの輸入が増加している。

（竹下幸治郎）

4. 投資関係

❖ 日本企業のブラジル進出

日本企業のブラジル進出は 1950 年代半ばに本格化し，ブラジルが高度成長期に入る 70 年代にピークを迎えた。しかしその後，80 年代に発生した債務危機により進出企業は苦境に立たされ，多くは業績悪化，撤退する企業も見られた。続く 90 年代は，ブラジルが市場開放や民営化を推進する一方，長年の懸案であった高インフレ率の沈静化に成功したことで，海外からの直接投資受入れ額は大幅に増加する。しかし日本企業は 80 年代の債務危機で現地事業損失を被った上，バブル崩壊による日本側の経済不況によりブラジルへの直接投資は停滞傾向を辿った。

2000 年代に入ると，ブラジルはマクロ経済の安定を実現し，個人消費の拡大，そして中国経済の成長を背景とした一次産品輸出の増加もあって，日本を含む外国企業の注目を集めた。時を同じくして，米国の証券会社が今後経済成長で有望な新興国群 BRICs の一国としてブラジルを取り上げたことで，ブラジルへの関心は一層高まった。1950 年代の第 1 次ブーム，70 年代の第 2 次ブームに続き，この 2000 年代後半から 2010 年代前半にかけての進出増加は第 3 次ブームと位置づけることができる。

進出日本企業の多くが加盟するブラジル日本商工会議所の日本企業会員数は，1970 年に 79 社であったのが，第 2 次ブームにより 75 年には 212 社へと急増した。しかし 80 年代の債務危機を経て 90 年代に入ると減少傾向を辿り，2004 年には 141 社となった。ところがルーラ政権以降，着実な経済成長が見られるようになると会員数は増加に転じ，14 年には 231 社と過去最高を記録した。なお，進出企業の数は統計によって異なり，外務省の海外在留邦人数調査統計では 2013 年 10 月時点で 526 拠点（日本人が海外で興した会社を除く），民間調査機関の帝国データバンクの資料では 14 年 4 月時点で 443 社とされている。

次に，ブラジル側のデータで諸外国と比較した日本企業のプレゼンスを確認する（表 1-4-1）。中央銀行が発表している外資センサス（Censo de Capitais Estrangeiros no País）によれば，2013 年におけるブラジルの海外からの直接投資残高は 5,737 億ドルであるが，日本は 283 億ドルと全体の 4.9%を占める（持株会社所在国ベース）。日本は 2005 年当時，国別順位でドイツを下回る 10 位（シェア 2.1%）であったが，13 年は 6 位に上昇し，投資国としてドイツを上回った。13 年の日本の直接投資残高を業種別にみると，製造業が 51.6%，鉱業が 21.6%，金融・保険サービス業が 17.2%と続く。なかでも近年，商社などによる鉱山会社への出資，邦銀・保険会社による現地企業の買収で，鉱業分野と金融・保険サービス分野の投資残高増加が目立った。なお，ブラジル中銀の外資センサスで把握されている外国企業数（2010 年時点）でみると，上位から順に米国（2,891 社），イタリア（1,030 社），

表 1-4-1 ブラジルの国別対内直接投資残高
（2005 年×2013 年比較・申告ベース）*1

	2005 年 (100 万ドル)	2013 年 (100 万ドル)	構成比 (%)	年平均 増加率 (%)
米国	33,550	116,091	20.2	16.8
ベルギー	1,650	63,622	11.1	57.9
スペイン	16,667	61,275	10.7	17.7
英国	3,764	41,980	7.3	35.2
フランス	11,943	37,594	6.6	15.4
日本	3,344	28,312	4.9	30.6
ドイツ	7,814	23,208	4.0	14.6
オランダ	24,863	22,470	3.9	-1.3
ブラジル*2	10,080	19,005	3.3	8.2
イタリア	4,855	17,870	3.1	17.7
スイス	3,050	15,270	2.7	22.3
ルクセンブルグ	1,668	14,794	2.6	31.4
カナダ	6,163	14,183	2.5	11.0
メキシコ	14,697	14,099	2.5	-0.5
中国	327	11,702	2.0	56.4
その他	18,373	72,271	12.6	18.7
合計	162,807	573,745	100.0	17.1

注：1) 本統計はブラジルに資金流入する際の直接的投資国ではなく，持ち株会社所在国を基準に作成したものである。
2) ブラジル企業が海外に現地法人を設け，そこからブラジルに投資するケースに該当。
出所：ブラジル中央銀行外資センサス 2013 より筆者作成

スペイン（971 社），ドイツ（835 社）と続き，日本企業は 359 社と全体（1 万 4,272 社）の 2.5％を占める。 （二宮康史）

❖日本企業のブラジル進出に伴う労務・法務問題

日本とブラジルはいずれも法律に関して大陸法系を採用しており，法文の上では似通ったシステムを有しているが，解釈・運用が異なるため，日本企業の進出の際にも多くの問題が生じうる。全国で 1 億件ともいわれる係属中の訴訟案件の存在や，登録数約 65 万人にのぼる弁護士の存在は，日本では想像しにくいことである。

労務関係では，1943 年に施行された労働法は当初より労働者保護の傾向が強く，70 年以上を経た今日においてもブラジルは依然として労働者優遇の制度を維持している。企業は常日頃から労務管理を怠らず，給与，時間外勤務手当，「13 カ月賃金」と呼ばれる賞与の支払い，休暇の消化等に目を配り，労働法規・社会保障法規を遵守することが肝要となる。また，最近ではセクハラ，パワハラに関する訴訟も増えており，注意が必要である。

ブラジルの司法権は，連邦と州の裁判所の二本立てであり，うち連邦特別裁判所の一つとして労働裁判所が三審制で設けられている。こちらだけでも年間 1,000 万件近い案件が係属中であり，毎年新たに 150 万件ほどの訴訟が提起される。日本の裁判手続きの常識では到底対応できない。

また，一般の裁判において本人訴訟は認められず，常に弁護士の介入が義務づけられるが，労働裁判所のみは例外で，原告にとって「駆け込み寺」的な存在となっている。労働者は収入の多寡にかかわらず，常に社会的弱者として認められ，訴訟費用を免除され，弁護士の報酬も原則として成功報酬である。

日本では整理解雇が認められているが，ブラジルでは会社の経営不振等の理由に基づく場合でも，解雇には常に法定手当ての支払いが義務づけられている。

時間外勤務に対する手当の支払いは必須で，深夜および日曜・祭日の勤務は平日通常勤務の 100％増しの支払いが義務づけられている。ブラジルでは「サービス残業」の概念が存在しないのである。

一般的な法務関係については，訴訟法における執行手続きの複雑さが指摘されていたが，2016 年，1973 年施行の民事訴訟法が 40 年ぶりに全面改正され，多くの手続きが簡素化されることになった。これにより，いったん下された判決に対する異議申し立て，不服申し立てが減り，執行手続きも迅速化することが期待されている。また，1996 年に制定された

新仲裁法は，当初は原告・被告双方にとまどいがあったものの，現在では裁判外での紛争解決手続きとして有効性を認められている。

日本企業がブラジルに進出するにあたり，最も懸念される法務関連事項は租税案件であろう。企業は経営にあたり，連邦，州，市郡に対し多岐にわたる税を納めなければならない。納めたはずの税が，税務監査で未納を指摘され，支払いを命ぜられるといったケースもある。租税の支払い義務は5年で時効となるが，仮に時効成立直前に摘発された場合，重加算税，遅延による過料，月1％の法定金利，インフレによる貨幣価値修正などが加算され，莫大な金額になる可能性もある。

不当な課税に対しては，まず行政手続きで争うが，第一審の税務署長レベルでは必ず却下される。第二審は首都ブラジリア所在の国税不服審判所で行われ，企業側の審判員も参加するので，企業側の異議申し立てが取り上げられる場合もある。しかし，そこでも却下された場合は司法手続きに訴えるほかない。裁判での勝訴の可能性は常にあるとはいえ，莫大な弁護士報酬，膨大な時間を法廷闘争に費やすことになるため，多くの場合は税務当局と交渉し，滞納税を分割で支払うことになる。その場合も支払いが完了するまでは，毎月の法定金利とインフレによる貨幣価値修正は必ず加算されることに留意しなければならない。☞7-6, 7-7, 7-9　　　　　　　　（二宮正人）

❖ **ブラジル企業の日本進出**

21世紀に入ってから2015年までの期間，世界の経済状況およびブラジル・日本両国の景気の推移に大きな影響を受け，ブラジル企業は進出や撤退を繰り返し，その動きはまだら模様を呈している。

2000年以降に日本に進出したブラジルに本社を持つ主な企業を挙げると，ブラジル石油公社ペトロブラス（Petrobras，2000年），メルコスル・ブラジル観光局（05年），ブラジル連邦貯蓄銀行（Caixa Econômica Federal，07年），イタウ・ウニバンコ（Itaú Unibanco）証券部門（09年），LATAM航空（旧TAM航空，10年），ツニブラトラベル（TUNIBRA TRAVEL，14年）などがある。また近年再び勢いを増した日本企業のブラジル進出を支援するため，ブラジルの弁護士事務所や会計事務所が日本の法律事務所などと提携して日本に人を派遣する動きがみられる。例えばピニェイロネト（Pinheiro Neto Advogados），ノローニャ（Noronha Advogados），トッチーニフレイレ（Tozzini Freire Advogados），PwCブラジル（PwC Brasil）などである。

一方，撤退または縮小したのは，VARIG航空（06年撤退），サンタンデール・バネスパ銀行（Banco Santander BANESPA，07年撤退），イタウ・ウニバンコ（14年縮小），ペトロブラス（14年撤退），ペトロブラス南西石油（15年縮小）などである。また，撤退はしていないものの，中国とのビジネスの方がより拡大したことから，軸足を中国または東南アジアに移しつつある企業も見受けられる。

ブラジル最大の企業であるペトロブラスの場合，東京事務所を閉鎖し（2014年），子会社の南西石油製油所の売却を決定した。その事由は，①日本を含むアジアでのエタノール市場が伸びないこと，②規制緩和が望めないため石油精製事業の採算が見込めなかったこと，③日本の資本・技術・サプライヤーとのアクセスは，むしろ日本企業がブラジルのエネルギービジネスに注目して続々とブラジルに進出したことにより確立できたこと，などである。

資源開発大手のヴァーレ社（Vale，旧リオドセ）は，鉄鉱石・石炭・ニッケル部門に経営を集中するため，2001年に紙パルプ部門，11年にアルミ部門を売却した。これにより，ナショナルプロジェクトであったセニブラ

（CENIBRA），アルブラス・アルノルテでの日本勢との合弁が解消した。

　また，日本全国には在日ブラジル人が興した企業も数多くある。これらの企業に関する正確な統計はないが，在日ブラジル商業会議所（日本に商業会議所を開設しているのは，ラテンアメリカ諸国ではブラジルだけである）のデータを見ると，企業会員が減って個人会員が増えていることから，企業数は減少した模様である。2008年のリーマン・ショック以降，日伯両国の景気減速に伴い雇用状況・市場環境が悪化し，ブラジル人労働者を雇用する企業や，ブラジル人向けビジネスを行う企業の業績が悪化したためであろう。さらに11年には東日本大震災と福島第一原子力発電所事故の災禍も重なり，デカセギ（出稼ぎ）を中心とする長期滞在ブラジル人の数が32万人から15年には17万人にまで減少した。これにより，在日ブラジル人をターゲットとしてビジネスを展開する企業の縮小・撤退が目立っている。大きな影響を受けた業種としては，銀行の海外送金部門，人材派遣業，旅行・観光業，運送業，スーパーマーケットを含む小売業，集住地の飲食業，不動産業，自動車販売修理業，メディア，ブラジル人学校などである。

　しかし一方で，農業，土木・建設業など，これまでになかった分野での在日ブラジル人による起業もみられ，在日ブラジル企業の進出分野の多角化が指摘できる。

　なお，最近のブラジル経済の状況悪化と，円安などを要因とする日本企業の輸出回復・増産の動きから，ブラジルからのデカセギが再び増加していると言われる。しかし帰国の動きもいまだ続いているため，在日ブラジル人の総数が再び増加に転じるところまでは行っていないようである。

　在日ブラジル商業会議所の2015年9月現在の企業会員数は160社であり，うちブラジルに本社を置く16社，および日本で起業した30社は，ともに在日ブラジル人コミュニティの中核的存在となっている。前者16社の社名は次の通りである。ペトロブラス南西石油（15年4月に製油を停止，販売も16年3月撤退予定），日伯エタノール，ヴァーレ，ブラジル銀行，ブラジル連邦貯蓄銀行，イタウ・ウニバンコ，ブラデスコサービス，WEGモーター，日本フルーツジュース（シトロスーコ），ブラジルフーズ，ピニェイロネト，トッチーニフレイレ，東山農場，二宮弁護士事務所，日本ジュースターミナル，ツニブラトラベル。

（清水裕幸）

5．経済・技術協力

❖日本の対ブラジルODA

　政府開発援助（ODA）は開発途上国の開発支援を主たる目的とし，政府が公的資金を用いて行う国際協力事業である。ブラジルに対する日本政府のODAは，2015年現在，政府間で12年12月に合意された「国別援助方針」に基づき実施されている。同方針中，対ブラジルODAの意義として，①急速な都市化やインフラ整備の遅れによる環境・衛生の悪化，交通渋滞，自然災害への脆弱性など様々な都市問題，②世界最大の熱帯雨林を保有する同国の森林・自然環境保全，③気候変動への適応面での対策，等の諸問題の解決に向けた協力を通じて，日本と同国の関係を一層緊密化することなどが掲げられている。

　協力重点分野は，「都市問題と環境・防災対策」および「三角協力」（開発途上国と先進国が協力して他の開発途上国を支援する）の二

ブラジルの都市部治安問題に対し，日本の警察をモデルとした技術協力が行われている（提供：久野真一 [JICA]）

つである。前者は日本の先進的な技術を活用した環境負荷の少ない環境配慮型都市構築の分野や，防災リスク管理における支援を内容とする。後者については，2000年に両国政府間で締結した開発協力のパートナーシップ・プログラム（JBPP）により，ラテンアメリカやポルトガル語圏アフリカ等に対し実施されている。

ブラジルに対する開発協力を形態別にみると，開発資金を低金利で長期に貸し付ける政府直接借款（円借款等）の有償資金協力，および人材育成や制度整備などを支援する技術協力は国際協力機構（JICA）が担当している。一方，「草の根・人間の安全保障無償資金協力」等は外務省が担当している。2013年度までの協力実績累計額は，有償資金協力 4,163 億 5,900 万円，技術協力 1,104 億 3,200 万円，無償資金協力 36 億 8,700 万円である。

重点分野のうち，2000年以降に実施されている多数の事業の中から代表的なものを紹介する。まず都市問題と環境・防災対策の両方に跨る事業として，円借款で資金協力した「チエテ川流域改善事業」（貸付実行額約 494 億円，貸付完了 2006 年 7 月）がある。対象地域は，人口増・都市化が進むサンパウロ大都市圏を貫通するチエテ川およびその支流域である。この一帯は毎年洪水被害にみまわれ，上水の安定的な確保に不安を抱えていたが，治水・水源整備等の事業完了後は，洪水制御や上水供給の安定化に成果を上げている。

環境分野では，「アマゾン森林保全・違法伐採防止のための ALOS 衛星画像の利用プロジェクト」（協力期間 2009〜12 年）がある。日本の衛星 ALOS に搭載された全天候型レーダーセンサーは，雲の影響を受けずに地上の状況を把握できる。その画像が日本から提供されただけでなく，衛星画像の判読技術の向上など，関係政府機関の能力向上等の支援も行われ，森林伐採等の環境犯罪の取締りや防止に成果を上げている。

都市問題では，地域警察活動の普及を支援する技術協力（協力期間 2000〜18 年 1 月）がある。住民と対話・連携を図りながら地域に根ざして活動する日本の警察をモデルとして普及するもので，現在ではブラジル全土に広く浸透しつつあり，犯罪率低下や住民の安心感向上に寄与している。

三角協力の分野では，上記の地域警察活動の成果を活かし，日本やブラジルで研修を受けたブラジルの警察官が，中米エルサルバドル等に出向いて技術協力を行い，日本も施設整備等の面で支援を行っている。

そのほか，160 万〜190 万人と言われる日系社会への支援として，ボランティアの派遣，中学生・高校生・大学生を対象とする研修，大学院留学支援，専門人材の技術研修等，日系社会の今後を担う人材の育成を支援する事業を実施している。さらに近年では，日本の企業，大学・研究機関，NGO，地方自治体等を主なパートナーとする提案公募型事業を拡充している。ブラジルでの例としては，企業の提案による国立病院等での画像診断のデジタル化・共有化の実証事業，研究機関の提案による干ばつに強い大豆種の開発研究，自治体の提案による防災能力向上事業等がある。

〔高野 剛〕

❖ **大型融資による資金協力**

　国際協力銀行（JBIC）は，日本政府100％出資の政府系金融機関として，前身の日本輸出入銀行時代より通算60年以上にわたり，日本の民間金融機関と協調して，日本企業によるブラジル向け貿易や海外投資事業，また資源開発やインフラプロジェクト等を対象に約2,000件，総額3兆円規模のファイナンスを供与してきている。近年では，日本にとって重要な資源の開発および取得，日本の産業の国際競争力の維持および向上，さらには地球環境保全の観点からの資金協力をブラジル向け主要業務としている。また，JBICは日伯戦略的経済パートナーシップ賢人会議や，日本ブラジル経済合同委員会等への参加を通じて，二国間の経済交流の推進や課題解決のために各種提言を行っている。

　ペトロブラス（Petrobras）関連では，石油・ガスの資源開発・生産・精製・輸送事業への日本企業による輸出や投資を支援すべく，各種ファイナンスを供与している。近年では，日本企業による超深海プレソルト（岩塩層下）油田での浮体式原油処理・貯蔵・積出設備（FPSO：Floating Production, Storage and Off-loading system）への支援が増加傾向にあるとともに，日本企業によるペトロブラスへの製品供給支援，温室効果ガス削減効果の高いペトロブラスの事業向け支援等を実施中である。

　ヴァーレ（Vale）関連では，高品位鉄鉱石の日本への安定供給の観点から，ヴァーレが所有する鉄道や港湾設備の増強に対してファイナンスを実施した。最近ではブラジル国内のさらなる鉄鉱石開発や，第三国での鉱物資源開発についてもファイナンスの期待が寄せられている。なお，近年では鉄鉱石の日本への供給元多角化の一環として，ヴァーレ以外の鉄鉱石開発事業への支援も実施している。

　国立経済社会開発銀行（BNDES）とJBICは，日伯両国の経済発展を支える政府系金融機関同士として，50年以上にわたり緊密な協力関係を築いてきた。近年では日本企業によるブラジルでのインフラ事業促進，日本の中堅・中小企業のブラジル進出支援，日本とブラジル企業による第三国での合弁事業支援のための協力枠組を締結し，両国の各種投資事業を推進している。また，ブラジルにおける温室効果ガス削減効果の高い風力発電，バイオマス発電等の事業を共同で支援中である。

　ブラジル政府との間では，20年以上継続している年次政策対話等を通じて，日本または日本企業に裨益効果が認められるインフラプロジェクトを中心に支援している。代表例として，日本企業が運営に参画しているサンパウロ州のPPP（官民共同出資）による地下鉄4号線事業へのファイナンスが挙げられる。

　日本からブラジルへの輸出促進の観点からは，ブラジル銀行（Banco do Brasil）やブラデスコ銀行（Banco Bradesco）との間で長年にわたりクレジットラインを設定しており，日本から製品を輸入するブラジル企業に対するファイナンスを継続中である。

　日本の民間金融機関によるブラジル向け融資としては，特に三菱東京UFJ銀行，三井住友銀行，みずほ銀行の3行が，各現地法人の業務規模拡大等を通じてペトロブラス関連等を中心に中・短期の与信を活発化させているが，長期与信についてはカントリーリスク等の観点から，JBICによる保証や日本貿易保険による保険付与が依然として必要な状況である。日伯両国の戦略的経済パートナーシップ具体化に向けて，JBICによる日本の民間金融機関との協調，様々な金融手法を活用した案件形成やリスクテイク機能，さらには両国政府・民間企業との広範かつ強固なネットワークを通じた金融支援が今後も期待されている。

（細島孝宏）

6. 文化交流

日本とブラジルをつなぐ交流団体

ブラジルと日本の文化交流は，ブラジルに160万人もの日系人が居住している関係上，日系団体との交流抜きには考えられない。特に2015年は日伯外交関係樹立120周年という記念すべき年にあたり，両国で様々な記念事業が盛大に行われた。以下，両国の文化交流の概要を，ブラジルの日系団体と日本の民間交流団体に分けて論じる。

ブラジルの日系団体▶日系社会の中心地であるサンパウロには，「御三家」と呼ばれる三つの日系団体がある。ブラジル日本文化福祉協会（文協，1955年創立），サンパウロ日伯援護協会（援協，59年創立），ブラジル日本都道府県人会連合会（県連，66年創立）である。

なかでも文協は，今日では在ブラジル日系人社会の最も中核的な団体となっており，ブラジル国内の350を超える文化団体を束ねる組織である。両国が関わる大規模な行事や，共同体としての問題に関して，日系社会を代表する存在である。

援協はサンパウロの日伯友好病院を拠点に，各地に診療所や高齢者施設を設置し，日系人への福祉・医療支援を行っている。

県連は文化・スポーツ振興のほか，移民のふるさと巡り事業，フェスティバル・ド・ジャポン（日本の郷土食・郷土芸能祭り）など多彩な取り組みを行っている。また，日本から各県人会に送られる助成金を有効活用するため，各県人会を組織化することで47都道府県を代表している。そのほか開拓先没者慰霊碑やサントス日本移民上陸記念碑の建立など，各種顕彰事業にも携わっている。

上記3団体のほかにも，日伯文化連盟，日本語普及センター，ブラジル日本商工会議所，アマゾニア日伯援護協会，サンパウロ人文科学研究所，ブラガンサ日本語学校，さくら学園，パラナ日伯文化連合会，ピラールドスール日本語学校，聖南西教育研究会などの団体があるほか，舞踊，華道，茶道など文化・芸術活動を行うグループも多数ある。

2008年の日本人ブラジル移住100周年記念行事では，文協の上原幸啓会長がブラジル日本移民百周年記念協会会長に，県連の松尾治会長が執行委員長に就任し，文協・県連の連合体制で盛大な式典を実現した。

日本の民間交流団体▶ブラジルを対象とした日本の主要な民間交流団体としては，東京の一般社団法人日本ブラジル中央協会（1932年創立）と神戸の一般財団法人日伯協会（26年創立）がある。

日本ブラジル中央協会は，戦前に官主導で設立され，移住事務の一端も担った日伯中央協会を前身とし，太平洋戦争中は業務を停止していたが，戦後1951年に民間団体として再興し今日に至っている。会報『ブラジル特報』（隔月刊）の発行や，ブラジル語講習会の定期開催，ブラジルの民間交流団体が来日する際の首都圏における交流窓口，政治経済・文化等をテーマとする講演会等の開催，ブラジル関連イベント等の広報・後援などを行っている。

日伯協会は，戦前の1928年に国立移民収容所（現・海外移住と文化の交流センター）の建設を実現し，以後一貫してブラジルへの移住者を支援してきた。収容所が閉鎖された71年以降は各種顕彰事業に取り組み，神戸移住センターを移住者の心のふるさと「海外移住と文化の交流センター」として永久保存することに貢献した。日本人ブラジル移住100周

年を迎えた2008年には、神戸で皇太子殿下の御臨席を得て盛大な式典を催した。09年以降は、同センター内の移住ミュージアムの管理運営を通じて移住の歴史を広く世に伝えるとともに、日本とブラジルの経済・文化交流に取り組んでいる。

この2団体のほかにも、公益財団法人海外日系人協会、一般社団法人ラテンアメリカ協会、一般社団法人日本・ラテンアメリカ婦人協会、京都ラテンアメリカ文化協会、各都道府県等地方自治体の国際課およびその外郭団体である国際交流協会などが文化交流活動に取り組んでいる。なかでも沖縄ブラジル協会、広島日伯協会などは活発な活動を続けている。さらに、日本・ブラジル間には57件の姉妹都市・友好都市協定があり、交流が続いている。

〈細江清司・桜井敏浩〉

❖非政府組織や地方自治体レベルの交流・協力

日本・ブラジル間には、移民社会の存在や政治・経済レベルの外交関係を離れて行われる交流もある。規模も目的も多様な団体が個々に行っている交流の実態を把握するのは容易ではないが、2000年代に入って着実な成果を示しているのが、国際協力機構（JICA）による「草の根技術協力事業」のもとで行われているさまざまな国際協力活動である。

草の根技術協力事業は、日本の国際支援機関であるJICAが2002年に制度化したもので、従来の政府間国際協力の枠組みを越えて、市民、非政府組織（NGO）、大学、自治体等と連携しながら、現地の多様なニーズに対応したきめ細やかな支援を行うことを目的とした業務委託事業である。

この事業の特徴は、経験や規模の異なる多様な事業主体が参画している点にある。①この制度のもとでは、国際協力の経験が少ないNGOなどを主体とする「草の根協力支援型」、②経験豊富なNGOなどを主体とする「草の根パートナー型」、③日本国内の地方自治体などを主体とする「地域提案型」（2013年以降は「地域活性化特別枠・地域経済活性化特別枠」）という3つのカテゴリー別に、これまで世界約90カ国で事業が行われてきた。以下では、ブラジルで実施された30以上の事業の中から代表的なものを紹介する。

①の「草の根協力支援型」として実施されている事業には、「光の子どもたちの会」（Associação Criança de Luz、神奈川県、鈴木真由美代表理事）による「ブラジル東北部子育て支援体制強化による地域力向上プロジェクト」（2013～15年）がある。これはセアラ州アラカチ市カノア・ケブラーダ地区において、地域住民主体の育児支援施設を開設し、小・中学生を対象とした「ライフ・スキル・トレーニング」を実施するとともに、住民と行政機関の連携により地域の子育てネットワークを創出しようというものだ。小さな村をベースに、暴力、飲酒・喫煙、売春、不登校など児童・青少年が直面する課題を、地域コミュニティの形成を通じて解決することを目指している。

②の「草の根パートナー型」では、「障害者インターナショナル（DPI：Disabled Peoples' International）日本会議」（NPO法人、東京都、平野みどり代表）が行った「ろう者組織の強化を通した非識字層の障害者へのHIV / AIDS教育」（2008～11年）が挙げられる。ここでは、ブラジルでも人口に占める障害者の率が最も高いとされるペルナンブコ州レシフェ市とその周辺地域において、同州保健局との連携のもと、ろう者をはじめとする障害者のためのHIV / AIDSに関する自己教育プログラムが実施された。この事業は、カナダに本部を置く国際的な障害者団体DPIの日本支部が参加しており、日本・ブラジルの二国間関係を越えた側面をもっている。

③の「地域提案型」では、富山県富山市に

よる「サンパウロ州モジダスクルーゼス市におけるごみの資源化促進事業」(2012～15年)の事例がある。家庭ごみの分別や資源ごみの再利用が進まず，その大部分を埋め立て処理に頼っていたモジダスクルーゼス市において，同市と姉妹都市交流を続けてきた富山市が，新たなごみ回収システムの形成支援や環境教育を行ったものである。このプロジェクトではまた，ブラジルの資源回収作業者カタドール (catador) による組合の組織化も行われている。循環型社会の構築で先進的な取り組みを行っている日本の地方自治体が，ブラジル固有の背景を考慮しつつ現地の地域社会を支援する事例として興味深い。

このように日本の非政府組織や地方自治体が，独自の技術や経験を生かし，ブラジル社会が抱えるさまざまな課題の解決のために支援活動を行っている。これらは移民社会や政治・経済外交を基礎とした従来の枠組みとは異なる，新しい協力・交流の形態といえよう。

（佐々木剛二）

❖ブラジルと日本の大学間学術交流

21世紀に入って，日本・ブラジル間では学術交流がますます盛んに行われるようになっている。日本では文科省，日本学術振興会，日本学生支援機構等の公的機関が様々なプログラムを通じて，ブラジルを含む諸外国との交流を促進している。文科省は在ブラジル日本国大使館に文化アタッシェ（専門職員）を置き，学術振興会は海外アドバイザーを委嘱し，学生支援機構は留学生勧誘のために複数の国公立・私立大学の教員・職員からなる留学説明団をブラジルに派遣している。このような姿勢はブラジル側にも反映され，後述する「国境なき科学計画」等にみられるように，近年学術交流に積極的に取り組んでいる。

例えばラテンアメリカ有数の規模を誇るサンパウロ大学は，およそ40の日本の大学と学術交流・学生交流協定を締結している。またパラナ州，リオデジャネイロ州，ペルナンブコ州などの国公私立大学も，同種の協定締結に意欲をみせている。客員教授，研究者レベルの交流も，協定校同士を中心に活発に行われている。

ブラジルから日本への留学については，日系・非日系を問わずブラジル国籍を持つ者を対象とする文科省国費留学，日系人を中心的対象とする都道府県費留学，日系人を対象とする国際協力機構（JICA）の短期・長期奨学生，同じく日系人を対象とする日本財団の奨学制度等がある。国際交流基金や日本学術振興会のプログラムによる研究者の派遣・受け入れも盛んである。また，留学の成果として修士号・博士号を取得するブラジル人研究者の数も増えている。ブラジルの多くの大学が，英語による授業・論文執筆を認めつつあるが，最近では理系のみならず文系でも，日本語で論文を執筆する者も増えている。一方，私費による留学の主流はいまだ欧米で，日本の数多くの大学が熱心な勧誘活動を行っているものの，大きな成果は上がっていない。

しかし，1990年の入管法改正以来，30年近くに及ぶ日本へのデカセギ（出稼ぎ）の歴史の中で，昨今では幼少時に両親とともに訪日したり，日本で出生したりした日系人子女が，小・中学校から大学まで日本で修了することも増えた。その数はいまや三桁に達し，見過ごせない存在となっている。なかには日本育ちでポルトガル語を話せず，ブラジルに渡って会話やヒアリングの研修を受けるケースもみられる。かつてブラジル育ちの日系人が「日本語を聞き取ることはできても話せない」という現象はしばしばみられたが，いまでは日本で就労した日系人の子女が，ポルトガル語で同じ轍を踏むことになっているわけである。だが，日本で教育を受けた日系ブラジル人子女が，母語としての日本語と成長後に学んだ

ポルトガル語の両方を自由に使いこなし，バイリンガルとしてビジネスや学術の分野で活躍するようになれば，グローバル化時代の新たな人材として頼もしい限りである。

このような状況のもと，ルセフ大統領は2011年の第一次政権就任直後，理系の大学生・院生10万人を英語圏の国々へ送り出すという意欲的なプロジェクトを発表した。これが「国境なき科学(Ciência sem fronteiras)計画」である。派遣先は現状では欧米諸国が最多だが，日本にも約400名の学生が在学中である。受け入れ先は国公私立大学を中心に多岐にわたるが，芝浦工業大学が最も多い。ただし，今後の見通しについては，2015年以降にブラジル政府が財政赤字克服のため緊縮財政に踏み切るため，計画自体は順調に進んでいるものの，送り出し人数は大幅に削減される見通しである。

他方日本側では，学生の海外留学への関心低下が懸念されるなか，日本学生支援機構(JASSO)が世界各国へ2万2,000人の学生を送り出す事業に着手している(留学期間は短・中・長期あり)。いまのところ留学先は，これまでの実績から欧米，アジア諸国が多いようだが，最近では文科省が中南米との学術交流プロジェクトに注力していることもあって，ブラジルを中心に中南米諸国への留学が増えることが期待される。　　　(二宮正人)

❖ブラジルと日本の文化交流

ブラジルと日本の間の文化交流は，21世紀に入り，より一層多様化してきている。以下，その現状を分野別に略述する。

文学▶スペイン語圏ラテンアメリカ文学に比して，ブラジル文学(ポルトガル語)の邦訳活動は，世界的ベストセラー『アルケミスト(*O Alquimista*)』をはじめ数々の作品が訳出されているパウロ・コエーリョを例外として，いまだ開発途上である。以下，著者別に邦訳されている作品を列記する。

マシャード・ジ・アシス *Dom Casmurro*：伊藤奈希砂・伊藤緑訳『ドン・カズムーロ』彩流社，2002年，武田千香訳『ドン・カズムッホ』光文社古典新訳文庫，2014年。*Memórias Póstumas de Brás Cubas*：伊藤奈希砂・伊藤緑訳『ブラス・クーバスの死後の回想』国際語学社，2008年，武田千香訳，同題，光文社古典新訳文庫，2012年。ジョルジ・アマード *Cacau*：田所清克訳『カカオ』彩流社，2001年。*Tereza Batista Cansada de Guerra*：明日満也訳『テレザ』東洋出版，2004年。*Gabriela, Cravo e Canela*：尾河直哉訳『丁子と肉桂のガブリエラ』彩流社，2008年。シコ・ブアルキ *Budapeste*：武田千香訳『ブタペスト』白水社，2006年。

日系ブラジル文学については，松井太郎の2巻からなる小説選『うつろ舟』『遠い声』(西成彦・細川周平編，松籟社，2010・12年)，そして細川周平の労作『日系ブラジル移民文学』(I：歴史，II：評論，みすず書房，2013年)が注目される。

日本文学のブラジルにおける紹介の事例としては，『枕草子』が2008年と13年にそれぞれ別の訳者によってポルトガル語訳されている。特に13年のサンパウロ大学教授陣による共訳は，現地主要紙誌でも大きく取り上げられ話題となった。

映画▶日本で近年公開された作品としては，セルタネージャ音楽(ブラジル版歌謡音楽)のデュオ誕生を描いたブレノ・シルヴェイラ監督の『フランシスコの2人の息子』(2 Filhos de Francisco, 2005)，警察特殊部隊の活躍を活写したジョゼ・パディーリャ監督の『エリート・スクワッド』(Tropa de Elite, 2007)，ポップミュージックをリードした親子の実話を元にしたシルヴェイラ監督の『ゴンザガ 父から子へ』(Gonzaga de Pai para Filho, 2007)などがある。また，シネマ・ノーヴォ運動を代表する2人の監督，ネルソン・ペレイラ・ドス・

アフロ・ブラジル文化の代表格、カポエイラ
(Herr Klugbeisser 撮影)

サントスとグラウベル・ローシャの主要作品が何度かリバイバル上映された（サントスは2000年と10年、ローシャは14年）。さらに、2006年から日本各地を会場に毎年実施されている「ブラジル映画祭」は、15年に第10回目を迎えた。

音楽▶ 現在では欧米経由の受容の段階を完全に卒業し、IT の発達もあいまって、ブラジル音楽がダイレクトに日本のリスナーに届くようになっている。なかでもジョアン・ジルベルトの人気は根強く、21世紀に入ってからすでに3回（2003, 04, 06年）来日している。また08年9月来日したジルベルト・ジルが宮沢和史と共演フリーコンサートを行ったが、会場となった横浜赤レンガパークには1万人以上が参集した。

カポエイラ▶ 格闘技・音楽・ダンスの要素を併せもつカポエイラは、アフロ・ブラジル文化を代表するものである。21世紀に入って日本でも急速に普及し、2015年現在、40ものカポエイラ団体が活動している。

サンバ、カーニバル▶ 各地のサンバカーニバル、パレードなどを通じて日本にも定着してきた感があるが、近年では日本からブラジルのカーニバルに特別参加するケースもみられる。2015年のサンパウロのカーニバルでは、「ブラジルと日本、120年の絆」をテーマに公演したサンバチーム「アギア・デ・オウロ（Águia de Ouro）」のパレードの掉尾を、青森県五所川原の立佞武多（たちねぷた）が飾った。

演劇▶ 劇作家ネルソン・ロドリゲスの代表作『禁断の裸体（*Toda Nudez Será Castigada*）』が、2015年4月東京で上演され、三浦大輔の演出、主演の内野聖陽・寺島しのぶらの熱演で評判を呼んだ。

（岸和田 仁）

❖日本におけるブラジル研究

「地域研究」という学問分野が成立するのは第二次世界大戦後であるが、広い意味でのブラジル研究は戦前にも行われていた。ただし、関心はもっぱら移民と通商関係に限られていた。第二次大戦後のブラジル研究も移民に関連して始まったが、ブラジルの日系社会で起きた「勝ち組・負け組」問題が研究テーマとなった点が注目される。泉靖一、斎藤広志らは、ユネスコの国際的な研究プロジェクト「社会的緊張の研究」の一環として、1952～53年にかけて「勝ち組・負け組」に関する現地調査を実施し、その成果は泉靖一編『移民 ブラジル移民の実態調査』（古今書院, 1957年）にまとめられている。移住地としてのアマゾンについては、泉と斎藤の共著『アマゾン その風土と日本人』（古今書院, 1954年）と、1956年の国際移住研究会の調査団報告、多田文男編『アマゾンの自然と社会』（東京大学出版会, 1957年）がある。

1950年代後半から70年代前半にかけては、両国の経済関係が急速に深まった時期であった。50年代の鉄鋼、造船への投資を皮切りに、70年前後には日本企業のブラジル進出ブームが起きた。これを背景に、ブラジルの歴史、社会、政治経済、文化へと関心が広がった。L・スミス『ブラジル 住民と制度』（井上照丸訳、農林水産業生産性向上会議, 1961年）やC・ワグレー『Brazil 文化と社会』（山本正三訳、二宮書店, 71年）など米国の概説書に加え、C・フルタード『ブラジル経済の形成と発展』（水野一訳、新世界社, 71年）、S・B・

デ・オランダ『真心と冒険』(池上岑夫訳, 同, 71年), C・プラド Jr.『ブラジル経済史』(山田睦男訳, 同, 72年)といったブラジルの名著が邦訳された。また,『新しいブラジル』(サイマル出版会, 74年) など, 斎藤広志の一連の啓蒙書もよく読まれた。なお, ブラジルの歴史については, すでに1956年, アンドウ・ゼンパチが『ブラジル史』(河出書房)を発表していた。本書は, 日本人によって書かれた非欧米諸国についての最初の通史の一つであり, 59年に再版され, 83年には岩波書店から改訂版が出されている。

1960年代には, 東京教育大学(筑波大学の前身)が地理学教室を中心に, ブラジルの自然環境に関する調査を開始した一方, 慶應義塾大学医学部による熱帯医学研究も始まった。また, 74年の田中角栄首相のブラジル訪問をきっかけに, セラード(cerrado：サバンナ)開発の研究も盛んになった。

1980年代に入ると, 日本におけるブラジルへの関心はさらに多様化し, 環境問題, 宗教, 音楽, 文学, スポーツなどの分野へも広がった。翻訳物ではない, 日本人研究者のオリジナルな研究書の出版も増えた。また, それまで特定の大学や研究機関, 学会に集中していた研究者の所属先も多様化し, 他地域の専門家との対話や, 政治学, 経済学, 社会学, 歴史学, 文化人類学, 環境学(公害研究)などの専門分野(ディシプリン)を軸とした交流の機会が増大した。とくに, 90年の入管法改正に前後してブラジルからのいわゆる「デカセギ(出稼ぎ)」者が激増したのをきっかけに, それまでブラジルとは縁のなかった労働経済学や移民研究, 社会政策, 教育学などの研究者が日系ブラジル人に関心を抱き, 一気に研究の裾野が広がった。また, 日本でこの問題に取り組む日系ブラジル人研究者が登場したことも, 日本のブラジル研究の活性化に貢献した。さらに, グローバル・スタディーズの隆盛を背景に, ディアスポラ論や構築主義的なアイデンティティ形成論などの視点に立つ, 従来とは異なるブラジルの日系社会研究が生まれた。これら一連の移民や日系ブラジル人をめぐる研究の成果は, 国際シンポジウムなどでも発表され, 日本とブラジルの間で多くの研究情報が共有されるようになった。この点では, 上智大学, 立教大学, 国際日本文化研究センター, 日本貿易振興機構アジア経済研究所など大学・研究機関の活動や, サンパウロ人文科学研究所日本支部の開設も特筆される。

〔鈴木　茂〕

❖ブラジルにおける日本研究

2002年, 日本研究に携わる大学教員や研究者によりブラジル日本研究協会(ABEJ)が設立された。非営利団体で, 活動目的は日本研究に関する学会の開催, 教員・研究者・学生間の交流の促進, 教育・学術論文発表, 日本語教育・日本・日系ブラジル人に関する研究の奨励, 日本語や日本文化コースの開設や発展の支援などである。

ブラジルにおける日本語教育の規模は南米で最大である。国際交流基金サンパウロ日本文化センターの2014年度のレポートによれば, 2006〜12年の期間に, 公教育における日本語教育機関数は63から80へ, 教師数は148人から195人へ増えた。ただし学習者数は2万1,631人から1万9,913人に微減している。

サンパウロ州, パラナ州, ブラジリア連邦直轄区の公立の初等・中等教育では, 選択制で日本語講座を学ぶことができる。うちブラジリア連邦直轄区の日本語講座は2011年に開設されたばかりである。一方, 高等教育では, 日本語・日本文学が専攻できる大学は次の8つである。サンパウロ大学(USP, 1964年講座開設), リオデジャネイロ連邦大学(UFRJ, 79年開設［以下同］), リオグランデドスル連邦大学(UFRGS, 86年), パウリス

夕州立大学（UNESP，92年）、ブラジリア大学（UnB，97年）、リオデジャネイロ州立大学（UERJ，03年）、パラナ連邦大学（UFPR，09年）、アマゾナス連邦大学（UFAM，11年）。大学院レベルでは、サンパウロ大学に96年に開設された日本語・日本文学・日本文化専攻科の修士課程があるのみで、博士課程はいまだ開設されていない。

日本研究に関する学術雑誌として、サンパウロ大学日本文化研究所が発行する『日本研究（Estudos Japoneses）』があり、ABEJのサイトで閲覧できる。1979年の創刊以来、ほぼ毎年発行されている。また、ブラジル日系文学会の『ブラジル日系文学』は年3回発行されており、2015年7月で第50号となった。

2008年にはブラジル移住100周年を記念して、全5巻からなる『ブラジル日本移民百年史』の刊行が始まった（1・2・4・5巻：サンパウロ、トッパン・プレス印刷出版、3・別巻：東京、風響社、13年全巻完結）。それぞれ1冊で概略されていた既刊の70年史、80年史に比べ、日本人と日系人のブラジルでの歴史がより多角的に詳しく記述されている。

日本研究に関する学会には、「全伯日本語・日本文学・日本文化学会（ENPULLCJ：Encontro Nacional de Professores Universitários de Língua, Literatura e Cultura Japonesa）」、「ブラジル日本研究国際学会（CIEJB：Congresso Internacional de Estudos Japoneses no Brasil）」がある。いずれも南米最大規模の日本研究学会で、ブラジル内外の日本語教師、学習者、研究者間の活発な意見・情報交換の場を提供している。ENPULLCJ第1回学会は1990年にサンパウロ大学で開催された。2016年9月には、ENPULLCJ第24回学会、CIEJB第11回学会が、学会設立以来初めてアマゾナス連邦大学で同時開催される予定である。

また、2015年8月には日伯外交樹立120周年を記念して、サンパウロ大学で「国際語としての日本語に関する国際シンポジウム」が開催された。

なお、国際交流基金サンパウロ日本文化センターのサイト内に設けられた「日本研究・知的交流」のページでは、日本研究に携わる研究者や論文を検索することができる。2000年以前の日本研究史についてはこちらを閲覧されたい。

（向井裕樹）

❖ブラジルサッカーと日本

ブラジルサッカーと日本の直接的な関わりは、1960年代後半にネルソン吉村、与那城ジョージらサンパウロの日系人リーグで活躍していた日系ブラジル人選手が、日本サッカーリーグ（JSL）のチームに入団したことで始まる。彼らはその後日本国籍を取得し、日本代表でもプレーした。70年代に入ると名門コリンチャンスの選手だったセルジオ越後が来日、引退後は少年サッカーの指導を通じてブラジルサッカーが日本に根づくのに貢献した。そして93年、Jリーグが発足すると、ジーコ、ドゥンガ、カレッカ、レオナルドらブラジル代表歴のある一流選手が加わり大活躍する。以来、Jリーグの各クラブはこぞってブラジル人選手を獲得するようになった。しかし2000年代後半以降は、J各クラブが外国人選手に以前ほどの報酬を支払うことができなくなっており、大物ブラジル人選手を獲得するのは困難な状況となっている。

リオデジャネイロ州生まれのラモス瑠偉は、20歳で日本へ渡り、JSLおよびJリーグで活躍。日本国籍を取得し、94年のワールドカップ（W杯）アジア予選で日本代表の中心選手としてプレーした。

そして日本代表が初出場した1998年W杯フランス大会では呂比須ワグナー、2002年日韓大会と06年ドイツ大会では三都主アレサンドロ、10年南アフリカ大会では田中マルクス闘莉王が、いずれもブラジル出身ながら日

本代表の一員としてピッチに立った。このうち，三都主アレサンドロと田中マルクス闘莉王はいずれも10代半ばで日本へ留学して日本の高校を卒業し，Jリーグのクラブに入団して活躍，日本国籍を取得して日本代表に選出されており，ブラジル出身ではあるが日本で育成された選手と言ってよい。

やがてJリーグの各クラブは，選手のみならず指導者もブラジルから招聘するようになる。鹿島アントラーズで選手として活躍した後，短期間ながら監督も務めたジーコは，2002年に日本代表監督に就任し，04年AFC（アジアサッカー連盟）カップで優勝。続く06年W杯アジア予選を勝ち抜いて本大会に出場したものの，一次リーグで1分2敗の成績で敗退した。このとき，一次リーグ最終戦でブラジル代表と対戦，これはW杯の舞台における両国代表の初対戦であり，ブラジル代表が4対1で圧勝した。

選手歴はないが優れた指導者として知られるオズワルド・オリヴェイラは，2007〜11年まで鹿島アントラーズの監督を務め，07年以降Jリーグ3連覇という史上初の偉業を達成した。

ブラジルの名門クラブの指導者を歴任したレヴィー・クルピは，1997〜2013年までのおよそ7シーズン半，セレッソ大阪を指揮し，香川真司（現ドルトムント），清武弘嗣（現ハノーファー）ら現在の日本代表の中核となる選手を育てた。

ブラジル代表と日本代表は，1989年にリオデジャネイロでの国際親善試合で初めて対戦して以来，2015年8月末までに11戦しており，前者が9勝2分と圧倒している。日本代表は，89〜99年までの5回の対戦でいずれも敗れた後，2001年のコンフェデレーションズカップで0対0，05年のコンフェデレーションズカップでも2対2と健闘した。しかし，06年のW杯ドイツ大会では4対1，13年に

2010年W杯のアジア最終予選（08年6月），バーレーン戦のピッチに立つ田中マルクス闘莉王（Neier 撮影）

ブラジルで行われたコンフェデレーションズカップでも3対0で完敗している。

ブラジルで開催された2014年W杯で，日本代表はサンパウロ郊外のイトゥーをベースキャンプに定めた。地元日系社会はキャンプやスタジアムを訪れて選手たちを激励したり，日本から応援に来たサポーターらに格安で宿泊施設を提供するなどして支援した。しかし，残念ながら日本代表は一次リーグで1分2敗で敗退，ブラジル代表も準決勝でドイツ代表に大敗を喫して4位にとどまり，そろって不本意な成績に終わった。

2000年代後半以降，ブラジルサッカーは国際大会での成績が振るわないが，来る16年のリオデジャネイロ五輪で男女ともども初の金メダルを獲得すべく研鑽している。日本代表も，男女そろってアジア予選を勝ち抜き，五輪で好成績を残すことを目指している。

（沢田啓明）

❖在日ブラジル人の文化活動

日本在住のブラジル人（そのほとんどは日系人だが，以下では日本に住むすべてのブラジル人を指して「在日ブラジル人」と称する）は，日本へのデカセギ（出稼ぎ）移民がブーム化した1980年代末より，多様な文化活動を営んできた。まず，90年代には群馬県や愛知県などの集住都市各地で「のど自慢大会」が

開かれるなど，ブラジルの日系移民文化が日本で再現・模倣された。一方，群馬県大泉町のカーニバルでは，ブラジル人によるサンバパレードが名物の演し物として話題を呼んだ。デカセギの苦労や体験を漫画で描き出す者（マリオ・トマ著『Os dekasseguis』など），音楽で表現する者（群馬県在住の音楽家によるアルバム《Kaisha de música》など）も登場した。加えてポルトガル語の新聞や雑誌等のメディアも多数登場した。これら90年代の試みに共通するキーワードは，母国や離散家族への「サウダージ」（郷愁）を慰撫しようという願望である。

2000年代に入ると，在日ブラジル人の日伯間の往来が活発化し，ジョー・ヒラタのようにブラジルと日本の日系人集住地でツアーを組むなど，いわば「トランスナショナル・エスニック・アーティスト」の活動が目立つようになる。メジャーなアーティストなら東京，大阪，名古屋などでコンサートを開くが，ヒラタの場合は群馬県の大泉町，静岡県の浜松市，愛知県の小牧市といった在日ブラジル人の集住地でコンサートを開いた。

他方，依然として大部分の在日ブラジル人が日本語能力の不足でコミュニケーションに苦戦するなか，写真が言葉の壁を越える表現手段として急速に普及した。各地で写真撮影のワークショップやコンテストが開催され，愛知県豊橋市のマサオ・ホトシのように，移民家族の写真集『Comunidade brasileira A a Z』を出版するなどの動きもみられる。同様の理由から映像作品も制作されるようになった。とりわけ日本で生まれ育った移民第二世代のアイデンティティ探しを映像化したルマ・マツバラのセルフドキュメンタリー作品（『レモン』，『ヒョジョンへ』など）は特筆に値する。

在日ブラジル系のエンターテインメント業界も急成長し，イベントプロモーターとして生計を立てる人々が現れ，各種イベントが肥大化した。ブラジル映画祭，ミスコンテスト，ファッションショー，ディスコやクラブでのパーティ，夏のルアウ（夜通しのビーチパーティ）などが，週末を中心に盛んに行われるようになった。

2005年以降は各自治体で積極的な多文化共生施策が推進され，在日ブラジル人向けの文化イベントにとっては追い風となった。群馬県での青少年フェスティバルや長野県上田市での Arraial de Ueda はその好例である。また各地のブラジル人学校（エスニックスクール）を中心に，フェスタ・ジュニーナ（毎年6月の「田舎祭り」）がエスニックイベントとして定着しつつある。

2010年代（厳密にいえば2000年代末以降）には，世界各国で「在外ブラジル人」のネットワークが形成された。たとえば米国在住のブラジル人がフロリダ州で手がけていた文化イベント「フォーカス・ブラジル」が，東京でも年に一度，開催されるようになった。また2000年代に本格化したインターネット上での様々な表現手法（ブログ，動画投稿等）が，2010年代にはSNSの発達もあいまってさらに盛んとなっている。

最後に，出版物公刊に至った作品の数は少ないものの，デカセギ初期から複数の文学的な試みがなされてきたことも忘れてはならない。日本での波乱万丈の体験を脚色した小説や，エッセー，クロニクルなど，「デカセギ文学」と呼べるものが生成されつつある。

こうした多彩な文化活動は，2008年以降のリーマン・ショックに伴う雇用危機によって，いずれも大なり小なり打撃を受けている。とくに大型イベントと紙媒体は壊滅的な打撃を受けた。今後は移民第二世代が，何語で，いかなる表現手法で，どのような活動を展開するかが注目される。 　　　　（アンジェロ・イシ）

第 2 章 政治と外交

0. 概観

2016年現在，民主化から30年余が経過したブラジルの政治情勢は混迷を極めている。15年12月2日，ルセフ大統領に対する弾劾請求を下院議長が正式に受理，16年1月現在，弾劾に向けた手続きを続けるか否かを議論する下院特別委員会の設置を巡り与野党の対立が続いている。ルセフ大統領が弾劾の危機に晒されている主な理由として，後述の石油公社ペトロブラスを巡る汚職疑惑事件や，15年度予算について政府が議会の承認なしに行った不当な資金繰り等が挙げられる。主要都市を中心にルセフ退陣を求める抗議デモが多発している。ルセフは11年，労働者党（PT）創設者の一人であるルーラの後継者として，またブラジル史上初の女性大統領として政権の座に就いた。14年10月に再選され，15年1月に2期目（任期18年まで）に入ったが，支持率は15年8月に一時8％にまで低下するなど，政権の先行きは極めて不透明である。

ブラジルの政治は1985年の民主化以降，10年間ほど不安定な状況が続いたが，95年，ブラジル社会民主党（PSDB）党首（当時）で，世界的に著名な社会学者でもあったカルドーゾが大統領に就任，2期8年間（2002年まで）を務めた。その後政権はPTに移り，ルーラPT名誉党首が大統領に就任，同じく2期8年間（03〜10年）を務め上げ，現在のルセフ政権に至っている。長期政権が必ずしも政治的安定を意味しないことはいうまでもないが，64年の軍事クーデターや任期途中での辞任（92年，コロル大統領）など，不安定性を特徴の一つとしてきたブラジルの現代政治史上，20年近くにわたりわずか3人の大統領が政権を担当してきたことは注目に値しよう。

こうして1990年代後半以降，カルドーゾやルーラというカリスマ性のあるリーダーのもと，ブラジルは国際社会でも次第に存在感を増し，とくにルーラ政権は資源ブームや国内消費市場の拡大など，内外ともに恵まれた経済環境に後押しされ，新興国の一員としてより積極的な外交を展開した。それは2014年のサッカー・ワールドカップや16年の夏季オリンピックの招致にもつながった。

現ルセフ政権が抱える問題の一つは経済である。ルーラ政権最終年の2010年には7.6％であったGDP成長率は，ルセフ就任の11年に3.9％，翌12年1.9％，13年3.0％，14年0.1％と低迷が続き，15年には-3.71％にまで落ち込んだ。16年も-2.33％とマイナス成長が続く見通しである（16年2月12日付ブラジル中央銀行「フォーカス」）。通貨安が続き，15年9月末には1ドル4レアル台と，1994年に通貨レアルを導入して以来の最安値を記録，失業率も7％前後と高く，雇用状況も厳しさを増している。15年9月に政府が発表した財政健全化政策は歳出削減と増税を基本とするもので，議会は強い抵抗を示している。☞3章

こうした厳しい経済状況の中でルセフ政権をさらに苦しめているのが，石油公社ペトロブラスをめぐる大規模な汚職疑惑（通称ペトロロン Petrolão 疑惑）である。契約を望む建設請負会社に対してペトロブラスが賄賂を要

求，その一部がPTに流れたと取り沙汰され，汚職規模は190億レアル（約6,000億円）に上る（『日本経済新聞』2015年9月8日付）。2014年3月17日，連邦警察が対ペトロブラス捜査（通称「カーウォッシュ Lava Jato 作戦」）を開始して以来，汚職疑惑は日を追うごとに拡大し，複数の逮捕者を出すに至っている。15年7月1日付の『VEJA』誌には，建設会社UTC社長の告発により不正資金が流れた議員名リスト（現職大臣を含む）が掲載され，そこにはルセフ大統領とルーラ元大統領の名もあった。記事によれば，ルセフの14年の大統領選で会計担当を務めたシルバ現社会広報庁長官が，選挙資金として UTC 社から賄賂を受け取っていたという。これにメルカダンテ現教育大臣も絡んでいたとされ，最高裁はこの2人を汚職疑惑の捜査対象とする指示を下した。ルセフ大統領自身，ルーラ政権時代に鉱業エネルギー大臣を務め，ペトロブラスとのつながりは強い。不正資金の流れを把握していたはずだという噂は以前から囁かれており，現役大臣にも捜査の手が及んだことで，ルセフ政権はいまや窮地に追い込まれている。

ブラジルの政治汚職の根は深く，皮肉交じりに「文化」と揶揄されるほどである。2001年には会計検査院が設立され，政党・政治家のアカウンタビリティを促進するための対策がとられているが，依然として汚職は撲滅できていない。1990年代以降に限っても，在任中の92年末，公金横領罪で弾劾裁判を受け自ら辞職したコロル大統領はもとより，ルーラ大統領も2003〜04年にかけて「メンサロン事件」と呼ばれる汚職問題で疑惑を受けている。後者は当時の官房長官ジルセウとPT党首ジェノイーノを中心に，下院の連立与党議員が政策支持の見返りに多額の手当てを受け取っていたとされるものである（メンサロン mensalão：「毎月，月極」を意味する mensal の増大辞）。ジルセウをはじめ事件に関与した議員は辞任に追い込まれ，最終的に12年12月，最高裁が25名に対し有罪判決を下した。

メンサロン事件以後，高等選挙裁判所（TSE）の管理下で，各政党はオンライン上で企業からの政治献金に関する情報公開を法律で義務づけられることになったが，どれほどの実効性を持つかは定かではない。

ただ，ペトロブラス汚職疑惑以降，市民社会の政治に対する目が厳しくなったことは確かである。1985年の民政移管以来，30年余しか経っていないブラジルの民主政治は，いまだ安定性を確保したとはいいがたい。低迷する経済状況が政治への批判精神を養い，SNSの発達などによって市民社会の政治への監視が強まることは，ブラジル政治の健全化・安定化に資する可能性がある。 （子安昭子）

1. 政治の流れ

❖ **カルドーゾ政権**

保護主義から新自由主義へと国のマクロ経済政策の転換を求めたコロル大統領は，1992年に自らの汚職問題を巡る弾劾裁判結審前に辞任し，フランコ副大統領が大統領に昇格した。インフレ収束を目指す「レアル計画（Plano Real）」はフランコ政権下で93年末に提示され，94年にカルドーゾ財務大臣（当時）により実施され，新通貨レアルが誕生した。カルドーゾ率いるブラジル社会民主党（PSDB）は議会では少数派であったが，北東部に地盤を持つアントニオ・カルロス・マガリャンエスの自由戦線党（PFL）の支援によって，社会政策を前面に打ちだし低所得者層の支持を集

めていた労働者党（PT）のルーラを破り，94年10月の大統領選に勝利して95年1月に就任した。

リオデジャネイロに生まれ，8歳のときからサンパウロに住み始めたカルドーゾは，自らを「リオ生まれのサンパウロ人」と呼ぶ。これは植民地時代の伝統を受け継ぐリオの人脈と，近代主義のサンパウロの人的援助を繋ぐ出自を意味する。さらに国軍の将軍であり，ブラジル労働党（PTB）所属の国会議員であった父親を持つ政治的門閥の出身である。サンパウロ大学（USP）で社会学を学び，フランスで学位を得た後，軍政期には母校サンパウロ大学で政治学を教え始める。1968年の軍政令第5号によって職を失うが，サンパウロのエリート層に繋がる「USPグループ」という学閥を後ろ盾に政治活動を続けた。カルドーゾはコミュニケーション能力に優れている。

1988年には当時の与党ブラジル民主運動党（PMDB）の分派であるPSDBの創設に参加した。「従属学派」の社会学者でもあるカルドーゾは，国内における地域的社会的格差を批判していた。しかし95年に政権を担うと，ブラジルを取り巻く国際的環境が変わったと論じ，自由競争を容認する経済開放政策を掲げて，外国資本を積極的に誘致し，国際競争時代に乗り遅れないブラジルを目指した。特に過去の政権が絶えず失敗してきたインフレの収束を実現させた手腕は高く評価できる。97年には支持勢力の協力を得て，大統領の任期を5年から4年に短縮し，大統領や知事，市長の再選を認める1988年憲法の改正を行った。98年の選挙で再びルーラを破り，99年に大統領に再任された。

ブラジルの公認政党は当時30にのぼったが，カルドーゾ政権下の有力政党は，与党では上院最大勢力のPMDB，下院ではPFL，さらに上院・下院ともに強い勢力をもつPSDBのほか，ブラジル進歩党（PPB）とPTBであった。野党は，PTや民主労働党（PDT），ブラジル社会党（PSB），社会大衆党（PPS），ブラジルの共産党（PC do B）などに収斂していた。政党を中心に国会で議論を尽くす民主的な争点政治が可能となった。

カルドーゾ政権はインフレを抑制し，新自由主義に基づく民間部門主導の経済モデルへの歴史的転換を実現した。インフラ部門も民営化の対象となった。さらに第二次政権においては，国民間の不平等の是正を試みる社会政策ボルサ・エスコーラ（貧困家庭の児童のための就学支援金プログラム）など，新自由主義の要素も取り入れた選別的な現金給付政策を開始した。

このように一定の成果を得たものの，課題も残した。まず市場への楽観的姿勢である。例えばメキシコ（1994年），アジア（97～98年），ロシア（98年）の3つの国際的金融危機の影響を受けて，海外からの資金調達が困難となった。市場の過度な放任は経済活動に競争を引き起こし，国民生活に危機をもたらす。カルドーゾ政権では市場の自由を規制する適切な手段と制度の構築には至らなかった。

さらに，社会正義に関わる公平の観念については，機会の平等に重点が置かれ，他方で多くの人々が敗者になることを運命づけている制度の問題は軽視された。税制と社会保障制度は，平等のために所得の再分配を重要な機能とするが，それらの改革は着手されないか不徹底なものとなった。極端な社会格差が都会における治安の悪化を招いた。政権終盤には早魃による電力供給危機が起こり，これが選挙直前の2002年における大統領支持率低下の要因となった。　　　　（住田育法）

❖ルーラ政権

北東部地方の貧農出身で，労働者党（PT）名誉党首のルーラが大統領選に勝利した2002年10月の選挙結果は，ブラジル国民が

社会改革を求めたことの証であった。ブラジル史上初の非エリート層出身大統領の誕生によって，社会格差の改善が進み，おおむね国民の期待に応えた2期8年間となった。

　軍政下の1979年に政党結成を認める新法（法律第6767号）が成立し，労働運動の闘士であったルーラは翌80年，運動の仲間や知識人たちと党を結成した（政党登録は82年）。89年と94年に大統領選挙に立候補していずれも敗れ，ルーラは95年に党首を引退して名誉党首になった。98年の選挙では第1回投票でカルドーゾが53％を獲得し，ルーラは敗退した。

　4度目となる2002年の大統領選挙では，過去の失敗を踏まえて緻密な選挙活動を展開した。1992年のサンパウロ市長選挙でパウロ・マルフを勝利に導いたドゥダ・メンドンサを選挙参謀に迎え，候補者としてのイメージアップを図ったことが大きく功を奏した。カリスマ性があると評されたルーラは，洗練された服装に加えて，優しい笑顔と演説に磨きをかけた。後に特別補佐官ガリシア・マルケスは「相手候補にメンドンサが協力しなかったことが幸いした」と語っている。

　このときの選挙は1億人を超える有権者の電子投票による直接選挙であった。ブラジル社会民主党（PSDB）の候補者ジョゼ・セーラに対して，政権奪取を目的として，穏健かつ現実的な政治運営を掲げたルーラの「変身」ぶりが話題となった。第1回投票でルーラの得票率が46％を超え，決選投票では61％に達した。選挙運動が進む段階でブラジル民主運動党（PMDB）のジョゼ・サルネイの支援を得たこと，副大統領候補に保守派のジョゼ・アレンカールを擁立するのに成功したことがルーラの勝利に繋がった。

　反PTのカルドーゾは選挙前に，PSDB，自由戦線党（PFL），PMDBが連立を維持することが必要だと強調したが，その希望は叶わなかった。しかし選挙後カルドーゾは，ルーラの勝利は民主主義の勝利であると発言し，平和的な政権移譲は，ブラジルに民主主義が定着していることを印象づけた。

　低所得階級出身で，初等課程5年生修了という低学歴のルーラは，選挙において貧困の克服を最重要課題に掲げた。第一次政権が始まった2003年，「飢餓ゼロ（Fome Zero）」を掲げ，条件付き現金給付制度ボルサ・ファミリア（Bolsa Família）など政府主導の社会政策を実行に移した。

　ルーラ政権は閣僚等の半数をPTが占め，国内では貧富の格差の是正，外交ではメルコスル（南米南部共同市場）などを軸とした近隣諸国の結束で交渉力を高めた。特に経済では前政権の保守的な政策を継続させた。中国をはじめとする世界経済の好況という幸運や，バイオ・エネルギーへの世界的な需要増加などによる一次産品の国際価格の上昇に支えられた。新自由主義に基づき，民間企業と国家のイニシアチブを融合した市場親和的な経済運営を進め，これが株価の上昇や海外直接投資の流入など「ブラジル買い」をもたらした。

　ブラジル経済では海底油田に恵まれた石油公社ペトロブラスのプレゼンスが大きい。ルーラはその利益を教育に回すと発言して教育関係者の支持を得た。第一次政権期の平均GDP成長率は2.7％に留まったものの，「クラスC（Classe C）」と呼ばれる中間層の比率が増大し，新興国消費市場として世界の注目を集めた。

　ルーラ政権では，市民参加や外部委託などを通じて民間の政治参加を進めた反面，汚職の問題が深刻化した。第一次政権期に起きた国会議員の買収疑惑「メンサロン事件」では，ジルセウ官房長官が辞任に追い込まれた。2005年にサンパウロのカトリック大学教授が若者向けのテレビ番組で，「永く黒人奴隷制度が続き，20世紀になっても独裁政治を経験

した国であるブラジルは、いま最も民主的になった」と若者を励ます発言をするほど、政治危機が深刻となった。翌06年には別の汚職疑惑でパロッシ財務大臣が辞任した。しかし、貧富の格差是正の実績で高まったカリスマ性を保ったルーラは、80％台の高い支持を受け続けたまま任期を終えた。　　　（住田育法）

❖ルセフ政権（第一次）

ブラジル初の女性大統領としてルーラの後を継いだジルマ・ヴァーナ・ルセフは、ブルガリア移民の父親を持つ移民2世である。故郷ミナスジェライス州はブラジル独立運動発祥の地であり、旧都リオデジャネイロと新首都ブラジリアに挟まれた伝統的に教育熱心な地域でもあった。生まれ育った州都ベロオリゾンテは、19世紀末の大規模都市計画によって創設された近代都市である。ルセフは軍政開始の1964年にこの地の州立学校に入学、反軍政活動に参加し、70～72年には逮捕拘禁された。77年にリオグランデドスル連邦大学経済学部を卒業し、同州で官僚としてのキャリアを積んだ（同州はゴラール元大統領やブリゾーラ元州知事を輩出した地域でもある）。ルーラ大統領に行政手腕を見出され、鉱山エネルギー大臣、官房長官としてメンサロン事件に揺れるルーラ政権を支えた。この実績によりルーラから後継者に指名された。

2010年の大統領選挙は、ルーラ政権誕生時と同じく、シンボルカラーが赤の労働者党（PT）と青のブラジル社会民主党（PSDB）の戦いとなった。第1回投票でルセフは46％、決選投票では対抗馬ジョゼ・セーラの44％に対して56％を獲得して勝利した。この年のルセフ対セーラは、02年のルーラ対セーラに比べて、支持層の地域性のコントラストが強まった。つまりルーラは地域的に広く均等に有権者の支持を得たが、ルセフの場合、都市圏の低所得層と北東部の支持が際立っていた。

2010年大統領選での勝利を前任者ルーラとともに喜び合うルセフ（提供：Agência Brasil）

この傾向は14年選挙でも見られ、ルセフの決選投票での得票率は北東部全州では62％を超えたが、全国ではPSDB候補アエシオ・ネヴェスの48％に対して52％と僅差であった。

大統領選と同時に行われる州知事選では、2010年は南東部ミナスジェライス州とサンパウロ州で野党PSDBが強く、これにパラナ、ゴイアス、トカンチンス、パラ、ロライマ、アラゴアスを加えた8州で反PT政党が勝利した。

与党PTとブラジル民主運動党（PMDB）は、前者がブラジリア連邦直轄区と、リオグランデドスル、バイア、セルジッペ、アクレの4州で、後者がリオデジャネイロ、マトグロッソドスル、マトグロッソ、ロンドニア、マラニョンの5州で勝利した。2014年にはPTが有力州ミナスジェライスとバイアなど5州を、反PTのPSDBがサンパウロやパラナなどの5州を獲得した。

ルセフはルーラの社会改革路線を踏襲したが、ルーラのようなカリスマ性や、政財界の支持を広く集めるためのコミュニケーション能力には欠けていると多くの研究者が指摘する。それが顕著に表れたのが、第二次政権1年目の急激な人気の低下である。世論調査機関データフォーリャ（Datafolha）の2015年8月の調査結果によれば、ルセフに対する評価は71％が「最も悪い／悪い」で、「最も良い

／良い」はわずか8％であった。深刻なのは，支持基盤であったはずの低所得層や北東部・北部住民からの評価も，「最も悪い／悪い」が65～69％，「最も良い／良い」が9～10％と，全体と大差がないことである。この数字は，貧困層に絶大な支持を受けていたルーラが政権を離れたことで，PTの影響力がその層に及ばなくなったことを表している。北東部や都市低所得層の人々は，高学歴の移民2世である現大統領に対して，生活感覚の面で共通点が見いだせなくなっていると言える。

ブラジルはルセフ政権直前の2010年には国内総生産（GDP）で世界第6位となり，年率7.5％の成長を記録した。ルーラ第二次政権期の2007年にはサッカー・ワールドカップ，09年にはリオデジャネイロ・オリンピックの招致に成功し，ルセフ新政権に花を添えることになった。しかしルセフ第一次政権の4年間は，年平均1％台の低成長であった。ユーロ危機や中国経済の減速，米国連邦準備理事会の量的金融緩和措置などにより，ブラジル経済は停滞に向かった。さらに汚職と政治腐敗が深刻化し，12年2月までの政権発足後1年余の間にネグロモンテ都市相をはじめ9人の閣僚が更迭された。

ルセフ大統領は第二次政権1年目を迎えた2015年9月，米国ニューヨークで開かれた第70回国連総会で演説を行った。世界180カ国の代表を前に，為替の動向や様々な負の要因が高インフレや税収減を招いているが，ブラジルは新たな成長軌道に乗るための転換期にいると強調した。また汚職に関しては，政府から独立した司法機関によって，完全なる公明正大さと中立性をもって調査が行われているとした。表現の自由については，今後とも民主主義の価値観を守っていくとした。

また同年10月には，閣僚数を39から31に減らすと発表した。閣僚人事などについてはルーラ前大統領への依存度が高まっており，第二次政権もルーラのカリスマ性とコミュニケーション能力に頼る姿勢が続いている。

（住田育法）

2. 政府

❖**憲法**

現行憲法である1988年連邦共和国憲法（Constituição da República Federativa do Brasil）は，連邦上下両院議員で構成する憲法制定議会が起草し，1988年10月5日に発布された。帝政期の1824年に制定された欽定憲法から数えて同国7番目の憲法となる（軍政下の1969年に実施された前1967年軍政憲法の大幅改正をひとつと数えると8番目）。第1条で主権在民，人間の尊厳，労働および創業の自由，政治的多元性に基礎をおく民主的法治国家をうたう。全250条からなり，前文に続き第I編「基本原則」，第II編「基本的権利および保障」，第III編「国家組織」，第IV編「権力組織」，第V編「国家および民主主義制度の擁護」，第VI編「租税および予算」，第VII編「経済および金融」，第VIII編「社会秩序」，第IX編「一般規程」からなる。先住民，児童，高齢者など社会的弱者の問題や環境，社会通信など従来なかった条項を盛り込んだほか，立法，司法両府の権限強化，基礎自治体であるムニシピオ（município）の自立性を高めるなど，民主的制度改革の骨格を規定している。

1988年憲法は，憲法条項の改変条件として，連邦上下両院それぞれ2読会にわたる審議と，両院ともに議員の5分の3の賛成を条件とする硬性憲法ではあるが，ブラジルの場合1992年の第1号から始まり2015年5月までで憲法

修正（emenda constitucional）は88本を数える。これとは別に，憲法制定時に付記された憲法暫定規定で事前に予定された改定（revisão）を94年時点で6本実施しており，この中には大統領任期の5年から4年への短縮・政権交代期（1月1日）の変更などが含まれた。さらに憲法暫定規定を根拠に93年4月に政体を問う国民投票が実施され，共和制・大統領制の継続となった。

憲法修正には，文言の修正・加筆といった比較的軽微なものもあるが，ガスや電気通信事業の民間開放（第5号および第8号，1995年），政府首班の二期連続再選許可（第16号，97年），保健予算の分担（第29号，2000年），大統領令のルール改変（第32号，01年），司法改革（第45号，04年），ムニシピオ交付金の拡充（第55号，07年）など制度改革に伴い手が加えられてきたものが多い。さらに憲法規定事項を補足する法規として補足法（Lei Complementar，成立要件：上下両院による絶対過半数の承認）があり，この中には，三軍の省を廃止し国防省を創設した補足法第97号（99年），連邦・州・ムニシピオ政府に対し厳格な予算執行を規定した2000年5月制定の補足法第101号（通称「財政責任法」）などの重要法規が含まれる。

このようにブラジル憲法は，所定の手続きを経て合意形成に達すれば改変されるものであり，同国で生活し事業を行うに当たって，この点は明確に認識されておくべき事柄といえる。それだけに憲法修正提案がしばしば政争の具ともされてきた。ただ，基本的人権の保障や連邦形態，三権分立，秘密投票による普通選挙については，憲法修正協議の対象にしてはならないと同憲法により規定されている（第60条）。

ブラジルは連邦制をとるため，連邦憲法とは別に，州にも基本法として州憲法が制定されてきたが，1988年憲法で，地方自治促進の観点からムニシピオについても，連邦憲法および州憲法に抵触しない範囲で組織法（Lei Orgânica Municipal）の制定が義務づけられた。

違憲立法審査権は連邦最高裁判所（Supremo Tribunal Federal）に帰属する。ただ憲法第97条で一般法廷でも違憲判断が認められてきたこともあり，公判の遅延・混乱の要因のひとつとみなされてきた。2004年の司法改革で構成判事の3分の2の合意で決せられた最高裁の判断は「拘束力を持つ判例要旨」（súmula vinculante）として，下級審や政府に及ぶようになった。☞7-1　　　　　　　　　　（堀坂浩太郎）

❖連邦制

ブラジルは連邦共和国として連邦制を採用している。米国に代表される連邦制国家の多くでは，その構成者として州が想定されている。しかしブラジルの連邦制では，1988年憲法第18条の「国家の政治行政区分は，1つの連邦（União），26の州（Estado）と連邦直轄地（Distrito Federal），5,570のムニシピオ（município）から成る」という規定にあるように，行政機関として州の下位分類にあたるムニシピオの存在を明確に位置づけている。すなわちブラジルの連邦制は，法制度の側面から，連邦・州・ムニシピオという3つの政治行政区分にそれぞれ高い自立性が確保されていることが特徴である。また連邦・州・ムニシピオには，1988年憲法に加えて，それぞれ州憲法とムニシピオ組織法（Lei Orgânica Municipal）がある。すべての行政組織は，連邦憲法を遵守するかたちで，行政・立法・司法の業務に対応する法的な権限を明確に規定されている。

連邦・州・ムニシピオには，それぞれの管轄に抵触しない範囲で執行権が定められている。国防・安全保障・金融・貿易・経済などの外交政策は主に連邦政府が担うが，教育・保健医療・労働・住居・公共交通・治安・社

会福祉・母子保護・環境などの社会政策分野は，問題の領域が広範囲にわたることもあり，3つの行政機関が共同で対応する体制をとっている。例えば1988年憲法で創設された統一保健医療システム（SUS）では，国家医療審議会（Conselho Nacional de Saúde）を中心として，連邦・州・ムニシピオが連動して保健医療サービスを行えるよう，公共業務の一本化が図られている。地方自治を重視する連邦制では比較的珍しい，トップダウン型の行政サービス体制である。

他方でボトムアップ型の制度も存在する。ブラジルの連邦制は，歴史的には中央集権化と地方分権の潮流の交錯の中で生まれたものであるが，1980年代以降の民主化の過程と連動して，世界で最も地方分権が進展した国の一つとみなされるようになった。地方分権化により，州やムニシピオが連邦政府の業務を補完し，かつ連邦政府への権力集中を監視・抑制する機能を担うようになり，その中から市民が政策決定過程に参加する仕組みが生まれることにもなった。リオグランデドスル州の州都ポルトアレグレ市で始まった参加型予算はその好例である。ムニシピオにおける草の根の市民活動に端を発するこの制度は，やがて他のムニシピオから州，連邦の管轄にいたるまで影響を及ぼした。☞ 5-2「**参加型行政**」

しかし，ブラジルに根強く残る社会経済的な地域格差が，地方分権の障害の一つとなっている。特に財源面では，すべての州・ムニシピオの行政サービス体制が健全に機能しているわけではない。とりわけ貧困にあえぐ北東部の州・ムニシピオでは，行政サービス等において連邦政府からの自立性が確保されているとは言いがたい。現段階では格差是正対策として，連邦・州・ムニシピオの間で税制区分の見直しや税収移転が行われている。税収移転については，連邦政府が州およびムニシピオに対する地方交付税を拡充するかたちで実施されている。

この地域間格差の問題は，連邦政府および地方政府の財政に関する取り組みを規定した2000年の財政責任法施行後も，さらに深刻さを増している。連邦政府と同様に州・ムニシピオにおいても，財政規律や行政業務の効率化などによって，行政府の執行能力とアカウンタビリティを強化することが連邦制の今後の課題である。

〔舛方周一郎〕

❖ **大統領制**

ブラジルは執政制度として大統領制を採用している。米国に代表される大統領制の理念型では，行政府と立法府が独立対等であることが特徴である。しかしブラジルの大統領制では，他のラテンアメリカ諸国と同様，大統領が連邦議会に対して一定の影響力を行使できる。この種の大統領制を採用するラテンアメリカ諸国の中でも，特にブラジルの大統領には，連邦議会との関係において最も強い政治的権限が付与されていると考えられてきた。

この大統領の制度上の優越は，1988年連邦憲法の条文に基づき，大統領に事前対策の権限と抑制的権限が付与されていることからも確認できる。まず事前対策の権限として，大統領には国家予算案の決定権に加えて，特定の政策分野において暫定措置法（MP）と呼ばれる事実上の法案の提出権が与えられている。次に抑制的な権限として，大統領には連邦議会の法案に対する包括的あるいは部分的な拒否権の行使が認められている。

こうして政府と議会の関係において大統領の制度上の優越が確保される一方，多党制を採用するブラジルは，1990年代前半まで小政党が乱立する世界でも最も分節化した政党システムを有していた。一面では不安定なこのシステムがその後一定の安定をみたのは，連合大統領制（presidencialismo de coalizão）の採用によるものである。これはブラジルのよう

に大統領制と多党制を採用する国家において，大統領が連邦議会での多数派を確保するために，複数政党と連立を結成して政府・議会関係を調整するシステムである。ブラジルの連合大統領制は，大統領がその政治的資源として，連立を組む他の複数政党に利益供与を行うことや，連立政権を担う政党の所属議員を閣僚に任命することで成立してきた。これにより内閣の形成と安定的な議会運営を可能にするとともに，政府・議会関係における大統領の政治権限を保ってきたといえる。

ブラジルの連合大統領制は1995年，第一次カルドーゾ政権期に成立した。カルドーゾは，政府・議会関係の構築に失敗したコロル政権（90〜92年）を教訓に，安定した議会運営なしに政権運営はなしえないと判断したためである。複数政党との大規模な連立政権は，その後のルーラ，ルセフによる労働者党（PT）政権においても維持され，両政権が盤石な政府・議会運営を行う基盤となった。

特筆すべきは，カルドーゾ政権以降のブラジルの政権党が，軍事政権時代のブラジル民主運動（MDB）の流れを汲み，連邦議会で最大議席を確保する中道政党のブラジル民主運動党（PMDB）と連立を組んできた点である。PMDBをはじめ複数の政党と連立を結び，与党間における意見の調整を迫られたことで，結果的には各政権の政策スタンスも中道路線に軌道修正されることとなった。

ただし，2015年の第二次ルセフ政権発足後，連合大統領制の課題が浮き彫りになっている。石油公社ペトロブラスをめぐる汚職問題などを理由にルセフ大統領の支持率が低下すると，連邦議会内においてPMDBを中心に大統領の指導力を疑問視する動きが生じているためである。大統領の指導力を担保し安定が確保されてきたブラジルの連合大統領制は，ルセフ大統領の正当性に対する評価が下がることでかつての機能を失った。図らずも，大統領個人に政治的権限が集中してきたことの問題点が露呈したといえよう。　　　　（舛方周一郎）

❖**連邦政府**

ブラジルの連邦政府は，2015年8月現在，大統領府，24省，9庁，ブラジル中央銀行（Banco Central do Brasil）など5つの政府機関の計39機関から構成されている。大統領府は大統領の直轄組織であり別格だが，その他は省以外の機関も省と同格の地位をもち，それぞれの専門領域における行政業務を担当する。省は大臣，庁は長官，中央銀行などは総裁が指揮権を有する。大臣・長官・総裁は大統領の任命を受けた後，政府閣僚として4年間の任期を務める。

ブラジルでは1985年の民政移管後，サルネイ政権下で23の省庁が設けられて以来，省庁の数が増大する傾向にあった。特に2003年以降の労働者党（PT）政権下でそれが顕著である。省庁数は第一次ルーラ政権期の26から，第二次ルセフ政権発足時には39にまで増加した。この「官の肥大化」現象の要因の一つは連合大統領制にある。政府は政権を安定化させるために大臣・長官・総裁のポストを連立政党に割り当てる必要があり，それが省庁の増設につながった。この肥大化傾向とそれによる行政の非効率性が問題視され，ルセフ第二次政権は2015年8月，歳出削減策の一環として，統廃合により省庁数を29にまで削減する方針を発表した。

連邦政府はまた，インターネットを活用した情報公開に取り組んでおり，政治・行政の透明性の確保，市民の情報へのアクセス拡充，データの利用に対する規制緩和の点で期待されている。さらに，市民に呼びかけて公開政府パートナーシップ（OGP：Open Governmental Partnership）の形成にも取り組んでいる。政策形成過程に市民の幅広い参加を募ることで，汚職の防止，行政の効率化，アカウンタ

ビリティの向上などを目指すものである。

これら情報公開制度の中でも，連邦政府の取り組みとして近年注目されているのが電子政府（e-Government），すなわちコンピュータ・ネットワーキングやデータベースの技術を活用して，オンラインで様々な公共サービスを利用できるシステムの構築である。具体的には，①情報取得や認証・税制に関するサービス，②情報公開を軸とした政府の監視・監査活動，③遠隔地学習およびリテラシー教育，④文化の普及と郷土理解教育の拡大，⑤オンライン・ショッピング，⑥ Eビジネスの促進などが計画されている。こうした試みが国家規模で行われるようになったことは，政府・市民社会・市場の関係性の変化の反映ともいえる。

しかし，広大な国土と巨大な人口を有するブラジルでは，電子政府の効果的な実施には課題も多い。例えばインターネット回線などのインフラ整備が不十分な内陸部では，このシステムへのアクセスそのものが困難である。また，連邦制国家特有の問題も指摘されている。電子政府の取り組みは，州・ムニシピオ各政府でも同時並行で実施されているが，1988年憲法の規定によって州およびムニシピオには高い自立性が保障されているため，連邦政府との間で法制上の齟齬が生じているのである。電子政府がより実効的に機能するためには，連邦政府と地方自治体政府との関係調整が求められる。

（舛方周一郎）

❖ **議会**

ブラジル議会（Congresso Nacional）は上院（Senado Federal）と下院（Câmara dos Deputados）で構成されている。各州とブラジリア連邦直轄区は任期8年の上院議員（senador）を3名ずつ選出し，4年ごとに各州2名または1名の議員が改選となる。また，下院の定員は513で，各州とブラジリア連邦直轄区から，4年の任期で非拘束名簿式比例代表制によって選ばれる。憲法第45条によって各州に配分される下院議席数が8〜70に制限されているため，ブラジルも「1票の格差」の問題を抱えており，人口の最も少ないロライマ州が8議席で「過大代表」される一方，人口の最も多いサンパウロ州は70議席で「過少代表」されている。

立法過程において上院と下院は対等な関係にあり，憲法改正案（emenda constitucional）は総議員の5分の3の賛成が2回，補足法（lei complementar）は総議員の絶対過半数，通常の法案の場合は出席議員の過半数の賛成が両院でそれぞれ必要になる。ただし，先に審議を行った議院が可決した補足法または通常の法案を，もう一方の議院が修正した場合，その内容を受け入れるかどうかの決定権は前者にある（憲法改正案の場合は両院が一致するまで審議が続けられる）。また，市民立法（iniciativa popular），大統領立法の審議や大統領に対する弾劾手続きは下院で開始され，弾劾裁判や中央銀行総裁（Presidente do Banco Central），検事総長（Procurador-Geral），連邦会計検査院（Tribunal de Contas da União）判事の選任の承認などは上院で行われる。

ブラジルでは大統領に非常に強力な権限が付与されているが，連合大統領制（presidencialismo de coalizão）が大統領と議会の関係を複雑なものにしている。ブラジルは政党数が非常に多い多党制を採用しているため，一党のみで大統領選挙に勝利し議会の過半数の議席を獲得することは不可能である。よって，大統領は連立与党を形成する他党に配慮した政権運営を強いられる。特に，2014年の下院議員（deputado）選挙の場合，連立与党は過半数を維持したものの29議席を失った（*O Estado de São Paulo*紙，14年10月27日）。そのほとんどがルセフ大統領率いる労働者党（PT）の現職議員の落選によるものであり，15年8月時点

での連立与党の第一党は PT ではなくブラジル民主運動党（PMDB）である。また，議事運営に大きな影響力をもつ下院議長のポストに，PMDB の中でも特にルセフ大統領と対立しているクーニャが就任したこともあり，連立政権における PMDB の発言力の大きさが第二次ルセフ政権の運営を難しくしている。

また，大統領の制度上の優越は，議会の大統領への従属を必ずしも意味しない。大統領の発する暫定措置法（MP）は基本的に議会で 60 日以内に法制化されなければ失効し，大統領の拒否権行使を両院総議員の絶対過半数で覆すことも可能である。さらに，両院それぞれにおける 3 分の 1 の同意により，議会調査委員会（CPI）を設置できる。CPI は国営企業の財務マネジメントや公的権限の濫用などに対する調査を目的とする機関で，1992 年のコロル大統領のスキャンダルや，2005 年に発覚したメンサロン事件でも設置された。また，2015 年 8 月現在，下院ではペトロブラス問題等に関する 5 つの CPI（下院ウェブサイト www2.camara.leg.br/），上院ではサッカー協会の汚職等に関する 5 つの CPI（上院ウェブサイト www12.senado.leg.br/）が稼働している。金融機関は機密保持を理由に CPI の調査を拒否することはできず，また，政府高官の証人喚問も可能なので，CPI の存在は行政府に対する強力な武器となっている。

各州の州議会（Assembleia Legislativa）は一院制であり，州議会議員（deputado estadual）は 4 年の任期で非拘束名簿式比例代表制で選出される。憲法第 27 条に基づき，州議会の定員は各州に配分されている下院議席数に応じて決定されており，下院議員が 8 名しかいない州では 24，下院議員を 70 名擁するサンパウロ州では 94 となっている。しかし，州レベルでも多党制であるため，州知事の所属政党が単独で州議会の過半数を占めることはなく，連立形成を余儀なくされている。　（菊池啓一）

❖司法機関

司法府は，公的企業・団体を含めた連邦関連の事項を扱う連邦裁判所の一般法廷および選挙，労働，軍事の 3 つの特別法廷と，連邦以外の事案を扱う州裁判所からなる。三審制を原則とし，第一審は連邦，州いずれも裁判官 1 人が単独で審理・判決に当たる。第二審以降は合議体となり，第二審は，連邦は全国 5 カ所に設けられた連邦地域裁判所が，州は州高等裁判所（TJ）が担当し，第三審は州の事案を含め連邦高等裁判所（STJ）が当たる。さらにその上に司法権の最高機関として，憲法問題および大統領・国会議員が関係する事案を扱う連邦最高裁判所（STF）がある。STF は違憲審査が増え，憲法裁判所に近い存在となっている。STF および STJ の判事（定員は各 11 人，33 人）はともに連邦上院議会の承認を経て大統領が任命する。

特別法廷についても，それぞれ第一審裁判官→地方裁判所→高等裁判所の三審制となっているが，選挙裁判所は政党や有権者の登録，選挙関連事項の日程，投票所の管理や開票・発表までほぼすべての過程に関わる。特に近年は瑕疵をもつ候補者の排除を規定したクリーンレコード（ficha limpa）法が成立したこともあり，高等選挙裁判所（TSE）の判断がもつ意味合いが高まった。同様に，労働契約から労働争議全般を扱う労働裁判所は労使双方にとって関わりの大きい司法機関で，特に高等労働裁判所（TST）の判断が労働慣行にもたらす影響は無視しえない。これらに比べ特別軍事法廷は民主化後，その存在意義が徐々に薄れ廃止論も出てきている。

以上の司法権行使機関に加え，1988 年憲法は，立法，行政，司法の権力組織を定めた第 IV 編の末尾に「司法行政に不可欠な職務について」と題する単独の 1 章を設け，検察庁（Ministério Público），法務弁護庁（Advocacia

Pública），弁護士（advocacia），公共弁護庁（Defensoria Pública）の4機関・職務を規定している。この中で検察庁には，犯罪事案の公訴とは別に，「民主主義制度および社会的・個人的利益の擁護」（憲法第127条）が新たな職務として付け加えられた。公益の代表者として，消費者保護から環境，文化・公共資産，先住民の保護に至るまで，独自判断で捜査する権限が認められたのである。検察庁は，連邦，労働，軍事，州・連邦直轄区の各検察庁で構成する独立機関で，そのトップが検事総長（Procurador-Geral da República）である。法務弁護庁，弁護士，公共弁護庁の3機関・職務は，被告人・被疑者の利益擁護を担当するもので，それぞれ政府，民間，および支払能力のない困窮者の弁護に当たるとされる。

さらに民主化後の司法改革の取り組みとして，2004年の憲法修正第45号が挙げられる。司法の内部統制機関である全国司法審議会（CNJ：Conselho Nacional de Justiça）を設置，違憲立法審査に当たっての最高裁による判断の優位性を規定し，日本の簡易裁判所に当たる民事および刑事の専門法廷（juizado especial）が設けられた。全国司法審議会は，司法関係者9人，検察，弁護士，市民の代表各2人の計15人で構成し，司法内部の規範整備や改革目標の設定，予算管理，苦情の受け付け，統計の収集・公表に当たる。司法の近代化・効率化・透明化が狙いである。

民主化の進展とともに司法府の存在が格段に高まっている。Webを使った情報公開はもとより，独自のテレビ局を有し，法廷での重要審理を実況放映している。ブラジルでは初めてとなった現役政治家を含む多数の政治家の票買収事件「メンサロン事件」を裁くため2012年8月から12月まで4カ月半にわたって53回開催された公判が放映され，国民の高い関心を呼んだ。　　　　（堀坂浩太郎）

❖州政府

ブラジルの州政府は，26州とブラジリア連邦直轄区の管轄内で発生する諸課題に，行政・立法・司法の側面から対応する政府機関である。この州域内の首長である州知事の法制度上の職務は，それぞれの州あるいは連邦直轄区において州政府を代表し，司法・立法・行政に関連する業務において州全体を指揮することにある。

州知事の任期は4年で，4年に一度実施される統一総選挙を通じて選出される。当選には過半数以上の有効得票数を獲得する必要がある。第1回の投票で有効得票数が過半数に満たない場合，上位2名の候補者間で決選投票を実施し，州知事が選出される。州知事には一度の再選が認められており，任期は最長で8年となる。

州知事は地方ボスの代表格として地域で強大な政治権力をふるう。ブラジルの地方政治は，特に北東部などの農村部を中心にコロネリズモ（coronelismo）やクリエンテリズモ（clientelismo）などの恩顧主義的政治文化が色濃く残っている。21世紀に入った現在でも，地方選挙を通じて地域を政治・経済の両側面から牛耳る地方ボスが州知事として選出される傾向が強い。また，州の利益を代表する州知事の影響力は，連邦政府も無視できない。そのため連邦政府による政策決定の局面では，大統領が州知事を招集して対話・交渉する公式・非公式の会議が開催される。

ブラジルでは，連邦政府と州政府の関係に一体性を求める潮流がある一方で，1988年憲法により地方自治が保障されていることから，州政府独自の政治的行動も容認されている。その一例が都市間外交（Paradiplomacy）である。憲法上，外交は連邦政府の管轄だが，1970年代頃から国境を越えた地方自治体間の交易や文化交流は行われており，それが2000年代以降，越境自治体ネットワーク（TNSG：

Transnational Network for Subnational Governments) として再編され，注目されるようになっている。環境問題など地球規模の課題をめぐる多国間交渉が停滞するなかで，地方自治体が連邦政府の対外政策路線と異なる独自の取り組みを始めるケースが増えているためである。

例えばサンパウロ州政府は，持続可能性をめざす自治体協議会（ICLEI：International Council for Local Environmental Initiatives）や，持続可能な開発のための地方政府ネットワーク（Nrg4SD：Network of Regional Governments for Sustainable Development）など非政府組織の支援のもとで，連邦政府に先駆けた地域独自の生物多様性保全策や気候変動対策に乗り出している。TNSG は，世界レベルで地方自治体が結びつくことで，連邦政府の政策を補完し，また難航する多国間交渉に圧力を与えるものとなっている。特に，政治・経済・文化の中心地であるサンパウロ州政府が TNSG に加わることで，国内の他の州政府・自治体のモデルともなり，また環境・保健医療などの社会政策に関する分野で，中央・地方政府間，地方・地方政府間の情報交換を促す効果も生まれている。　　　　　　　　　　（舛方周一郎）

❖ ムニシピオ

ムニシピオ（município）は，連邦制下の最小行政単位であり，高い自立性をもつ基礎自治体である（日本語では一般に「市」と訳される）。行政府としての市役所（Prefeitura）と，立法府としての市議会（Câmara municpal）を有する。司法業務は一部の例外を除いて州の裁判所が兼任する。

ムニシピオの首長である市長の法制度上の職務は，管轄内の司法・立法・行政業務においてムニシピオ全体を指揮することにある。任期は 4 年で，一度の再選（最長任期 8 年）が認められている。4 年に一度実施される地方選挙において有効得票数の過半数を獲得した者が市長に選出される。第 1 回投票で有効得票数が過半数に満たない場合には，上位 2 名の候補者間の決選投票により選出される。また地方選挙では，副市長と市議会議員も同時に選出される。

連邦政府・州政府・ムニシピオという 3 つの行政機関の中で，ムニシピオは市民社会に最も近い存在である。それゆえ各ムニシピオは，市民社会諸組織とともに域内特有の課題に取り組んでいる。例えば世界有数の大都市であるサンパウロ市は，少子高齢化，治安の悪化，公害など様々な都市問題を抱えているが，なかでも急速な都市化とインフラ整備の遅れなどから交通渋滞が深刻な社会問題となっている。そこで同市はその解決のため，市民団体の専門家などの協力を得ながら，地下鉄や高速道路の拡張工事，自動車の交通量を規制する交代制（Rodízio）の導入，自転車専用レーンの設置などの対策を実施してきた。

また近年，州政府と同様にムニシピオも国際的な活動を活発化させている。サンパウロ市は 2001 年，ブラジルのムニシピオ初の試みとして国際関係局（SMRI：Secretaria Municipal de Relações Internacionais）を創設した（サンパウロ市ムニシピオ法第 13165 号）。これにより同市は，他国の都市や専門機関等と協力関係を構築し，都市間交易・文化交流を促進するだけでなく，世界銀行，米州開発銀行，欧州連合など国際機関との間で財政や投資に関する経済協定を締結している。2000 年代以降，貿易自由化が加速する中で，同市がムニシピオの国際化の先鞭をつけたといえる。

サンパウロ市はまた，地球規模の諸課題への対策においても国際的な存在感を増している。同市はもともと，1992 年の国連環境開発会議（UNCED：United Nations Conference on Environment and Development）で採択されたアジェンダ 21 に準じ，その自治体版としてロー

カル・アジェンダ21を策定したことで知られる。これもブラジルのムニシピオ初の試みであり、かつ地球規模の課題に地方自治体として取り組む姿勢を打ち出した点で意義深い。同市はこのほかにも、気候変動市町村指導者サミット（Municipal Leaders' Summit on Climate Change）や世界大都市気候先導グループ（C40）に加盟しており、数々の都市問題を抱える大都市として、環境・気候問題に関する国際的なネットワークで中心的な役割を果たしている。ただし、こうしたムニシピオの国際活動の実施には連邦政府との連携が不可欠であり、その点で課題は残っている。またサンパウロ市の場合、世界的都市ということもあって、国際活動が市長の政治的パフォーマンスとして利用されている側面もある。（舛方周一郎）

❖軍と国防

ブラジルは、仏領ギアナを含む10カ国と約1万6,800kmの国境を接するが、これら隣国とは1世紀以上も戦争がなく、第二次世界大戦で連合国として欧州に派兵した後は大規模な戦闘に関与していない。核開発をめぐる相互不信から緊張関係にあったアルゼンチンとは、1985年の民主化後に和解に転じ、90年代のメルコスル（南米南部共同市場）創設に並行して原子力や通常兵力の分野で信頼醸成に努め、地域安保協力を進めている。ブラジルは、冷戦期に先進国からアルゼンチンとともに核兵器の開発疑惑国とみなされたが、冷戦後の94年にトラテロルコ条約(ラテンアメリカ・カリブ核兵器禁止条約)、95年にミサイル技術管理レジーム（MTCR）、98年に核兵器不拡散条約（NPT）と包括的核実験禁止条約（CTBT）の加入国となって、核なき世界の実現を目指している。

ブラジル軍は陸海空の三軍種で構成され、2014年の総兵力は志願兵中心の31万8,500人（陸軍19万人、海軍5万9,000人、空軍6万9,500人）であり、装備面でも空母サンパウロや国産のエンブラエルA-1ジェット戦闘攻撃機を保有するラテンアメリカ最大の軍である（ただし陸軍はコロンビア、メキシコが上回る）。1988年憲法では徴兵制によって女性や聖職者等を除く18～45歳の国民を対象に1年間の兵役を課しているが、対象者が常に定員超過のため多くが入隊を免除されている。国防費は、同年GDP比で1.42%の319億ドルであり、米国、中国、サウジアラビア、ロシア、英国、フランス、日本、インド、ドイツ、韓国に次いで世界第11位である（*Military Balance 2015*）。

軍政と軍令に関して、ブラジルは20世紀末まで国防省をもたない数少ない国の一つであった。1999年に国防省が新設されるまで、陸軍省、海軍省、空軍省が存在し、現役将官が各大臣に就いた。1946年憲法で国防省創設が規定されたが実現せず、国軍参謀本部（EMFA：Estado-Maior das Forças Armadas）の新設に留まった。民主化後も暫くは陸海空三軍の各大臣、国軍参謀長、大統領府武官長、国家情報局長の6人の現役軍人が文民政権で閣僚の地位に就くなどしており、文民統制の観点から国防省の設置は重要課題であった。95年発足のカルドーゾ政権が文民の国防大臣が率いる国防省を新設した結果、三軍各省は司令部に再編された。他方、EMFAも99年に廃止されたが、2010年にルーラ政権で統合参謀本部（EMCFA：Estado-Maior Conjunto das Forças Armadas）として復活し、三軍種間の統合運用を進めている。

冷戦とくに軍事政権時代には武装左翼の鎮圧が重視されたが、近年の国防戦略の焦点は、アマゾンなど人口希薄な国境地帯への麻薬組織等の浸透防止のための領土・領空・領水の保全管理や、近年発見された近海の海底油田等の資源保護、つまり領土や天然資源に関する主権の防衛にある。

軍は国防強化のために、レーダーや人工衛星などハイテクによる国土監視ネットワークの構築を進めている。2002年には空軍の主導で約14億ドルを投じて空から北部領土を監視する「アマゾン監視システム（SIVAM：Sistema de Vigilância da Amazônia)」の運用が始まり、現在は「アマゾン保護システム（SIPAM：Sistema de Proteção da Amazônia)」に統合されて2011年から国防省管理下にある。陸軍は約60億ドルの予算で、14年から陸上の「国境監視総合システム（SISFRON：Sistema Integrado de Monitoramento de Fronteiras)」の部分運用を開始している。海軍は大西洋岸約7,300 kmに沿った排他的経済水域や河川の防衛を目的に「ブルー・アマゾン管理システム（SISGAAZ：Sistema de Gerenciamento da Amazônia Azul)」を計画しており、費用は約40億ドルとされる。

防衛産業は、軍事政権時代に途上国向け輸出で急成長した後、冷戦後の海外市場の縮小で危機に陥ったが、21世紀に復活を遂げた。主な企業としてエンブラエル、アヴィブラス、メクトロン等がある。海外からの装備調達として、2008年にフランスと原子力潜水艦1隻を含む潜水艦5隻の建艦計画とヘリコプター51機購入、13年にスウェーデンのサーブ社製グリペン戦闘機36機の購入を発表し、購入契約に伴う技術移転に期待を寄せている。

GDP世界第7位となったブラジルは、経済大国に相応しい防衛力の整備を進めるとともに、国連安全保障理事会の常任理事国入りを目指して国連平和維持活動（PKO）に積極的に貢献している。2004年開始の国連ハイチ安定化ミッション（MINUSTAH）では、ブラジル軍が参加国中で最多の要員を派遣し、歴代司令官にブラジル軍将官が就任している。

日系社会は多数の将校を輩出してきたが、空軍司令官（2007～15年）を務めたジュンイチ・サイトウ大将（退役）を筆頭に、陸海空三軍で将官に昇進する日系人が近年増えつつある。

（澤田眞治）

❖ 検察と警察

ブラジルの検察制度は、連邦の検察庁と各州の検察庁の二種で構成される。連邦には連邦検察庁（Ministério Público Federal）の他に、労働検察庁（Ministério Público do Trabalho）、軍検察庁（Ministério Público Militar）、ブラジリアに連邦直轄区検察庁が設置され（選挙検察は連邦検察庁が兼担）、裁判所の審級に対応した検察官を充てている。各州検察庁も連邦同様、裁判所に対応した検察官制度をとっている。

連邦検察庁の長であり、労働検察や軍検察等を含む連邦の検察当局の頂点に立つ共和国検事総長（Procurador-Geral da República）は、上院の承認を経て大統領により任命・罷免されるが、その職務は非常に自律的である。例えば、ルセフ政権に任命されたジャノ検事総長が指導性を発揮した事例として、軍政下の人権侵害への対応の見直しと近年の大規模な汚職事件の摘発がある。前者は、2013年10月に同検事総長が軍政下で人権侵害を行った軍人加害者に対する裁判の実施を連邦最高裁判所（STF）長官に勧告したことである。1979年制定の恩赦法（Lei de Anistia）によって左翼ゲリラの暴力のみならず、軍人の人権侵害も訴追が免除されてきた。前任のグルジェル検事総長は恩赦法の見直しに批判的であったが、軍政下で左翼ゲリラとして拷問を受けた経験をもつルセフ大統領の意向もあり、ジャノ検事総長は恩赦法の無効化も含め従来の方針の見直しを表明した。他方、後者は15年3月に同検事総長が、ペトロブラス汚職事件の収賄政治家の捜査対象者名簿をSTFに提出し捜査許可を要請したことである。名簿には元閣僚等の連立与党の有力議員が多数含まれるとされ、ルセフ政権を揺るがす大規模な汚職事件となった。大統領が人事権をもつが、検事総

長は必ずしも時の政権の意向に従うわけではない。

ブラジル検察当局は，刑事裁判の排他的な提訴権に加えて，憲法上の権利保障に必要な措置をとり，公共財産や環境などの一般利益のための公共民事訴訟や違憲訴訟を提起し，先住民の権利と利益を裁判で擁護するなど，先進国の検察と比較して制度的な職務は広範に及ぶ。法学者でサンパウロ州検事総長を務めたこともあるテメル副大統領が，検察を行政・立法・司法の三権のいずれにも服さない「第四権（Quarto Poder）」と呼ぶ所以でもある。

ブラジルの警察制度も，連邦と州の二種で構成される（市警 Guarda Municipal をもつムニシピオ［市］もある）。連邦には法務省の下に，連邦警察（Polícia Federal），国家公安部隊（Força Nacional de Segurança Pública），連邦道を警備する連邦道路警察などがある。連邦警察は，テロ，麻薬，マネーロンダリング，サイバー関連など州境を越える犯罪や国際犯罪を担当し，さらに空港・港湾を含む国境警備や出入国管理，外国人登録まで広範な職務を担う。他方，2004 年創設の国家公安部隊は，各州軍警察が提供する警察官で編成され，非常事態に際し州政府の要請によって連邦から派遣される。例えば，07 年にはリオデジャネイロ州の犯罪組織の鎮圧，近年ではペルナンブコ州の軍警察ストライキによる混乱防止のため派遣された。精鋭部隊として即応大隊（Batalhão de Pronta Resposta）を有する。

州の警察組織には，文民警察（Polícia Civil）と軍警察（Polícia Militar）がある。文民警察は各州の司法警察であり，犯罪捜査と犯人検挙を担う私服警察官で構成される。他方，軍警察は州兵（州警察軍）に起源を有し，制服警察官で構成され，犯罪防止，治安維持，道路交通管理，暴動・騒擾への対応など公共秩序の維持を担う。軍警察は州知事の指揮下にあるが，有事には憲法の規定により各州の軍消防隊とともに予備部隊・補助兵力として陸軍に編入される（軍警察とは別に，陸海空軍には独自の憲兵隊がある）。軍警察官は各州独自の制服を着用し，大佐を最高位として陸軍の階級呼称を使用する。

軍警察は近年，住民の防犯活動への参加・協力を重視する地域警察活動（コミュニティ・ポリシング）の普及に努めている。軍警察は日本の警察庁や国際協力機構（JICA）と連携して日本の交番制度の普及に取り組んでおり，2005 年のサンパウロ州を嚆矢として 14 年現在で 12 州に同制度が導入され，殺人等の凶悪事件が減少するなど一定の成果を上げている。☞ 5-1「治安」　　　　　　　（澤田眞治）

3. 政治アクター

❖政党

ブラジルは政党数の非常に多い多党制の国であり，2015 年 8 月末日時点で 32 の政党が高等選挙裁判所（TSE）に登録されている。また，2014 年の選挙で下院議席を獲得した政党が 28 にのぼるなど，労働者党（PT），ブラジル社会民主党（PSDB），ブラジル民主運動党（PMDB）といった全国規模の勢力を誇る政党でも，単独で多数派となることは難しい。さらに，PT 以外の政党はイデオロギー的な基盤が強固ではなく，党内規律も弱い。そのため，国政選挙においても地方選挙においても常に政党連合が形成される。例えば 2014 年の大統領選挙では，PT は PMDB など 8 党と連合を組んで現職のルセフを支持し，PSDB は民主党（DEM）をはじめ 8 党とともにネヴェ

ス上院議員を擁立した。また，選挙戦中に飛行機事故で亡くなったペルナンブコ州知事カンポスの後を受けて出馬したシルバ元上院議員は，ブラジル社会党（PSB）を含む6党から支持されていた。このうち，PTとPSBが左派，PMDBとPSDBが中道，DEMが右派であるが，イデオロギー的にはPSDBに近いPMDBがPTのパートナーとなっていることからも明らかであるように，政党連合は必ずしもイデオロギーで結びつくわけではない。

州レベルでは，26州とブラジリア連邦直轄区で行われた2014年の州知事選挙の場合，左派のPTは右派のDEMと3州で連携し，中道のPMDBは9州でPSDBと，他の9州ではPTと手を組むなど，連合の組み方は州により大きく異なる。

このように，現在のブラジルの政党政治では連合形成が非常に重要であるが，2000年代以降の変化として次の2点を指摘することができる。第一に，議会選挙，とりわけ下院選挙における連合の細分化である。下院選では，議員候補者の構成およびどの政党と連合するかは党の州組織の間で決められる。1990年代は州知事選と下院選の連合形成のパターンはほぼ完全に一致していた。しかし2014年の選挙では，両者の一致度は53％にまで低下しており（TSEウェブサイト www.tse.jus.br/），サンパウロ州では20もの政党連合が下院議席をめぐって選挙戦を繰り広げた。このような連合数の増加は，州レベルでの政党間調整を以前よりも難しいものにしている。

第二に，ルセフがネヴェスを僅差で破った2014年の決選投票をはじめ，02年以降の大統領選の決選投票はすべてPTとPSDBの候補者間で争われてきたという点である。米国のように制度化された予備選挙がなく，政党内規律が弱く，新政党の設立もそれほど難しくないブラジルの場合，既存の政党を支持基盤としない有力候補者が現れてもおかしくはない。しかし，PTやPSDBといった全国規模の政党の支えなしに，連邦・州各レベルで異なる複雑な政党間関係を調整し，大統領選に勝利することは極めて困難である。特に近年は，党内規律が弱いため大統領候補は出せずにいるものの，下院第一党となっているPMDBとの連携が重要になっており，14年の大統領選でのルセフ再選の要因の一つは，PMDBとの関係調整を含めたPTの組織力にあったといえる。

（菊池啓一）

❖選挙

ブラジルの選挙は常に全国統一で行われ，大統領（presidente）選挙，州知事（governador）選挙，下院議員（deputado）選挙，上院議員（senador）選挙，州議会議員（deputado estadual）選挙は4年に一度（直近では2014年），10月の第1日曜日に実施される。また，市長（prefeito）選挙と市議会議員（vereador）選挙は上記の選挙から2年ずれるかたちで4年に一度（次回は2016年の予定），10月の第1日曜日に行われるため，国政への評価を含めた中間選挙的な性格を帯びると考えられている。このうち，大統領・州知事・市長の任期は4年で，連続再選が1回だけ認められており，第1回投票の際に有効票の過半数を獲得した候補者がいない場合は，10月の最終日曜日に上位2名による決選投票が行われる（ただし，有権者が20万人に満たないムニシピオ［市］の市長選挙では，決選投票は実施されない）。また，上院議員の任期は8年で，4年ごとに各州2名または1名の議員が単純多数で選出される。

その他の下院議員，州議会議員，市議会議員の任期は4年で，非拘束名簿式比例代表制が採用されている。この制度自体は日本の参議院選挙でも用いられており，有権者は政党もしくは候補者個人のいずれかに投票することになるが，ブラジルでは約9割が候補者個

人への投票である（Paul Webb and Stephen White, eds., *Party Politics in New Democracies,* Oxford University Press, 2007）。また、ブラジルの同制度では全有効票を選挙区定数で割ることによって得られる選挙係数（quociente eleitoral）を基に議席の配分が行われ、選挙係数に満たない政党連合は議席を獲得することができない。したがって大量得票を期待できる有力な候補者のいる政党と連合を組むインセンティブが小政党に生まれるため、政党連合の形成が有力政治家の選挙戦略に依存することとなり、選挙ごとに政党連合の構成が大きく変化する。また、非拘束名簿式比例代表制では同じ政党内での票の奪い合いが発生するため、政党規律が弱まる。その結果、多くの有権者が無党派層であるが、唯一の例外が労働者党（PT）である。2010年のブラジル選挙調査（Estudo Eleitoral Brasileiro）では、特定の政党への帰属意識を表明した調査対象者の約6割がPT支持者であった（*Opinião Pública*, Vol.17, No.2, Nov. 2011）。

ブラジルでは民主主義の透明性を高めるために様々な選挙制度改革が行われている。例えば、現在全選挙の投票で採用されている電子投票は広く国民の支持を得ており、広大な国土であるにもかかわらず選挙の大勢が開票開始後数時間で判明する。また、とりわけ画期的な試みとして、2010年6月に成立し12年の市長選挙・市議会議員選挙より導入された「クリーンレコード（ficha limpa）」法が挙げられる。同法は弾劾により失職した者、弾劾を避けるために辞職した者、有罪判決を受けた者などのあらゆる選挙への立候補を8年間禁止するもので、14年の州知事選・下院議員選・上院議員選・州議会議員選では250名を超える候補者の立候補が選挙裁判所によって取り消された（congressoemfoco.uol.com.br）。しかし、こうした新制度の導入後も、石油公社ペトロブラスをめぐる「ペトロロン疑惑（Petrolão）」のような過去最大規模の汚職事件が発覚し、2015年8月現在、さらなる選挙制度改革に向けた議論が議会で行われている。ただし、政治資金規正関連法案や議員職（下院、州議会、市議会）と首長職（大統領、州知事、市長）の任期を5年とし、首長職の再選を禁止する法案などが下院を通過した一方で、非拘束名簿式比例代表制を変更する法案は否決された。

（菊池啓一）

❖政治家

従来、ブラジルの政治家のイメージは「エリート層出身の男性」というものであったが、これはある程度現在のブラジル政治にも当てはまる。2014年の選挙を経て下院議席を確保した513名の議員のうち、220名が企業家出身であり、212名が政治家の親族をもつ。定員81名の上院でも、30名が企業家出身、39名が政治家の親族をもつ（Departamento Intersindical de Assessoria Parlamentar, *Radiografia do Novo Congresso: Legislatura 2015-2019*, DIAP, 2014）。例えば1989年の民主化後、初の直接選挙で大統領に当選したものの、汚職疑惑をめぐる弾劾裁判開始を機に92年に辞職したコロルは、2015年8月に現職上院議員でありながらペトロブラス問題で訴追を受けたが、彼も自身が企業家であり、父親は元アラゴアス州知事アルノン・デ・メロである。また、15年8月現在上院議長を務めているレナン・カリェイロスは、元ムリシ（Murici）市長のオラヴォ・カリェイロス・ノヴァイスの息子であり、現アラゴアス州知事のレナン・フィーリョの父である。このように、いわゆるエリート層出身の政治家の例には枚挙に暇がない。

しかし2000年代以降、政治家の属性に変化が見られる部分もある。その一つが、2010年大統領選でのルセフの当選に象徴される女性政治家の増加である。1995～2002年までのカルドーゾ政権下では女性の入閣がほとんどなかったのに対し、15年8月末現在では38名

の閣僚中13.2%にあたる5名が女性である（大統領府ウェブサイト www2.planalto.gov.br/）。他方，94年時点では34名であった下院の女性議員数も，14年の選挙結果を受けて過去最多の51名にまで増加している。ただし，それでも全下院議員に女性の占める割合は9.9%に過ぎず，各党に30%の女性候補者の擁立を義務付けるクオータ制の効力が発揮されているとは言い難い。特に，ブラジルでは非拘束名簿式比例代表制が採用されているため，候補者に占める女性の割合がそのまま当選者に占める女性の割合になるとは限らず，拘束名簿式比例代表制を導入している隣国アルゼンチンの下院（15年8月時点の女性議員比率36.2%）に比べて著しく低い数値となっている（列国議会同盟ウェブサイト www.ipu.org）。

また，ブラジルは元来カトリックが支配的な国であるが，近年の福音派（Evangélico）信者の拡大に伴ってプロテスタント系の政治家も増加している。2003年にはプロテスタント議会戦線（Frente Parlamentar Evangélica）が結成され，15年8月現在で78名の議員が宗教関係の議題に関して両院で党派を超えて活動している（プロテスタント議会戦線ウェブサイト www.fpebrasil.com.br/）。特に，同戦線には下院議長を務めるクーニャなど有力な議員も所属しており，無視できない存在になっている。

ブラジルの政治家の特徴としてイデオロギー的な基盤の弱さが指摘されることもある。その象徴として，政治家による政党の「乗り換え」がいまだによく見られる。例えば，2014年の下院議員選挙で152万4,361票を獲得したルッソマノは，自由戦線党（PFL）で政治家としてのキャリアをスタートし，ブラジル社会民主党（PSDB），ブラジル進歩党（PPB）およびその後身の進歩党（PP）を経て，現在はブラジル共和党（PRB）に所属する下院議員である。ただし，前大統領ルーラに代表される労働組合系の政治家は例外であり，その多くがPTをはじめとする左派政党に所属し，「乗り換え」をすることはまれである。

（菊池啓一）

❖経済団体・業界団体・労働組合

ブラジルの代表的な経済団体として全国工業連盟（CNI）が挙げられる。CNIは労働組合組織と対になる使用者組合組織として1938年に創設され，行政・司法・立法府および国内外の諸組織との関係を築く役割を担っている。CNI傘下には27の州工業連盟と1,250の使用者組合，そしておよそ70万の加盟工業事業者が連なる。各州の工業連盟のなかでもサンパウロ州のFIESPやリオデジャネイロ州のFIRJANなどが有名である。CNIでは，近年顕著となった工業の衰退傾向に対応するため，特に産業競争力の強化を政府に訴えてきた。なかでも非効率な税制度や硬直的な労働法，煩雑な行政手続き，インフラ不足といったいわゆる「ブラジル・コスト」の解消について，長年改善に向けた働きかけを行っている。また海外との関係では，日本の経団連と共同で定期的に日本ブラジル経済合同委員会を開催しており，2014年までに17回開催されている。

CNIのもとには，労働者の技術育成を目的とした全国工業研修機関（SENAI）や，労働者の基礎教育や健康で安全な労働環境整備を促進する工業社会サービス（SESI），経営者向け研修サービスを提供するエウヴァルド・ロディ・インスティテュート（IEL）といった関連組織が連なる。特にSENAIは，ルーラ政権以降，労働者の技術向上を図るために職業訓練が積極的に推進される際の中心的組織となった。SENAIは2014年時点で全国518箇所に拠点を持ち，年間の履修登録者数はおよそ360万人に上るという。単なる職業訓練に留まらず，大学の学部・院の機能も備えており，総合的な産業人材育成組織といえる。

商業分野では、CNIと同種の組織として全国商業・サービス業・観光業連盟（CNC）がある。1945年に設立され、全国およそ220万の事業者が加盟している。CNC傘下に32の使用者組合連合組織が連なり、観光を含めた商業分野の発展に向けた各種の取り組みを行っている。またSENAI同様の職業訓練組織として全国商業研修機関（SENAC）、労働者の生活の質的向上を図る組織として商業社会サービス（SESC）がある。CNIの下部組織であるSENAIやSESI、およびこのCNC傘下のSENAC、SESCを含めた産業支援体制は「Sシステム」と呼ばれ、国民から徴収される社会負担金の一部を運営費としている。

このほかにも経済団体としてブラジル銀行連盟（FEBRABAN）や、投資国別に外資系企業が加盟する商工会議所もある。外国商工会議所のなかでは、在ブラジル米国商業会議所（AMCHAM）、ブラジルドイツ商工会議所（AHK）、ブラジル日本商工会議所などが規模の大きい団体に挙げられる。

業界団体は、例えば全国自動車生産者協会（ANFAVEA）、ブラジル電機・電子工業会（ABINEE）、ブラジル機械装置工業会（ABIMAQ）、ブラジルスーパーマーケット協会（ABRAS）など、様々な業種で組織されている。近年政府が積極的に行ってきた産業政策の内容には、これら業界団体の意向が反映された部分もある。なおこれらの業界団体には、地場企業だけでなく外資系企業も多く加盟している。

労働組合については、労働雇用省（MTE）の資料によると、2015年7月末日時点で1万827組合が登録されている。フォーマルセクターで働く18歳以上の賃金労働者の組織率は2割弱で推移しており、低下傾向にある。ブラジルでは公務員を含めて産業別に労働組合が存在するが、政治的な影響力を有するのは主に全国中央組織（ナショナルセンター）である。政府に登録されている全国中央組織は12あり、加盟組合数でいえば労働者党（PT）系の労働者統一本部（CUT）が最も多く、以下「労働組合の力（FS：Força Sindical）」、労働者総同盟（CGT：Confederação Geral dos Trabalhadores）、新労働者中央組合（NCST：Nova Central Sindical de Trabalhadores）と続く。
☞ 5-2「労働運動の歴史的変遷」　　（二宮康史）

❖ 非政府組織（NGO）

ブラジルの市民社会組織、なかでも非政府組織（NGO）は、1985年の再民主化と88年の民主憲法策定に重要な役割を果たし、95年に発足したカルドーゾ政権以降の社会民主主義的国家の構築に不可欠な政治的アクターとなっている。これらNGOの活動に共通する特徴として、①政策提言と立法・司法・行政府の監視、②公共政策における諸アクターとの連携関係の構築、③社会的公正のための国際連帯が挙げられる。ブラジル地理統計院（IBGE）によれば、2010年時点でブラジルには「非営利民間基金・協会」に分類される組織が約29万70団体存在する。母体別にみると宗教団体系（28.5％）、経営・職業団体系（15.5％）、開発・人権擁護団体系（14.6％）が多い。活動内容は保健・医療、教育、調査研究、社会福祉など多岐にわたる。地域別では南東部（44.2％）、北東部（22.9％）、南部（21.5％）に集中し、中西部（6.5％）、北部（4.9％）には少ない。全体の27.8％が職員を正規雇用しており（うち6割以上は女性）、その人数は210万人に及ぶ。NGO職員の平均月収は1,667.05レアルである。

貧困撲滅、人権擁護、生物多様性保全などの社会的課題をめぐる政策提言と監視機能はNGOの重要な役割である。2000年代以降に限っても、アマゾン流域のベロモンテ・ダム建設に反対する先住民運動、少年法改正反対運動など多様な市民運動が展開しており、

NGO諸団体はこれらの運動と連帯しつつ，国連ポスト2015年開発アジェンダおよび「持続可能な開発目標」をはじめとする国際的合意の策定に市民の声を反映させるため，積極的な政策提言を行っている。13年には翌年に予定されていたサッカーW杯開催への抗議デモが高揚し，それがやがてルセフ政権への退陣要求を掲げる直接行動にまで至った。NGOの多くはそれを市民の意思表示として肯定的に評価しているが，14年末以降の反政権・大統領弾劾デモの中には軍政復帰を唱える右翼組織の参加もみられることから，「政策提言に重要な論点を見誤らないことが肝要である」という立場をとっている。

一方，地域社会における活動では，連邦・州・ムニシピオ各レベルの社会開発政策の実施において，行政と連携・協力関係を結ぶNGOの数が年々増加している。そのなかで，固有の政党と関わりをもつ組織や活動実体のない組織による資金の不正使用が頻発し，規制のための法整備が進められることになった。2011年の施行令第7568号により，連邦政府は資金の不正使用や業務不履行が原因で協力関係を解除された民間非営利組織の名称を公表した。14年には行政機関と協力関係を結ぶNGOの条件を厳格化する法律（第13019号）が定められることとなった。これにより，行政府側にはNGOの選定に際し公募を義務づけ，NGO側には最低3年の活動実績を選定の条件とし，決算書の年度開示を義務づけた。官民双方で対応が難渋したこともあり，法律の発効は幾度となく先送りされ，16年1月にようやく施行となった。1999年以降NGOの法人格とされてきた「公益民間組織（OSCIP：Organização da Sociedade Civil de Interesse Público）」をどのように処理するかなど課題は残るが，政府・NGO間の民主的で健全な関係の構築と，NGOの運営自律性の尊重のためにもこうした法整備が必要であり，それはブラジルNGO協会（ABONG：Associação Brasileira de Organizações Não Governamentais）とそこに結集する多くのNGOが数年来希求してきたことでもあった。

国際レベルでは，2014年時点で国連広報局に1,175団体が登録しており，国内のNGOが協働して様々な国際連帯活動を展開している。12年6月には，リオデジャネイロで開催された国連持続可能な開発会議（リオ＋20）へのオルタナティブを議論する大規模な市民会議「ピープルズ・サミット」を開催した（前年3月に起きた日本の福島第一原発事故を，国内の原発建設阻止のための教訓として訴えるNGOもあった）。15年に終了する国連ミレニアム開発目標（MDGs）の次の時代を模索する国際キャンペーン「Beyond 2015」にも，多くのNGOが参加している。また，反新自由主義の立場から社会的公正と多様性を尊重し，「もう一つの世界」の創出をめざす「世界社会フォーラム」にも，ブラジルの多くのNGOが運営主体として関わっている。15年3月にチュニスで行われたフォーラムには，政府関係者も含めブラジルから約150人が参加し，特設会場「ブラジルの家（Casa Brasil）」において，市民参加や民主主義をテーマに各国参加者と対話を深めた。☞ 5-2　　（田村梨花）

❖マスメディア

インターネットの急速な普及，デジタル放送の開始，日刊紙や週刊誌の電子版の登場で経営環境が急速に変化し，それに付随して広告媒体の多様化が進んでいる。この点では世界のメディア動静と変わらないが，民主化後，政府広報強化を意図して公共放送が拡充されてきた。メディアに対する信頼度は，大統領府社会広報庁（SECOM）の調査（2014年）によると引き続き新聞がトップで6割近くに達するのに対し，ソーシャル・ネットワーキング・サービス（SNS），ブログ，ウェブサイ

トについては7割前後が信頼性に欠けると回答している。

日刊紙の発行部数は、全国新聞協会の調べで約840万部（2011〜14年の平均）と人口数に比べ少ない。かつ経済紙（Valor Econômico）を除くと日本のような全国紙はなく、各発行拠点の政治経済社会が反映された地方紙的な性格を有する。その中で国民世論形成上一定の影響力を持つ日刊紙として《Folha de São Paulo》、《O Estado de São Paulo》（発行地：ともにサンパウロ）、《Globo》（リオデジャネイロ）、《Zero Hora》（ポルトアレグレ）、《Correio Braziliense》（ブラジリア）などを挙げることができる。他の媒体との競合で広告収入が伸び悩んでおり、いずれも電子版の普及に活路を求めている。

雑誌は、社会が多様化するに伴い種類が急速に増えたが、その中で政治、経済から社会、文化までカバーする《Veja》、《Época》、《IstoÉ》の3総合週刊誌が有力。このうち《Veja》は発行部数が100万部を超え、有力紙と調査報道を競っており、特に政界絡みの報道では目が離せない。

テレビは、Globo、Recorde、SBT、Bandが4大ネットワークである。このうちGloboはテレビのほか新聞、ラジオ、出版、インターネット・プロバイダなど多くの事業を手掛け、海外でも放送網をもち（日本では衛星チャンネルIPCTVを通じて放映）、ブラジルの「メディア王」的な存在である。国土が広いため衛星放送の活用は1965年と早く、Globoは同年に開局している。

SECOMが1万8,000人を対象にまとめた「ブラジル・メディア調査2015年版」（14年発表）によると、テレビの視聴率は国民の73％に達し、その平均視聴時間は平日で1日4時間31分に及ぶ。各局ともテレノベーラ（Telenovela）と総称される連続テレビ小説に注力しており、ポルトガル語圏を中心に海外にも輸出、外貨の稼ぎ手ともなっている。

上記調査でテレビに次いで国民利用率の高いメディアとしてランクされるのがラジオで、毎日欠かさずラジオを聞くとの回答は30％に上った。国土が広く移動距離が長いことや、引き続き簡便な情報入手・娯楽の手段となっているため、大衆層に浸透したメディアとして無視できない存在である。これに比べ、（少なくとも週1回以上）新聞を読む層は7％、雑誌は13％に過ぎない。

インターネットの普及も急速で、同調査によると回答者のほぼ半数（48％）が利用し、毎日アクセスするとの回答は37％、その利用時間は1日平均4時間59分とテレビの平均視聴時間を上回る。特に高等教育を受けた層は72％、16〜25歳の年代では65％が利用する。

広告収入は、全国出版雑誌協会（ANER：Associação Nacional de Editores de Revistas）の集計（2014年1〜9月）によると、テレビが69.2％と圧倒的な比率を占め、続いて新聞8.6％、有料テレビ5.6％、雑誌4.2％、ラジオ4.0％とつづく。

公共放送としては、国営の放送会社Empresa Brasil de Comunicação（EBC）が、ラジオで「A Voz do Brasil（ブラジルの声）」を、テレビでは「TV Brasil」を放送する。政府によるラジオ活用の歴史は古く、ヴァルガス政権時代の1934年から始まり、現在は毎日午後7時からゴールデンタイム1時間を政府広報番組に割り当てることを放送局に義務づけている。「TV Brasil」は2007年に開局し、10年からは海外向け放送を開始した。このほか、連邦の上下各院および最高裁判所が独自のテレビ・チャンネルを有し、国会審議や法廷からの実況中継を含む独自番組を作成、放映している。

（堀坂浩太郎）

4. 外交

❖**多国間外交**

ブラジルは伝統的に多国間主義を重視してきた。とりわけ 1990 年代後半以降, 政治・経済・文化・社会など様々な分野の国際機関に加盟し, 積極的な多国間外交を展開している。なかでも国連は, 原加盟国の一つでもあり, 歴代政権が特に重視する外交のアリーナである。国連総会の一般討論演説は, 第 4 回総会以来, 伝統的にブラジルから始まる。2011 年 9 月の第 66 回国連総会では, ルセフ大統領が女性初の開会演説を行った。またルセフ第二次政権の外相ヴィエイラは, 国連創設 70 周年を迎えた 2015 年, 『エスタード・デ・サンパウロ』紙 (6 月 26 日付) に「国連 70 周年と平和の追求」というタイトルで寄稿し,「国際社会が直面する様々な問題に立ち向かうためには, 今以上に多国間主義を進める以外に道はない」と述べている。

21 世紀に入り, 国連加盟国は創設時の 51 カ国から 193 カ国に増加した。国際社会の平和や安全保障を脅かす地域紛争や内戦などに対する国連の責任が増すなか, ブラジルは日本, ドイツ, インドとともに国連改革 (とりわけ安保理改革) の必要性を訴えるべく, 2004 年 9 月に G4 諸国連合を結成, 外相会合や局長級会合において安保理改革に関する議論を続けている。ブラジルのイニシアチブの一例として, 13 年 4 月にバイア州サルバドール市近郊のプライアドフォルテで行われた国際セミナー「今日の国際社会における平和と安全に対する脅威」を挙げることができる。G4 諸国のほかグアテマラ, シエラ・レオネ, 南アフリカ各政府代表を招き, さらに学界, メディア, NGO などにも広く参加を呼びかけて開催された。

ブラジルは 2015 年現在, 国連安保理非常任理事国に 10 回選出されている。任期はそれぞれ 1946～47 年, 51～52 年, 54～55 年, 63～64 年, 67～68 年, 88～89 年, 93～94 年, 98～99 年, 2004～05 年, 10～11 年である。最後の 2010 年の選出では, 183 カ国中 182 カ国の支持を得た。

各国の分担金による国連予算にブラジルが占める割合 (いわゆる国連予算分担率) は, 2013～15 年平均 2.934％で世界第 10 位である (分担金額は各年順に 7,480 万ドル, 7,490 万ドル, 7,960 万ドル)。他の G4 メンバーでは日本が第 2 位 (分担率 10.833％, 15 年の分担額 21 億 9,400 万ドル), ドイツが第 3 位 (同 7.14％, 1 億 9,380 万ドル) である (インドは分担率 0.666％)。なおブラジルの分担率・分担額は, スペインやカナダとほぼ同レベルで, 常任理事国であるロシアよりも多い。

国連平和維持活動 (PKO) への積極的な参加にも, ブラジルの多国間主義が反映されている。外務省 (MRE) 資料によると, ブラジルはこれまで 50 以上の PKO 活動ならびにそれに準ずるミッションに対し, 累計 3 万 3,000 人を超える軍人, 警察官および文民を派遣している。2015 年現在では, 以下の 9 つの PKO に 1,700 人が参加している。国連西サハラ住民投票ミッション (MINURSO), 国連ハイチ安定化ミッション (MINUSTAH), 国連キプロス平和維持軍 (UNFICYP), 国連レバノン暫定駐留軍 (UNIFIL), 国連コンゴ民主共和国安定化ミッション (MONUSCO), 国連アビエ暫定治安部隊 (UNISFA), 国連リベリア・ミッション (UNMIL), 国連南スーダン共和国ミッション (UNMISS), 国連コートジボアール活動 (UNOCI)。

2014年のBRICS会議に集った各国首脳。
左から：ロシア プーチン大統領，インド モディ首相，
ブラジル ルセフ大統領，中国 習国家主席，
南ア ズマ大統領（提供：Agência Brasil）

ブラジルはまた，国連平和構築委員会（PBC）の活動にも参加している。PBCは，紛争収束後の国家が政治的安定，持続的な経済発展，ならびに社会的包摂を実現するための支援を目的とする国連総会および安保理の政府間諮問機関である（2005年設立）。ブラジルはこれまで，07年にギニアビサウ共和国の支援のために設けられた PBC 国別会合で議長を務めたほか，14年の1年間は PBC 全体の議長国にも選出されている。 （子安昭子）

❖ **地域間協議・フォーラム**

ブラジルが参加する地域間協議・会議は，①地域的特徴や言語，歴史などを共有する国同士によるもの，②共通の価値観をもつ「南」の国同士が結束し，国際社会の中で地球規模の課題について意見を発信する目的で作られたもの，に大別することができる。

①**地域的共通性によるもの**▶南米諸国連合（UNASUL）：2007年発足，「同一通貨・同一パスポート・一つの議会」を目指す政府間機構。ラテンアメリカ・カリブ諸国共同体（CELAC）：11年発足，域内33カ国が参加。**言語的共通性によるもの**▶ポルトガル語諸国共同体（CPLP）：1996年，ポルトガル語を公用語とする7カ国で結成され，02年に東ティモール，14年に赤道ギニアが加わり現在9カ国。**歴史的共通性によるもの**▶イベロアメリカ・サミット（Conferência Ibero-Americana）：91年より開催されている。イベリア半島の旧宗主国ポルトガル，スペインと，旧植民地のラテンアメリカ諸国の首脳会議。

②**「南」同士の連合**▶BRICS：ブラジル，ロシア，インド，中国の4カ国 BRICs に，2011年以降南アフリカが加わり BRICS に改称。

BRICS は2009年以降，毎年首脳会議を開催し，ブラジルは14年7月の第6回会議（於セアラ州都フォルタレーザ）で2度目の開催地となった。BRICS では数年来，国際通貨基金（IMF）や世界銀行を基軸とする既存の国際金融システムが必ずしも新興国や途上国の現状を反映していないとして，新たな金融システムの構築を議論してきた。第6回会議ではその集大成として，「BRICS 新開発銀行（NDB BRICS）」の設立文書に各国首脳が署名し，あわせて「緊急時外貨準備基金（CRA）」の設立も決定した。最初の資本金は各国が100億ドルずつ出資すること，初代総裁はインドから，初代取締役会長はブラジルから，初代理事会長はロシアから選出すること，および本部は中国（上海）に設置することが決まった。また，首脳会議最終日には UNASUL との合同会議が開催され，BRICS が開かれた組織として，他組織との連携を模索している点でも注目された。

IBSA 対話フォーラム（Fórum de Diálogo Índia-Brasil-África do Sul）：インド，ブラジル，南アフリカの3カ国による協議の場。原点は2003年6月，G8 サミット（於フランス・エビアン）に拡大対話（アウトリーチ）国として招かれたインド（シン首相），ブラジル（ルーラ大統領），南ア（ムベキ大統領）の3カ国首脳会議にある。その後外相レベルでの会合を重ね，06年9月に正式発足，これまで6回の会議が開催されている。それぞれ多文化・多民族の民主主義国家であり，アジア・南米・アフリカ大陸を代表する存在として，民主主義や人権，社会的包摂，持続可能な発展など

について協議し，国際社会に意見を発信していくことを目的としている。首脳会議のほか外相会議，外務次官会議などで複層的に構成されており，農業，防衛，定住，貿易と投資，エネルギーなど計16のワーキンググループを有する。04年以降，3カ国の共同出資で「IBSA基金」を設置し，各国が国内で実施してきた貧困対策や飢餓撲滅対策の経験を生かしながら，最貧国や紛争等で疲弊した国々への支援を行っている。これまでにギニアビサウ，ハイチ，カーボベルデ，ブルンジ，シエラレオネ，パレスティナの6カ国・計8つのプロジェクトに対して資金援助が実施された。IBSA基金のこうした取り組みに対して，10年には国連開発計画（UNDP）から「ミレニアム開発目標賞」が授与されている。

なお，ブラジルは一国家として以外にも，「南米」ないし「ラテンアメリカ」の一員として次のような地域間協議体に参加している。ラテンアメリカ・東アジア協力フォーラム（FOCACAL：Fórum de Cooperação América Latina-Ásia do Leste，英語名 FEALAC），南米・アラブ諸国首脳会議（ASPA：Cúpula América do Sul-Países Árabes），南米・アフリカ諸国首脳会議（ASA：Cúpula América do Sul-África）。☞ 2-4 「地域統合」「南南外交」　　　　　　（子安昭子）

❖ 二国間外交

ブラジルは国連に加盟するすべての国・地域および国連未加盟のバチカン市国やクック諸島と外交関係をもち（2015年9月現在），128カ国に在外公館を開設しており，ラテンアメリカ諸国の中でその規模は最大である。在外公館が最も多く置かれているのは米国だが，隣国アルゼンチンやパラグアイなども主要都市に開設されている。アジアでは日本と中国に各4カ所ずつ開設され，国交をもたない台湾には代表事務所が置かれている。在外公館の役割の一つは，当該国に居住する自国民の安全を保障することであり，ブラジル在外公館の数の多さは在外ブラジル人の数に比例しているといえる。

2012年時点でブラジル人が多く居住する国は，人口順に米国，日本，パラグアイ，ポルトガル，スペイン等で，中国は6,200人と他に比して少ない。106万人・1位の米国が，21万人・2位の日本を大きく引き離している（15年現在，在日ブラジル人の数は約17万人前後）。

ルーラ政権時代（2003～10年），ブラジルは37カ国に在外公館を新設した。その内訳はアフリカ16カ国，カリブ8カ国，欧州6カ国，アジア5カ国（北朝鮮，ミャンマー等を含む），中東2カ国である。この数字に，先進諸国との外交に重きを置いた前カルドーゾ政権（1995～2002年）とは対照的な，ルーラ外交のアフリカ重視，南南外交重視の姿勢が反映している。ルーラは旧ポルトガル植民地のアンゴラやモザンビークのみならず，アフリカ各国との外交強化に注力し，8年間の任期中，毎年のようにアフリカ諸国を歴訪した。この時期，アフリカ各国からも首脳がしばしばブラジルを訪問している。☞ 2-4 「南南外交」

ブラジルの外交政策における南米重視の姿勢は，カルドーゾ政権以降変わっていないが，ルーラ政権期にはその範囲がラテンアメリカ・カリブ全体へと広がった。特に政情不安と2010年の大地震被害で疲弊したハイチとの経済協力関係は，ルーラ政権の南南外交の中心であった。ルーラ大統領はまた，中東和平やイランの核開発問題などにも積極的に関与し，10年にはイスラエル，パレスティナ，イラン訪問を実現したが，同政権の中東外交には国内外で批判もあった。

米国との関係は，伝統的にブラジル外交の機軸であり続けている。ルーラ政権期の後半には，イランの核開発問題やホンジュラスのクーデター問題などをめぐり両国間で意見が

対立した。第一次ルセフ政権期の2013年には、米国家安全保障局（NSA）の通信傍受疑惑が浮上し、ルセフ大統領は抗議の意味で予定されていた米国への公式訪問を延期した（15年6月に実現）。それでも米伯関係が深刻な危機に陥ることはなく、貿易・投資分野などではパートナーとしての重要性を相互に認識し合っている。

しかしながら、ブラジルの輸出入の地域構成比において米国は必ずしもマジョリティではない。2014年の地域別輸出入構成比をみると、米国は輸出の12.01％、輸入の15.28％を占めるにすぎない。2000年代以降はアジアやラテンアメリカ・カリブの拡大が顕著である。以下主要輸出入先を順に示すと、アジア（輸出32.66％、輸入31.07％）、ラテンアメリカ・カリブ（輸出20.46％、輸入16.41％）、EU（輸出18.68％、輸入20.39％）、中東（輸出4.63％、輸入3.49％）、アフリカ（輸出4.31％、輸入7.45％）となっている。これらの数字には、ブラジルの伝統的な全方位外交の姿勢が反映している。

ルーラ政権の外交スタンスは、続くルセフ現政権にも受け継がれているが、中東情勢の混乱や中国をはじめとする新興国の経済停滞など先行き不透明な国際情勢の中で、ルセフ政権は前政権ほどには外交に注力できない状況が続いている。

（子安昭子）

❖ 地域統合

南米南部共同市場（メルコスル）は、正加盟5カ国（ブラジル、アルゼンチン、ウルグアイ、パラグアイ、ベネズエラ）、準加盟7カ国（ボリビア［正加盟手続き中］、チリ、ペルー、エクアドル、コロンビア、ガイアナ、スリナム）の関税同盟である（2015年現在。他にオブザーバーとしてメキシコ［加盟検討中］、ニュージーランドが参加）。アルゼンチンとブラジルの貿易摩擦、ベネズエラとコロンビアの断交など、度重なる存続の危機を乗り越え、15年に発足20周年を迎えた。

メルコスルは発足時のカルドーゾ政権以来、ブラジルにとって南米外交の主軸であり、その姿勢は現ルセフ政権にも受け継がれている。しかし、通商面では近年その比重が縮小傾向にある。2005～14年にかけて、ブラジルの貿易に占めるメルコスルの割合は輸出9～11％台、輸入7～10％台で推移した。発足から5年後の2000年には、輸出の14.04％、輸入の13.96％を占めていた。これはメルコスルの重要性が低下したというよりも、通商相手の多様化により中国やアフリカなどの比重が増したことによる。

一方、12カ国が参加する南米諸国連合（UNASUL）は、「同一通貨、同一パスポート、一つの議会」を標語に、安全保障なども含めた包括的な協議を行う地域統合である。その前身は2004年の南米首脳会議で経済統合体として発足した南米共同体（CASA）である。07年4月の南米エネルギー首脳会議でUNASULと改称され、08年5月にブラジリアで開催された臨時首脳会議で設立条約が採択され、本格始動した。

2011年に発足したラテンアメリカ・カリブ諸国共同体（CELAC）には、域内33の全独立国が参加する。そのルーツは1980年代、中米諸国で紛争が続く中、米国の介入を排して紛争を平和的に解決することを目的に中南米12カ国で結成した「リオグループ」である（名称は会議がリオデジャネイロで開催されたことから）。CELACの前身であるラテンアメリカ・カリブ首脳会議（CALC）は08年12月にサルバドールで第1回会議を開催し、米国からの自立を目指す「サルバドール宣言」を採択、11年7月の第3回会議を経て同年12月に正式にCELACとして発足した。UNASULやメルコスルのような設立条約や事務局は持たないが、ラテンアメリカ・カリブ地域の包

括的協議体として存在感を増している。15 年 1 月には中国との間で初の閣僚会議を開催（北京）するなど，域外諸国との関係構築にも積極的な姿勢を見せている。

UNASUL や CELAC は，米州機構（OAS）をはじめ米国を中心とした組織とは異なり，ラテンアメリカ・カリブ海諸国のみで構成された機関であり，いずれも地域を足がかりにグローバル・プレーヤーを目指すブラジルにとって重要な外交枠組みとなっている。

2012 年 6 月には，ラテンアメリカの新たな地域統合としてメキシコ，チリ，コロンビア，ペルーによる太平洋同盟（Aliança do Pacífico）が誕生した。他にコスタリカやパナマが加盟を計画中で，日本や米国，中国など 30 カ国がオブザーバーとして参加する自由貿易協定（FTA）である。また 15 年 10 月には，域内からチリ，メキシコ，ペルーが参加する環太平洋パートナーシップ協定（TPP）が大筋合意に至った。ブラジル国内では財界を中心に，メルコスルの保護主義的な側面や，「アジア・太平洋の時代」に出遅れることを懸念する声が高まっており，これまで南米およびラテンアメリカ・カリブ域内の統合を重視してきたブラジル外交の今後が注目される。域内の地域統合に関して「太平洋同盟 vs. メルコスル」という構図で捉える見方が主流となりつつあるが，CELAC や UNASUL なども含めた重層的な構造の中で地域統合の意義を議論する必要がある。

（子安昭子）

❖ 南南外交

南南外交とは，域外の途上国，すなわち「南」の国々との外交を指す。1990 年代後半以降の歴代政権のアフリカ・中東訪問をまとめた表 2-4-1 に明らかなように，ブラジルの南南外交はルーラ政権下で開花した。軍事政権時代，ガイゼル政権（1974～79 年）は「責任ある現実主義的な全方位外交」を掲げ，イデオロギーよりも経済実利を優先する姿勢をとったが，南同士の連帯には消極的であった。続くフィゲレード政権（79～85 年）ではブラジル大統領初のアフリカ訪問が実現したが，中東諸国との外交は進展しなかった。大統領として中東を公式訪問したのはルーラが初めてである。

ルーラ大統領はアフリカや中東諸国に対し，同じ南の国として途上国のリーダーを目指すブラジルとの連帯を呼びかけた。アフリカと

表 2-4-1　歴代政権のアフリカ・中東諸国への訪問

政権	中東訪問先	アフリカ訪問先
カルドーゾ	なし	アンゴラ，モザンビーク，南アフリカ（各 2 回）
ルーラ	2003 年：シリア，レバノン，アラブ首長国連邦，エジプト，リビア 06 年：アルジェリア 09 年：カタール，サウジアラビア，トルコ，リビア 10 年：イスラエル，パレスチナ，カタール，イラン	2003 年：サントメプリンシペ，モザンビーク，ナミビア，南アフリカ 04 年：ガボン，カーボ・ベルデ，サントメプリンシペ 05 年：カメルーン，ナイジェリア，ガーナ，ギニア・ビサウ，セネガル 06 年：アルジェリア，ナイジェリア 07 年：ブルキナファソ，コンゴ，南アフリカ，アンゴラ 08 年：ガーナ，モザンビーク 09 年：訪問なし。ただしアフリカ諸国首脳が多数訪伯 10 年：赤道ギニア，ケニア，南アフリカ，ザンビア，タンザニア
ルセフ（第一次）	なし	2011 年：南ア，モザンビーク，アンゴラ 13 年：ナイジェリア，赤道ギニア，南ア，エチオピア

出所：各種資料より筆者作成

表 2-4-2　ブラジルの対アフリカ・中東貿易の推移（2000 年以降）

（単位：100 万ドル。%は輸出入全体に占める割合）

	中東				アフリカ			
	輸出	%	輸入	%	輸出	%	輸入	%
2000年	1,332.87	2.42	1,560.81	2.79	1,347.09	2.44	2,907.08	5.21
2005年	4,288.48	3.62	2,509.61	3.41	5,981.35	5.05	6,656.66	9.04
2010年	10,525.09	5.21	4,680.39	2.57	9,261.59	4.59	11,297.25	6.22
2014年	10,419.34	4.63	7,999.45	3.49	9,701.01	4.31	17,060.82	7.45

出所：開発商工省（MDIC）資料より筆者作成

の関係強化に注力したのは，ブラジルが奴隷貿易の道義的責任を負うべきと考えていたことも背景にある。もちろん，アフリカ・中東の経済発展に協力することで，将来的にはこれらの地域を新たな市場として開拓することへの期待もあった。

ルセフ政権においても南南外交重視の姿勢は基本的には継承されているが，ルーラに比べアフリカ・中東訪問は圧倒的に少ない。通商面では，ルーラ政権以降，アフリカ・中東との貿易が顕著に拡大している（表 2-4-2）。

南南外交の枠組みとしては，アフリカ・中東各国との二国間協議体のほか，地域間協議体として南米・アフリカ諸国首脳会議（ASA：Cúpula América do Sul-África）と南米・アラブ諸国首脳会議（ASPA：Cúpula América do Sul-Países Árabes）がある。

ASA はアフリカ連合 54 カ国（モロッコを除く全独立国が加盟）と，南米 12 カ国の首脳が定期的に顔を合わせる唯一の場であり，国連加盟国の 3 分の一が参加する巨大な会議体である。第 1 回会議はブラジルとナイジェリアのイニシアチブのもとで 2006 年に開催され，第 4 回が 16 年中にエクアドルで開催される予定である。

アラブ連合 34 カ国と南米 12 カ国から成るASPA は，2003 年にルーラの提唱で誕生した。05 年に第 1 回会議がブラジリアで行われ，以後 12 年までに 3 回開催されている。第 3 回会議で同時開催された企業家フォーラムには，両地域の貿易拡大を反映して 450 人の参加があり（09 年は 250 人），アラブ南米商業所連盟（Federación de Camaras de Comercio Arabes Sudamericanos）の設立につながった。

ブラジル外務省は ASA，ASPA をともに南南協力外交の基軸と位置づけている。第一次ルセフ政権で外相を務めたパトリオッタがブラジルの南南外交は「一方的な援助ではなく，互いに助け合う性質のもの」と述べた通り，ブラジルとアフリカ・中東各国は問題・課題を共有し，その解決に共同で立ち向かうパートナー関係にある。

（子安昭子）

❖通商外交

ブラジルは 1999 年，主要 20 カ国・地域の財務大臣・中央銀行総裁の会議体としてスタートした G20 の一員である。世界金融危機が起きた 2008 年以降は G20 首脳会合も開催されるようになり，15 年までに計 10 回行われている（開催地：08 年ワシントン DC，09 年ロンドンおよびピッツバーグ，10 年トロントおよびソウル，11 年カンヌ，12 年ロス・カボス，13 年サンクトペテルブルク，14 年ブリスベン，15 年アンタルヤ）。16 年の第 11 回会議は中国杭州で行われる予定である。ブラジルは，第 1 回首脳会合開催の 1 週間前にサンパウロで開かれた財務大臣・中央銀行総裁会議でホスト国を務めた。

G20 は当初，多元化した 21 世紀の世界経済とそのもとでの協力体制について多国間で

協議する場として期待され，ブラジルを含め新興諸国の積極的な発言が注目されたが，中国経済の低迷やユーロ危機，中東の混乱などに直面する中で，具体的な成果を見出せない状況が続いている。

2015年現在，160カ国・地域が参加する世界貿易機関（WTO）については，ブラジルは1995年の創設以来のメンバーである。2011年のロシア加盟に際しては，同じBRICSのメンバーとして積極的に支持を表明した。13年9月にはブラジル人外交官ロベルト・アゼヴェドが事務総長に就任，同年12月に開催された第9回WTO閣僚会議（於インドネシア・バリ）では，ドーハ開発ラウンド交渉の対象となっている分野（貿易の円滑化および農業・開発分野）の部分的合意に至った。交渉の進展につながる成果として一定の評価はできるものの，最終的な妥結はまだ難航すると予想されている。

ブラジルは多くの途上国とともに，ドーハ開発ラウンドの中心課題は農業分野の貿易自由化であると認識している。2003年9月，ドーハ開発ラウンド閣僚会議（メキシコ・カンクン）を前に，ルーラ大統領の呼びかけで途上国20カ国による交渉グループが誕生した。以来，ブラジルはWTOでの存在感を高め，貿易・債務・財政ワーキンググループにおいて各国の為替変動による貿易への影響に関して積極的に発言するなど，一定の役割を担っている。なお，米政府が自国綿花生産者に対し輸出補助金を出していることをめぐり，2000年代初頭に生じた米国との貿易摩擦は14年に解決に至った。オレンジジュースについてもその前年に解決済みである。

ブラジルの通商外交は，南米南部共同市場（メルコスル）を超えた広がりを持ちにくいことは否めない。2015年現在，メルコスルが域外諸国・地域と結んでいる通商・貿易協定としては，メキシコとの自動車貿易協定，インドおよびアフリカ関税同盟との特恵関税協定，イスラエル，エジプト，パレスティナとの自由貿易協定など限定的である。そうした中で，EUとの自由貿易協定（FTA）に期待がかかっている。2000年以降，「政治対話，協力，自由貿易」の3つを柱に，関税自由化品目など具体的な内容についての交渉が始まり，04年10月に一時中断したものの10年5月に再開，包括的で均衡のとれたFTAを目指すことが確認され，現在に至っている。また近年，日本・ブラジル双方の経済界で，両国の経済連携協定（EPA）締結を強く望む声が高まっている。

（子安昭子）

第3章　経済

0. 概観

　日本とブラジルの経済は，常に寄り添っている関係ではないが，歴史上重要な局面で互いを補完し合う意義深い交流をしてきた。

　最初は日本人のブラジル移住である。明治維新以降，人口が急成長し，農業生産性が低く外貨獲得能力も低かった日本は，国民を養えない状態にあった。一方で労働力不足に悩まされていたブラジルは，移民受け入れに熱心であった。第二次世界大戦後の人口急増に際しても，ブラジルは日本にとって主要な移住先の一つであった。

　次は，1970年代に資源・食糧分野で行われた対ブラジル経済・技術協力である。海外に資源を依存する日本にとって，70年代に訪れた様々な供給ショックは，それまで続いていた高度経済成長に陰りをもたらした。資源の安定的確保を目的として，ブラジルとの間で鉄鉱石，大豆，紙パルプ，アルミニウムなどを開発する官民合同プロジェクトが大規模に実施された。ブラジル側も，未開発の資源のポテンシャルを実現できる日本の資本と技術を歓迎した。

　最近では，日本でバブル経済が終焉を迎えつつあった1990年に入管法が改正され，以来，日系人の出稼ぎ労働者が多数日本へ渡った。彼らの多くは工場の人手不足を補う貴重な労働力となった。このころブラジルでは，ハイパーインフレで経済がどん底状態にあり，日本への出稼ぎは所得と外貨獲得の貴重な源泉となった。

　経済交流が盛んとなる前後には少なからず反動もあった。第二次大戦中，連合国側であったブラジルは日本との国交を断絶し，日系人は弾圧の対象となった。1980年代には，ブラジルの累積債務危機により金融の流れが途絶した。開発プロジェクトのブラジル側パートナーが資金的に行き詰まり，事業が継続の危機に瀕したこともあった。日本経済のバブル崩壊後は，日本企業が生産を海外に移転したこともあいまって，出稼ぎ労働者の来日が激減した。

　このようにこれまでの両国の経済交流は，ブームと反動を経てはきたが，決して企業が進出先を次々に移転するような「焼畑的」なものではなく，後に残る重要な資産を残している。第一に，日系人のブラジル経済・社会に対する貢献の大きさは第1章で述べられているとおりである。第二に，日本の協力により開発された天然資源・食糧は，今日ブラジルの主要な輸出品目になっている。第三に，出稼ぎを経験して帰国したブラジル人にとって，日本は先祖から聞かされた想像上の存在ではなく，生活経験に基づくリアリティのある存在であり，今後日本のソフトパワーの重要な受け手となっていくだろう。

　近年，資源部門の成長と国内市場拡大を両輪に力強い成長を見せていたブラジル経済は，財政問題とインフレにより再び低迷期を迎えている。以下ではブラジルの財政，物価，国際経済，雇用，所得の特徴的な事項を解説し，次のブームに備えてブラジル経済の現状を理解するための手引きを提示する。　　（浜口伸明）

1. 経済構造

❖ **国民経済**

ブラジルの 2014 年の国内総生産（GDP：国内で発生した付加価値の合計）は 2.4 兆ドル（http://data.worldbank.org/）、経済規模は世界第 7 位である。2010 年以降、国民 1 人あたり GDP が 1 万ドルを超えており、世界銀行はブラジルを上位中所得国に分類している。

経済は 2000 年代に年率 4～5％台と順調に成長を続けたが、10 年代に入り 3％未満の低成長に苦しんでいる。

ブラジルは資源国だが、GDP に占める農業と鉱業のシェアは合わせて 10％に満たない。製造業のシェアは、2000 年の 13％から 03～05 年には 15％に上昇したが、14 年には 9％に下がった。サービス業は、2000 年の 59％から 04 年に 55％まで減少したが、その後再び増加して 14 年に 61％となった。資源ブームの陰で、工業化が後退しサービス業化が進む現象は「オランダ病」と呼ばれる。国が経済的に十分豊かになる前にサービス経済に移行してしまうと、技術進歩が停滞する「中所得国の罠」の状態に陥る。

GDP の需要項目別構成比では、民間消費が 60％以上を占め、政府消費が約 20％である。外需を示す輸出は 2000 年代前半に 10％から 15％へと上昇したが、その後 12％に低下した。域内のチリ、ペルー、メキシコでは輸出が GDP の 30％を超え、政府消費が 11～12％であることと比較すると、内需に強く依存した経済であることがわかる。

さらに、ブラジルでは投資率が 20％を下回っており、20％を超える水準を維持しているメキシコ、チリ、ペルーに比べて低い。

ブラジル地理統計院（IBGE）は、GDP の四半期データを約半年遅れで発表する。つまり毎年 8 月に公表される GDP は、その年の第 1 四半期のデータである。この情報のタイムラグを埋めてくれるのが、中央銀行が発表する月次の経済活動指数（IBC-Br）だ。これを使えば 8 月に 6 月のデータが入手できるので、第 2 四半期までの状況を知ることができる。図 3-1-1 からわかるように、IBC-Br と GDP の軌道はほぼ同じであり、IBC-Br は GDP の速報値として注目されている。　（浜口伸明）

❖ **成長戦略**

ブラジルの持続的な成長を阻害する要因として、インフラの未整備があげられる。世界経済フォーラムがまとめた『世界競争力報告書 2015-16 年版』によれば、国際基準によるブラジルの競争力の総合評価は全 140 カ国中 75 位と中位だが、インフラの質の評価は 123 位と低い。個別にみても道路 121 位、港湾 120 位、空港 95 位、鉄道 98 位、電力供給 96 位といずれも低位に甘んじている。ブラジルのインフラ整備が進まない背景には投資率の低さがある。世界銀行によると、2013 年の対 GDP 比投資率は世界平均 22.3％に対しブラジルは 20.7％と低く、インド（32.3％）、中国（47.7％）、インドネシア（34.0％）などの新興国と比べてもその差は明らかである。

インフラ投資における政府の役割を強化し、持続的な経済成長を目指す成長戦略として、第二次ルーラ政権期の 2007 年、成長加速化計画（PAC）が発表された。PAC 1 では、ロジスティクス、エネルギー、社会・都市整備の 3 分野を柱に、2010 年までの 4 年間で 6,574 億レアルの投資を行うとされ、10 年 12 月末の時点で予算全体の 68％に相当する 4,440 億レアル分の事業が完工し、資金面での執行は

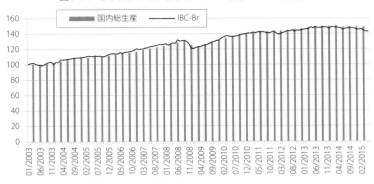

図3-1-1　ブラジルのGDPおよびIBC-Brの推移（2003年以降）

注：いずれも2002年平均を100とした季節調整済み指数。
出所：GDPはIBGE、IBC-BrはBanco Central do Brasilウェブサイト

6,190億レアルと94％に達した。3分野に対する投資額の配分はそれぞれ15％、33％、52％と、社会・都市整備に半分以上が向けられており、なかでも個人向け住宅融資が49％を占めた。

2010年3月には、11～14年を対象にPAC 2が発表された。PAC 2は都市環境整備、住民サービス向上、低所得者向け住宅建設、水道・電気の全国普及、輸送・物流、エネルギーの6部門のインフラ整備プロジェクトから構成され、総予算規模は約1.6兆レアルに上る。14年12月に発表された報告書によると、予算執行ベースで96.5％、事業執行ベースで99.7％を達成している。

PACは、政府だけでなく民間投資を含めた計画であるが、企画・予算・運営省（MP）が主管省となり、計画の策定やモニタリング、関係省庁との連携を行っており、民間の投資額は限定的である。民間部門の投資参入を促すためには、ルールの明確化や煩瑣な官僚的手続きの軽減など投資環境の改善が不可欠となる。PACの実施に際しては、4カ月ごとに計画全体の進捗状況の報告書が発表され、州レベルでも遂行状況が公表されていることから、透明性の確保は重視されているといえる

が、工事の遅れや進捗状況の評価における曖昧さがたびたび指摘されている。

また、PACは政府主導でインフラ投資促進を行う計画であるが、ルセフ政権では低所得者向け住宅供給プログラム「私の家・私の暮らし計画（MCMV）」をはじめ政権の旗印的政策に、道路・鉄道・港湾・空港の整備等を行う輸送・物流プロジェクトの3倍近くの予算が向けられている。成長戦略は本来、長期的展望のもとに持続的成長を可能にする生産性や競争力の向上、財・労働市場の効率化を図ることを目的として行われるべきである。交通・運輸インフラは国内市場の統合を進め、市場規模の拡大のみならず地域間格差や貧困の縮小にも貢献することから、投資分野の優

成長加速化計画PAC 2を発表するロボン鉱山エネルギー大臣（左）とベルキオル企画・予算・運営大臣（2010年3月、提供：Agência Brasil）

先順位は戦略的に決められる必要がある。さらに，PACの実施に際しては財務省が予測するマクロ経済環境が前提とされるが，PAC 2発表時の「2011〜14年のGDP平均成長率5.5%」，「財政赤字の縮小」，「堅実なインフレコントロール」といった予測は達成されず，第二次ルセフ政権が発足した15年以降は財政状況の改善が最優先事項となり，PAC予算は立て続けにカットされている。近年のブラジルの経験から，成長戦略の実施にはマクロ経済環境の安定化が前提となることも指摘される。
　　　　　　　　　　　　　　（河合沙織）

❖インフレーション

　現在の公式インフレ率指標は，ブラジル地理統計院（IBGE）が最低賃金の40倍以下の所得の家計を対象に調査している拡大消費者物価指数（IPCA）である。IBGEは最低賃金の5倍以下の所得の家計に対象を絞った全国消費者物価指数（INPC）と，毎月15日時点の物価を調査するIPCA-15も発表している。この他に，ジェトゥリオ・ヴァルガス財団（FGV），サンパウロ大学経済研究所（FIPE）なども独自の消費者物価指数調査を行っている。FGVやFIPEの発表する消費者物価指数は，IPCAやINPCよりも長い歴史があり，慣習的に各種契約の価格改定の際の参照指数とされている。

　政府は1999年6月にインフレ目標を導入した。目標とするインフレ率と上下許容幅は，財務大臣，企画・予算・運営大臣，中央銀行総裁で構成される国家通貨審議会（CMN）が定める。インフレ率と失業率の間に負の相関があるので，低すぎる目標を実現しようとすると失業が増える。2006年以降，インフレ目標は4.5%，許容幅は上下2ポイントである。

　中央銀行は総裁と理事から構成される金融政策委員会（COPOM）を年に8回開催し，各時点の経済情勢分析と今後のシナリオの予測シミュレーションに基づいて，上下許容幅の間にインフレ率が収まるように金融政策を決定する。例えばインフレ率が目標を上回りそうだと予想されるときは，政策金利（SELIC：証券保護預かり売買特別制度）を引き上げて需要引き締めを図る。COPOMで金利を引き上げない場合も，引き上げ見通し（viés）を決議して，情勢が悪化すれば次回COPOMの前に総裁の判断で金利を上げることもある。

　COPOMの決定はすぐに記者会見で発信され，翌週にSELIC決定の根拠を説明した議事要旨（Atas）がインターネット上に公開される。より詳しい説明は3カ月ごとにインフレ・レポートで報告される。

　中央銀行は，金融市場関係者の主観的な経済情勢予想の分布を重視しており，毎週アンケート調査を実施する。その結果は中央銀行が毎週発行するニュースレター《Focus》にまとめられて公開される。

　金融政策の効果が出るまでには時間がかかるので，中央銀行は1年から1年半先のインフレ率が目標に収束するよう政策を決定している。このため，足元のインフレ率が目標を超えていても，政策効果のタイムラグだと判断すれば追加利上げは行わない。COPOM議事要旨は，「金融政策は注意深い姿勢を維持する」という表現でいっそうの金利引き上げを示唆したり，「次回COPOMまでマクロ経済状況の変化を注視して，そこで金融政策の次の方向性を決定する」と述べて金融引き締めから緩和への転換を示したりもするので，中央銀行の方針を知るために重要な文書である。

　金融政策がインフレ管理に即効性がないのにはいくつかの理由がある。通貨の価値が急激に下落すると輸入品の国内価格が上昇してしまうのも理由の一つだ。資本移動の自由を前提にすれば，金融政策を主体的に実施している中央銀行はむやみに為替レートに介入す

るべきでない（国際金融のトリレンマ）。しかし，インフレをもたらす急激な為替レート変化に介入することは正当化されている。

また，公共サービス料金の改定に，1990年代前半以前の高インフレ時代に確立した物価スライド調整制度（インデクセーション）が残っている影響がある。この仕組みによって，前年のインフレが今年の物価上昇に持ち越されてしまうため，調整期間が長期化するのである。

〔浜口伸明〕

2. 財政

❖予算制度と財政収支

予算制度は政府の経済活動を民主的に統制する上で欠かすことのできないものであり，国民が選出した政府及び国会が，資源配分を決定する仕組みの正統性を保証する必要がある。そのため，ブラジルにおける民主化の過程では，予算制度改革が重要なアジェンダとして取り上げられてきた。

1988年憲法下の予算制度は，予算の期間に応じて多年度計画（Plano Plurianual）と年次予算法（LOA）に基づく年次予算とに分類され，編成されている。多年度計画は，原則として大統領就任の次年度から次期大統領の初年度までの4年間を対象として作成される。内容は一般に大統領の在任期間中の政策方針が反映されたものとなる。特に投資的特徴を有する事業は多年度計画に規定されることとなる。

他方，年次予算は単年度会計を前提として，一般会計予算，社会保障会計予算，公企業会計予算が策定される。またこれらとは別に，投資的経費を含めた歳出の優先順位などを定めた連邦予算基本法（LDO）に即して編成される。

1988年憲法下で，年次予算の中で社会保障会計予算の比重が増大している。社会保障制度は社会保障省（MPS）所管の社会保障庁（INSS）が管轄・運営する。社会保障の中心を占める公的年金制度は，一般社会保障制度（RGPS：Regime Geral de Previdência Social）と公務員社会保障制度（RPPS：Regime Próprio de Previdência Social）がそれぞれ別個に運用されている。

政府系企業投資予算については，原則として独立採算制が適用される。ただし，公益性の高い事業については一般財源からの補填がなされている。

以上の予算に基づいた財政活動の結果，財政収支の決算値が求められることとなるが，財政収支にはプライマリー，ノミナル，オペレーショナルの3つの概念がある。プライマリー収支は，歳出から公債費（償還費及び利払い費）を除いたものと，歳入から公債収入を除いたものとの差額であり，歳入面が上回っていれば黒字である。他方，ノミナル収支とは投資的収入を含めた総歳入から公債費を含めた歳出を差し引いた額である。このノミナル収支から通貨価値の変動を除去したものがオペレーショナル収支となる。本来，財政運営で重要視すべきはノミナル収支やオペレーショナル収支であり，その均衡が維持されることが望ましいといえる。しかし，すでに公債が大量に発行され，ブラジルのように公債利回りの変動が激しい場合には，予算策定段階で財政収支の均衡を目指すことが困難となる。そのため，公債費及び公債収入を加味しないプライマリー収支が重要視されている。

なお，プライマリー収支の把握方法として，歳入と歳出の差に着目する方法（Acima da Linha）と，ストックに着目し，期首と期末の政府債務の差額の増減をもって収支とする方

法（Abaixo da Linha）がある。

プライマリー収支は，1990年代後半以降，連邦政府だけでなく州政府及びムニシピオ政府においても改善してきている。プライマリー収支の改善は公債への信用度を回復させ，国債利回りを低下させる傾向があり，ノミナル収支やオペレーショナル収支も安定する効果があると考えられる。

なお財政収支は，歳出減だけでなく，歳入増によっても改善する。1990年代半ばにおける租税及び社会保障負担の対GDP比率は約26％であったが，2000年代半ば以降は32％を超える水準にまで達している。　（水上啓吾）

❖財政責任法と財政運営

1980年代，経済政策で国際的な信用を低下させたブラジル政府は，90年代後半以降に経済再建において特に通貨と財政運営の信用回復に努める必要があった。健全な財政運営のルールとして導入されたのが財政責任法（Lei de Responsabilidade Fiscal）である。財政責任法は2000年代に入ってから成立したものだが，成立の経緯はブラジル国内の文脈だけではとらえられない。

ブラジルの本格的な財政再建は，財政責任法導入以前から開始されていた。1997年の後半から続いていた国際金融市場の混乱の中で，ブラジルからの資本流出を抑制することは困難であった。外貨準備高が減少する中でドルとレアルとのクローリング・ペッグ制を維持しようとしたブラジル政府は，国際通貨基金（IMF）からの融資を取り付けて危機を克服しようとした。その際，プライマリー収支の目標値（Meta Fiscal）の設定が融資のコンディショナリティに含まれることとなった。

ただし，コンディショナリティは融資期間中は有効だが，危機の要因となった構造的な問題点を解消できていないという見方もできる。そのため，財政収支の目標値の設定とともに，2000年に財政責任法を導入することによって恒久的に政府の純支出（歳出－歳入）の抑制を図った。

このように財政責任法は，国際収支の安定を図らなければならない文脈のもとで導入されたものである。したがって導入の際には，政府需要の抑制を通じた国内需要の抑制が求められることとなった。ただし，国内需要の抑制は歳出の削減のみを意味するわけではない。例えば，政府の歳出を増大する場合においても，そのために必要な資金を租税で調達し，民間の消費を抑制できていれば，国内需要は必ずしも増加しない。他方，国内外から借り入れて政府が支出を増やすと国内需要が増大し，国際収支の悪化につながる。そのため，財政責任法では政府需要を抑制するように財政収支が改善される方策を取った。その対象は連邦政府だけではなく，州政府やムニシピオ政府も含まれる。国際収支を考慮する以上，全政府部門を対象とする必要があったのである。

なお，財政責任法は，法体系上は補足法（Lei Complementar）である。出席者の単純多数（maioria simpres）で制定される通常法（Lei Ordinária）とは異なり，補足法は定員の過半数を必要とする絶対多数（maioria absoluta）での制定が必要となる。より変更困難な法令で財政運営方式を制度化しているといえよう。

実際のプライマリー収支の動向は，コンディショナリティの設定以降，急速に改善してきた。2000年代を通じて，各政府レベルにおいてプライマリー収支は黒字基調であった。ただし，常に当初の目標を達成できたわけではない。特に，世界同時不況など経済の停滞期においては，増税や歳出削減が政治的にも困難な場合が多く，結果として目標値の下方修正を余儀なくされている。そうした場合においても財政収支の目標値を逸脱しないことはアナウンス効果があり，結果として経済や

通貨価値の安定に寄与してきたものと考えられる。

健全な財政運営のルール化を図った財政責任法は，施行以来10年以上維持されている。民間企業が海外から資金調達を安定的かつより低いコストで行うためには，財政運営に混乱が生じないことを保証する政府の取り組みが必要であり，財政責任法の維持と財政収支目標の達成は事実上，その条件となってきた。

（水上啓吾）

❖債務管理

政府債務は発行した公債の引き受け先の場所が国内か国外かによって，国内債務と対外債務に分類される。一般的に，国内債務は国内の貯蓄を吸収することによって政府資金を調達した結果発生し，対外債務は海外の余剰資金を受け入れることによって政府資金を調達した結果形成されるものである。現在のブラジルでは，政府債務の多くは国内債務となっている。

公債は発行主体ごとに，連邦政府が発行する連邦債，州政府及びムニシピオ政府が発行する地方債，公企業が発行する公企業債に分類される。一般政府部門である連邦政府や州政府，ムニシピオ政府は，課税権を有するため公企業債よりも低い利回りで資金を調達することができる。逆に公企業は公企業債の償還財源を自社の収入に求めなければならず，企業活動の状況によって政府債務の利回りとの乖離が生じる。

ブラジルの政府債務に関しては，インデックス債の存在が長らく問題とされてきた。公債の多くは，その利回りが物価や金利など他の指数とつながっており，指数の変化にともなって公債の利回りも変化する仕組みがとられていたのである。こうしたインデックス債は，インフレによる債券の実質価格の変動を抑制し公債保有者の資産価値を維持できるため，公債の消化局面で有効な手法である。他方，インデックス債の存在自体がインフレを慣性化させる効果もあるため，通貨価値の安定の観点からはインデックス債を減らしていくことが合理的である。

代表的な債券としては，国庫短期証券のLTN（Letra do Tesouro Nacional）やLFT（Letra Financeira do Tesouro），国庫中期証券のNTN（Nota do Tesouro Nacional）が発行されている。LTNやLFTはいわゆる赤字国債であり，短期的な政府資金調達手段として発行されるものである。LTNは最低償還期限を28日に設定している。両債券ともその発行額には上限が設定されている。他方，NTNは最低償還期限を1年以上に設定している。レアル建てではあるものの，対ドル為替レートに額面とともに連動している。なお，NTNの主流であるNTN-Bは，償還期限を1年以上に設定した，より短期の債券であり，前月の拡大消費者物価指数（IPCA）にインデックスされている。一般的に償還期間の長短に合わせて，債券のリスクを低減させるようにインデックス債を活用しているのが現状である。物価や為替レート，金利の変動を抑制することによって借換コストの抑制にもつながるため，経済の安定化が国庫負担の軽減に資するといえる。

ブラジルでは，1970年代の経済成長を支えた海外からの政府部門への投資が，80年代に返済困難になったことで累積債務問題が顕在化した。先進国側との政府債務の再編交渉の結果，債務の一部削減と政府債務の証券化を通じたブレイディ型の返済プランが90年代に採用されることとなった。

累積債務問題の一応の決着がついた1990年代には，ドル・ペッグによる通貨価値安定策も図られ，債務の安定的な管理が目指されることとなった。連邦債及び地方債については，公債の新規発行の抑制と既発行債の償還の促進が必要であり，そのための財政収支の

改善が目指された。

公企業債については，公企業の民営化が重要な役割を果たした。民営化計画の下で政府保有の公企業の株式売却と公企業債務の移転が行われた。公企業債務の移転は政府債務の直接的な削減につながり，株式の売却収入は債務償還の追加財源となった。

現在では，政府債務は市場のより厳しい監視を受けている。これまでも資本流出などの危機が起こると，国債の利回りがすぐに反応し，結果として国内の金利や物価に多大な影響が及ぶという事態を経験している。民主主義的手続きは財政支出を拡大させがちだが，財政運営においては市場の動向を常に注視する必要がある。

（水上啓吾）

❖ 租税構造

ブラジルの国家体制は中央政府と地方政府から構成され，後者は日本と同じく二層制，すなわち州と市（ムニシピオ município）からなる。州は26，ムニシピオは5,570あり，これ以外に連邦直轄区（DF）として首都ブラジリアがある。連邦は工業製品税（IPI）と所得税（個人：IRPF，法人：IRPJ），州は商品・サービス流通税（ICMS），ムニシピオはサービス税（ISS）と市街地土地建物税（IPTU）が，それぞれ税収の中心である。この中で最も税収が多いのが州のICMSで，インボイス方式の多段階付加価値税である。

税制は全体として所得と資産への課税が弱く，消費課税に傾斜している。逆進性が認められる間接税としての付加価値税が，税制全体の基幹税となっている。社会保障負担金が重いことも特筆すべきである。国税・地方税を合わせた租税負担率（社会保障負担金を除く）は現在35%（対GDP比）で，日本の23%，ドイツの30%と比較しても高水準である。総じて大土地所有者などの特権階層と貧困層の租税負担が軽く，中間所得層の負担が重い。

近年の税制改革の論点を二つ挙げておく。第一にICMS改革で，その内容は①連邦税化と，②ICMS制度の州間差異の是正である。①生産活動の多くはバリュー・チェーンが複数の州にまたがっているため，州間で税収の帰属先をめぐる利害対立が生じる。これを解消するには，ICMSを連邦税化することが望ましい。しかしその場合，州に代替となる基幹税を与える必要があるが，それがないために制度変更は困難である。②ICMS制度においては，州によって軽減税率に差があるだけでなく，基本税率も16%，17%，18%の3種類がある。これらを統一した場合，州によっては税収が減るため，これも交渉が難航している。

第二の論点は，金融取引暫定負担金（CPMF，通称「小切手税」）に関するものである。これは金融取引に課される連邦税で，1993年フランコ政権下で時限立法で導入され，94年にいったん廃止されたが，カルドーゾ政権期に再導入された。使途は医療支出に限定されていた。当初の税率は0.2%だったが，99年に0.38%に引き上げられた。その後労働者党（PT）政権下で税収は毎年伸び，2007年に372億レアルに達したが，08年1月に同税は廃止されて現在に至る。政府は現在，社会保障財源として同税の再導入を試みている。

ブラジルの税制は複雑でわかりにくいと言われる。その要因は主に次の5点に要約できる。①制度変更が頻繁であること。②上述のICMSが好例だが，税率が商品ごと，州ごとに異なること。③連邦，州，ムニシピオの税制恩典（租税特別措置）が極めて多岐にわたり，全容把握が容易でないこと（これは日本にもある程度当てはまる）。④移転価格税制をはじめとする国際租税条約について，経済協力開発機構（OECD）の基準とは異なり，ブラジル独自の基準が採用されていること（日伯租税条約は1967年施行）。⑤社会保障負担

金が租税構造に混在していること（例：法人純益に対する社会保障負担金［CSLL］）。こうした税制の複雑さはブラジル固有の取引コストとみなされており，世界銀行グループによる「ビジネス環境ランキング」（Doing Business 2015, www.doingbusiness.org/）によれば，ブラジルの納税の簡便さは 189 カ国中 177 位と低い。世界で最も納税関連手続きにコストがかかる国の一つである。☞7-6 　　　　（山崎圭一）

❖財政戦争

財政戦争（Guerra Fiscal）とは，企業誘致のために州やムニシピオが互いに競争して減税その他の恩典を提供しあう状況を指す。ブラジルでは 1990 年代以降四半世紀にわたり財政戦争が続いている。州では商品流通サービス税（ICMS）が，ムニシピオでは市街地土地建物税（IPTU）やサービス税（ISS）が減税に利用されることが多い。ブラジルでは従来南東部，とりわけサンパウロ州，リオデジャネイロ州，ミナスジェライス州などに企業が集中してきた。現在でもその傾向は強いが，90 年代以降はそれ以外の州，なかでもノルデステ（Nordeste：北東部）地方の州への企業立地が進んだ（たとえば自動車，靴，繊維産業）。その要因の一つが，州とムニシピオによる各種恩典の供与であった。95 年に政権に就いたカルドーゾ大統領は，過度な財政戦争は自治体の固有財源を蝕むとしてこれを批判した。

近年，財政戦争への批判的な見方はさらに強まっており，これ以上の競争は各州に悪影響があるのみで，もはや限界に達しているという声もある。この場合の悪影響とは，税収減というよりも，企業の州外移転による地域経済の空洞化を指している。実際，たとえば ICMS の場合，その税収が全国で逓減してきたわけではなく，2012 年には税収総額が 3,300 億レアルに達し，対 GDP 比で 7.45％であった。14〜15 年にかけては，経済危機によるレアル安で燃料費が上昇し（輸入にも依存しているため），その影響で ICMS 税収は増えている。

こうしたなか，連邦最高裁判所（STF）は 2011 年 6 月，複数の州が供与した 14 の税制恩典について違憲の判決を下し，財政戦争への批判的見解を示した。13 年には，企業流出を懸念するサンパウロ州政府が，ICMS 減税による企業誘致を憲法違反とする 8 件の訴訟を STF に提起した（被告はリオデジャネイロ州とマトグロッソドスル州）。こうした状況のもと，財政戦争を防止する方策として ICMS 税率の統一をはかる動きも始まり，法案が連邦議会に提出されたが，現行税率はそもそも州と商品によりかなり多様なので，税率を統一すると州によっては ICMS 税収が減る。このため州間の利害調整が難航している。なお近年，地方州から消費地である南東部への製品の運搬コストの増大が懸念されている。とくに治安悪化の激しいエリアでは，トラックが輸送途中で強盗などの被害に遭う危険性があり，損害保険のコストも無視できない。このコストが地方立地のメリットを幾分相殺している。

財政戦争を肯定的にとらえる見方もある。ゴイアス州，マトグロッソドスル州，セアラ州など，ICMS の減税等で大企業誘致に成功した州もある。地方州の知事たちは，本来は連邦政府が地域振興のための施策を展開すべきだが，それがないので州政府が税制恩典を活用した企業誘致とそれに基づいた独自の地域開発を進めるほかないのだと主張している。減税による企業誘致策が地域に肯定的影響を与えた事例として，セアラ州ソブラウ市への大手製靴企業グレンデネ社（Grendene）の移転が挙げられる。全国工業研修機関（SENAI）が現地に職業訓練所を整備したので，地域の労働力の質が向上し，雇用が増加した。こうした地方州に立地する企業の連合体「持続可

能な地域振興全国協会(Adial Brasil：Associação Brasileira Pró-Desenvolvimento Regional Sustentável)」は，地方政府による税制恩典供与は企業の地方立地を進める上で重要な施策であると主張し，税制恩典が地域振興に与えた肯定的影響をもとに連邦上院に対して憲法修正案を提案する論文を発表している。　（山崎圭一）

3. 対外経済関係

❖国際収支

図 3-3-1 はブラジルの国際収支の推移を示したものである。2002〜12 年の 10 年間は，一次産品価格上昇により貿易黒字が連続してほぼ毎年 1,000 億ドルを超えた。これ以外の年の貿易収支はほぼ均衡している。

開発商工省（MDIC）のデータベース（AliceWeb）によると，2014 年の輸出品の構成は一次産品が中心であり，特に鉄鉱石（258 億ドル）と大豆（233 億ドル）が突出して多い。これに次いで多いのが原油（164 億ドル），大豆かす（70 億ドル），鶏肉（69 億ドル），コーヒー（60 億ドル），牛肉（58 億ドル）である。一次産品以外では，粗糖，製紙用パルプ，鉄鋼半製品等の半製品，自動車等（農業機械，二輪車および部品を含む）で年間 100 億ドル以上，燃料油と航空機も 30 億ドル以上を輸出している。

一方，同じく 2014 年の輸入の構成は，45％を中間財が占め，20％が資本財，17％が燃料であった。消費財は全体の 17％であった。

経常収支はおおむね赤字で推移している。2000 年以降では，2003〜07 年は貿易黒字拡大により経常収支も黒字化したが，その後は赤字が拡大している。

経常収支赤字の主な要因は，1980 年代には対外債務の返済であったが，資本流入の重点が投資に変化した 2000 年代以降は直接投資

図 3-3-1　1990 年代以降の国際収支の推移

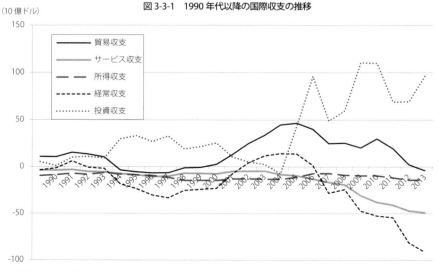

出所：Banco Central do Brasil, Sistema de Séries Temporais

の利潤や株式配当の送金，およびサービス収支の赤字に移り変わっている。サービス収支赤字の主な理由は，資源開発に用いる高額設備や航空機等のリース料および海外旅行の出超である。特許等使用料の支払いも増加傾向にある。

投資収支では，1990年代後半に民営化関連の外国からの直接投資流入が拡大したのち，2007年以降さらに高い水準で推移している。ブラジルから海外への直接投資は2000年代後半に活発に行われたが，11年以降は規模が縮小している。

投資収支黒字は経常収支赤字をおおむね上回っていて，国際収支は外貨の流入超過が続いている。2001年末に359億ドルであった外貨準備は，13年末に3,588億ドルにのぼり，12年間で10倍になったことになる。

対外債務については，1999年に対外債務返済／輸出比率が126.5％，債務返済／GDP比率が10.4％，債務残高／GDP比率が41.2％と高い状態にあったが，2013年にはそれぞれ30.9％，3.3％，13.8％と著しく改善し，対外借入の信用が高まった。

(浜口伸明)

❖ 貿易関係

ブラジルの貿易関係の近年の特徴としては，2000年以降，輸出・輸入の双方で対中国取引が急速に拡大したことが挙げられる（図3-3-2）。開発商工省（MDIC）のデータベース（AliceWeb）によると，2011〜15年の品目別特徴は以下の通りである（HSコードの「項」HS4 Cordによる）。

中国向け輸出では，大豆，鉄鉱石，原油の3品目で総額の80％を占める。他方で中国からの輸入は，携帯電話，テレビなどの音響映像機器の部品，コンピューターおよびその部品，集積回路や変圧器の電子部品等，多様な工業製品で構成される。

対メルコスル（南米南部共同市場）輸出は比較的多様化しており，上位20品目のシェアが50％強にとどまる。ただし工業製品の輸出比率が高く，上位5品目（乗用車，商用車，自動車部品，エンジン，タイヤ）とその関連品目で総輸出額の30％を占める。同様にメルコスル諸国からの輸入でも，乗用車，商用車，自動車部品，エンジン等，自動車関連品目が総輸入額の35％以上を占める。このほか輸出では原油，鉄鉱石，合成樹脂，トラクター，化学肥料など，輸入では石油調整品や小麦，モルト，牛乳などの食品が上位に含まれる。

メルコスル以外のラテンアメリカ諸国への輸出も多様化し，上位20品目のシェアは50％以下である。主な輸出品目は対メルコスルと共通している。輸入はボリビアからの天然ガス，メキシコからの自動車，チリとペルーからの銅鉱の3品目に集中し，上位20品目で全

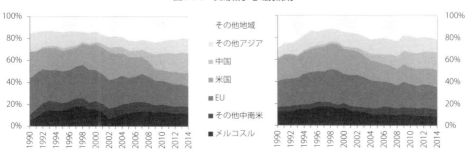

図3-3-2 貿易相手地域別構成

出所：http://aliceweb.desenvolvimento.gov.br/

体の7割を占める。

対EU輸出は，上位20品目で輸出総額の65％を占める。主要輸出品目は大豆および大豆かす，コーヒー，鉄鉱石(ペレットを含む)，木材パルプなどの一次産品である。EUからの輸入では突出した品目がなく，石油調整品，乗用車，自動車部品，ギアボックス，薬品，血液製剤，石油やガスの生産活動に必要な投入財などが幅広く輸入されている。

対米輸出は，上位20品目のシェアが60％強で，なかでも原油が最も額が大きいが，航空機が突出して多く輸出される年もある。その他の主な輸出品としては，コーヒー，鉄鋼半製品，合金鋼，鋳鉄，ガスタービン，内燃機関発動機部品，木材，石材，木材パルプ，フルーツパルプ，エタノールなどである。米国からの輸入品目は多様で，上位20品目のシェアが50％未満だが，そのなかでも石油調整品，石炭由来固形燃料，石油ガスなどの燃料類，またEUからの輸入と同様に生産に用いる中間財の輸入が多い。

（浜口伸明）

4. 雇用と所得

❖正規雇用と非正規雇用

ブラジルにおける民間の正規雇用とは，労働者が，労働条件等を明記し雇用主の署名が入った手帳を取得している状態を指す。労働手帳の取得は1943年の統合労働法（CLT）以前の32年に義務化され，69年に社会保障と統合されて現行の「労働・社会保障手帳（CTPS：Carteira de Trabalho e Previdência Social)」となった。CTPSは，労使契約の成立と労働者の職歴，および正規雇用であることを証す唯一の書類であると同時に，退職金や年金，社会保障などの諸権利を保障する証書でもある。

正規雇用の場合，有給休暇，失業保険，社会保障，最低賃金，クリスマス期に支払われる給与1カ月分のボーナス（13カ月賃金），退職金積み立て制度である勤続年限保障基金（FGTS）の労使折半積み立てなど，各種権利が保障される。この民間正規雇用と，公的部門の雇用を合わせたものがブラジルの正規労働市場（フォーマル・セクター）であり，国際労働会議（ILC：International Labour Conference）や国際労働統計学者会議（ICLS：International Conference of Labour Statisticians）の提唱する定義に合致している。一方で，1990年代の労働市場柔軟化のなかで，有期雇用や比較的短期の雇用についても労使契約成立とみなされるようになった。これにより，従来CLTや1988年憲法といった体系的な労働法規で規定されてきた雇用期間を定めないフルタイムの労働者だけでなく，任期制あるいは一時的な雇用であっても特定の条件を満たせば正規雇用とみなされ，労働統計上は正規雇用者としてカウントされることになっており，統計を見る際には一定の注意が必要である。

ブラジルで用いられている「インフォーマル（非正規）度」の指数は，応用経済研究所（IPEA）の計算法に基づき次の3種がある。① (CTPS 非保有者数＋自営業者数）÷（正

正規雇用の証となる労働・社会保障手帳（提供：Agência Brasil）

規雇用者数＋CTPS 非保有者数＋自営業者数）。②（CTPS 非保有者数＋自営業者数＋無報酬労働者数）÷（正規雇用者数＋CTPS 非保有者数＋自営業者数＋無報酬労働者数＋雇用主数）。③（CTPS 非保有者数＋自営業者数）÷（正規雇用者数＋CTPS 非保有者数＋自営業者数＋雇用主数）。

インフォーマル度は CLT が部分的に改正され，労働市場の流動性が高まった1990年代に上昇したが，2000年代以降は上記3種の指数いずれも顕著な低下傾向が確認されている。その背景には，図 3-4-1 に示されているように，2000～14 年の間に正規雇用が1.9倍に拡大したことがある。とくに北部・北東部・中西部などの地方および内陸地域において拡大が顕著であった。この間に創出された正規雇用は，業種別では国内市場の拡大に伴う財・サービスの消費需要増に対応する必要があったサービス業や商業，建設業で増大が目立った。学歴では中等教育修了レベルの労働者が約7割を占め，賃金水準では9割以上が最低賃金の3倍までの水準であった。☞次項

（河合沙織）

❖労働者の法的権利

ブラジルの体系的な労働法規は，1943年施行の統合労働法（CLT）と 1988 年憲法に基づいている。CLTは全 922 条からなり，世界で最も労働者保護の手厚い法規ともいわれる。

CLT では，労働者の保護に関する一般規定として，雇用主に対して労働手帳の署名・交付，労働時間，最低賃金，年次休暇の保障，安全で衛生的な労働環境の確保などを義務づけている。また特別規定として，時間外勤務の条件や女性および未成年者の労働に関する規定などが明記されている。さらには，労働契約の変更・停止，解雇時の予告や補償，労働組合の制度と分類，負担金などに関する規定，労働法規遵守に関する監督や過料の賦課，不服申し立てなど行政上の手続きについての規定，労働裁判に関わる規定や手続きなど，多岐にわたる項目から構成され，各項目について詳細に定められている。

一方，現行の1988年憲法は別名「市民憲法（Constituição Cidadã）」とも呼ばれ，労働者の権利に関してもさまざまな保障とその拡充の

図 3-4-1　地域別・正規雇用の推移

出所：労働雇用省（MTE）社会情報年間統計（RAIS）

方針が組み込まれている。たとえば週あたり残業手当・超過勤務に対する補償の2割増しから5割増しへの拡大、産休・育休日数の延長、連続労働時間制限の8時間から6時間への短縮などが規定されている。さらに給与以外の報酬として、年30日の有給休暇や休暇手当、クリスマス期に支払われる給与1カ月分のボーナス（13カ月賃金）、退職手当の一種として雇用主に月給の8%の納付を義務づける勤続年限保障基金（FGTS）などが定められている。また、正当な理由なしに解雇する場合、雇用主は労働者に対してFGTS積立額の40%を支払うことで賠償する義務を負う。

労働組合は業種別に組織されており、最小単位の「組合（Sindicato）」、組合が州単位で5つ以上集まった「連盟（Federação）」、連盟が3つ以上集まった連邦レベルの「連合（Confederação）」、という階層構造を成している。CLTで定められたこれらの労組以外にも、全国区で活動する任意の労働団体が多数存在し、政権党である労働者党（PT）と強く結び付いて政治的な影響力を有している。労組への加入は原則として労働者個人の意思に委ねられている。ただし労働者・雇用主ともに、組合への加入・非加入を問わず、CLTで定められた負担金の納付義務を負う。徴収された負担金は組合・連盟・連合に分配される。給与水準の引き上げ率は業種別組合間の話し合いにより決められ、企業にはそこで決まった賃上げ率を遵守することが法的に義務づけられている。賃上げ交渉が難航した場合、労働者にはストライキを行う権利があるが、雇用主にはロック・アウト等の対抗措置は認められていないため、ストが頻発する。

今日、グローバル化の影響のもとで、労働市場の硬直性を根本的に見直す必要が叫ばれている。歴代政府は暫定措置法（MP）や省令（Portarias）により、比較的反発が少ない部分の柔軟化を進めてきた。しかし、CLTは施行以来70年余の間に約500の修正を経ながら、今日もブラジル労働市場を規定する根本的な法であり続けている。☞7-7　　　　（河合沙織）

❖貧困と格差

ブラジルは世界で最も所得格差が大きい国の一つである。この問題は植民地時代に起源を持つ大土地所有制に端を発し、それに続く砂糖・鉱物資源・コーヒーなどの輸出向け一次産品生産の時代、南東部・南部での工業化の進展の時代と、経済発展の各段階を通じて解消されずに今日に至っている。

とはいえ、所得分配の不平等度を示すジニ係数（0から1の数値で表され、1に近いほど不平等度が高い）は、2001年以降継続的に低下してきており、所得分配に一定の改善が見られる（図3-4-2）。また、所得階層上位1%および上位10%が総所得に占めるシェアが低下し、逆に下位50%のシェアが拡大傾向にあることがわかり、歴史に鑑みて特筆に値すると言える。しかし、ジニ係数が0.50超と世界的に見れば高いことや、上位1%の総所得が下位50%の総所得とほぼ同じ規模であることは、ブラジルに依然として著しい所得格差が存在することを意味している。

上記の所得分配改善の背景には、1990年代半ば以降に実施された諸政策によるマクロ経済の安定化、各種貧困削減プログラムなどの社会政策、全国的な教育水準の向上、国際的なコモディティ・ブーム、国内消費需要の高まり、中間層の拡大などがある。

ブラジルでは公式の貧困ラインは定められていないが、応用経済研究所（IPEA）は、国際機関が勧告する必要カロリー摂取量を満たす食料品バスケットを定め、地域による物価の違いも考慮した上で、家計所得がこれを購入できない状態を極貧、その2倍以下の所得の家計を貧困と定義している。これによると、貧困人口の割合は、1990年代前半まで全人口

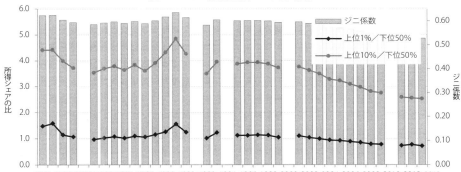

図 3-4-2 ジニ係数と所得シェア比の推移

注：所得シェアは1人あたり家計所得上位1%、上位10%を下位50%と比較している。
出所：IPEA（www.ipeadata.gov.br/）がIBGEの全国家計サンプル調査（PNAD）をもとに作成したもの（欠損年次はPNAD不実施）

の4割を超えていたが、インフレが沈静化した94年頃を境に減少傾向に転じ、2000年代半ばには3割、10年には2割を切る水準に至った。貧困人口の絶対数は、03年の6,181万人をピークに低下し続け、13年には2,870万人と、10年間で半分以下に減少した。

他方、2003年以降、中間所得者層は堅調に増加し、06年には人口構成比率が低所得者層と逆転、08年には国民の半分以上が中間所得者層以上に属することとなった。貧困状態を脱したおよそ3,300万人のうち特に購買力のある層は、「新たな中間層」あるいは「クラスC（Classe C）」として注目されるようになった。「新たな消費者層」として台頭した彼らが国内需要を大いに刺激し、2000年代後半に消費ブームを引き起こしてブラジルの経済成長を牽引したからだ。経済的に不安定な状況から脱して雇用を得て所得が増え、消費者信用へのアクセスも獲得した人々は旺盛な消費意欲を見せ、財・サービスの国内市場を急速に拡大させた。

（河合沙織）

❖ **雇用調整・失業**

ブラジルの失業率を見るには、一般にブラジル地理統計院（IBGE）が公表する2つの統計が用いられる。全人口の約25％を占める6大都市圏だけを対象に毎月実施されている月次雇用調査（PME）と、2012年第1四半期以降、全国約3,500のムニシピオを対象に四半期ごとに行われるようになった全国家計サンプル調査（PNAD Contína）である。いずれも非正規雇用やインフォーマルな自営業等も就業状態にあるとみなし、仕事を探していない人は失業者のカテゴリに含めない。

1990年代末に10％台であった失業率は、経済成長が持続した2000年代に低下を続け、12年には6.7％にまで下がった（図3-4-3）。しかし景気が悪化した14年には再び上昇に転じた。地域間で比較すると、南東部・南部に比べ、レシフェやサルバドールなど北東部の大都市圏の方が、失業率が高い傾向がある。

企業は、雇用調整のツールとして、以下に

クリスマスショッピングでにぎわうサンパウロ市の3月25日通り（Rua 25 de Março）（提供：Agência Brasil）

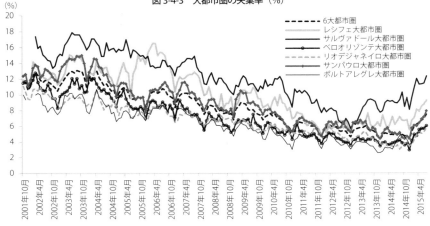

図 3-4-3　大都市圏の失業率（%）

出所：IBGE 月次雇用調査（PME）

説明する勤務時間振替制度，一斉休暇を導入することがある。

1998 年法律第 9601 号により定められた勤務時間振替制度（Banco de Horas）は，閑散期の勤務時間を，1 日あたり 2 時間かつ 1 週間の勤務時間が 44 時間を超えない範囲で，繁忙期の残業に振り替えることができる。繁忙期の残業手当を抑制し，仕事が少ない時期の大量解雇を緩和することが目的とされる。運用に際して，雇用主は事前に業種別労働組合あるいは労働者個人と書面による合意を得る必要があり，一方的に労働者に不利な状況が生み出されることを回避している。

統合労働法（CLT）では，労働者の休暇取得時期の決定は企業側に委ねられており，雇用主は，生産の季節変動や稼働率を考慮して，企業全体あるいは部門単位で 10 日以上，年 2 回まで一斉に休暇を取得する一斉休暇（Férias Coletivas）を実施することができる。ただし企業は休暇開始 15 日前までに当該部署に掲示した内容を労働雇用省の出先機関ならびに業種別労働組合に報告しなければならない。

この他，連邦政府は 2015 年 7 月に不況期の雇用対策として，雇用保全を条件に団体交渉にもとづいて勤務時間を減らし，実働時間減少による給与所得減少の一部を国の労働者支援基金が補てんする雇用保護プログラム（PPE：Programa de Proteção ao Emprego）を発表した。

（河合沙織）

第 4 章　産業

0. 概観

　ブラジルは1950年代以降の輸入代替工業化により産業発展を遂げたが，80年代に債務危機に見舞われ，その後の新自由主義経済改革による国際化の時代に移行し現在に至る。その過程における経済環境の変遷に応じて，産業・ビジネスも変容を迫られてきた。2003年に発足したルーラ政権以降に注目すると，マクロ経済の安定化を実現し消費者の所得向上もあって国内市場が拡大，さらに中国やその他新興国の経済成長に牽引された一次資源ブームの到来により，ブラジルの産業・ビジネスは活気づいた。外需と内需の両輪が同時に回り始めたのである。

　外需拡大の恩恵を受けたのはまず，農牧業を含めたアグリビジネスである。大豆やトウモロコシなどの国際市況商品，牛肉・鶏肉など畜産物の生産が拡大し，2000〜14年までの14年間で農牧業の粗生産額は2倍以上に拡大した。またサトウキビを原料としたエタノール燃料とガソリンの両方が使えるフレックス自動車（FFV）の普及により，アグロエナジー分野も世界の注目を集めた。そして鉱業では，中国の需要増による鉄鉱石の国際価格上昇という追い風が吹き，急速な需要増加に対応するため鉱山会社は増産投資に動いた。それを受け日本を含めた外国企業も鉱山会社に出資し，上流部門での権益確保を急いだ。石油分野では，2006年に南東部沖合いの深海で巨大油田が発見され，折からの国際石油価格上昇という追い風のもと油田開発ブームに沸いた。ところが2014年以降の石油価格の下落に加え，石油公社ペトロブラス（Petrobras）の汚職問題の影響を受け，急速にブームは冷え込むこととなる。

　一方，内需面では食料品や化粧品，医薬品などの非耐久消費財から，自動車，家電製品などの耐久消費財まで幅広い分野で市場拡大がみられた。例えばブラジルのトイレタリー・化粧品市場の規模は年々拡大を続け，世界3位の市場に成長した。耐久消費財では自動車販売台数が，リーマン・ショック直後の2009年に300万台を越え，世界第4位の市場に成長した。その過程で自動車の売れ筋も，1000ccクラスの小型車からより排気量の大きい車種に移り，装備やデザインなどを重視する傾向がみられるようになった。

　消費拡大の波はモノだけでなくサービスにも及んだ。外食産業の市場規模は2008〜12年の期間に年率11％（ドルベース）で拡大し，国際展開する外食チェーンが参入しファストフードの店舗数も大幅に増加した。旅行業では，ブラジル人の国内外旅行客が増加した一方，サッカーW杯など国際的なスポーツイベントの影響もあり海外からの旅行客も増えた。産業構造をみると，いまやGDPの7割をサービス業が占めている。中間所得層の形成を伴う消費市場の拡大は，モノやサービスに対するニーズの質的変化を生み，それに呼応する形で産業・ビジネスが活発化した。

　内需拡大の恩恵を受ける一方で，国内産業，特に製造業が抱える問題として浮上したのは産業競争力低下である。2000年代前半から

2010年代初めまで続いたレアル高は，安価な輸入品の流入を促し，その一方で国内産業は人件費や原材料，インフラコストの上昇などで輸入品との厳しい競争に晒された。その状況は消費財だけでなく中間財や原材料まで製造業全般にみられ，地場企業の中には製造業から輸入販売業に業種を転換するところも現れた。政府はこの状況を打開するため産業政策を実施したが，その内容は輸入品の流入を抑制する保護主義的な措置が目立ち，本来必要な生産性向上への効果は疑問視されている。また政府は供給サイドの強化を図るため，成長加速化計画（PAC）を2007年に開始し，その後もインフラ投資を継続している。その目的は長年停滞していた経済と社会インフラ投資を国家計画として推進し，消費から投資に成長の軸を移行させることにあるが，進捗の遅れが指摘されている。また，ブラジルの産業・ビジネスの足かせは，税制，労働法制，インフラの不足などいわゆる「ブラジル・コスト」であることが認識されており，これら構造改革への取り組みが今後の発展の鍵とみられている。

（二宮康史）

1. 産業発展・産業政策・企業

❖産業発展

ブラジルの産業発展の歴史は大まかに3つの時代に分けることができる。第1期は一次産品主導型経済期（1930年頃まで），第2期は政府主導型工業化政策期（1930〜80年代），第3期は経済自由化政策期（1990年代以降）である。第1期では砂糖やゴム，コーヒーなどの一次産品輸出の拡大が産業発展を促し，第2期には輸入代替工業化のもと，政府が中心となり重厚長大産業やエネルギーインフラなどの重点産業を育成し，その環境下で政府系，外資系，地場企業が事業基盤を形成した。ところが80年代に債務危機に直面し経済が行き詰まり，90年代には第3期の経済自由化政策期を迎える。この歴史を通じて，ブラジルでは原材料・中間財から消費財，資本財とフルセットの産業基盤が育成され，その後国際市場に組み込まれることで競争力を高めながら今日の産業の姿を形作った。

応用経済研究所（IPEA）の資料でGDPに占める産業別シェア推移をみると，1950年頃に約25％を占めていた農畜産業のシェアは年を追うごとに低下し，2000年代末までに約5％となった。その一方で，1950年頃には農畜産業とほぼ同じ水準であった工業のシェアは上昇し，80年代半ばに4割を占めた。しかしその後は低下し，2000年代末に20％台後半で推移している。サービス業は，1950年代頃から5割のシェアのまま安定推移したが，80年代後半から上昇し2000年代終わりには7割近くを占めた。つまり一次産品から工業製品へ，工業製品からサービスへと産業構造の変化がみられた。

2000年代以降をみると，中国の経済発展による一次産品需要増加に加え，中間所得層の拡大による国内市場の活性化が産業発展に貢献した。具体的には自動車や家電製品，化粧品や食料品など財市場の拡大に加え，外食や旅行などサービス消費の増加をもたらした。ただしこの経済拡大の陰で，産業構造をめぐる二つの議論が注目されるようになった。一つは「一次産品輸出経済への回帰」である。一次産品輸出の拡大はブラジルの貿易・投資構成に大きな変化をもたらした。ルーラ政権が発足した2003年当時29％であった一次産品のシェアは，2013年に47％に上昇した。ま

た，海外からの直接投資も，鉱山会社や農業生産会社への出資，海洋油田の鉱区開発など資源分野に集中し，投資額の増加に貢献した。政府はこれらの投資を契機に国内産業の育成を図った。

　この「一次産品輸出経済への回帰」のもう一方でなされた議論が「脱工業化」である。一般的にこの用語は産業構造変化の文脈で，工業からサービス業へのシフトを意味する。しかしブラジルでは「工業の衰退」という文脈で使われている。近年，GDPや雇用に占める工業，特に製造業のシェア低下が顕著となっている。国連データでみると，2013年時点でブラジルのGDPに占める製造業の割合は13％であり，2000年当時の17％から徐々に低下している。同じラテンアメリカの工業国であるメキシコが18％，アルゼンチンが15％（いずれも2013年）であることを考えれば，製造業の存在感の低さが目立つ。またブラジルの輸出額に占める工業製品の割合も，2003年の54％から13年の38％へと顕著に低下した。

　製造業については，2008年のリーマン・ショック後も内需は順調な拡大を続けた一方，停滞傾向が顕著となった。その直接的な原因に挙げられたのはレアル高だ。通貨レアルは，資源輸出の増加に伴う貿易黒字拡大や海外からの投資流入，さらには先進国経済の低迷などによるドル安の影響もあり2011年半ば頃まで極端な価値の上昇がみられた。その結果，輸入品の国内価格が低下し輸入が増加，その一方で国産品は価格面で競争力を失い停滞した。ただし，製造業の競争力低下の背景には，為替よりむしろ構造的な問題があるとみられている。すなわち，生産性の問題や，企業活動を阻害する税制，労働法制，インフラ不足などいわゆる「ブラジル・コスト」と称されるビジネス環境をめぐる問題である。これらの課題への対応は，さらなる産業発展を遂げるためにも不可欠とみられている。（二宮康史）

❖産業政策

　ブラジルの産業政策は，1950年代以降，輸入代替工業化を推進する政府の積極的な開発政策のもと実施されてきた。当時は関税等の貿易措置，為替政策，公的融資，税恩典などの手段により，重厚長大産業や耐久消費財産業など特定部門を対象に積極的な政策が実施された。しかし80年代の債務危機を経て90年代に新自由主義経済改革が進むと，産業発展に深く関わってきた政府の役割が縮小され，市場開放や民営化など市場メカニズムを尊重した経済政策が行われるようになった。その結果産業政策も，中小企業支援や研究開発，輸出促進など，それまでと比べて実施範囲が限定された。

　しかし2003年に第一次ルーラ政権が発足すると，再び産業政策重視の姿勢がみられるようになる。04年3月には「工業・科学技術・貿易に関する指針（PITCE）」，第二次ルーラ政権の08年5月には「生産開発プログラム（PDP）」，それに続く第一次ルセフ政権の11年8月には「ブラジル拡大計画（PBM）」が発表された。一連の産業政策は，ブラジルの産業発展を促すためにイノベーションや投資を重視し産業競争力を強化しようとした点で共通するが，それぞれ異なる特徴を有する。

　まずPITCEは，科学技術革新・発展，海外市場への参入，工業近代化，生産性・生産規模拡大，戦略的分野の選定など，新政権における産業政策の方向性を示し，政策を推進するための法律や組織を整備した。具体的には，イノベーション法（法律10973号，2004年制定），研究開発支援法（通称Lei do Bem，法律11196号，05年制定）など科学技術投資を促進する法律を整備し，政策を推進するための組織として国家工業開発審議会（CNDI：Conselho Nacional de Desenvolvimento Industrial），ブラジル工業開発庁（ABDI：Agência Brasileira de Desenvolvimento Industrial）を設置した。これら制度を整える一方，半導体，ソフトウェア，医薬品，資本財を戦略的分野とし，国立経済社会開発銀行（BNDES）による融資プログラムを創設した。

次にPDPでは，「持続的成長のためのイノベーションおよび投資」のスローガンのもと，投資や研究開発の促進による国内生産能力の強化と輸出の拡大を図った。PDPでは，PITCEで選定した4業種に加えて，農畜産業やサービス業までほぼすべての産業を戦略的分野とした。そのため，これまで特定業種にのみ実施されてきた公的融資や税優遇などの支援策が，幅広い業種で実施されるようになった。

そしてPBMは，「競争のためのイノベーション，成長のための競争」が謳われ，これまでの産業政策との継続性が強調されたが，その内実は「国内産業の防衛」という特徴を有する。その背景には，2010年以降の欧州債務危機に伴う世界的な景気減速や過度のレアル高に伴う輸入の増加，その結果としての国内産業の停滞という事情があった。PBMでは，税軽減や公的融資の拡大に加えて，一時的な関税率引き上げや政府調達における国産品優遇，公的融資における現地調達規則などにより，国内産業の再活性化が促された。例えば，政府調達においては衣料品・靴，建設機械，医薬品など品目ごとに国産品の優遇マージン率を設けることで，競争力に差を設けた。

個別産業への対応としては，2012年に導入された新自動車政策（Inovar-Auto）が挙げられる。これは実質的に輸入車を対象に工業製品税（IPI）の税率を引き上げ，国産車の価格競争力を有利にするものとなった。ただし同政策はイノベーション投資を促進し自動車産業の高度化を図ることを主目的としており，国内メーカーには税率引き上げ免除と引き換えに，指定した現地生産工程の履行に加え，研究開発投資や技術開発投資，燃料ラベリング規制といった要件が課されている。なお，欧州や日本などの自動車輸入相手国は，同政策が世界貿易機関（WTO）協定違反に当たると提訴した。

このようにルーラ政権発足以降，産業政策の重要性が見直されてきたわけであるが，その評価は非常に厳しいものとなっている。それというのも，PBM実施期間中の製造業のGDP成長率は停滞し，雇用創出も特に製造業で伸び悩む傾向がみられるのである。2014年の大統領選挙では，政府の産業政策は保護主義的であるとの批判を受け，国際競争環境の現実に向き合うよう方針転換が求められた。

（二宮康史）

❖企業

ブラジル地理統計院（IBGE）の企業中央登録統計（CEMPRE：Estatísticas do Cadastro Central de Empresas）によれば，2013年時点のブラジルの企業数は539万2,234社，就業者数は5,516万6,521人とされる（表4-1-1）。業種別に企業数が多い順にみると，商業（40.8％），経営管理・同補助業（8.5％），製造業（8.3％）と続く。同資料では資本別のデータを公表していないため，外資系企業の割合を見ることはできないが，中央銀行の外資センサスでは，2010年時点で1万4,272社と報告されている。これを単純にIBGEの企業数全体に占めるシェアでみると0.26％という数字になる。統計上，企業数では非常に少ないものの，外資系企業はブラジル経済の発展において重要な役割を果たしている。

ブラジルの経済発展は，歴史的にも政府系企業，内資系民間企業，外資系企業の3つの資本系列の企業によって支えられてきた。米国の社会学者ピーター・エヴァンスはこの体制を椅子に喩えて「三脚体制」と呼び，3つの資本系列の企業が同盟関係を結び，ブラジ

表 4-1-1　業種別にみたブラジルの企業数と就業者数（2013 年）

業種	企業数	割合（％）	就業者数	割合（％）
農業・畜産業・林業・漁業	106,080	2.0	585,356	1.1
鉱業	11,224	0.2	245,415	0.4
製造業	446,716	8.3	9,114,022	16.5
電気・ガス業	2,287	0.0	129,504	0.2
上下水道・清掃業	11,117	0.2	411,465	0.7
建設業	246,530	4.6	3,504,112	6.4
商業	2,200,546	40.8	2,140,765	22.0
交通・倉庫・郵便業	237,585	4.4	2,817,781	5.1
ホテル・飲食業	326,821	6.1	2,269,820	4.1
情報・通信業	151,881	2.8	1,091,628	2.0
金融・保険業	79,937	1.5	1,086,151	2.0
不動産業	68,960	1.3	264,178	0.5
専門・科学・技術業	270,786	5.0	1,399,064	2.5
経営管理・同補助業	459,349	8.5	5,016,973	9.1
行政・防衛・社会保障	17,972	0.3	7,788,087	14.1
教育	130,080	2.4	2,939,904	5.3
保健・社会サービス	159,970	3.0	2,505,558	4.5
文化・芸術・スポーツ・レクリエーション関連	71,736	1.3	327,004	0.6
その他サービス	392,410	7.3	1,527,641	2.8
国際機関・その他国際組織	247	0.0	2,093	0.0
合計	5,392,234	100.0	55,166,521	100.0

出所：CEMPRE / IBGE

ルの従属的な発展を促したとする三者同盟論（The Triple Alliance）を唱えた。これはブラジルが先進国に対して経済的に従属関係にありながらも、フルセットの産業発展をどのように遂げたかを論じたものだ。具体的には輸入代替工業化を通じて、政府系企業が石油や製鉄、航空機、電力、通信などの重厚長大産業およびインフラを、外資系企業が自動車や家電製品、機械・金属製品などを、内資系民間企業が食品、繊維、衣料などの軽工業品や商業、金融などのサービス業を担うというように、資本別に役割の棲み分けがみられた点に着目し、それを同盟関係になぞらえた。

しかしその同盟関係を育む環境として機能した輸入代替工業化が 1980 年代の債務危機に伴い終焉を迎え、続く 90 年代の経済自由化の時期になると三脚体制は大きく様変わりする。政府系企業は民営化により内資系民間企業や外資系企業に売却された。内資系民間企業も関税引き下げに伴う輸入品の増加により、競争力のない企業が淘汰、あるいは外資系企業により買収された。

1990 年代はこのように主として外資系企業の役割強化を特徴とする時代であったが、2000 年代に入るとその状況に変化が現れる。政府系企業の役割復権である。その背景となったのが一次産品ブームと、社会政策を重視する左派的なルーラ政権の発足である。一次産品価格の上昇は石油公社ペトロブラス（Petrobras）の業績拡大に寄与し、また深海の岩塩層下（プレソルト）に存在する巨大油田の発見により世界中の石油開発関連企業がブラジルに注目することとなる。政府はペトロブラスの石油開発投資をテコに関連の国内企業を育成し雇用創出を図るため、現地調達規制を強化した。そのため例えば造船分野の

日本企業など外資系企業の進出が相次ぎ、地場企業との取引関係が生まれることでかつての三脚体制を髣髴させる工業化を試みた。その後、国際石油価格の低下やペトロブラスの汚職問題発覚などで成否には疑問符がつくものの、政府の企業振興への積極的な関与は、90年代の経済自由化期にはみられなかった特徴といえる。

経済誌『EXAME』が発行する企業年鑑『Melhores e Maiores』を参考に、ブラジル企業の資本別概要を示しておく（表 4-1-2）。金融機関を除く大企業500社の2014年売上額のうち、外資系企業の占める割合は40％と最も大きく、以下、内資系民間企業38％、政府系企業22％と続く。上位20社の代表的企業をみると、1位がペトロブラス、2位がその子会社で燃料卸のペトロブラス・ディストリブイドーラ（通称 BR）といずれも政府系企業である。以下、燃料卸のイピランガ（Ipiranga, 内資系民間企業）、資源開発のヴァーレ（Vale, 内資系民間企業）と続き、鉱物資源分野で内資系企業が強いことがわかる。なお、このほかに上位に名を連ねる内資系民間企業としては、石油化学のブラスケム（Braskem）、食肉の JBS および BRF（Brasil Foods）、小売の Via Varejo など数は少ない。売上高上位に多いのは外資系で、通信大手テレフォニカ、穀物メジャーのブンゲやカーギル、自動車メーカーのフォルクスワーゲンやフィアットなど、国際的に知名度の高い企業が並ぶ。なお、小売のグルッポ・パン・デ・アスーカル（Grupo Pão de Açúcar：GPA）とアタカダン（Atacadão）は

表 4-1-2　ブラジル企業の売上高順上位20社（金融機関を除く）

順位 2014	順位 2013	企業名	業種	売上高（単位：100万ドル）	資本国籍
1	1	ペトロブラス（ブラジル）	エネルギー	92,717	政府系
2	2	ペトロブラス・ディストリブイドーラ（ブラジル）	燃料卸	33,892	政府系
3	4	イピランガ（ブラジル）	燃料卸	20,212	内資系民間
4	3	ヴァーレ（ブラジル）	鉱業	18,692	内資系民間
5	5	RAIZEN（イギリス・オランダ・ブラジル）	燃料卸	16,307	外資系／内資系民間
6	12	テレフォニカ（スペイン）	通信	11,348	外資系
7	7	ブンゲ（オランダ）	穀物商社	9,503	外資系
8	10	ブラスケム（ブラジル）	石油化学	9,262	内資系民間
9	15	JBS（ブラジル）	食肉	8,981	内資系民間
10	6	BRF（ブラジル）	食肉	8,920	内資系民間
11	9	カーギル（米国）	穀物商社	8,906	外資系
12	13	Via Varejo（ブラジル）	小売	7,795	内資系民間
13	14	グルッポ・パン・デ・アスーカル（フランス）	小売	7,652	外資系
14	8	フォルクスワーゲン（ドイツ）	自動車	7,232	外資系
15	32	アタカダン（フランス）	小売	6,935	外資系
16	22	AMBEV（ベルギー）	飲料	6,884	外資系
17	11	フィアット（イタリア）	自動車	6,879	外資系
18	16	TIM（イタリア）	通信	6,565	外資系
19	17	サムスン電子（韓国）	電気電子	6,088	外資系
20	18	E.C.T.（ブラジル）	郵便	5,522	政府系

注：AMBEV はもともと内資系民間企業だが、その後の外資との経営統合で原典では外資系に区分されている。
そのほかにもグルッポ・パン・デ・アスーカルなど、もともと内資系民間企業であった会社も、その後の出資関係により原典では外資系に区分されている。
出所：『EXAME』誌、『Melhores e Maiores』2015年7月

内資系民間企業であったが，それぞれ2000年代以降に外資系企業の傘下に入った経緯がある。

ブラジルの産業発展の中心を担ってきたのは主に大企業であるが，中小・零細企業の存在も重要である。ブラジルでの定義は，零細・小企業一般法（2006年12月14日補足法令123号，通称Lei Geral）で定められているほか，国立経済社会開発銀行（BNDES）など金融機関が個別に定めたものがあり，目的によって基準が異なる。そこで便宜的に従業者数100人未満の企業を中小企業とみなせば，冒頭に挙げた企業中央登録統計（CEMPRE）に掲載された企業数の99.1％，雇用者数の45.5％を占める。なかでも従業者数10人未満の零細企業が企業数の87.9％と圧倒的多数だ。ブラジルの社会問題として指摘される所得格差の大きさは，企業規模の格差と連動する面もあるとみられ，大企業と中小・零細企業の生産性格差は大きい。ただし，2000年代後半から10年代にかけての順調な経済成長，充実した中小企業政策，企業家の高学歴化などを背景に，規模が小さくても高い成長を実現する企業が現れ，注目されている。　　　　（二宮康史）

2. アグリビジネス

❖農業発展

サンパウロ大学応用経済研究所（CEPEA：Centro de Estudos Avançados em Economia Aplicada）の推計によれば，ブラジルの実質GDPに占める農牧業（agropecuária）の割合は6.6％である（2013年）。2000年以降はほぼ5〜6％台で推移しており，大きな変化はない。この割合は，いわゆる先進工業国と比較するとかなり高い。ちなみに，単純な比較はできないが，2014年の日本の名目GDPに占める農業の割合は1％である。

ブラジルの場合，この農牧業生産に，肥料や種子などの投入財産業，農業機械などの製造業，流通・サービス業等の関連産業を加えたいわゆるアグリビジネス（agronegócio）の同年GDPに占める割合は22.5％で，経済全体の中で大きな比重を占めている。アグリビジネスGDPの内訳は，農牧業が29％，残りの71％が関連産業である。2006年以降は農牧業の割合が高まる傾向にある。2000〜13年の平均成長率をみると，全GDPが3.3％，アグリビジネスGDPが2.9％，農牧業GDPが4.5％であった。特に農牧業のうち農業は5.1％と，高い成長を実現している。農牧業の発展を粗生産額（2015年7月実質価格）でみると，2000年の2,101億レアルに対し，14年には4,667億レアルと14年間で2倍以上に拡大している（農牧食料供給省［MAPA］推計）。これは年率換算でいうと5.2％という高さである。

また，同じく2000〜14年の期間に，農林水産物の輸出は206億ドルから967億ドルへと4.7倍に急拡大した。これは全産業の輸出拡大率4.1倍を上回る。そもそもブラジル農業は植民地化の当初から輸出型産業として始まったものだが，単品に特化して生産するモノカルチャーが主体であり，主役となる作物が衰退すると次の作物に交代するというサイクルを描いてきた。最初のサイクルを担ったのが赤色染料などの原料とされたパウ・ブラジル（ブラジルボク）で，以降，砂糖，タバコ，コーヒーというように，時代ごとにブラジルを代表する輸出産品が交代していった。

しかし，現代ではモノカルチャーを脱し，コーヒー，オレンジ果汁，砂糖などの伝統品目に加え，大豆関連製品（大豆，大豆油，大豆かす），トウモロコシ，食肉，サトウキビを

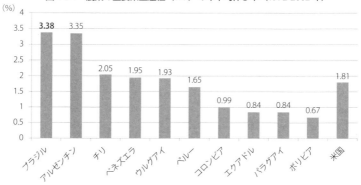

図 4-2-1 農業の全要素生産性（TFP）の年平均伸び率（1972-2002 年）

注：米国は 1975-2004 年の平均（原データ：ERS / USDA）を筆者が追加した。
出所：Geraldo San'Ana de Camargo Barros (2012), "Agricultural Policy in Brazil: subsidies and investment," *Brazilian agriculture development and changes*, EMBRAPA.

原料とするバイオエタノール等の新品目も世界で高いシェアを誇るなど，多様な農業へと転換している。

こうした農業の発展は，穀物等の作付面積の拡大を許す広大なフロンティアの存在によるところが大きい。この点は農地拡大の余地がない米国などに対する大きな強みである。しかしそれだけではなく，研究開発も農業の発展に大きな役割を果たしてきた。その中核を担ったのがブラジル農牧研究公社（EMBRAPA）である。EMBRAPA は進出多国籍企業と共同で，ブラジルの気候風土に適した品種改良や管理技術の研究を実施してきた。図 4-2-1 は，1970 年代から 2000 年代初頭にかけての各国農業の全要素生産性（TFP）の年平均伸び率を示したものである。TFP（全要素投入量と全産出量の比率）の伸び率は技術進歩率の代理変数として広く使われている。この図から，ブラジルはアルゼンチンと並んで TFP の伸び率が高く，米国をも上回っており，技術進歩が農業の発展に大きく貢献してきたことがわかる。

(清水純一)

❖農業政策

ブラジルには農業を所管する省庁として，農牧食料供給省（MAPA）と農村開発省（MDA）がある。MDA は 1999 年に MAPA から分離した組織で，傘下に農地改革を所管する入植・農地改革院（INCRA）があるほか，家族経営の小規模農家を支援する計画（PRONAF：Programa Nacional de Fortalecimento da Agricultura Familiar）の推進を担当しており，農業に関する社会政策的な業務を司っている。これに対して MAPA は産業政策面を担い，技術革新の促進と生産性の向上，およびそれによる農産物の輸出拡大を目的としている。以下では MAPA の政策について概要を述べる。

1990 年代初頭に輸入代替工業化から新自由主義政策に転換して以来，ブラジルの農業政策は極めて市場志向的である。経済協力開発機構（OECD）が開発した，農業保護の指標である %PSE（農家受取額に占める農業保護の割合）で，日本の 51％，OECD 加盟国平均の 18％と比べ，極めて低い水準にある。

ただし，保護的な政策がすべて撤廃されたわけではない。近年政府が農業政策として最も重視しているのは農業金融（Crédito Rural）である。ブラジルは世界有数の高金利国であり，市中金利で借りれば農業者は返済不能に陥ってしまう。そのため，政府が財政資金を

使って，民間銀行を経由する形で低金利の資金を供給している。農業金融は目的別に，企業的農家を対象とする①生産・流通・販売資金，②投資資金，および③PRONAF向け資金に分けられており，毎年融資枠が設定され，農家に貸し出されている。特徴的なのは資金源で，銀行に対して預金残高の一定割合を政府が定めた低金利で農家に融資することを義務づけている。これにより政府の財政負担が軽減されている。全体の融資枠は2000/01年度の161億レアルから14/15年度には1,802億レアルへと，14年間で10倍以上に拡大している。このうち62％が①の生産・流通・販売資金，25％が②の投資資金，13％が③のPRONAF向けである。

次に市場価格変動リスクを軽減する政策として，最低価格保証制度（PGPM：Política de Garantia de Preços Mínimos）がある。品目・地域別に定めた最低価格を市場価格が下回った場合，政府が最低価格を保証する。制度が本格適用されるようになった1960年代には，市場価格が最低価格を下回った場合，政府が農家から作物を最低価格で直接買い上げていた。しかし90年代半ば以降は，最低価格と市場価格の差額だけを政府が負担するなど，作物在庫と財政負担を軽減するための方策がとられている。ただし，最大輸出品目である大豆に関しては，最低価格が市場実勢よりかなり低めに設定されているため，常に市場価格が上回る状態が続いており，実質的に制度が機能していない。トウモロコシについても，豊作の年に主要産地である中西部の州に制度が適用されることはあるが，全トウモロコシ生産額の5％に満たず，世界貿易機関（WTO）の農業協定におけるデ・ミニミス・ルールにより，削減対象とはなっていない。

2005年には，上記二つの施策を補完するものとして農業保険料補助計画（PSR：Programa de Subvenção ao Prêmio do Seguro Rural）が開始された。農業生産の変動リスクを軽減するため，民間農業保険の保険料の一定割合を政府が補助する制度である。本格的に運用が始まった06年には，補助金合計3,112万レアル，保険によりカバーされる作付面積156万haに過ぎなかったが，13年にはそれぞれ5億5,578万レアル，960万haへと拡大した。

こうした農業政策は，毎年「農牧業計画（Plano Agrícola e Pecuário）」として発表される。計画の具体的内容は，MAPA農業政策局が新しい農業年度（7月～翌年6月）が始まる4～5カ月前から策定に着手し，6月に大統領が公式発表する。そして7月以降1年間，当該年度の計画に即して各種農業政策が実行される。

（清水純一）

❖穀物

食料供給公社（CONAB：Companhia Nacional de Abastecimento）の統計によれば，1990年代後半には7,000万～8,000万トンで推移していた穀物（grão）の生産量は，21世紀に入ってからほぼ毎年増加し，2014年には1.9億トンに達した。これは2001年の1億トンと比較して93％の増加である。14年の生産量内訳では大豆が44％と最も大きく，2位のトウモロコシと合わせて主要2作物で全体の86％を占める。なお，CONABが「穀物」としている15の作物の中には，大豆や菜種などの油糧種子や綿花も含まれる。

穀物の作付面積は，同期間に3,785万haから5,786万haへ拡大したが，伸び率は53％である。これをもって農牧食料供給省（MAPA）は，穀物生産の拡大は作付面積ではなく生産性（単収）の向上によるものと説明している。確かに集計値としてはそのように解釈できるが，主要品目ごとにみていくとそう単純ではない。例えば最大品目の大豆は，同期間に生産量が3,843万トンから8,612万トンへと124％増加した。この間，作付面積が116％増

加したのに対し，単収は3.7％上昇したに過ぎない。このように，大豆の場合は作付面積拡大の方が生産拡大への寄与度が大きい。トウモロコシの場合，大豆と競合して夏に作付する第一作と，大豆収穫後に裏作として作付する第二作がある。1990年代以前はほとんど第一作のみだったが，今日では大豆の作付面積拡大と並行して第二作が増え，生産量では第一作を上回るようになった。第一作が単収増を主因として生産が拡大したのに対し，第二作のそれは大豆同様，面積拡大によるところが大きいといえる。

　次に自給率でみると，輸出品目である大豆とトウモロコシは恒常的に100％を上回っているが，主食品目については様相が異なる。コメは生産・消費量とも年間1,200万トン（籾ベース）で，アジアを除けばブラジルは世界有数のコメ生産・消費国である。それでも若干の供給不足が生じる年が多く，隣国アルゼンチンやウルグアイから年100万トン弱を輸入している。フェジョン（feijão 様々なインゲンマメの総称）も供給不足気味で，中国等から毎年10～30万トンを輸入している。また，パンの原料となる小麦は主食品目中で自給率が最も低い。1980年代後半には80％以上あったが，90年代後半から急速に低下した。これは94年のメルコスル（南米南部共同市場）発足により，隣国アルゼンチンから安価な小麦が大量に輸入され，国内の小麦生産が縮小したためである。その後自給率は若干改善したものの，現在でも50％台に留まっており，毎年500万トン以上を輸入する世界有数の小麦輸入国である。つまり，ブラジルの食を支える主食の基盤は盤石とはいえない状況にある。

　このように，穀物全体でみれば生産量は順調に増加しているものの，需給バランスの面でいくつかの課題がある。主要穀物のうち輸出余力があるのは大豆，トウモロコシだが，これらにしても輸送インフラの不備によりコスト面で問題がある。いずれも生産の中心地が中西部であるにもかかわらず，輸出に際しては南東部や南部の港まで輸送しなければならない。大豆を例にとれば，国内生産量の約5割を中西部が占めるが，港湾別輸出量では約8割が南東部と南部に集中している。中西部の生産コストは米国のコーンベルトより低いが，港まで運賃が割高なトラックで運ばなければならず，港湾の処理能力は輸出量の増加に追いついていない。対して米国の場合は，ミシシッピー川をメキシコ湾までバージ（艀）で輸送するため，ブラジルに比べて国内輸送費が安くつく。つまり，低生産費に由来するブラジルの競争力が，割高な国内輸送費により相殺されてしまっている。輸出増加を維持するためには，この輸送インフラ問題の解決が避けられない課題となる。☞ 4-9「水運」

（清水純一）

❖畜産

　2014年の農牧業の粗生産額4,667億レアルのうち，畜産は1,655億レアル，35.5％を占める。その中心が食肉（牛肉・豚肉・鶏肉）で，畜産全体の75.8％を占め，これに牛乳17.5％，鶏卵6.7％が続く。農畜産物輸出全体でも食肉は大豆関連製品に次ぐシェアを占めている。また大豆の場合，多国籍穀物メジャーが流通を支配しているのに対し，食肉では内資系食品企業が国内市場を支配している。シェア1位のJBSは，国内はもとより世界中の食品企業を合併・買収し，多国籍食品企業に成長した。また2位のBRF（Brasil Foods）は，鶏肉部門で国内最大の生産量を誇る。これらの企業は国際的なM&Aを展開している。

　米国農務省（USDA）の統計（Livestock and Poultry: World Markets and Trade）で2011～14年の食肉の国別輸出量をみると，ブラジルの牛肉輸出量は近年インドとともに首位を争う位置にある。主要輸出先はロシアとエジプトであ

る。鶏肉は，2位の米国と僅差ながら首位の座を維持している。丸鶏は主として中東諸国，部分肉は日本や香港に輸出されている。豚肉の主要輸出先はロシアと香港である。

図4-2-2は，牛肉・鶏肉・豚肉の同期間の輸出量推移を示したものである。2000年以降，牛肉・鶏肉はほぼ順調に伸びていたが，08年9月のリーマン・ショックの影響で翌09年にはいずれも減少している。鶏肉が早期に08年水準を上回るまでに回復したのに対し，牛肉は依然として当時の水準に達していない。

次に，同じくUSDAの統計（PSD Online）で，ブラジルの1人当たり年間食肉消費量をみてみよう。2000〜14年の期間に牛肉が17％，豚肉が35％増加しているが，鶏肉は55％とさらに大幅に伸び，牛肉の消費量を上回った。欧米先進国では健康志向の高まりで，牛肉から鶏肉への消費の転換が起きている。しかしブラジルの場合は，牛肉の価格上昇率が鶏肉より高いため，相対的に安価な鶏肉への移行が起きたと考えられる。特に2010年の後半からは肉牛の供給不足により牛肉の価格が高騰したため，鶏肉の需要が増え，11年の国内需要量は過去最大を記録した。肉牛と異なり，ブロイラーの飼養には多量のトウモロコシが必要となるため，鶏肉への需要シフトはトウモロコシの需要増にもつながっている。

ブラジルの食肉産業が発展してきた要因の一つに，飼料となる大豆・トウモロコシの生産の大幅な拡大がある。搾油後の大豆かすは家畜の貴重なタンパク源となる。特に中西部での大豆・トウモロコシの増産により，大手食品企業の食肉工場が中西部に立地する動きが進んでいる。また，肉牛の肥育法は従来は粗放型（放牧）が大部分であったが，一部集約型も増えている。集約型の場合，トウモロコシや大豆などの飼料を与える手法が主流となりつつある。余った牧草地を畑に転換することで農地の拡大が可能となる面もあるが，集約型牧畜の拡大による飼料としての大豆・トウモロコシの需要増は，輸出余力の低減につながる可能性もある。

また，牛・豚に関しては，一部地域で発生している口蹄疫の問題が，主要先進国向け輸出を阻む一因として懸念材料となっている。豚に関しては，米国や日本が南部のサンタカタリーナ州をワクチン非接種の口蹄疫清浄地域として認定し，同州産の生鮮豚肉の輸入を解禁している。

（清水純一）

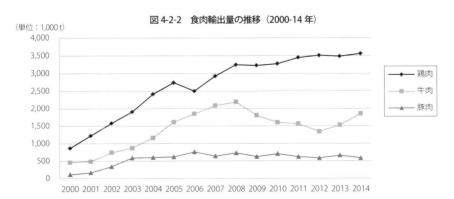

図4-2-2　食肉輸出量の推移（2000-14年）

出所：USDA, PSD Online.

❖ アグロエナジー

　アグロエナジー（agro-energy）とは，バイオマス（生物由来資源）を化学反応させて得られるエネルギーのことである。広義には薪のように直接燃焼させるものも含まれるが，ここではブラジルで商業利用されている液体バイオ燃料（バイオエタノールおよびバイオディーゼル）を扱う。鉱山エネルギー省（MME）によれば，2014年に国内輸送手段で使われた燃料のうち，17.6％をバイオ燃料が占めていた。経済協力開発機構（OECD）加盟諸国の平均は3.6％，OECDを除く諸国平均は0.4％であるから，ブラジルはアグロエナジー先進国といえる。

　バイオエタノール（以下，エタノール）の原料となるサトウキビの生産量は，2000～14年の期間に3.3億トンから6.6億トンへと倍増している。生産量の過半がウジーナ（usina）と呼ばれる砂糖・エタノール工場の直営農場で作られ，残りは契約農場から供給される。地域別では57％を占めるサンパウロ州が最大生産地だが，近年では中西部でも栽培が拡大している。大半の工場ではサトウキビから砂糖とエタノールを同時に生産しており，両者の割合は2000年代半ば以降ほぼ均等であったが，最近はエタノールの割合が上昇している。さらに，サトウキビ圧搾後の絞りかすであるバガス（bagaço）を燃料とする発電も行っており，余剰分は売却している。2013年にはバガスによる発電が国内総発電量の約3％を占めた。

　エタノールの製造工程は次の通りである。まずサトウキビの糖成分を酵母によりアルコール発酵させ，濃縮・蒸留すると含水エタノールが得られる。それを脱水・精製したものが無水エタノールである。ブラジルではすべてのガソリンに無水エタノールが混合されている。一方含水エタノールは，エタノール専用車と，ガソリンとエタノールをどのような割合に混合しても走るフレックス燃料車（FFV）の燃料として使用される。2003～13年度の10年間で，無水・含水を合わせたエタノール総生産量は146億リットルから280億リットルへと92％増加した。うち含水エタノールの割合が40％から58％に増えたのはFFVの普及によるところが大きい。☞ 4-5「四輪自動車」

　エタノール燃料の需要を決定するのは，70％が分岐点と言われるガソリンとの相対価格，および政府が決定するガソリンへの無水エタノールの混合割合である。政府は1990年代にエタノールの生産量，国内消費量，輸出量，価格に関する直接統制を廃止した。ガソリンへの混合割合と税制に関してはいまだ政府の管轄下にあり，間接的な需給調整の手段となっている。政府は2015年3月，この混合割合を25％から過去最高の27％に引き上げた。また同年2月には連邦税（CIDE：経済領域への介入による分担金）を引き上げるなど，エタノールへの需要誘導策を採っている。

　ブラジルにおけるバイオエタノールの増産は，1973年の第一次石油ショックを契機に策定された国家アルコール計画に沿ったものであった。一方，バイオディーゼルの推進はまったく異なる目的をもって開始された。バイオディーゼルはディーゼルエンジン用軽油の代替燃料として，植物油を加工して生産される。政府はこの植物油の原料となる油糧作物を北部・北東部の小規模農家から調達することにより，むしろ社会政策として推進しようとしたのである。バイオディーゼルを生産する企業に対しては，税制優遇措置とひきかえに，北部・北東部の小規模農家からの原料調達と技術支援を要件に発行される社会燃料スタンプ（Selo Combustivel Social）の取得を義務づけた。

　また，軽油へのバイオディーゼルの混合割合は，2008～12年の2％から13年以降の5％，

14年7月の6％，同年11月の7％へと段階的に引き上げられた。この結果，バイオディーゼルに対する需要が増加し，当初原料として想定されていたヤシ類やヒマだけでは需要に見合った生産量を確保することが困難になった。石油・天然ガス・バイオ燃料庁（ANP）によると，2014年のバイオディーゼル生産の原料別内訳は，大豆油74.6％，牛脂21.4％，綿実油2.4％，その他1.6％という構成になっており，当初の意図とは異なった構図になっている。☞4-3「再生可能エネルギー」　（清水純一）

3. 鉱業・エネルギー

❖鉄鉱石

世界鉱物統計研究所の『World Metal Statistics』によれば，ブラジルの鉄鉱石生産量（2014年）は3億8,500万トンであり，世界全体の生産量に占める割合は12％と，中国，オーストラリアに続く世界第3位である。輸出量ではオーストラリアに次ぐ世界第2位であり，世界全体の輸出量の22％を占める。ブラジルの輸出相手先第1位は中国であり，全輸出量に占める中国の割合は2008年時点に39％であったが，13年には59％にまで増加している。これに伴い，輸出相手先第2位の日本の割合は低下傾向にあり，08年の13％から13年には9％に減っている。鉄鉱石生産の約8割は資源開発大手のヴァーレ社（Vale）により行われている。ヴァーレは国内の鉱山を地域別に南東部システム，中西部システム，南部システム，北部システムの4系列に分けている。最も生産量が多い系列は南東部システム（1億950万トン），次いで北部システム（1億490万トン），南部システム（7,900万トン），中西部システム（650万トン）となっている（すべて2013年）。

世界銀行の資料によれば，鉄鉱石価格は1990年代から2000年代前半までトン当たり20～30米ドル台で推移していたが，2005年以降，中国の需要増大等を背景に急激に上昇し，08年には150米ドルにまで高騰した。09年は金融危機の影響で一時80米ドルまで下がったが，10年以降再度急激に上昇し，11年には160米ドルとなった。14年以降は，中国の景気減速懸念等により価格は下落傾向を辿り，15年時点ではトン当たり60米ドル前後で推移している。

近年の鉄鉱石価格下落を受け，ヴァーレをはじめ鉄鉱石生産大手の経営環境は厳しさを増している。ヴァーレは最大需要地である中国への輸送コスト削減の一環として，40万トンクラスの鉄鉱石運搬船（Valemax）を建造し，競争力の維持を図っている。2013年末現在，自社所有で19隻，長期傭船で同等クラスの運搬船16隻を運航している。　（小嶋吉広）

❖非鉄金属・希少金属

ブラジルは銅，ニッケル，アルミニウム等多くの鉱物を産出し，日本にとって重要な資源供給国である。世界鉱物統計研究所の『World Metal Statistics』によれば，世界全体の生産量（2014年）に占めるブラジルのシェアが高い鉱種として，ニオブ（1位，89.8％），タンタル（3位，8.2％），ボーキサイト（3位，12.3％），錫（6位，4％），マンガン（6位，4.7％）がある。また，日本の貿易統計（2014年）によれば，非鉄金属輸入の中でブラジルからの割合が高い鉱種として，フェロニオブ（98％，1位），水酸化アルミニウム（2位，47％），アルミニウム地金（3位，13％）などが挙げられる。

ニオブについては，ブラジルのアラシャ鉱山で世界の約9割が生産されている。2011年3月に石油天然ガス・金属鉱物資源機構（JOGMEC）と日本企業3社は，ニオブの安定供給確保に向け，同鉱山を運営するCBMM社（ニオブ生産企業）の株式の10％を取得した。日本が獲得した引取権は，日本のニオブ総輸入量のおよそ9割に相当する。

　また，アルミニウムに関しては，1978年に日本の政府系金融機関と企業31社の出資で設立された日本アマゾンアルミニウムが，アルミ精錬のアルブラス社（出資比率：日本側49％，Norilsk 51％。アルミニウム生産能力45万5,000トン）と，アルミナ生産のアルノルテ社（出資比率：日本側5.4％，Norilsk 91％，CBA 3.6％。アルミナ生産能力630万トン）を設立し，現在も操業を続けている。

　このほかの金属資源についてみると，錫の生産量は2014年に1万3,800トンであり，12年以降1万3,000トン台の生産を維持している。錫の主力鉱山としては，アマゾナス州のピチンガ（Pitinga）鉱山が挙げられる（『World Metal Statistics』）。

　また米国地質調査所の資料によれば，マンガンは，ヴァーレの100％子会社ヴァーレ・マンガネセ（Vale Manganese S.A.）が操業するモロ・デ・ミナス（Moro de Mina）鉱山（ミナスジェライス州）やミナ・ド・アズル（Mina do Azul）鉱山（パラ州）が国内生産の過半を占めている。

〈小嶋吉広〉

❖電力

　エネルギー研究公社（EPE：Empresa de Pesquisa Energética）の資料によれば，ブラジルの2013年末時点における発電設備容量は12万6,743MW，年間の発電量は57万25GWhであった。11年の統計で国際比較をすると，ブラジルは発電設備容量でドイツに次ぐ世界第6位の地位にある。電力源は，発電設備容量，発電量ともに水力が7割を占め，水力発電の規模では世界最大の中国に次ぐ。近年，ブラジルでは安定的な経済成長を背景に電力需要が増加，2006〜13年の7年間における消費電力量の伸び率は年率3.8％と，同期間の年平均実質GDP成長率3.5％を上回る伸びを示した。13年の消費電力量を需要部門別にみると，全体の40.0％を産業向けが占め，家庭向けが27.0％，商業向けが18.1％と続く。需要の伸び率は産業向けより家庭・商業向けで高い傾向が見られる。需要量の増加に応じ，発電設備容量は同期間に年率4.0％のペースで増加した。電源別では小水力，風力の伸びが大きい。

　ブラジルの電力部門は公営企業，民間企業により運営されている。1990年代前半までは，電力公社が発電から送電・配電まで垂直的に事業運営を行っていた。しかし95年発足のカルドーゾ政権で公的企業の民営化を推進，電力部門も発電・送電・配電事業を分離した制度に移行することで民間事業者の参入が進んだ。その際，政府は電力部門の監督官庁として電力庁（ANEEL）を設置し，全国の発電および送電を中央集中管理する全国電力システムオペレーター（ONS：Operador Nacional do Sistema Elétrico），そして電力の相対契約・短期電力の売買の管理，差額清算を行う電力卸売取引所（MAE：Mercado Atacadista de Energia Elétrica）を創設した。

　2000年代に入ると電力危機発生を契機に，再び電力部門改革の機運が高まる。電力危機とは，2001年前半の降雨不足により，同年6月から翌年2月まで南部を除くブラジル全土で25％の節電を余儀なくされたもので，経済成長の下振れ要因となった。政府はその反省を踏まえ，03〜04年に再び電力部門改革を実施，これまで自由市場で実施していた電力取引制度を改め，規制取引市場（ACR：Ambiente de Contratação Regulada）と自由取引市場

（ACL：Ambiente de Contratação Livre）を導入した。ACL では引き続き自由な電力取引を行うが，ACR は発電・配電事業者の参加を得て政府が電力入札を行うもので，中長期的に安定した電力供給を確保する目的がある。電力取引を仲介する機関として，MAE の業務を引き継ぐ形で電力取引所（CCEE：Câmara de Comercialização de Energia Elétrica）が設立され，発電事業者と需要家による取引が行われている。さらにエネルギー分野の計画策定に向けた研究を担うエネルギー研究公社（EPE），電力供給の安全保障を図る電力部門モニタリング委員会（CMSE：Comitê de Monitoramento do Setor Elétrico）が設置された。

このように 2000 年代に入り電力部門改革は進んだものの，電気の安定供給に向けては様々な問題がある。一つは送電・配電を含めた電力インフラの脆弱性である。2000 年以降の 10 年間で発電部門への投資は進んだが，送電・配電といった電力網全体のインフラは依然として脆弱性をはらむ。特に近年，雷あるいは設備の問題から主要都市や州レベルで大規模な停電が発生するようになり，既存の電力網の拡大に加えて設備の近代化の必要性が指摘されている。もう一つは降雨不足の常態化である。これは世界的な気候変動との関係でも議論されているが，2014～15 年にかけて経済の中心地であるサンパウロ市近郊が降雨不足に見舞われ，2000 年代初めに見られたような電力供給不安が取り沙汰された。かつてに比べれば水力発電への依存度は低下しているものの，ブラジルでは降雨不足は常に電力供給不安をもたらす。なお，ダムの水量が減る乾季には火力発電を稼動させ，一定の電力供給を維持しているが，その燃料は化石燃料であり，国際価格の高騰などの要因もあって発電コストが高く，電気事業者の経営を圧迫する要因となる。なお，依然として脆弱性をはらむ電力インフラへの投資が求められる中で，投資主体となる電気事業者の経営基盤をどのように安定させるのかという点も大きな課題といえるだろう。

（二宮康史）

❖石油・天然ガス

ブラジルでは，1953 年に国営石油会社ペトロブラス（Petrobras）が設立され，以来販売部門を除く石油産業全般を独占していた。しかし石油生産量は少なく，70 年代の石油危機でブラジル経済は打撃を受けた。そこで政府は 75 年，外国企業との間で探鉱請負契約を結び，探鉱・開発に参入させることとした。その後 88 年にはペトロブラスが再び石油産業を独占することになったが，97 年施行の新石油法の下，改めて民間企業に開放された。

ペトロブラスは当初，陸上を中心に探鉱・開発を進めていたが，石油危機を契機に増産を図ろうと，リオデジャネイロ州沖のカンポス（Campos）盆地の浅海域を中心に探鉱を行うようになり，その後次第に深海へと開発を広げていった。その結果，1970 年代には日量 16～18 万バレルであったブラジルの石油生産量は急増し，98 年には日量 100 万バレル，2009 年には 200 万バレルを超えた。しかし，生産の中心は重質原油であり，軽質原油や天然ガスへの転換が必要と考えた政府およびペトロブラスは，2000 年代に入るとカンポス盆地南西のサントス（Santos）盆地での探鉱を推進した。その成果の一つとして，06 年以降，サントス盆地を中心にプレソルト（下部白亜系岩塩層直下の炭酸塩岩を貯留岩とする地質構造）で Lula / Iracema（旧称 Tupi，可採埋蔵量 83 億バレル），Atapu / Berbigão / Sururu（Iara，50 億バレル），Sapinhoá（Guara，21 億バレル），Libra（80～120 億バレル），Buzios（Franco，30 億バレル）等の大規模な中質原油油田が相次いで発見された。これらプレソルトの油田の埋蔵量のすべてが同国の確認埋蔵量に算入されているわけではないが，政府によると可採

埋蔵量は既発見・未発見を含めて500億バレルとされ，この開発によりブラジルの石油生産量は大きく増加，石油自給を達成するとともに大産油国の仲間入りを果たすことも可能であろうとみられていた。

ところが，掘削リグなど資機材の納入の遅れで，プレソルトの油田の初期の生産は期待ほどには増加しなかった。またカンポス盆地の油田も成熟段階に達し，生産量の減退が著しく，2010～13年のブラジルの石油生産量は日量210万バレル台と伸び悩んだ。14年には，プレソルトの石油生産量は4月に日量40万バレル（月平均，以下同），8月に日量50万バレル，10月に日量60万バレルと急増し，ブラジルの石油生産量も235万バレルと増加した（表4-3-1）。しかし07年以降石油需要が急増，14年は日量323万バレルにのぼり，石油自給は遠のいている。

政府は2010年，プレソルトの油田開発推進のための「プレソルト開発法」を制定した。同法の制定に手間どったことから，2009～12年にかけて，1999年以降，年に1度のペースで実施していた鉱区入札ができなかった。加えて，同法でプレソルトの新規鉱区についてはペトロブラスがオペレーターを務め，権益の少なくとも30％を保有することが定められたため，プレソルトの新規鉱区に関心を寄せる企業が減少し，13年に実施されたプレソルトの鉱区を対象とする最初の入札では1件しか応札がなかった。

一方で，ペトロブラスはインフレを懸念する政府の意向を受けて，輸入した石油製品を国内では割引価格で販売し，その逆ザヤを被り，財務状況の悪化を招いた。2014年には，同社が米国テキサス州のパサデナ製油所を高値で買収したとされる件に端を発する汚職問題が顕在化し，沖合プラットフォームや製油所建造時の贈収賄，国会議員に対する違法な献金，資金洗浄等にまで拡大し，状況は一層

表4-3-1　石油確認埋蔵量・生産量・消費量

年	確認埋蔵量（億バレル）	生産量（万バレル／日）	消費量（万バレル／日）
1980	13	18.8	116.3
1985	22	56	124.1
1990	45	65	147.8
1995	62	71.8	179.9
2000	85	127.1	205.6
2005	118	171.3	210.8
2010	142	213.7	270.1
2014	162	234.6	322.9

出所：BP Statistical Review of World Energy June 2015

表4-3-2　ペトロブラス製油所の精製能力

製油所名	州	精製能力（万バレル／日）
REPLAN	サンパウロ	41.5
RLAM	バイア	32.3
REVAP	サンパウロ	25.2
REDUC	リオデジャネイロ	23.9
REPAR	パラナ	20.8
REFAP	リオグランデドスル	20.1
RPBC	サンパウロ	17.8
REGAP	ミナスジェライス	15.0
RNEST	ペルナンブコ	11.5*
RECAP	サンパウロ	5.3
REMAN	アマゾナス	4.6
RPCC	リオグランデドノルテ	3.8
LUBNOR	セアラ	0.8

注：RNEST製油所の精製能力は，全体が完成すると日量23万バレルとなる。
出所：Petrobrasウェブサイト（www.petrobras.com.br/en/our-activities/main-operations/refineries/）

悪化することとなった。

このような状況から，ペトロブラスは毎年更新している5カ年計画の投資額を2015年は前計画比41％減の1,303億ドル，2020年の国内石油生産目標を33％減の日量280万バレルとしている。しかし，その後石油価格などの予測値が低下したことなどで，投資額，生産目標はさらに下方修正された。

ブラジルには17の製油所があり，精製能力は日量227万バレルである。うち，ペトロブラスが保有する製油所は13で，精製能力は日量223万バレルとなっている（表4-3-2）。急

増する石油需要に対応するため，ペトロブラスは RNEST（ペルナンブコ州），Comperj（リオデジャネイロ州），Premium I（マラニョン州），Premium II（セアラ州）の計 4 つの製油所建設を計画した。しかし財務状況悪化により，後 2 カ所の建設をとりやめた。RNEST 製油所の一部は 2014 年末より操業を開始した。

ブラジルでは天然ガス需要が低調に推移していたため，2000 年以前に生産が行われていた非随伴ガス田は Merluza および Pescada/Arabaiana の 2 カ所のみであった。しかし，1999 年にボリビアからパイプラインで天然ガスの輸入を開始して以降，天然ガス需要が増加し，Mexilhão，Manati 等のガス田開発や天然ガスパイプライン網の整備が進められている。また 09 年からは，セアラ州ペセム湾，リオデジャネイロ州グアナバラ湾で浮体式 LNG（液化天然ガス）受入施設を用いて LNG を輸入している。14 年には，バイア州トードスオスサントス湾でも LNG の受入を開始した。LNG の主な輸入元はトリニダード・トバゴやナイジェリアである。14 年の天然ガス生産量は 201 億 m³，消費量は 397 億 m³，消費量の 28％ にあたる 111 億 m³ をパイプラインで，20％ にあたる 79 億 m³ を LNG で輸入している（表 4-3-3）。

（舩木弥和子）

❖再生可能エネルギー

鉱山エネルギー省（MME）によれば，ブラジルの一次エネルギー生産量に占める再生可能エネルギーの割合は 2014 年時点で 43.5％ を占める（表 4-3-4）。04 年時点と比較すると，全体としてシェアは低下しているが，再生可能エネルギーのなかでもサトウキビ製品，およびその他原料による製品のシェアが増加している。サトウキビ製品は主に自動車燃料に使われるバイオエタノールである。その他原料による製品にはバイオマスや風力発電などが含まれる。特に電力供給においては 7 割を

表 4-3-3　天然ガス確認埋蔵量・生産量・消費量

年	確認埋蔵量（億 m³）	生産量（億 m³）	消費量（億 m³）
1980	522	9.9	9.9
1985	916	25.0	25.0
1990	1,133	30.6	30.6
1995	1,517	50.8	50.8
2000	2,177	74.9	94.3
2005	3,018	109.2	195.6
2010	4,167	145.9	267.9
2014	4,641	200.5	396.5

出所：BP Statistical Review of World Energy June 2015

水力発電が占め，再生可能エネルギーのシェアが大きい。しかし水力発電に依存した構造は，これまで見られたように降雨不足による供給不安を招くリスクが存在する。そのため政府は 2002 年より，電力供給源多様化プログラム（PROINFA：Programa de Incentivo às Fontes Alternativas de Energia Elétrica）を開始した。これは風力，小水力（PCH：Pequena central hidrelétrica，発電能力 30 MW 以下の水力発電所），バイオマスの各発電事業を公募し，採択された事業による電力を政府が一定の金額で買い取る制度である。同制度をきっかけに，ブラジルでは新たな発電源の開発が進んだ。なかでも急成長を示したのは風力発電である。エネルギー研究公社（EPE：Empresa de Pesquisa Energética）の統計で発電源別の発電設備容量をみると，風力発電は 2006 年にわずか 237 MW であったが，13 年には 2,202 MW に増加している。なお，全体に占めるシェアは 1.7％ とまだ小さいが，政府の「電力拡大 10 カ年計画（Plano Decenal de Expansão de Energia 2023）」では，2023 年までに全体の 11.5％（2 万 2,439 MW）を占める見込みである。もともと政府は風力発電の潜在的可能性について，国内で風力発電が可能な地点すべてに設備を設置した場合，ブラジル全体で 14 万 3,000 MW（パラグアイとの国境に設置されたイタイプ水力発電所の約 10 倍に相当）の発電能力

表4-3-4 ブラジルの一次エネルギー生産量 (単位:1,000 石油換算トン, %)

主要一次エネルギー源	2004年	シェア	2014年	シェア	2014／2004 年率増加率
非再生可能エネルギー	99,216	52.2	153,920	56.5	4.5
石油	76,641	40.3	116,705	42.8	4.3
天然ガス	16,852	8.9	31,661	11.6	6.5
一般炭	2,016	1.1	3,059	1.1	4.3
原料炭	137	0.1	0	0.0	—
ウラン	3,569	1.9	681	0.2	-15.3
その他非再生可能エネルギー	—	—	1,814	0.7	—
再生可能エネルギー	91,022	47.8	118,713	43.5	2.7
水力発電	27,589	14.5	32,116	11.8	1.5
薪	28,187	14.8	24,728	9.1	-1.3
サトウキビ製品	29,385	15.4	49,232	18.1	5.3
その他再生可能エネルギー	5,860	3.1	12,637	4.6	8.0
合計	190,238	100.0	272,633	100.0	3.7

出所:鉱山エネルギー省 (MME)

があるとの試算を示していた。

　地域別では,特に北東部と南部の沿岸部で気候条件が適しており,比較的規模の大きい風力発電設備が立地している。風力発電の優位性については,気候条件に加えて水力発電との補完性も挙げられる。北東部をはじめ国内のいくつかの地域では,水力発電の発電能力の低下する乾季に風量が増加し,逆に能力が上昇する雨季に風量が減少するためだ。なお,電力入札における応札価格を見ると,風力発電の価格は,発電源のなかで最も安価な水力発電と比べても価格差は大きく低下している。風力発電に必要な資機材は,近年米国のGEやドイツのWobbenなど国際的なメーカーが生産拠点を国内に構え,供給体制が整備された。

　また風力発電に加えて,今後の成長が期待されるのは太陽光発電である。2013年時点で太陽光発電設備容量は30MWと規模が小さく,無電化農村向けの供給をまかなう設備が多くを占め,送配電網に接続している発電所は少ない。しかし政府は2014年の予備電力入札で太陽光発電も対象に含めている。コスト面でその他の発電源に比べて割高という問題はあるものの,新たな再生可能エネルギーとして注目されている。☞4-3「アグロエナジー」「電力」

(二宮康史)

4. 基礎消費財

❖食品・飲料

　ブラジル食品工業会 (ABIA) によると,2014年にブラジルの食品・飲料業界の企業数は3万3,500社となっている。同年の総売上高は5,258億レアル (約22億4,000万ドル,1ドル=2.35レアル換算) で,これはブラジルのGDP全体の10.2%,製造業の22.5%に相当する。

　GDPや製造業に占めるシェアの大きさもさることながら,食品・飲料産業部門は貿易収支や雇用への貢献も大きい。貿易収支は2014年,2000年以来初の赤字 (39億ドル)

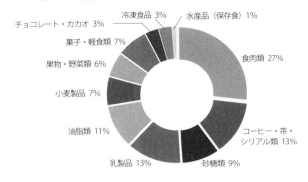

図4-4-1　食品加工産業の主要部門別シェア（売上高・2014年）

出所：ABIA

を計上したが，同部門は690億ドルの黒字を計上した。ABIAによると，同部門は少なくとも08年以降，毎年貿易黒字を継続している。

雇用に関しては，同部門は2014年の製造業全体（812万人）の約5分の1（166万人）を占めているが，景気後退局面でもさほど劇的な落ち込みを見せない。一般的に食品・飲料産業部門は，大型の耐久消費財部門と比べて生活必需品を多く含むため，景気変動による生産量の増減が少ない。2008〜14年の食品・飲料産業部門の設備稼働率をみると，どの年も当該期間の平均値71.8％の上下3ポイント以内で推移していた。2008年以降のリーマン・ショックでGDP成長率が一時的に大きく落ち込んだ際も，同部門の設備稼働率は69.8％と，上記平均値から2ポイント低下しただけだった。また，14年は年央以降にGDP成長率が鈍化したが，同部門の雇用者数は前年比で1万7,000人増えた。

2014年の食品の部門別売上内訳をみると，トップは食肉部門で27％を占める（図4-4-1）。米国農務省（USDA）によると，ブラジルは世界有数の食肉生産国（14年：牛肉2位，豚肉3位，鶏肉3位）であり，輸出国（同年：牛肉2位，豚肉4位，鶏肉1位）でもある。

☞ 4-2「畜産」

飲料部門については，連邦歳入庁の飲料生産管理システム（SICOBE：Sistema de Controle de Produção de Bebidas）によると，2014年のビールの生産量は141億3,700万リットル，炭酸飲料水は158億3,400万リットルとなっている。そのほかジュース，アイソトニック・エナジー飲料，ミネラルウォーター，蒸留酒，果汁（ネクター）はそれぞれ5〜6億リットルの生産規模である。ブラジル飲料工業会（AFREBRAS：Associação dos Fabricantes de Refrigerantes do Brasil）は，業界に属する企業は①多国籍三大企業（コカコーラ，アンベブ［AmBev］，ブラジルキリン），②その他の15大企業，③180の中小企業，に大別できるとしている。飲料業界は寡占化が進んでおり，1990年に売上高で33％程度あった中小企業のシェアは，12年には11％に落ち込むとともに，上記三大企業が84％を占めるに至った。

なお，雇用（直接雇用者数）に関しては，多国籍大企業で5万3,397人，中小企業で2万1,102人（いずれも2013年）となっている。

消費に関しては，キリンホールディングスによると，2013年のビール消費量国別ランキングでブラジルは第3位，シェアは6.6％（1,252万キロリットル）であった。ただし，1人当たりの消費量は66.9リットル，世界27

位である。また，ブラジルソフトドリンク・非アルコール飲料工業会（ABIR：Associação Brasileira das Indústrias de Refrigerantes e de Bebidas não Alcoólicas）によれば，2014年におけるソフトドリンクの1人当たり消費量は，多い順に炭酸飲料水80リットル，ミネラルウォーター60リットル，粉ジュース25リットルとなっている。

（竹下幸治郎）

❖衣料品

ブラジルの衣料品業界の特徴は，製造面で川上にあたる綿花，化学合成繊維，羊毛，蚕糸の生産，そして川中にあたる紡績産業等が国内に包含されていることにある。衣料品の生産量（生産点数換算）の2012年時点の国別順位では，中国，インド，パキスタンに次いで4位に位置する（ブラジル生産財マーケティング研究所［IEMI Inteligência de Mercado］による）。衣料品生産に携わる労働者（間接雇用含む）は115万人，企業数は2万5,627社（いずれも2014年時点）にのぼる。労働者数でみた場合，国内の集積地は南東部（全体の46.9%），南部（同29.4%）が中心だ。輸出入については14年時点で輸出が1億4,500万ドル，輸入が26億ドルで大幅な輸入超過となっている。

衣料品の国内消費市場は2014年時点で1,003億レアル（1ドル＝2.35レアル換算で約426億ドル），同年の生産点数は70億4,000万点となっている。点数は10〜13年にかけては68億〜69億点台で推移していたが，14年に初めて70億点を超えた。消費の州別内訳をみると，最大の市場はサンパウロ州で27.1%，次いでリオデジャネイロ州9.3%，ミナスジェライス州8.5%となっている（いずれも金額ベース）。流通チャンネルとしては，全体の4分の3が小売向け，問屋向けが13.5%となっている（数量ベース，2014年）。

衣料品全体の2010〜14年の傾向を一言でまとめると，「国内生産は減少，消費は微増，輸入品は増加する一方で輸出は減少」ということになろう。

IEMIによると，2014年は消費量全体の87%に相当する61億4,000万点の衣料品が国内で生産された。2010年以降の生産状況をみると，10年は64億4,000万点が生産されていたが，12年以降の3年間はいずれも61億点台で低位安定の状況にある。他方で輸入は10年の4億500万点から，14年には9億1,700万点と実に126%増となった。輸入急増の背景には，中国やバングラデシュなどアジア製品の流入増がある。衣料品消費量全体に占める輸入品の割合は，10年の6.0%から14年の13.0%へと増加した。

輸出については，輸入と対照的に減少傾向が続いている。2014年の輸出数量は2,200万点，10年のそれの56%と低迷した。この間の減少には通貨レアル高が影響している。ちな

表4-4-1　衣料品の2010〜14年の動向

（単位：1,000点）

種別／年	2010	2011	2012	2013	2014
生産	6,436,740	6,320,879	6,125,211	6,172,356	6,143,783
輸入	405,198	640,477	747,918	844,512	917,193
輸出	40,112	38,948	28,584	26,861	22,603
消費	6,801,826	6,922,408	6,844,545	6,990,006	7,038,373
消費における輸入の比率（%）	6.0	9.3	10.9	12.1	13.0
生産における輸出の比率（%）	0.6	0.6	0.5	0.4	0.4

出所：IEMI

みに衣料品貿易は，世界貿易機関（WTO）の「繊維及び繊維製品に関する協定（ATC）」に基づき，2005年に輸入割り当てが撤廃されたことをきっかけに入超に転じ，以降その傾向が継続している。ブラジルの主要輸出先であった北米市場では同協定をきっかけに中国製品のシェアが高まり，ブラジル製品のシェアが低下した。

（竹下幸治郎）

❖トイレタリー

ブラジル化粧品・トイレタリー・香水工業会（ABIHPEC：Associação Brasileira da Indústria de Higiene Pessoal, Perfumaria e Cosméticos）によると，ブラジルのトイレタリー・化粧品市場の規模は世界第3位（原データ：2014年 ユーロモニター・インターナショナル），世界シェアは9.4％となっている。フレグランス，日焼け止め，デオドラントの市場規模は世界首位である。トイレタリー・化粧品関連部門の企業は国内に2,522社あり，うち6割が南東部に集中している。同部門は2014年時点で約562万人の雇用を提供している。

トイレタリー・化粧品市場の1997〜2014年までの年平均成長率は9.2％で，同期間のGDP年平均成長率（2.8％），工業部門全体の年平均成長率（1.9％）に比べてかなり高い。高成長の理由としてABIHPECは，①低所得のクラスD・E（14年1月時点のレアル価額で世帯月収2,004レアル以下）の市場への参入，②女性の労働市場参入の拡大，③企業努力による製品価格上昇の抑制，などを挙げている。実際，製品価格については，2010年以降の消費者物価指数（IPC／FGV）の年平均伸び率が5.3％であるのに対し，トイレタリー製品は5.2％，化粧品は4.4％となっている。

また，2003〜14年までの貿易動向をみると，輸出については同期間の全輸出額の年平均伸び率（8.8％）より低く（7.5％），輸入については全輸入額の年平均伸び率（13.8％）より高い（19.5％）。貿易収支は2011年以降，赤字で推移している。輸出相手国は134カ国にのぼるが，中南米諸国がメインである。輸出投資促進庁（APEX：Agência Brasileira de Promoção de Exportações e Investimentos）によると，同庁が進めている美容分野の輸出促進プログラムにはO BoticárioやNATURAなど業界を代表するメーカーのほか，生物多様性という強みを生かした化粧品原料（植物由来の抽出物等）の開発・輸出を企画する企業なども参加している。輸入については，欧米，中南米，中国など70カ国を輸入先とする。（竹下幸治郎）

❖医薬品

ブラジルの医薬品市場は，2013年時点で世界第6位の規模を持つ（IMS World Review, 2014）。米国に本拠を置くヘルスケア分野の情報・テクノロジー企業IMS Healthによると，14年時点の売上額（薬局などでの販売額）は1,246億レアル。2010年以降，レアルベースでは右肩上がりで増加している。14年時点の売上額構成比を種類別にみると，類似医薬品（バイオシミラーないしバイオ後続品。2004年以降，先発医薬品を基準とした生物学的同等試験が義務づけられた）48％，先発医薬品39％，後発医薬品（ジェネリック医薬品）13％となっている。10〜14年の動向をみるかぎり，類似医薬品のシェアが伸び，そのぶん先発医薬品のシェアが低下している。後発医薬品のシェアはほとんど変化していない。

国内市場成長の背景には，政府による医薬品援助プログラムや薬局プログラムの実施がある。医薬品援助プログラムは，統一保健医療システム（SUS）における外来処方箋に基づいて，国家必須薬品リスト（RENAME：Relação Nacional de Medicamentos Essenciais）に記載された医薬品を患者が安価で購入できるようにしたものだ。疾病の感染度の強弱，治療の難易度などによって当該医薬品を購入す

る入札母体が異なり、保健省（MS）による戦略医薬品援助プログラム、州政府による専門医薬品援助プログラム、ムニシピオによる基礎医薬品援助プログラムの3つに分類されている。

薬局プログラムは、国民の医薬品購入を容易にすべく2004年に法制化された。当初は、国家衛生監督庁（ANVISA）の衛生基準を満たし、薬剤師が常駐している国民薬局において、RENAME記載の薬品以外に避妊具なども含む112品目を対象に、市場価格より9割安い価格で国民が購入できるようにする制度であった。RENAMEはその後、時々のニーズに応じて新たな薬品を追加するなど、定期的に改定されている。なお、2006年3月には政府と契約を結んだ民間薬局チェーンでも、当該品目を国民薬局と同等の価格で提供できるようになった。この施策は「人々のための薬局（Aqui Tem Farmacia Popular）」と呼ばれ、これにより国民の医薬品へのアクセスがさらに容易となった。

（竹下幸治郎）

5. 耐久消費財

❖電気・電子製品

2000年代以降、消費市場の拡大に応じて電気・電子工業の売上は大きく増加した。ブラジル電気・電子工業会（ABINEE）によれば、同業界の売上高は2002年の193億ドルを底に徐々に増加し、08年以降のリーマン・ショックで一時市場は停滞したものの、11年には825億ドルと過去最高を記録した。しかしその後は経済全体の停滞もあり減少傾向を辿り、14年には653億ドルの水準にある（図4-5-1）。製品別にみると、市場規模が最も大きいのは情報機器で156億ドルと全体の25％を占め、以下、電話通信機器（126億ドル、19％）、産業設備（109億ドル、17％）、家電製品（87億ドル、13％）、発電・送電・配電機器（69億ドル、10％）、電気電子部品（44億ドル、7％）、建設用電気資材（41億ドル、6％）、産業用オートメーション（19億ドル、3％）の順である。

電気・電子工業の主要な国内生産拠点はサンパウロ州やミナスジェライス州など南東部にある。これはサンパウロ州を中心とした国内の主要消費圏内であることに加え、主要な港湾への距離や人材確保の面で有利な環境に

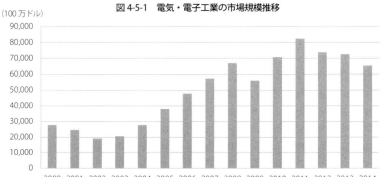

図4-5-1　電気・電子工業の市場規模推移

出所：ABINEE

あるためだ。ただしテレビや電子レンジなどの民生用電気・電子機器はマナウス・フリーゾーン（ZFM）に集中している。ZFM は、アマゾン地域の開発、国家保安維持を目的に 1967 年に制定された税制特区である。ZFM では輸入税や工業製品税など諸税が減免されるため、国内の他地域より税コスト面で安価な製造が可能だ。ただし恩典を受けるためには政府が規定した製品別の基本製造工程（PPB：Processo Produtivo Básico）の履行が求められるほか、長い距離や脆弱なインフラのため、主要消費地である南東部や南部への輸送コストが割高といった問題が指摘される。

電気・電子工業は近年、市場規模の拡大という恩恵に浴する一方、輸入品との競合に晒されてきた。ABINEE の資料で業界の売上高と比較した輸入額の割合をみると、2004 年当時に 45％であったものが、14 年には 63％に上昇している。一方の輸出は同じ比較で、04 年の 19％から 14 年の 10％に低下している。このように電気・電子工業の貿易収支は赤字拡大傾向にあるなかで、国際競争力の強化が大きな課題となっている。

政府はこれまで、電気・電子工業の振興を図るため税制恩典を積極的に適用してきた。例えば情報法（Lei de Informática）では、特定の情報機器を製造している企業に対して、研究開発投資や PPB の履行を条件に工業製品税（IPI）を減免している。また 2007 年には半導体産業の振興を図るプログラム（PADIS：Programa de Apoio ao Desenvolvimento Tecnológico da Indústria de Semicondutores e Displays）や、地上デジタルテレビ放送に関する資機材の生産振興に向けたプログラム（PATVD：Programa de apoio ao desenvolvimento tecnológico da indústria de equipamentos para a TV digital）が制定され、IPI や社会負担金などの税の軽減制度が設けられた。特に地上デジタルテレビ放送については、06 年にブラジル政府が日本で開発された ISDB-T 方式を基礎とする放送方式の採用を決定したことを受け、関連産業の発展を期待したものであった。日本企業もその後、現地の大手放送機器メーカーの買収、半導体設計会社の合弁事業立ち上げといった新たな事業展開を見せた。

（二宮康史）

❖ 四輪自動車

ブラジルの四輪自動車販売台数（新車登録ベース、バス・トラックを含む）は 2014 年に 349 万 8,000 台と、中国、米国、日本に次いで世界第 4 位の自動車市場に成長した。03 年のルーラ政権発足以降、経済および金融の安定と消費者の所得向上を受け、販売台数は順調に増加、04 年以降の 10 年間でみると販売台数は 2.2 倍となった（図 4-5-2）。販売拡大に応じて、これまでの欧米・日本の自動車メーカーにとどまらず、韓国・中国の自動車企業が進出、この 10 年でグローバルな自動車市場に変貌した。生産台数では 14 年に 314 万 6,000 台（コンプリート・ノックダウン方式［CKD］によるものを除く）と、中・米・日およびドイツ、韓国、インド、メキシコに次ぐ世界第 8 位の地位にある（国際自動車工業連合会［OICA］資料）。国内市場の順調な拡大の一方で、通貨レアル高や国内での生産コスト上昇の影響を受けて産業競争力が低下、その結果、国内市場での輸入車の販売増加、輸出台数の減少という問題に直面し、生産台数が伸び悩んだ。しかしそれでもこの 10 年間で生産台数は 37％伸びている。

市場の変化は量的な面にとどまらず、質的にも見られる。例えばブラジルの自動車市場では、2004 年当時は排気量 1,000cc の車が 54.8％を占めていたが、14 年には 36.1％と徐々に低下している。かつてブラジルの自動車市場は、フォルクスワーゲンのゴル（GOL）やフィアットのウノ（Uno）、GM のセウタ（Celta）など小型エントリーカーのシェアが

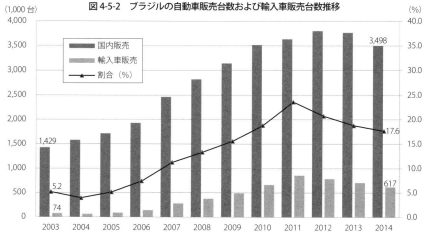

図 4-5-2　ブラジルの自動車販売台数および輸入車販売台数推移

出所：ANFAVEA

非常に大きく，セダンやSUV（スポーツ・ユーティリティ・ビークル）など中・高級車のシェアが小さいという特徴を有していたが，それが徐々に薄れてきている。また販売される自動車の仕様も，かつてはエアコンやパワーステアリング，パワーウィンドウなどのオプションを付けずに低価格で販売されていたものが，近年ではオプションを付け，さらにオートマチックトランスミッションやエアバッグ，アンチロックブレーキシステムなどが装備された車種が主流となっている。なお，後者二つは法令で装備が義務化されたことも普及に寄与した。

さらに自動車燃料に関して，バイオエタノールとガソリンの両方を使えるフレックス燃料車（FFV）が主流となっている点も大きな特徴だ。ブラジル政府は1970年代のオイルショック時に，バイオエタノールを国産燃料として開発・普及しようとしたが，その後の原油価格の下落により頓挫した経緯があった。しかし2003年にフォルクスワーゲンがFFVの車種を発売，その当時のエタノール燃料の販売価格がガソリンに比べて有利に推移したことが功を奏し，急速にFFV市場が拡大した。

14年時点で自動車販売総台数に占めるFFVの割合は84.1%である。また近年では，数は非常に少ないものの，ハイブリッド車や電気自動車も主要都市部で見かけるようになった。

☞ 4-3「アグロエナジー」

このような変化を遂げる自動車市場で，欧米，日本，そしてアジアの企業がシェア争いを繰り広げている。2014年の生産台数において，ブラジルでビッグ4と呼ばれるフィアット，フォルクスワーゲン，GM，フォードのシェアは計67%と大きいが，04年当時に84%であったことを考慮すれば低下傾向にある（表4-5-1）。一方で日系のシェア（トヨタ，ホンダ，三菱，日産の4社。ただし三菱は車両組み立て委託先兼販売総代理店MMCB）は14年に計12%と，04年の6%から上昇傾向にある。シェアを伸ばしているのは日系だけではない。韓国の現代自動車は12年に自社工場を稼動して以降，急速に生産・販売を拡大し，14年の生産実績ではビック4とルノーに次ぐ6位に位置している。そのほか，中国の江淮（JAC），奇瑞（Chery）やインドのマヒンドラなど，アジアの新興自動車メーカーによる事業展開も見られるようになった。

表 4-5-1　自動車メーカー別生産台数（2014年）

メーカー	台数	シェア(%)
フィアット	675,396	21.3
フォルクスワーゲン	596,502	18.8
GM	582,599	18.4
フォード	268,596	8.5
ルノー	219,475	6.9
ヒュンダイ	173,843	5.5
トヨタ	160,541	5.1
ホンダ	127,232	4.0
プジョー・シトロエン	91,296	2.9
MMCB（三菱）	45,772	1.4
MAN	44,919	1.4
CAOA	35,558	1.1
日産	32,688	1.0
ボルボ	23,321	0.7
スカニア	22,024	0.7
その他	72,988	2.3
合計	3,172,750	100.0

注：コンプリート・ノックダウン方式（CKD）を含む。
出所：ANFAVEA

　自動車生産台数に占める州別シェアをみると，各社の生産拠点分布を確認することができる。サンパウロ州が45.3％と最も大きく，次いでミナスジェライス州22.0％，パラナ州11.6％と南東部・南部に集中している。しかし2000年代以降，フォードが北東部のバイア州に新工場を構えたほか，フィアットもペルナンブコ州に工場の建設を進めるなど，新たな立地を求める動きもある。

　新興メーカーの参入が増える一方，国内販売台数に占める輸入車のシェアが拡大する事態に対し，政府は2012年，国内自動車業界との協議のもと，新自動車政策（Inovar-Auto）を発表した。同政策は2013年1月～17年12月の期間，先立って引き上げられた工業製品税（IPI）の税率30ポイント分の軽減を受けるための要件を定めたもので，輸入車に対して実質的に国産車の価格競争力を高める内容となっている。具体的な要件は，法令で指定された生産工程を国内で履行し，さらに研究開発投資，生産技術投資，燃費性能に関するラベリング適合といった要件が掲げられた。同政策には，単に現地生産を促すだけでなく，研究開発投資を促し自動車産業を高度化させようという政府の意図が読み取れる。現地生産を行う自動車メーカーはいずれも同政策の承認を受け，新たにブラジル市場へ参入を図ろうとする企業も輸入販売から現地生産へと戦略の見直しを迫られた。

　自動車輸出に関しては，最大の輸出相手国であるアルゼンチンの経済低迷もあり，伸び悩んでいる。2014年の輸出台数は35万9,571台，生産台数比11.3％であった。04年に輸出台数75万8,787台，生産台数比32.7％であったことを考えると大きく減少，つまりこの10年間で自動車産業が内需に大きくシフトした状況を表している。ブラジルは主要な貿易相手国との間で自動車協定を結んでいる。アルゼンチンとは1990年に経済補完協定（ACE）14号，メキシコとは02年にACE 55号を締結している。いずれも自動車貿易の段階的な自由化を想定して締結されたものであるが，15年9月現在，完全な自由化は実現していない。特にメキシコとの自動車協定は，10年以降自動車分野でブラジル側の貿易入超が顕著になったことを受けて，ブラジル政府が協定の見直しを求めた結果，12年に域内調達率の順次引き上げ，および完成車について無税となる貿易枠の設定で合意している。　　（二宮康史）

❖オートバイ

　ブラジル二輪車生産者会（ABRACICLO：Associação Brasileira dos Fabricantes de Motocicletas, Ciclomotores, Motonetas, Bicicletas e Similares）によれば，国内のオートバイ製造の記録は1975年に始まり，当時の生産台数は5,220台であった。表4-5-2に見られるように，その後生産台数は80年に10万台を超え，順調に増加したが，債務危機の影響で減少，以降は

表 4-5-2　オートバイの生産・輸出台数推移

年	生産台数	輸出台数	輸出/生産 (%)
1975	5,220	—	—
1980	125,000	—	—
1985	161,387	—	—
1990	146,735	15,460	10.5
1995	217,327	12,930	5.9
2000	634,984	60,260	9.5
2005	1,213,517	184,592	15.2
2006	1,413,062	163,379	11.6
2007	1,734,349	139,880	8.1
2008	2,140,907	131,720	6.2
2009	1,539,473	60,516	3.9
2010	1,830,614	69,209	3.8
2011	2,136,891	73,372	3.4
2012	1,690,187	105,187	6.2
2013	1,673,477	105,819	6.3
2014	1,517,662	88,056	5.8

出所：ABRACICLO

オートバイ産業にとって厳しい時代が続いた。その傾向が反転したのは，90年代半ばにレアル・プランが導入されたことでハイパーインフレが終息し，消費市場の拡大がみられた時期である。95年の生産台数は22万台であったが，2005年には121万台と10年間で生産規模が5.5倍になった。また03年に発足したルーラ政権以降，低所得者を中心とした所得向上に伴う需要拡大を受け，生産規模は08年に214万台と過去最高を記録した。

販売台数（卸売ベース）では，2011年に204万台と過去最高を記録したが，その後徐々に減少し14年では143万台となっている。これは経済悪化に伴う金融機関の消費者ローン審査厳格化や消費者の負債超過などが要因である。地域別に販売実績をみると，元々はサンパウロ州の位置する南東部の割合が高かったが，2010年に低所得者の多い北東部の割合が上回り，14年は北東部が全体の36％，南東部が31％を占めている。また排気量別に販売実績をみると，51〜150ccが84％を占めるが，排気量の大きい車種の割合も近年増加している。輸出台数は05年に約18万台と生産台数の15％を占めたが，その後の生産コスト上昇やレアル高，主要輸出先であるアルゼンチン経済の悪化などで落ち込み，14年の輸出実績は約9万台，生産台数の6％に低下した。

オートバイの生産拠点はマナウス・フリーゾーン（ZFM）にある。業界最大手のモトホンダをはじめとする主要メーカー，部品メーカーが進出しており，オートバイ産業はZFM売上高で電気・電子産業に次ぐ規模である。モトホンダは1970年代にZFMに進出し，2014年の生産台数は123万9,188台と全体の82％を占め，ヤマハ発動機が19万6,446台（13％）で続く。近年のオートバイ市場の拡大を受け，2008年以降，中国メーカーなどのオートバイを製造・販売するDAFRA社やTRAXX社，日系メーカーでは川崎重工業，スズキなどの参入が相次いだ。

ブラジルでオートバイの普及を後押ししたのは，日本の「頼母子講」に似た「コンソルシオ（consórcio）」と呼ばれる金融手段である。これは複数の購入希望者が各々少額の資金を積み立て，購入可能な金額になればオートバイを入手し，積み立てに参加する出資者に順次引き渡すという仕組みだ。低所得者は商業銀行でローンを組みにくいため，オートバイのような高額消費財を購入するための互助組織としてこうした制度が生まれた。メーカー側にとっても，出資者の数によって確実な需要を見込むことができる。自動車金融業者協会（ANEF：Associação Nacional das Empresas Financeiras das Montadoras）の資料で2014年のオートバイの購入決済方法別割合をみると，現金33％，ローン33％，コンソルシオ34％となっている。2000年代後半にかけて，金融機関の金利低下や国民所得の増加などで銀行ローンの割合が上昇したが，12年以降の市場環境の悪化からコンソルシオの割合が再び上昇傾向にある。

（二宮康史）

6. 素材・原料・資本財

❖化学・石油化学

　ブラジル化学工業会（ABIQUIM）によれば，ブラジルの2013年の化学工業界の純売上高は1,562億ドルであった。その内訳をみると工業用化学品が46.4％を占め，以下医薬品（17.2％），肥料（10.1％），衛生・香水・化粧品（9.5％）と続く。近年，国内市場の拡大に応じて化学品の売上高も増加傾向にあるが，国内生産能力の不足などで輸入増加につながっている。化学品分野の貿易赤字額は13年に320億ドルで，特に肥料原料などの輸入が増えている。

　ナフサおよび天然ガスを原料とする石油化学は，化学工業の一分野に位置づけられる。同分野の生産拠点，いわゆる主要な石油化学コンプレックスは，サンパウロ市近郊のABC地区，バイア州のカマサリ市，リオグランデドスル州のトゥリュンフォ市，リオデジャネイロ州のドゥッケ・デ・カシーアス市，そして近年ではペルナンブコ州のイポジュカ市に立地している。なお，石油化学製品であるエチレンの生産能力は，ブラジル全体で397万トン（2013年，日本・経済産業省資料）と中南米全体のおよそ6割を占め，米州では主要な石油化学工業国といえる。ただし，米国などでシェールガスをはじめとする安価な原料の利用が進むなか，ブラジル国内で供給される石油化学原料の価格は高く，国際競争力の観点で改善が必要とみられている。その点では，近年開発の進む深海プレソルト油田での石油・天然ガスの生産拡大に期待が高まっている。

　石油化学分野で国内最大企業はブラスケム社（Braskem）である。同社資料によれば，2014年の国内の樹脂需要は533万トンであったが，同社の供給量は357万トンとその67％を占める。14年売上規模はおよそ200億ドルと，世界的にも上位に位置する。同社はサトウキビ由来のバイオプラスチック樹脂を開発し各国に輸出しているほか，メキシコで現地企業イデサ社（Idesa）との合弁事業により石油化学コンプレックス建設に向けた投資をするなど，国際展開にも積極的である。

（二宮康史）

❖製鉄

　ブラジル国内には2014年時点で29カ所の製鉄所があり，粗鋼生産能力は全体で4,890万トンとなっている。同年の粗鋼生産量は3,390万トン，米州では米国（8,820万トン）に次ぐ規模で，メキシコ（1,900万トン）を大きく上回り，世界第9位の地位にある（世界鉄鋼協会，ブラジル鉄鋼協会資料）。ブラジルは良質な鉄鉱石資源に恵まれ，鉄鋼産業は20世紀初頭からの工業化政策により育成された経緯がある。国内の主要鉄鋼メーカーは，地場資本のナシオナル製鉄（CSN：Companhia Siderúrgica Nacional），ゲルダウ（Gerdau），ボトランチン製鉄（Votorantim Siderurgia）に加え，国内の製鉄所を買収し規模を拡大したアルセロール・ミッタルや，ウジミナス製鉄を傘下に持つ新日鉄住金，アトランチコ製鉄（CSA）を経営するティッセンクルップなどの外資系企業が進出している。

　ブラジルの粗鋼生産量は2003年に3,000万トン台を初めて記録した。その後もルーラ政権期の安定した経済成長により建設，自動車，資本財などでの鋼材需要が拡大し，順調に生産量を伸ばした。しかし，ブラジルの鋼材価格は国際市場では割高で，一部の鋼材に関しては供給可能な企業が限られている。そのた

め一部需要家は鋼材輸入を拡大しており，その結果，鉄鋼・鉄鋼製品（関税番号第72類および第73類）の輸入量は2003年の102万トンから14年には491万トンへと増加した（開発商工省資料）。主な輸入相手国は中国や韓国，ロシアなどである。ブラジルの製鉄業は，2000年代半ばまで割安であった為替の影響もあり，輸出拠点として生産を拡充する動きがあった。しかしその後のレアル高の進展，生産コスト上昇などで，内需にシフトした経緯がある。国民1人当たりの鋼材見かけ消費量は，2014年に122 kgと世界平均（217 kg）を下回る水準にとどまっており，内需の拡大は今後も見込めるものの，産業全体としてはいかに国際競争力を高め輸出を拡大するかが重要な課題といえる。

（二宮康史）

❖紙・パルプ

林業に関する調査会社RISIによると，ブラジルは2013年時点，紙・板紙の国別生産量で世界第11位（1,044万トン，シェア2.6％），消費量では世界第6位である。また，ブラジル木材協会（Ibá：Indústria Brasileira de Árvores）によると，紙の国内消費量は14年に571万4,000トンで，内訳をみると包装・梱包用（31.3％），印刷・記入用（30.7％），ティッシュ用（19.5％）の3分野で全体の8割を超える。ちなみに，印刷用紙部門の感熱紙では，日本の王子ホールディングスが約8割の販売シェアを持つ（15年1～3月推計，同社2014年度決算説明会資料）。

パルプはブラジルの主要産業の一つである。国連食糧農業機関（FAO）によれば，2014年時点の生産量は世界第2位，シェア12％となっている。生産は2005年以降の10年にわたり増加傾向にある。Ibáによると，14年のパルプ国内生産量は1,646万5,000トンで，04年の1.7倍にのぼる。パルプの原料は広葉樹のユーカリ（短繊維）と針葉樹のマツ（長繊維）だが，生産の大部分（86％）が短繊維パルプである。

パルプはブラジルの主要輸出品目の一つでもある。2014年の輸出額52億9,800万ドルはHSコード2桁品別で第11位であり，04年時点の約3倍となっている。09年以前は米国が最大の輸出先だったが，同年を境に中国が首位となり，14年輸出額の32.3％を占めた。

日本は2014年時点で第8位の輸出先であるが（輸出額約1億ドル），対日輸出で歴史的に大きな役割を果たしてきたのがセニブラ社（CENIBRA：Celulose Nipo-Brasileira）である。同社は1973年に日伯国家合弁プロジェクトとして設立され，2001年にはブラジル側（当時はリオドセ社）の保有株式を日本側（日伯紙パルプ資源開発（株），略称JBP。出資者は王子製紙他国内製紙会社14社，伊藤忠商事および国際協力銀行）が買い取った。その後，12年に現在の王子ホールディングスが国際協力機構（JICA）からのJBP株式の譲受を完了し，セニブラは純粋な民間会社となった。王子ホールディングスの14年度決算資料（15年5月発表）によれば，セニブラの紙パルプ供給力は年産120万トンで，同グループの約5割を占めている。

（竹下幸治郎）

❖産業機械

ブラジルの産業機械（「産業機械」の定義は統計の制約により，メルコスルの関税番号であるNCMコードの84類をメインとする）の生産は，世界でおおよそ10～15位の水準にある。ブラジル機械装置工業会（ABIMAQ）によると，2011年時点で世界におけるブラジルの生産シェアは1.9％（11位）で，スウェーデンとほぼ同じであった。産業機械の国内の名目売上高をみると，13年時点で774億レアルと，2000年の約3倍に増加している。他方，13年時点の国内の見かけ消費額は1,200億レアルとなっており，名目売上高との差が426

億レアルもある。05年に見かけ消費額が名目売上高を上回って以来，その差は13年まで拡大傾向にあった。背景には，国内における生産の増加および高度化により，国内で生産される産業機械では需要が賄えず，輸入を増やさざるを得なかったことにある。実際に産業機械の貿易動向をみても，04年時点で輸出入が拮抗していたものが，翌年以降は輸入超過が継続し，収支の赤字幅も拡大していった。13年時点で，輸出125億ドルに対し輸入は326億ドルとなっている。

なお，輸出可能な品目，つまり国内である程度の競争力を有するカテゴリーとしては，モーターや工業バルブなどのコンポーネント，インフラプロジェクト用設備，ロジスティック・一般建設に使用する道路整備用機器，食品加工・製薬用機械，農業機械，造船用機械などがある。他方，輸入については，インフラプロジェクト用設備，道路整備用機器，リフトなど倉庫内運搬機械，食品加工・製薬用機械などとなっている。

ブラジルの産業機械製造企業は2013年時点で約4,500社あるとみられており，25万4,000人の労働者が従事している（ABIMAQデータ，以下同）。地理的には南東部に63％，南部に28％集積しており，この2地域で国内の9割以上を占めている。

売上高で分類すると，年間売上240万レアル以下の零細企業が39％を占め，240万～1,600万レアルの小企業が37％と，この2つのカテゴリーで8割近くを占める。従業員数別でも，100人以下の小企業が23％，100～400人の中企業が70％と，中小企業が9割を占めている。

（竹下幸治郎）

❖**医療機器**

ブラジル医療機器工業会（ABIMO：Associação Brasileira da Indústria de Artigos e Equipamentos Médicos, Odontológicos, Hospitalares e de Laboratórios）によれば，ブラジルの医療機器（医療用，歯科用，病院用，研究所用）の2013年の市場規模は56億9,000万ドルと推計される（Brazilian Health Devices）。2005年の24億6,000万ドルから，8年間で年率11.1％のペースで市場が拡大したことになる。近年，国民の所得向上や民間医療保険の普及，さらに政府が医療インフラ整備に注力したことなどが寄与したと考えられる。同年の国内関連企業の生産総額は60億9,000万レアルで，見かけ消費に占める割合は31.9％とされる。生産額は増加傾向にあるが，見かけ消費に占める割合は11年の38.6％と比較すると低下しており，代わって輸入品の割合が上昇している。13年の医療機器輸入額は49億100万ドルで，09年から年率15.3％のペースで増加した。

2013年の国内生産額を品目別にみると，医療機器が26億5,000万レアルと43.5％を占め，これにインプラント（22.8％），消耗品（17.2％），歯科用製品（16.6％）が続く。2007年時点と比較すると，インプラントの割合（当時は14.4％）が上昇傾向にある。なお，歯科用製品は医療機器分野の中でも輸出競争力があると認識されており，他の品目が大幅な貿易赤字となっている一方，インプラントの13年の輸出額は1億1,600万ドルと，輸入額（1億3,000万ドル）との収支でみると小幅な赤字にとどまる。

医療機器全体の輸入相手国（2013年）は，上位から米国（31.3％），ドイツ（14.8％），中国（8.8％），日本（4.9％），マレーシア（4.1％）となっている。国内関連企業のうち中小企業が7割を占め，高度な技術を要する製品ほど輸入品への依存度が高い。例えば画像診断装置ではGE，フィリップス，シーメンス，東芝といった多国籍企業が独占している。しかし近年，これらの企業には現地企業の買収などで現地生産に踏み切る動きもあり，市場拡大に応じた対応がみられる。なお，国内の医

療機器販売に際しては，国家衛生監督庁（ANVISA）の審査が必要となるが，手続きに要する時間やコストが大きいという制度的な問題点も指摘される。　　　　（二宮康史）

❖ 航空機

ブラジルにおける航空機生産は，主にエンブラエル社（EMBRAER：Empresa Brasileira de Aeronáutica）が行っている。同社ウェブサイトによると，2014年時点で5,000機以上の累計納入実績を有し，61カ国・90のエアラインを顧客に持つ。商用ジェット機メーカーとしては世界第3位である。

同社はもともと1969年に国営航空機メーカーとして設立され，その後94年に民営化された。同じ時期，先進国を中心に地方都市同士を直接結ぶ航空路線の再構築が広がり，小型で滑走距離が短く，低騒音の旅客機（リージョナルジェット）の需要が増大した。エンブラエルはそうした需要をうまく取り込み，カナダのボンバルディア社と並び，リージョナルジェットメーカーとしての地位を固めていった。

純利益（黒字）をみると，2000年の3億5,300万ドルから14年には約18倍の62億8,800万ドルとなった。この間，従業員数は1万334人から1万9,167人（うち海外の従業員2,703人）に増加した。

同社の製造カテゴリーは，商用旅客機，ビジネスジェット，軍用機，農業用飛行機の4つに分けられる。2014年の売上に占める割合でみると，商用旅客機60％，ビジネスジェット22％，軍用機17％で，この3つのカテゴリーで99％を占める。

主力となる商用旅客機は，2014年には92機を納入したが，うち客席数76～88席の仕様のE175（Embraer 175）が最多であった。同年の70～130席仕様のジェット機の納入数でエンブラエル社は世界の6割を占めた。2000年以降，リージョナルジェットの主戦場である北米において，01年同時多発テロ後の航空不況や，燃料価格高騰などによる運行コストの増加に伴い，50席までの小型機種からそれより一回り大きい70席規模の機種への需要シフトが起きたことが追い風となった。

二つ目のカテゴリーである富裕層・法人向けのビジネスジェットは，2014年実績では116機納入された。全米航空機製造業者協会（General Aviation Manufactures Association）が世界の航空機市場についてまとめたところによると，同カテゴリーの14年納入台数ベースでエンブラエルのシェアは16.2％だった。特に6～10人乗りのPhenom 300シリーズは，13年，14年のビジネスジェットのベストセラーとなった。同シリーズは09年に投入されて以来，わずか5年あまりで500機を納入し急成長している。

三つ目のカテゴリーである軍用機は，2014年に全体で215機が顧客に納入された。同年，従来の小型の哨戒機，練習機などに加え，ブラジル空軍と共同開発した大型の多機能機（兵や貨物の輸送のみならず，空中給油や火災消化等の機能を有する）をラインナップに加えた。

第四の農業用プロペラ機（Ipanemaシリーズ）は，創立当初から製造しており，累計納入台数は1,300機に達する。2004年に世界初のエタノール燃料機として発売されたことでも知られる。

エア・カナダで運航しているE175（撮影：Brian）

エンブラエル社の生産拠点は，国内では本社のあるサンパウロ州サンジョゼ・ドス・カンポス市のほか，同州ボトゥカツ市，ガビオン・ペイショット市にある。代表的な海外拠点としては，2002 年開設の中国ハルビン工場，11 年開設の米国フロリダ州メルボルン工場，12 年開設のポルトガル・エボラ工場が挙げられる。

2014 年時点で国内サプライヤーは 68 社あり，4 万 8,000 種類の構成部品を生産しているが，残りの原材料・中間財は輸入している。エンブラエルはブラジル屈指の輸出企業として，2000 年代の同国の貿易収支安定に貢献してきた。2000 年時点の同社の輸出入は，輸出が 27 億 200 万ドル（企業別順位 1 位，シェア 4.9％），輸入が 13 億 5,200 万ドル（同 2 位，2.4％）であった。14 年をみても輸出額は 38 億 1,200 万ドル（ブラジルの輸出額に占めるシェア 1.7％）で企業ランキング 7 位。他方，輸入は 23 億 9,300 万ドル（同 1.0％）で 6 位となっている。同社年報によると，売上全体に占めるブラジル国内の比率は 21％，残りは海外となっており，全体の 48％が北米，次いで欧州が 14％である。ブラジルの主要輸出産物は鉱産・食糧資源など一次産品が中心であり，国際価格の変動が当該品目の輸出額の増減に反映されやすい。他方，エンブラエル社による航空機輸出は，そうした国際価格変動の影響を受けないため，主要輸出企業のなかでも同社の存在は異色かつ貴重である。

（竹下幸治郎）

❖ 造船

ブラジル造船工業会（SINAVAL：Sindicato Nacional da Indústria da Construção e Reparação Naval e Offshore）によれば，ブラジルの造船業の年間建造実績は，1981 年の 27 隻（120 万 DWT［積載重量トン］）をピークとするが，その後世界的な金利上昇や国内財政状況の悪化から，政府の造船振興策が後退し衰退の一途を辿った。88 年は建造実績わずか 1 隻となり，その後 90 年代半ばまで年間 6 隻程度の建造にとどまった。

しかし 2000 年代に入ると，ブラジルの造船業は再び脚光を浴びる。転換点となったのは，03 年に発表された国家石油・ガス産業振興政策（PROMINP：Programa de Mobilização da Indústria Nacional de Petróleo e Gás Natural）である。PROMINP は国内産業育成・保護の観点から，主に石油公社ペトロブラス（Petrobras）に対し，海洋資源開発のためのオフショア設備を国内で調達するよう奨励し，2013 年までに国内発注率を約 70％に引き上げることを目標とした産業政策である。05 年にはペトロブラスが，自社のタンカー部門トランスペトロ社（Transpetro）のタンカー船隊を合計 49 隻に拡充させる「船舶近代化・拡大化計画（PROMEF：Programa de Modernização e Expansão da Frota）」を発表，総計 420 億米ドルを投じるとした。それ以降，日本企業を含む外資の進出も拡大し，年間建造実績も 13 年 31 隻，14 年 26 隻（日本造船工業会「世界主要造船国別竣工数統計」）と着実に増えていっている（表 4-6-1）。

SINAVAL によれば，造船業に従事する労働者数も 2000 年前後から増加し続けており，06 年の約 1 万 9,000 人から 14 年には約 8 万 2,000 人へと急増している。14 年当時は，特に技術者や工員の指導・監督にあたるスーパーバイザー職の不足が著しく，SINAVAL はスーパーバイザー，技術者，工員等を合わせてさらに約 1 万 5,000 人以上の人材が必要と発表している。多くの造船所では，全国工業研修機関（SENAI）などの訓練機関で基礎的な知識・技術を習得した人材を採用している。SENAI では産業人材育成を最優先分野とし，造船およびその裾野産業に携わる人材育成を全国 4 カ所の技術学校において急ピッチで進めてい

表 4-6-1　ブラジルの船舶建造実績・雇用者数推移

年	建造実績（隻）	雇用者数（人）	造船振興政策
2008	24	33,277	2007〜PROMINP
2009	25	40,500	2008〜PROMEF 2
2010	21	56,112	
2011	32	59,167	
2012	26	62,036	2011〜PROMEF 3
2013	31	78,136	
2014	26	82,472	

注：建造実績は 100 総トン以上の船舶を対象とする。
出所：SINAVAL、日本造船工業会発表資料を基に筆者作成

る。また14年からは、SENAIとブラジル政府の要請に基づき、日本の国際協力機構（JICA）がブラジル開発商工省（MDIC）およびSENAIと共同で、造船技術者育成を目的とした技術支援を実施中である。

このように2000年代以降、ブラジル造船業は往事の活況を呈したが、課題もまた当時と重なっている。まず国内で建造される船舶が主に内需向けで輸出がほとんどないこと、政府の定める特定船舶の建造奨励策に沿って需要が喚起されており、需要の政策依存度が高いことが課題として挙げられる。また近年の造船需要の拡大はペトロブラスの海洋油田開発によるところが大きく、同社の経営・投資動向が産業全体に大きな影響を及ぼす。特に2014年前半には、製油所建設などに絡む同社の汚職疑惑が発覚し、関連企業にも損失を与えた。造船業においても、日本企業を含む受注企業への支払いが遅れるなどの事態が発生した。

（小林千晃）

7.　商業・金融・サービス

❖商業

ブラジルの2014年名目GDP総額に占める商業の割合は10.3％である。04年が8.1％であったのでシェアは増加傾向にある。実質金額でみると、同時期の10年間で年率3.5％のペースで増加している。労働雇用省（MTE）のデータで雇用シェアをみると、13年に商業は19.4％（951万人）を占め、03年の17.3％から上昇した。雇用者数はこの10年間で年率6.4％増となっている。近年ブラジルの経済成長を牽引した個人消費の伸びが、商業分野の拡大にも貢献している。

ブラジル工業製品卸売流通協会（ABAD：Associação Brasileira de Atacadistas e Distribuidores）によれば、商業セクターは①卸売、②スーパーマーケット、③ドラッグストア、④バーなどの飲食店、⑤その他独立小売店、から構成される。2014年の市場規模は、①卸売2,218億レアル、②スーパーマーケット2,194億レアル、③ドラッグストア172億レアル、④バーなどの飲食店447億レアル、⑤その他独立小売店1,283億レアルとなっている。なかでも市場規模の大きいスーパーマーケット分野をみると、近年は外資系企業の事業拡大が目立つ。

国内最大規模の小売企業はグルッポ・パン・デ・アスーカル（Grupo Pão de Açucar：GPA）である。同社は主要なチェーンとして、食料品小売のエストラ（Extra）やパン・デ・アスーカル（Pão de Açucar）、アサイ・アタカジスタ（Açaí Atacadista）などを有する。また2009〜10年にかけて、カザス・バイア（Casas Bahia）やポント・フリオ（Ponto Frio）といった家電量販店を傘下に収め、総合小売企業へと成長した。GPAはもともと地場資本企業であったが、1999年にフランスの小売大手カジノの出資を受け、その後2012年に経営権がカジノ側に移り外資系企業となった。このGPAと、フランスのカルフール、米国のウォルマート、チリのセンコスッドの計4社が売上上位を占

める。ブラジルスーパーマーケット協会（ABRAS）によれば，14年にこの4社の合計粗売上額は1,496億レアルにのぼり，ABRASが集計する小売500社の売上総額の57.8％を占める。業界全体として，小売チェーンの数は依然として多いが，売上ベースでは外資を中心とする大手のプレゼンスが拡大している。

近年の事業展開としては，大手チェーンが小型店舗に力を入れる傾向がみられる。例えばGPAは，都市部を中心に床面積の小さいミニメルカード・エストラ（Mini Mercado Extra）やミヌト・パン・デ・アスーカル（Minuto Pão de Açucar）といった新たな小型店舗チェーンを展開している。床面積の大きいハイパーマーケットは，週末に大量の商品を購入する消費者を主な顧客とする一方，都市部の小型スーパーは仕事帰りに買い物をする顧客が中心となる。これは都市部で核家族化が進み，共働き世帯が増えたことなど，近年の消費スタイルの変化を反映したものだ。

また，中間所得層の拡大による消費の波は，小売チェーンの地域展開にも変化をもたらしている。これまで大手の小売チェーンは，所得の低い北部・北東部に事業基盤を持たなかったが，現在では多くが地場チェーンを買収し参入している。その一方，所得の高い南東部や南部では，州都など都市部から内陸部へと消費の波が広がっている。例えばブラジル・ショッピングセンター協会（ALSHOP：Associação Brasileira de Lojistas de Shopping）によれば，2003年当時全国で579であったショッピングセンター（SC）の数は，13年には866に増加し，うち447が内陸部の店舗である。北部・北東部・中西部ではSCの7～8割が各州都圏内に立地する一方，南東部・南部では内陸部の店舗数が州都圏内のそれを上回る状況となっている。ちなみに13年のSCへの来館者総数は月平均で4億7,200万人にのぼり，実に人口の2.4倍に達する。所得向上や立地面での利便性改善等の変化で，これまでSCに足を運ぶことのなかった低所得者層も訪れるようになったためだ。

さらに近年，ネット通販等のeコマース（電子商取引）分野の顕著な拡大がみられる。民間調査会社ebitによれば，2014年の市場規模は358億レアルで，10年以降年率20～30％のペースで伸張している。小売チェーン各社は専門サイトを立ち上げ，消費者の取り込みに力を入れている。

（二宮康史）

❖金融業

今日ではラテンアメリカ最大の経済大国として，経済規模で世界10位以内にランクインするブラジルだが，その金融市場は長らく運営困難な時代が続いた暗い過去を持つ。「ハイパーインフレ」「累積債務問題」等のキーワードで表現される1970～80年代の経済危機に際し，金融当局は金融システム再生のための各種施策を導入し，金融機関の統廃合や外資参入等を進めた。その結果現在の強固な金融市場が構築され，2014年現在，GDP総額に占める金融業の割合は7％前後で堅調に推移している。

ブラジル金融資本市場協会（ANBIMA：Associação Brasileira das Entidades dos Mercados Financeiro e de Capitais）は，国内300以上の金融・資本市場機関を代表する統括組織であり，総合銀行，商業銀行，投資銀行，資産管理会社，証券ブローカー等，多様な分野の会員を擁する。民間の自主規制機関として金融市場の監督を行うことなどを活動目的としている。

サンパウロ証券・商品・先物取引所（BM&F BOVESPA）は南米屈指の証券取引所であり，ここで発表される株価指数はボベスパ指数（IBOVESPA）と呼ばれる。また証券取引委員会（CVM）は，ブラジルの証券市場全般の監督を行っている。

公的金融機関としては，ブラジル中央銀行

（BCB または BACEN），国立経済社会開発銀行（BNDES），連邦貯蓄金庫（CEF）がある。BCB は民間金融機関の監督や各種金融取引の監視，通貨政策の実施，外貨準備預金の管理，外国資本や対外債権の監視を取り仕切る。BNDES は国家の重要な開発・振興政策に関与するほか，長期設備資金など多数の融資プログラムを実施している。CEF は住宅金融や下水インフラ整備，社会保障給付等のほか，社会統合計画（PIS）分担金の運用，宝くじ事業なども扱う。

民間金融機関には，扱う種目・分野ごとに総合銀行（Banco Múltiplo），商業銀行（Banco Comercial），投資銀行（Banco de Investimento），消費者金融機関（Financeira），不動産金融会社（Sociedade de Crédito Imobiliário），信用組合（Cooperativa）がある。総合銀行の最大手ブラジル銀行（BB）は，商業銀行ではあるが，1964 年に中央銀行（BCB）が設立されるまでは政策金融機関としても機能していた経緯から，現在も通常の商業銀行業務以外に，政府の金融・融資政策，農作物の価格政策等に関わる。信用組合は，地元住民・中小企業等を顧客とし，地域密着型のリテール金融を業務とするため，進出日本企業にとっては縁遠い存在かもしれない。

金利に関しては BCB 内に設置された金融政策委員会（COPOM）が協議・決定する。年におよそ 8 回，約 45 日ごとに委員会が開催され，政策金利（SELIC）を決定する。また，金融機関の預金保証は信用保証基金（FGC：Fundo Garantidor de Creditos）の所管である。一つの金融機関あたり 25 万レアルを限度額として預金保証がされている。

ブラジルの銀行業界は上位数行による顕著な寡占状態にある。表 4-7-1 の通り，上位 7 行で総資産の 80％超を占め，預金残高でも上位 6 行で全体の約 80％を占めている。過去には多くの金融機関が存在したが，現在に至るまでに統廃合が進み，力のある銀行に資産や預金が集中してしまった結果と推測できる。

また，地場系と外資系では後者のプレゼン

表 4-7-1　主要金融機関の資産・預金残高

金融機関名	資本系列	本店所在州	総資産（100万ドル）	シェア（％）	預金残高（100万ドル）	シェア（％）
ブラジル銀行（BB）	地場系	連邦直轄区	498,631	17.7	176,824	23.8
イタウ・ウニバンコ	地場系	サンパウロ	420,845	15.0	117,021	15.7
連邦貯蓄金庫（CEF）	政府系	ブラジリア	400,826	14.3	157,872	21.2
ブラデスコ銀行	地場系	サンパウロ	332,595	11.8	80,004	10.8
国立経済社会開発銀行（BNDES）	政府系	リオデジャネイロ	328,066	11.7	6,328	0.9
サンタンデール銀行	外資系	サンパウロ	225,218	8.0	54,170	7.3
香港上海銀行（HSBC）*	外資系	パラナ	63,238	2.2	21,733	2.9
BTG Pactual	地場系	リオデジャネイロ	58,201	2.1	8,012	1.1
Banco Safra	地場系	サンパウロ	52,961	1.9	3,682	0.5
Votorantim	地場系	サンパウロ	37,311	1.3	1,435	0.2
三菱東京 UFJ 銀行	外資系	サンパウロ	4,925	0.2	550	0.1
三井住友銀行	外資系	サンパウロ	1,412	0.1	455	0.1
みずほ銀行	外資系	サンパウロ	872	0.0	114	0.0
その他 1,552 の金融機関計	—	—	387,434	13.8	115,685	15.6
合計	—	—	2,812,537	100.0	743,885	100.0

注）＊ 2015 年 8 月，ブラジル部門をブラデスコに売却する前の時点。
出所：BCB（2014 年 12 月，原典ドル表記）

スが低いことも特徴である。資産等で上位にあり、存在感を示している外資系銀行は、中南米全域でプレゼンスが高いスペインのサンタンデール銀行（Banco Santander）、英国資本の香港上海銀行（HSBC、後述の通り2015年地場系銀行に売却済）くらいである。邦銀3行（三菱東京UFJ、三井住友、みずほ）は、いまのところ他にやや水を空けられている。

　ブラジルは金融の流れが速いため、経済規模の大きさにもかかわらず金融機関の進出・撤退・統廃合が頻繁に起きる。近年の大型合併としては、2008年11月のバンコ・イタウ・ホールディング・フィナンセイラ（Banco Itaú Holding Financeira）とウニバンコ・ホールディング（Unibanco Holding）の合併によるイタウ・ウニバンコ・ホールディング（Itaú Unibanco Holding）の発足が挙げられる。これによりイタウ・ウニバンコは当時の時価総額で世界10位に入り、南半球最大の総合金融機関となった。傘下には商業銀行イタウ・ウニバンコ、投資銀行イタウBBA等を擁する。また12年には、みずほフィナンシャルグループによるウエストLBブラジル（ドイツの州立銀行ウエストLBの子会社）の買収、中国準大手の交通銀行によるバンコBBM（Banco BBM）の買収があった。13年の中国建設銀行によるビックバンコ（BICBANCO）の買収は、中国資本による銀行の南米における最大買収事案となった。15年には、外資系上位の一角を占めていたHSBCがブラジル部門の売却を発表、サンタンデールやイタウ・ウニバンコも一時は買い手候補に挙がったが、最終的に地場系大手のブラデスコ銀行（Banco Bradesco）が約52億ドルで買収合意に達した。（加藤 巌）

❖保険

　ブラジルの保険市場は損害保険と生命・医療保険の二つの分野に分けられる。前者の監督官庁は民間保険監督庁（SUSEP：Superintendência de Seguros Privados）、後者のそれは補足的保健庁（ANS：Agência Nacional de Saúde Suplementar）である。両方の事業者が加盟する全国保険事業者連盟（CNseg）によれば、2013年の保険市場規模は2,942億レアルであった。08年の1,478億レアルから、名目年率15％増の高い成長率を記録したことになる。この背景には、好調な経済環境下で国民所得の向上がみられたこと、市場拡大を見込んだ保険会社の事業展開が活発化したことなどがある。日本の保険会社も2000年代後半以降、現地企業への出資・買収を加速した。

　CNsegの年報で市場分野別に2013年の収入額をみると、損害保険（Seguros Gerais）606億レアル、人保険（Seguros de Pessoas, 民間年金保険［Previdência Complementar Aberta］を含む）998億レアル、民間健康保険（Saúde Suplementar）1,128億レアル、積立保険（Seguro Capitalização）210億レアルとなっている。損害保険では自動車保険（強制賠償責任保険を除く）が最も多く293億レアル（08年比91％増）、人保険では年金保険に相当する自由給付年金保険（VGBL：Vida Gerador de Benefício Livre）が623億レアル（同165％増）、生命保険が209億レアル（同112％増）、民間健康保険では医療保険が1,103億レアル（同80％増）であった。自動車保険の増加は近年の自動車普及を背景とし、特徴として盗難率が高いという問題がある。また保険分野で最大の市場規模を有する医療保険は、国民の所得向上とともに普及し、ANSによれば2015年6月時点の契約者数は5,052万人と、10年間でおよそ1,600万人増加した。

　ブラジルの再保険市場は、かつて半官半民の再保険会社による独占状態であったが、2007年に市場開放に向けた法改正がなされ、08年4月より民間企業の参入が可能となった。参入する再保険会社は、①現地（Local）、②認可（Admitido）、③一時的（Eventual）の3

種の形態に区分される。資本金などの要件もあるが，基本的にブラジルの法に基づき設立された保険会社であれば①で，外国に本社をもつ会社の場合は②か③となる。2015年9月時点での事業者数は①16社，②36社，③74社で，計126社が登録されている。

〈二宮康史〉

❖**外食**

市場調査会社ユーロモニターの資料によると，ブラジルの外食産業の市場規模は2012年に1,462億ドル（12年のレート），世界第4位である。セグメント別では「バール（Bar）」と呼ばれる大衆食堂が618億ドルで全体の4割を占める。バールは街中に多数みられる軽食やコーヒーを提供する店舗で，昼は定食，夕方以降はアルコール類と食事を出す店もある。バール以下，フルサービスレストラン405億ドル（28％），ファストフード281億ドル（19％），セルフサービス式カフェテリア78億ドル（5％），キオスク72億ドル（5％）と続く。経営主体別では独立事業者が93％を占め，チェーン形態事業者は7％と少ない。

2008〜12年における外食産業の市場規模は，年率11％（ドルベース）で増加している。その要因としては，近年の国民所得の増加で家計に外食をする余裕ができた点に加えて，女性の社会進出に伴う生活スタイルの変化で，手軽な外食で食事を済ませる消費者が増えたことが指摘できる。ブラジル地理統計院（IBGE）の家計調査（POF）によると，各世帯の家計に占める外食支出の割合は，03〜04年に24％であったが，08〜09年調査では31％に上昇した。

セグメント別に近年の売上の伸びをみると，ファストフードで高い傾向がみられる。ブラジルでの主な事業者は，外資ではマクドナルド，サブウェイなど，地場資本ではハビブス（Habib's アラビア風軽食）やジラッファス（Giraffas ブラジリアン・グリル）などが都市部を中心に展開している。主な顧客は中・低所得層で，近年，店舗網は大都市圏から内陸の中規模都市圏へと拡大している。また消費者の健康志向の高まりもあって，日本食，特に手巻き寿司をファストフード化したテマケリーア（Temaqueria）が外食の新たなカテゴリーとして定着した。その他日本食としては牛丼チェーンが進出しているほか，ラーメンやカレーなどいわゆるB級グルメも浸透しつつある。

〈二宮康史〉

❖**観光**

観光省（Ministério do Turismo）によれば，ブラジルの観光産業はGDPの3.7％（2009年）を占め，近年，GDPの伸びを上回る成長を遂げている。その背景には，好調な経済推移と並行して起きた所得向上により，国民の家計において旅行や外食などレジャーにお金を費やす余裕が出てきたことがある。経済研究所（FIPE）の調査によれば，都市世帯のうち年間1回以上の旅行をした世帯の割合は，2005年の37.3％から11年の44.0％へと大きく上昇した。旅行先は国内だけでなく，海外も増えている。例えば主要渡航先である米国へのブラジル人訪問者数をみると，07年の64万人から14年には226万人に増加している（米国商務省）。また，近年までのレアル高の影響もあり，観光だけでなくショッピングも海外旅行の主要な目的の一つとなっている。ブラジルの国際収支における旅行勘定は，04年までは黒字であったがその後赤字が続いており，14年は187億ドルの赤字となっている。

一方で，外国からブラジルへの旅行者数も増加している。観光省によれば，2003年の訪伯観光客数は413万人であったが，13年までに581万人に増えた。外国人旅行客の主要訪問先は，国内最大の観光都市リオデジャネイロ市（30.2％），美しい砂丘で著名なフロリア

ノポリス市（18.7％），「イグアスの滝」に近いフォス・ド・イグアス市（17.0％）などとなっている。14 年はサッカー W 杯が開催されたこともあり，外国人旅行客数は 643 万人と前年比 10.7％増，過去最高を記録した。旅行者の国籍別ではアルゼンチン（27.1％），米国（10.2％），チリ（5.2％）と続く。ちなみに日本は 8 万 4,636 人で，全体の 1.3％であった。16 年にはリオ・オリンピックが予定されていることもあり，観光産業のさらなる発展が見込まれる。

なお，世界経済フォーラムの「旅行・観光競争力指数」ランキング（2015 年）によれば，ブラジルは世界 141 ヵ国中 28 位と，ラテンアメリカでは最上位に位置している。インデックス別にみると，天然観光資源では世界 1 位と高い評価を受けるも，陸上交通網・港湾インフラ（130 位）やビジネス環境（126 位），治安（104 位）で評価が低くなっており，今後はこれらの項目の改善が求められる。

（二宮康史）

8. 建設・不動産

❖ 建設

1965～80 年まで，ブラジルの建設業は新首都ブラジリア建設をはじめとして飛躍的に発展したが，以降 2004 年までの約四半世紀，一進一退を繰り返す長い停滞期を経験する（図 4-8-1）。GDP に占める建設業の割合も低下傾向が続き，04 年には 4.2％となったが，以降ようやく回復に転じ，その後急成長した結果，14 年には対 GDP 5.6％まで拡大した。04～14 年の 10 年間の実質成長率は 53％である。この間，国家経済戦略として，サッカー・ワールドカップ（14 年）およびリオ五輪（16 年）等，国際的なイベント開催に伴う公共投資を含めたインフラ整備政策が打ち出された。また内需拡大のための目玉政策ともいえる中・低所得者層向け住宅整備政策「私の家・私の暮らし計画」（PMCMV：Programa Minha Casa Minha Vida），およびそのための住宅取得・建設資金に対する融資制度も整備され，建設業成長の牽引力となった。さらに，業界企業の上場が相次ぎ，不動産の証券化も進んだため，資本市場での資金調達が拡大したことも成長の一因である。しかしながら，14 年のサッカー W 杯をめぐる公共投資が一段落するのと前後して，同イベントへの過大な公共投資に対して国民の不満が高じ，大規模な反政府デモが繰り広げられたこと，また石油公社ペトロブラス（Petrobras）の汚職疑惑で建設業界にも広く逮捕者が出て投資の先行き不安が増大したこと，同年の大統領選のため投資が見合わせられたことなどから，建設業の GDP 成長率は前年比実質マイナスとなっている。

セメント工業組合（SNIC：Sindicato Nacional da Indústria do Cimento）によれば，建設業工事量の目安となるセメント見掛消費量は，2003～13 年の 10 年間に総消費量が 3,488 万 4,000 トンから 7,096 万 7,000 トンへと約 2 倍となり（図 4-8-2），1 人当たり消費量も約 1.8 倍の 353 kg に増加している。13 年の地域別消費割合は，北部 7％，東北部 22％，中西部 10％，南東部 44％，南部 17％となっている。

ブラジル建設業協会（CBIC）のデータによれば，国内の建設業者数は 2003 年の 9 万 7,190 から 13 年の 22 万 3,773 へと，約 2.3 倍に増加している。13 年度の総売上高順にみると，上位 3 社は次の通りである。1 位：ノルベルト・オデブレーシチ（Norberto Odebrecht，総売上額 101 億 4,800 万レアル，従業員数 12 万 5,750

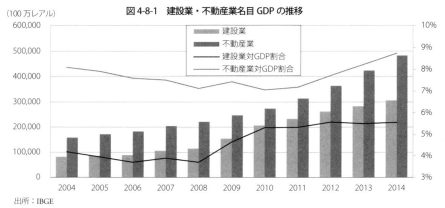

図4-8-1 建設業・不動産業名目GDPの推移
出所：IBGE

図4-8-2 セメント見掛消費量の推移
出所：SNIC

人）。2位：アンドラーデ・ギテレズ（Andrade Guiterrez，53億2,400万レアル，1万4,400人）。3位：オーアーエシ（OAS，51億3,100万レアル，12万2,383人）。以下，Camargo Corrêa，Queiroz Galvão，Galvão Engenharia，Construcap，MRV Engenharia，Racional Engenharia，A. R. Gと続く（CBIC資料，Revista "O Empreiteiro" - Ano LII - Agosto de 2014 - Nº 533）。

なお，建築費の平米当たり単価は，2007年2月に675レアル，15年7月時点で1,205レアルと高騰している（CBIC資料）。　　（秋山祐子）

❖不動産

ブラジルのGDPに占める不動産業の割合は，2004年に8.1％，14年に8.7％と，シェアに大きな変動はないが，レアル・プラン以降，業界は成長を続けており，04〜14年までの10年間の実質成長率は45％であった。

不動産業の中で重要な位置を占める住宅市場は，1980年代半ばに国の住宅金融制度が破綻し，国・州・ムニシピオそれぞれの政策が迷走した結果，中・低所得者層への住宅供給が滞り，長らく住宅不足の状態が続いた。不動産業はその間，ローンを必要としない高所得者層への住宅供給を中心に展開されていたが，97年に不動産ファイナンス法（SFI：Sistema de Financiamento Imobiliário），2001年に都市基本法（Estatuto da Cidade）が制定され，03年には都市省（Ministério das Cidades）が創設された。さらに04年には国家住宅政策基本方針

（PNH：Política Nacional de Habitação）が制定され，その後の10年間にPNHの具体的施策が次々と打ち出されていく。既存のファイナンス制度（退職金の勤続年限保障基金［FGTS］，不動産融資制度［SBPE］など）の運用の見直し，中・低所得者層向け住宅整備政策「私の家・私の暮らし計画（PMCMV：Programa Minha Casa Minha Vida）」などが，住宅市場の拡大を後押しした。

この間，中間層人口が拡大したこともあいまって，PMCMVはそれまで住宅市場の対象外であった低所得者層も取り込むこととなり，不動産業の発展に大きく寄与している。定期預金を元金とするSBPEの融資件数・融資総額も，2004～14年にかけて順調に増え続けている（表4-8-1）。

また2000年以降，不動産の証券化が進み，資本市場からの資金調達方法も利便性が増している。外国資本の不動産市場への参入もこの間の特徴である。証券化市場では高級住宅のほか，オフィス，ホテル，ショッピングセンター等の商業施設およびこれらの複合不動産，物流施設等の商品が多数開発されている。

サンパウロ証券・商品・先物取引所（BM&F BOVESPA）に上場している不動産証券化商品としては，不動産投資ファンド（FII：Fundo de Investimento Imobiliário）と不動産受益権債権（CRI：Certificado de Recebíveis Imobiliários）がある。現在，サンパウロ市やリオデジャネイロ市などの大都市圏で展開している大規模開発案件の多くが証券化による事業である。

2004年以降は不動産価格・賃料の上昇も顕著である。不動産価格指数（経済研究所によるFIPE-ZAP）でみると，08年1月時点の価格・賃料（マンション）を100とすると，15年3月時点のリオデジャネイロ市の価格指数は366，賃料指数は242，サンパウロ市の価格指数は321，賃料指数は200である（いずれも名目）。これは同時期の拡大消費者物価指数（IPCA）を上回る上昇率である（IPCAは08年1月を100とした場合，15年3月は152）。ただし，15年に入ってから市場は調整に入ったものとみられる。

〔秋山祐子〕

表4-8-1　不動産融資制度（SBPE）の融資件数・総額推移（2004-14年）

年	融資件数			融資総額（100万レアル）		
	建設	購入	計	建設	購入	計
2004	24,961	28,865	53,826	1,394	1,608	3,002
2005	34,762	26,361	61,123	2,855	1,997	4,852
2006	45,433	68,440	113,873	4,484	4,857	9,340
2007	88,778	107,122	195,900	9,278	9,005	18,283
2008	162,299	137,386	299,685	16,221	13,811	30,032
2009	138,721	163,959	302,680	13,854	20,163	34,017
2010	201,758	219,628	421,386	24,412	31,785	56,198
2011	227,149	265,759	492,908	35,193	44,724	79,917
2012	168,145	285,064	453,209	28,084	54,677	82,761
2013	164,795	365,002	529,797	32,233	76,945	109,178
2014	163,316	375,031	538,347	31,404	81,450	112,854

出所：BACEN, ABECIP

9. インフラ

❖ **インフラ政策**

　2007年1月，第二次ルーラ政権において，ブラジル経済のボトルネックとなっているインフラの積極的整備を行い，雇用創出とともに経済成長を加速することを目的として，「成長加速化計画（PAC）」が策定された。産業競争力強化のためのエネルギー・輸送インフラ整備と，国民生活の底上げのための住宅・生活環境整備を両輪とし，2007～10年の4年間に官民合わせて6,574億レアルの投資が計画された。これらの投資は，連邦政府による直轄事業の他，地方政府，公営企業，民間主体による事業で構成されており，PPP（官民共同出資）方式などの官民のパートナーシップを通じて効果的・効率的なインフラ整備を推進することを念頭に置いている。なお，ブラジルにおいてはサンパウロ州等の州政府によりPPP方式の取り組みが先行していたが，04年に連邦政府事業に適用されるPPP法が公布されている。PACの進捗に関する連邦政府の発表によると，10年12月末時点で総投資額の94.1％に相当する6,186億レアルの投資が実行されたが，工事が完了したプロジェクトは金額ベースで全体の67.5％にとどまった。さらに，低所得者層向けの住宅・生活環境整備部門を除くと，その割合は52.6％まで減少する。

　また，同じく2007年に「国家物流計画（PNLT：Plano Nacional de Logística Transportes）」が策定され，社会経済の発展と結びついた中長期のインフラ整備のビジョンが示された。08～11年をフェーズ1，12～15年をフェーズ2，16～23年までをフェーズ3とし，それぞれ1,092億レアル，843億レアル，973億レアルの投資を行う計画である。個別プロジェクトのリストにとどまっていたそれまでのインフラ整備計画と異なり，国全体の貨物輸送のマトリックスの最適化にも重点が置かれており，道路輸送の割合を2005年の58％から25年には33％まで低下させ，鉄道輸送を25％から32％に，水上輸送を13％から29％に引き上げるとの目標を示している。

　2010年3月には，14年のブラジル・サッカーW杯と16年のリオデジャネイロ五輪に向けたインフラ整備を行うことを主な目的として，「成長加速化計画2（PAC 2）」が発表された。11～14年の期間に官民合わせて9,589億レアル，15年以降の投資額を含めると1兆5,905億レアルの投資を計画するものであり，4年間でPACの約1.5倍，15年以降の投資も含めると2倍以上の投資規模である。PACにおいて未完了だったプロジェクトはすべてPAC 2に引き継がれている。PAC 2は第二次ルーラ政権期に発表され，ルーラの後継候補として大統領選に出馬するルセフ現大統領の選挙対策としての意味合いも含んでいた。ルセフ大統領は第一次政権においてこの計画の実行を引き継いでいる。連邦政府の発表によると，14年12月末時点で工事が完了したプロジェクトの総額は7,964億レアルに達した。

　また，経済発展の加速およびその持続のための低コストかつ効率的な物流網の確立のため，コンセッション契約に基づく官民のパートナーシップによって物流インフラに対する投資を促進することを目的として，2012年には「物流投資プログラム（PIL：Programa de Investimento em Logística）」，15年には「物流投資プログラム2（PIL 2）」が発表された。入札によりインフラの事業権を獲得した民間事業体が，当該インフラの維持・運営と必要な投

資を行うというモデルが採用されており，道路，鉄道，港湾，空港の4分野に約2,000億レアルの投資を計画している。これらの事業に対しては，国立経済社会開発銀行（BNDES）が長期かつ低利の資金を供給することが約束された。計画の実現を疑問視する声もあるものの，民間の能力を最大限活用するという方向性は概ね高く評価されている。（吉岡誠一郎）

表4-9-1　道路インフラ概要（2013年）

	舗装 (km)	未舗装 (km)	計 (km)	舗装率 (%)
連邦	65,930	12,577	78,507	84.0
州	110,842	111,334	222,176	49.9
市	26,827	1,234,918	1,261,745	2.1
合計	203,599	1,358,829	1,562,428	13.0

出所：DNIT-Sistema Nadcional de Viação 2013

❖ 道路

　ブラジルの主要道路網は，総延長約156万kmにのぼり，さらに約15万kmの整備が計画され，主要都市間を結ぶ道路網は比較的発達している。また，貨物輸送の約60％を道路輸送が担い，国内輸送の根幹となっている。

　一方，インフラの質では依然として大きな問題を抱えており，都市部における渋滞や輸送コスト増の要因の一つとなっている。2013年の全道路に対する舗装道路の割合は13.0％で，連邦・州・ムニシピオの管轄別にみると，それぞれ84.0％，49.9％，2.1％であり，財政事情の苦しい市政府が管轄する道路で舗装率が著しく低い（表4-9-1）。また，工事の質の低さや気候の特性から舗装道路の傷みも早く，舗装はされているもののアスファルトの陥没など状態が劣悪な道路も多い。さらに，主要幹線道路においても片側1車線の区間が多く，複線化されている道路はわずか9,304 kmにすぎない。連邦政府は国全体の輸送分担における道路輸送の割合を政策的に低減させる方針を示してはいるが，しばらくは道路輸送が中心であり続けることから，官民の連携による道路整備および適切な維持管理の実施が求められる。（吉岡誠一郎）

❖ 鉄道

　ブラジルの鉄道は，かつて国営企業の連邦鉄道会社（RFFSA：Rede Ferroviária Federal Sociedade Anônima）が路線全体の約70％を保有していたが，1996年から6社に分割民営化されている。現在国内の貨物鉄道15路線のうち南部4路線をALL社（América Latina Logística），北部4路線をヴァーレ社（Vale）が運営しており，それぞれ地域独占的な地位を確立している。各地域で価格支配力を有する両社は，運賃をトラック輸送よりもやや低い水準に設定しており，鉄道による物流コスト低減の効果が発揮されにくい状況となっている。

　全国鉄道輸送協会（ANTF：Associação Nacional dos Transportes Ferroviários）の資料によると，鉄道路線総延長は2万9,533 kmであり（表4-9-2），2020年までにさらに1万kmを整備する計画を有している。鉄道による貨物輸送量は，2013年現在2,976億トンキロで，貨物輸送の約20％を占めている。このうち，鉄鉱石・石炭等の鉱物資源が76.7％を占め，次いで農産物が13.9％となっている。農産物の輸送量の増加は著しく，1997年と比較して5.4倍に増えている。

　一方，地下鉄，近郊鉄道等の旅客鉄道の路線延長は1,503 kmで，乗客数は年間約26億人である。都市圏においては，経済成長に伴う人口増および自動車保有台数の増加により慢性的な交通渋滞が発生していることから，連邦政府は2013年発表の「成長加速化計画2（PAC 2）」において，公共交通整備の重点支援（連邦資金の交付，政府機関による融資枠の設定等）を発表し，さらに12年には都市交通法を制定し，人口2万人以上のムニシピオに対して都市交通計画の作成を義務づけ，公

表 4-9-2　鉄道路線概況（2014 年）

鉄道路線		州	軌間 (km)			
			1.6 m	1.0 m	三線軌条	合計
都市間貨物鉄道	MRS Logística	MG, RJ, SP	1,632	0	42	1,674
	Ferrovia Tereza Cristina - TFC	SC	0	164	0	164
	ALL Malha Sul	SP, PR, SC, RS	0	7,293	11	7,304
	ALL Malha Oeste	SP, MS	0	1,945	0	1,945
	ALL Malha Paulista	SP	1,463	243	283	1,989
	ALL Malha Norte	SP, MS, MT	762	0	0	762
	FERROESTE - Estrada de Ferro Paraná Oeste	PR	0	248	0	248
	Ferrovia Centro-Atlântico – FCA (VALE)	MG, BA, SE, ES, RJ, GO, DF, SP	112	6,912	196	7,220
	EFVM - Estrada de Ferro Vitória a Minas (VALE)	MG, ES	0	905	0	905
	EFC - Estrada de Ferro Carajás (VALE)	PA, MA	892	0	0	892
	TLSA / FTL (CFN)	MA, PI, CE, RN, PB, PE, AL, SE	0	4,189	18	4,207
	Ferrovia Norte Sul - FNS (VALE)	MA, TO, GO	720	0	0	720
	小計		5,581	21,899	550	28,030
旅客鉄道（近郊鉄道，地下鉄等）			976	527	0	1,503
合計			6,557	22,426	550	29,533

注：州名については巻末「略号一覧」参照。
出所：ANTF 資料

共交通中心のまちづくりを目指すことを宣言している。☞6-7　　　　　　　　　　（吉岡誠一郎）

❖航空

近年，国民の所得水準の向上と航空運賃の低下などの要因から，ブラジルの航空事業は急速に拡大している。ブラジル空港インフラ公社（INFRAERO）の資料によると，2012 年の旅客数は国内線・国際線合わせて 1 億 9,310 万人である。2000 年の 6,840 万人から年率約 9％で旅客数が増加している。旅客・貨物の定期便を運航している国内の航空会社は 15 年 8 月現在で 12 社あるが，国内旅客航空については TAM 航空（TAM Linhas Aéreas）とゴル航空（Gol Linhas Aéreas Inteligentes）がシェアを二分し，それぞれ 35.8％，34.7％となっている。貨物については，年間 140 万トンの取扱があり，グアルーリョス（Guarulhos）空港，カンピーナス（Viracopos）空港およびマナウス（Manaus）空港の 3 空港でおよそ 60％のシェアを占める。

日伯の航空関係については，日伯航空協定が 1962 年 11 月に発効しており，ヴァリグ・ブラジル航空（VARIG：Viação Aérea Rio-Grandense）は 68 年 7 月より，日本航空（JAL）は 78 年 6 月より，それぞれ日伯間の定期便の運航を開始した。その後，旅客数の増大に伴い両社とも増便および機体の大型化を進めてきたが，VARIG は 2005 年に破産し，07 年にはゴル航空に買収された。また JAL についても，経営破綻後の路線の整理・縮小の中で，10 年 9 月以降，東京 - サンパウロ路線を運休している。15 年現在，日伯の航空会社による日伯間路線の運航はない。

ブラジルには 2014 年現在，658 の公共空港があり，うち 60 空港を INFRAERO が管理・運営している。連邦政府は 2011 年から，コンセッション契約により主要空港の管理・運営を INFRAERO から民間事業体へと移譲しており，14 年現在，ナタル（Natal），ブラジリ

ア（Brasília），グアルーリョス，カンピーナス，ガレオン（Galeão），コンフィンス（Confins）の6空港を民間が管理・運営している。サンパウロのグアルーリョス空港およびリオデジャネイロのガレオン空港はブラジルの二大国際空港であり，民営化によって海外からの空の玄関口をより活性化させようとの政府の意図が窺える。さらに，16年にはポルトアレグレ，サルバドール，フロリアノポリス，フォルタレーザの4空港において，コンセッション入札の実施が予定されている。（吉岡誠一郎）

❖ 水運

ブラジルは約 8,500 km の海岸線を有するが，広大な内陸地域の存在から貨物輸送の中心は陸上の道路・鉄道であり，海運による割合は決して大きくない。水運庁（ANTAQ：Agência Nacional de Transportes Aquaviários）によると，2013年現在，内外航を行うブラジルの運送事業者は 39 社存在し，貨物総輸送量は 9 億 3,100 万トンである。また，ブラジル籍の貨物船は 167 隻あり，船腹量は 298 万総トンとなっている。商船隊の整備に関しては，商船基金（FMM：Fundo de Marinha Mercante）が創設されており，造船所の建設・近代化や船舶の建造・修繕を行うプロジェクトに対し，市中よりも低利かつ長期の資金を供給している。FMM の主たる原資は商船隊更新追加税（AFRMM：Adicional de Frete para Renovação da Marinha Mercante）であり，海上貨物の受荷主に対して運賃の一定割合が課されている。

ブラジルは約6万3,000 km の河川延長を有するが，ANTAQ 資料によると，このうち河川航路として利用されているのは 2012 年現在で約 2 万 1,000 km であり，うち約 8 割がアマゾン水系に属している。航路の開発余地は大きく，浚渫や閘門設置等により潜在的に航行可能な河川も含めると全体で約 4 万 4,000 km のネットワークになると推計されている。

貨物輸送量は年間約 2,500 万トンであるが，特に近年，穀物産地であるマトグロッソ州など中西部と，北部の輸出港を接続する輸送路として河川航路が注目を集めている。食料供給公社（CONAB：Companhia Nacional de Abastecimento）の資料によると，穀物 1 トン当たりの輸出港までの輸送コストを米国と比較すると，ブラジルが 78 ドルであるのに対し米国は 18 ドルであり，約 4 倍の開きがある。さらなる河川航路の開発による輸送コストの低減が期待されている。

法制度に関しては，沿岸輸送や河川輸送等の内航輸送については，国内の事業者のみが実施を許されている。また，伯籍船を用いて行うことが原則とされているが，輸送に適した伯籍船が確保できない等の場合に限り，外国籍船をチャーターできる。外航海運については，相互主義を前提として内外の事業者・籍船無差別が定められている。なお，内外資本の差別はないため，外資であっても伯国内に法人を設立すれば，内航輸送を含めた水運事業への参入が可能である。（吉岡誠一郎）

❖ 港湾

港湾は，鉄鉱石を中心とする鉱物資源および大豆・トウモロコシを中心とする農産品の積出港を中心に整備が進められてきた。制度上，公共港と民間港（TUP：Terminais de Uso Privado）に区分されており，公共港は港湾埠頭公社（CD：Companhias Docas）または州・ムニシピオ政府が整備・保有し，民間主体がターミナル等の港湾施設のリースを受けて運営を行っている。34 港の公共港のうち，18 港は CD が，16 港は州またはムニシピオが管理している。民間港は，民間主体が整備・保有・運営のすべてを行うが，従前は自社貨物の取扱のみが認められていた。これに対し，2013 年に改正港湾法（法律第 12815 号）が成立し，第三者貨物の取扱が許容されることと

表 4-9-3　主要国際貿易港貨物取扱量・品目（2013 年）

港湾名（州名）	取扱量 (t)	輸出 (t)	輸入 (t)	取扱品目
サントス（SP）	99,074,788	64,465,838	22,948,430	砂糖，大豆，トウモロコシ，ガソリン・石油，肥料
イタグアイ（RJ）	58,327,912	51,791,368	4,458,529	鉄鉱石，石炭，石油コークス
パラナグア（PR）	41,771,840	26,608,074	12,489,073	大豆，肥料，砂糖，トウモロコシ，ガソリン・石油
リオグランデ（RS）	20,534,640	10,093,983	4,917,023	大豆，肥料，ガソリン・石油，化学品，小麦，木材
イタキ（MA）	15,291,910	5,707,442	6,163,178	ガソリン・石油，大豆，銑鉄，肥料，非鉄金属，石炭
ヴィラドコンデ（PA）	14,396,511	5,662,805	2,548,710	ボーキサイト，アルミナ，苛性ソーダ，ガソリン・石油，石炭
サンフランシスコドスル（SC）	13,029,825	8,061,470	2,648,421	大豆，トウモロコシ，鉄製品，肥料，小麦
スアペ（PE）	12,771,661	523,739	5,220,527	ガソリン・石油，小麦，化学品
リオデジャネイロ（RJ）	8,232,282	3,035,521	4,290,209	鉄製品，小麦，銑鉄，ボイラー・機関，非鉄金属
アラツ（BA）	5,825,663	989,243	2,539,360	化学製品，ガソリン・石油，石油コークス，肥料，苛性ソーダ，鉄鉱石
フォルタレーザ（CE）	5,160,708	214,536	1,789,327	ガソリン・石油，小麦，石油コークス，硫黄
ヴィトーリア（ES）	5,065,851	1,916,253	2,199,830	肥料，ガソリン・石油，大理石，大麦，鉄製品，小麦
サンタレン（PA）	4,432,344	2,359,291	207,354	トウモロコシ，大豆，硫黄，ガソリン・石油

注：（　）内の州名については巻末「略号一覧」参照。
出所：ANTAQ ウェブサイト

なった。これにより，民間港への参入を希望する事業者が増加している。

2013 年の港湾全体の取扱量は 9 億 3,100 万トンで，前年に比べ 2.9％増加，2000 年に比べ 92％増加している。このうち，輸出は 5 億 3,200 万トン，輸入は 1 億 5,300 万トンである。また，3 億 3,800 万トン（36％）は公共港，5 億 9,300 万トン（64％）は民間港での取扱である（表 4-9-3）。

（吉岡誠一郎）

❖上下水道

表 4-9-4 からわかるように，ブラジルの上水道の普及率は，2013 年時点で北部が 50％台と低い値を示しているが，全土では 82.5％と概成していると言える。しかし下水道については全域で普及率 50％を下回っており，経済的に最も発展している南東部において概ね 80％である一方，北部では 10％を下回るなど地域差も大きい。こうした状況に対して政府は 2013 年，国家基礎衛生計画（Plano Nacional de Saneamento Básico）を策定し，2033 年までの今後 20 年間で達成すべき基礎衛生分野の目標や必要な取り組み等を提示した。具体的には，上水道については 99％の世帯への供給を実現し，漏水率を 39％から 31％に削減すること，下水道については 90％の世帯への普及や料金徴収率 90％を実現することなどを目標として定めている。

（吉岡誠一郎）

表 4-9-4　地域別上下水道普及率（2013 年）

（単位：％）

地域	上水道	下水道
北部	52.4	6.5
北東部	72.1	22.1
南東部	91.7	77.3
南部	87.4	38.0
中西部	88.2	44.2
合計	82.5	48.6

注：都市・農村を含めた普及率。
出所：都市省資料

❖通信

1998年にブラジル通信公社（TELEBRAS：Telecomunicações Brasileiras）が分割民営化された後，通信市場は飛躍的な成長を見せている。2014年現在，固定電話は4,470万回線，人口普及率は22.5％である（表4-9-5）。携帯電話加入者数の著しい増加にもかかわらず，固定電話回線数が減少傾向を示していないのが特徴的である。

固定電話市場は，テレマール・ノルテ・レステ（Telemar Norte Leste），エンブラテル（Embratel），ヴィーヴォ（Vivo）の3社で約85％のシェアを占めている。携帯電話については，2010年に初めて加入契約数が人口を超え，1人1台を上回る普及率となった（日本が「1人1台」を超えたのは12年）。ヴィーヴォ，TIMブラジル（TIM Brasil），クラロ（Claro）の3社がそれぞれシェア28.2％，26.5％，24.7％で拮抗しており，テレマールのOiブランドが18.2％とそれに続いている。また，約75％の加入者が携帯をプリペイド方式で利用している。

インターネットについては，地域および所得による格差が依然として大きい。情報通信技術研究所（Cetic：Centro de Estudos sobre as Tecnologias da Informação e da Comunicação）が2013～14年に行った調査によると，世帯普及率は都市部において48％であるのに対し，農村部では15％にとどまる。また，南東部が51％であるのに対し，北部26％，北東部30％となっている。ブロードバンドについても，格差は大きいものの普及が進んでおり，14年の加入者数は07年の約3倍となっている。政府は10年に「国家ブロードバンド計画（PNBL：Plano Nacional de Banda Larga）」を策定し，ブラジル全土で1 Mbpsのブロードバンドを月額35レアル以下で提供する環境を整備し，4,000万世帯への普及を目指している。

（吉岡誠一郎）

表4-9-5 固定電話・携帯電話・ブロードバンド加入者数推移

種別／年	2003	2007	2011	2014
固定電話 （100万人）	39.2 (22.2)	39.4 (20.7)	43.0 (22.0)	44.7 (22.5)
携帯電話 （100万人）	43.0 (26.2)	120.9 (63.6)	242.2 (123.9)	280.7 (138.0)
ブロードバンド （1,000人）	―	8,261 (15.7)	17,021 (28.3)	23,968 (36.5)

注：下段の（　）内は人口普及率，単位は％（ブロードバンドのみ世帯普及率）。
出所：ANATELウェブサイト

社会政策・社会運動

0. 概観

❖社会政策

ブラジルは300年以上続いた植民地時代の影響もあり，格差が大きく不平等な国である。1889年の共和国宣言以降，近代国家としての制度構築や開発を推し進め，社会分野に関する施策も行われた。しかし，その恩恵に与ったのは政府や企業など正規部門に属する人々であり，それ以外の多くの人々は社会的に排除された状況に置かれていた。

ブラジルの社会政策が大きく転換する礎となったのが，軍政から民政へ移行した後に制定された1988年憲法である。同憲法では，すべての国民を対象とした社会保障の普遍化が理念として掲げられ，90年代，経済が依然混乱していた時期から普遍主義にもとづく社会保障制度の構築が試みられた。また，90年代後半にハイパー・インフレが終息し経済が安定したことも，政策の実践面で非常に重要であった。経済の安定により，全国規模での社会政策の実施や社会保障制度の整備が可能になったからである。

1990年代以降のブラジルでは，1988年憲法の理念をもとに普遍主義的な社会保障の制度整備が試みられたが，第二次カルドーゾ政権（1999～2002年）になっても，格差は依然顕著なままだった。そのため90年代後半から，貧困層などに対象を限定した選別的な社会政策が地方レベルで実施されるようになり，徐々に全国へ拡大されていった。そして，主にルーラ政権期において，普遍的および選別的な社会政策を組み合わせた施策の効果もあり，国民間の格差是正がより前進した。

ただし実施された社会政策は，社会的に排除され貧困状態にある人々をおもな対象として，必要最低限の生活保障を与えるものであり，質的な問題など依然多くの課題を抱えている。そのため，主に貧困層にとって以前は存在しなかったセーフティ・ネットが曲がりなりにも構築された点は進歩であるが，官民の格差や社会の不平等は依然大きく，現実は国民が求める社会保障から乖離している。そしてこの点が，サッカー・ワールドカップ開催準備をめぐる政治不信とともに，約20年ぶりに全国規模にまで拡大した2013年の抗議デモ発生の一要因になったといえる。（近田亮平）

❖社会運動

ブラジルの社会運動は，黒人や先住民，都市の貧困層や組織労働者（労働組合），農地改革や天然資源，政治的な民主化や汚職，ネオリベラルな経済政策やそれを推進する政府などの問題をめぐって展開されてきた。これらはブラジルが，資源や権益が一部の人々に集中した植民地時代，従属性や周縁性が顕著な資本主義経済期，政治的自由が制限された21年間もの軍事政権期などを経験し，社会的に排除された弱者の多い不平等な国であることに起因している。

1970～80年代のブラジルの社会運動は，このような人々の社会参加や争点となる問題の改善を要求するものであった。90年代になると，1988年憲法で掲げた市民の広範な政治参

加の具現化や NGO の台頭もあり，社会運動は政府に対して一方的に要求を行うだけでなく，政府と協働で政策を立案・実施するようになった。このような社会運動と政府との協働は参加型行政（政策・制度）と呼ばれ，市民社会論や公共圏の視座をもとに，社会的排除層をはじめとする市民のより直接かつ積極的な政治参加を試みるものである。

また近年の社会運動の特徴として，環境保護やセクシュアリティなど「新しい社会運動」と結びついたテーマが注目されるようになった点も挙げられる。一方，労働運動に関しては，政治・経済的自由化という潮流，インフォーマル労働者の増大，組合結成の自由化などにより，コーポラティズム（corporatism / corporativismo：協調主義）構造の存在基盤が弱体化した。しかし，2003 年の労働者党（PT）政権誕生以降，再び政権与党と労働組合との関係が注目されている。

〔近田亮平〕

1. 社会政策

❖**教育制度**

ブラジルの教育制度は，幼児教育（0〜5 歳），初等教育（6〜14 歳），中等教育（15〜17 歳）の 3 段階による基礎教育と，18 歳以上の高等教育に分かれている。1996 年の改正教育基本法で示されていた初等教育 9 年制が 2006 年に実現した。さらに 13 年，初等教育に加え，4〜5 歳の幼児教育，中等教育を含めた計 14 年間が義務教育となった。ムニシピオの教育財政の基盤であった初等教育振興基金（FUNDEF：Fundo de Manutenção e Desenvolvimento do Ensino Fundamental e de Valorização do Magistério）は，2007 年に基礎教育全体を対象とする国家基礎教育開発基金（FUNDEB）に再編され，初等教育に加え幼児教育の普及もムニシピオの責務となった。

幼児教育は制度改革の影響もあり急速に発展した。4〜5 歳の就学率は 2004〜13 年にかけて 61.5％から 81.4％に上昇した。しかし北部，農村，低所得層においては低く，格差が存在する。初等教育は，条件付き所得移転プログラム「ボルサ・エスコーラ（Bolsa Escola）」などの影響もあり着実に普及し，2013 年には 6〜14 歳の 98.4％が就学しており，純就学率は 92.5％で，地域・人種・所得間の格差が少ない状態を維持している。中等教育年齢層の就学率は 84.3％と高いが，純就学率は 55.2％で，地域間（南東部 63.1％，北部 44.9％），人種間（白人 63.7％，黒人・混血 49.3％）の差が大きい（IBGE, *Síntese de Indicadores Sociais 2014*）。

基礎教育の学力評価機能についても整備が進められている。学力基礎教育評価システム（Saeb：Sistema de Avaliação da Educação Básica）として，私立を含めた全学校の初等 5 年次・9 年次，中等 3 年次を対象とした指定サンプル調査の基礎教育全国評価（Aneb：Avaliação Nacional da Educação Básica），公立学校が初等 5 年次・9 年次に任意で実施する全国学校学力評価（Prova Brasil）がある（いずれも隔年実施）。これらの結果をもとに各校の基礎教育開発指数（Ideb：Índice de Desenvolvimento da Educação Básica）が公表される。2013 年からは，公立学校が初等 3 年次に任意で実施する識字と計算能力を計る全国識字評価（ANA：Avaliação Nacional da Alfabetização）が導入された。

高等教育では，18〜24 歳の就学率は 30.1％であるが，純就学率は 16.4％に留まっている。地域間では連邦直轄区（31.6％）を含む中西部（22.3％）が最も高く，北東部（12.3％）との差は大きい。人種間（白人 23.6％，黒人

10.2％，混血11.1％），都市・農村間（都市18.2％，農村6.0％），所得階層間（下位25％は5.1％，上位25％は39.3％）で純就学率の格差は際立っている（NGO「教育のためにすべてを（Todos pela Educação）」，*Anuário Brasileiro da Educação Básica 2015*）。Idebの高い学校はほぼ私立校であり，基礎教育段階で教育投資のできる高所得層の子弟が，レベルが高く無償の公立大学に進学するというねじれ現象は，基本的には大きく変化していない。

近年の教育政策は，10カ年計画である国家教育計画（PNE：Plano Nacional de Educação）を反映している。2014〜24年のPNEには①基礎教育の質向上，②不平等の克服と多様性の尊重，③教員養成，④高等教育，を中心とする20項目の教育指標の目標値が明示されている。

基礎教育の初期段階である幼児教育では，ルセフ政権の社会開発政策「愛情あるブラジル（Brasil Carinhoso）」と連携し，幼児教育の就学促進，施設の加増・改善を目的にFUNDEBによる予算移転を行っている。また，初期初等教育の基礎学力習得を目的として，2012年に「適齢における識字協定（Pacto Nacional pela Alfabetização na Idade Certa）」を発表し，識字教育の専門教員を養成し，習熟度を確認できる学力検定テスト（Provinha Brasil）を導入している。

世界におけるブラジルの学力は，国際学習到達度調査（PISA：Program for International Student Assessment）2012年版で上位50カ国に入れない状況にある。また13年の公立校・私立校のIdebをみると，それぞれ初等5年次4.9，6.7，9年次4.0，5.9，中等3年次3.4，5.4と，公・私で学力格差が大きい（IBGE, *op.cit.*）。この問題に関して政府は，08年に学習時間の拡大を目的とする教育増強プログラム（PME：Programa Mais Educação），09年に国家基礎教育教員養成計画（PARFOR：Plano Nacional de Formação dos Professores da Educação Básica）等の政策を導入し，公立校の教育の質的向上をはかっている。

高等教育における社会的包摂の政策も重視されている。各州で実施されてきた大学定員におけるクオータ（Cota/Quota）制を2012年に法律化し，公立校出身者，低所得層，黒人・混血・先住民の生徒を優先する特別枠の設置を公立大学に義務づけている。私立大学の入学者に対しては，05年に給付型奨学金（ProUni：Programa Universidade para Todos）を導入したのに加え，10年に有利子貸与型奨学金（FIEs：Fundo de Financiamento Estudantil）を拡大した。09年には，中等教育全国学力検定試験（ENEM）の点数をウェブ入力することで，全国の大学を受験できる統一選抜システム（Sisu：Sistema de Seleção Unificada）が導入された。ENEMを入試に利用する大学も増え，高等教育の普及が進んでいる。

高等教育における先進的な取り組みとして，2011年より開始された科学技術関連の高度人材育成と国際学術交流の促進を目的とする留学プログラム「国境なき科学（Ciência sem Fronteiras）」がある。主に理系の学部生・大学院生を欧米など約40カ国以上の大学に派遣し，留学先での企業インターンも行われている。国内の企業にも協力を求め，15年までに約10万人の派遣を予定している。また，本プログラムの国内における経済波及効果を狙い，帰国奨学生の採用を希望する企業の情報等をインターネットで公開している。

その他の施策として，就学年齢外の社会層対象の青年成人教育，公立中等学校対象の「技術教育・雇用機会提供全国計画（PRONATEC）」，公立普通校における特別支援教育の法制度化などがある。

2015年1月，ルセフ大統領は「ブラジル：教育する祖国（Brasil：Pátria Educadora）」を第二次政権のスローガンに掲げ，教育政策の重

視を宣言した。そこでは国家教育10カ年計画（PNE）を実現すべく，地方自治体が管轄する基礎教育への連邦政府の協力，共通カリキュラムの策定，教員養成と評価，学校での技術活用などが強調されている。しかし2015年に入り，深刻な経済危機を背景に，教育支出を大幅に削減する予算案が提出されるなど厳しい状況に置かれ，限られた財源の効率的運用が喫緊の課題とされている。　（田村梨花）

❖教育の質向上への取り組み

　教育政策の課題の多くは，ブラジルに存在する広範な社会問題に起因している。軍事政権期から格差や貧困の克服に草の根レベルで取り組んできた市民社会諸組織は，住民のエンパワメントを目的とする民衆教育（Educação Popular）の思想に基づき，正規の教育制度の枠外においてノンフォーマル教育を実践してきた。この間，民主化の担い手ともなった組織はNGOとして成長し，民政移管後は社会的公正や市民権の獲得を目的とした教育活動を展開している。20世紀末以降は，社会政策の実施における市民社会組織との連携が進み，ノンフォーマル教育に「教育政策に関する提言・監査機能」，「地域的実践における行政との連携」という特徴が加わった。

　教育関連NGOの活動は多岐にわたり，国内外の調査機関と共同研究を行い，専門知識を活かして教育政策への提言や評価を行っている。運動の一例として，「教育的行動（Ação Educativa）」，「教育のためにすべてを（Todos Pela Educação）」，また，生徒1人あたりの教育投資（Custo Aluno-Qualidade）」の概念を国家教育計画（PNE：Plano Nacional de Educação）に反映させた「教育の権利全国運動（Campanha Nacional pelo Direito à Educação）」などがある。2010年，政府は50もの市民社会組織で構成される全国教育フォーラム（FNE：Fórum Nacional de Educação）を設置し，14年にはPNEの監視機関として規定している。

　教育の分権化により，地方自治体（市：ムニシピオ）の教育政策における行政府と市民社会組織との連携は急速に進展した。地域社会のニーズを熟知している住民組織やNGOの協力は，教育環境の改善に不可欠であった。2008年，公教育の全日制化と社会的包摂を目的とした包括的教育（Educação Integral）の具体策として，教育増強プログラム（PME：Programa Mais Educação）が導入された。これは地域社会との連携により，通常の授業時間に学校内外での教育活動を付加し，学習時間を拡大するためのプログラムである。NGOの求める「教育による社会的公正と多様性の尊重」が，教育空間の地域への開放や多様な教育機会の提供というかたちで，多くの自治体との連携により進められている。

　ノンフォーマル教育が取り組んできた，社会的排除層の教育への包摂も重要な課題である。ブラジルにおいて2010年で380万人に上る不就学者（4〜17歳）への対策（UNICEF, *O enfrentamento da exclusão escolar no Brasil*, 2014），児童労働や児童虐待の撲滅運動，先住民文化を尊重する教育など，社会的に排除されている人々に関する政策の提言や推進が，教育関連NGOなどの協力を得て各地で行われている。

　一方，民間企業が社会貢献として教育分野で活動する事例も豊富に存在する。その多くは「企業の社会的責任（CSR：Corporate Social Responsibility）」と社会的イノベーション（inovação social）の考え方に基づくもので，企業系財団による調査研究や地域開発プロジェクトへの助成，地域社会や地方自治体と連携しての教育実践，教育プログラムの顕彰事業などがある。また，社会起業家（empreendedor social）として，教育支援など社会貢献を重視した経済活動を行う企業人も増えている。

教育の質的向上を目指す政策は，市民社会組織をはじめ多様なアクターの協力を得て活性化されている。教育関連 NGO の主導で世界社会フォーラム（World Social Forum / Fórum Social Mundial）のような市民参加型のフォーラムが開催され，地域社会の中に他のアクターとの対話空間が形成され，そこでの議論を教育政策に反映する努力がなされている。また，教育省（MEC）による全国調査プロジェクト「基礎教育における創造性促進（Estímulo à Criatividade na Educação Básica）」に，学校・地域間連携の経験を持つ NGO の専門家が統括官として登用されるなど，教育政策における市民社会のプレゼンスは近年ますます高まっている。

（田村梨花）

❖ 保健医療

国内総生産（GDP）で世界第 7 位（2015 年時点）に成長したブラジルは，社会インフラの整備も日々改善している。それに伴い，健康に対する国民の考え方にも変化が生じ，さまざまな保健医療指数は改善しているが，経済協力開発機構（OECD）諸国と比較するとまだ足りない面も多い。ブラジルの社会構造はいまだに先進性と後進性とを併せ持ち，保健医療も例外ではない。世界でも最先端の臓器移植やクローン技術を有し，ジェネリック医薬品の製造・普及を促進するなどの先進性がある一方，感染症や栄養失調が原因で死亡する国民も多いという後進性も見られる。「全国平均値」や「国民平均値」は目安に過ぎず，これらをもってブラジルの保健医療全体を説明することはできない。したがって，地域別・所得別の状況を把握する必要がある。

ブラジルの医療技術の高さや高額医療サービスの先進性は世界的に名高い。国際美容外科学会（International Society of Aesthetic Plastic Surgery）によると，2010 年のブラジルにおける美容整形外科施術件数（外科治療と非外科治療の合計）は 251 万 7,778 件であり，米国（331 万 4,292 件）に次ぐ第 2 の「美容整形大国」となっている。歯科技術も高く，インプラント治療やホワイトニング，矯正等の施術を受けるためにブラジルを訪問する外国人も急増している。治療を目的とした「医療ツーリズム」でブラジルを訪問した外国人は 2007 年に約 6 万人に達し，サンパウロ市への海外からの訪問者の 16％は医療ツーリズムが目的とされる。医療ツーリズムには痩身・減量手術，人工授精，心臓病や神経疾患の診療も含まれ，今後成長が期待される産業として，大手医療機関や地方自治体なども多くの投資を行っている。

その一方，国民の 75％にあたる 1 億 5,000 万人は，公的医療制度「統一保健医療システム（SUS）」を主に利用している。貧富を問わず，何人も無料で保健医療サービスを受けられることを基本理念とする SUS は，世界保健機関（WHO）からも「模範的」「理想」と評されている。1988 年憲法は，第 196 条で「健康は国民の権利であり，国の義務である」と謳っており，第 30 条では「住民の保健に対する役務提供の権限は，連邦および州の技術的・財政的協力を受けた市（ムニシピオ）に属する」ことを規定している。90 年には保健医療基本法（Lei Orgânica da Saúde）が制定され，これらをもとに SUS が発足した。

SUS は英国の保健医療制度から発想を得て作られ，地方分権化と社会参加を伴った制度管理や，全国民を対象に全医療分野で無償かつ公平なサービスを提供することを掲げている。連邦政府に集中していた保健医療サービスの権限を地方自治体へ委譲していくプロセスは，基礎的整備段階と制度的完備段階の二つに分けられ，前者では「基本的な診断と治療，ワクチン接種，妊婦検診，保健啓蒙活動に加え，上下水道や環境整備事業も実施できる設備や人員が確保され，かつ住民代表によ

る保健医療審議会が組織されていること」という条件が課せられた。そして「保健医療審議会が機能し，地方自治体に保健事業や予算執行を監査する能力がある」と認められることで次の制度的完備段階に達し，地方分権化が完了したとみなされる。

しかし現下のSUSは，予算・人的資源・施設・設備等の不足に直面しており，十分に機能しているとは言い難い。多くの患者が治療を受けるまで時には長時間待機しなければならない。医療サービスの改善は，2013年以来幾度となく全国で起きている抗議デモの主な要求ともなっている。2億人の人口と世界第5位の国土面積を持つブラジルにおいて，医療保険の現実が理想に追いつくにはさらなる対策と時間が必要である。

〈高木 耕〉

❖ ヘルスマンパワー

ブラジルの保健医療従事者は上級職，中級職，初級職から成る。上級職は大学卒業資格を持ち，医師（養成期間6年，以下同），歯科医師（4～5年），栄養士（4年），看護師（4年），薬剤師（4年），社会福祉士（4年）などを含む。中級職は看護技術者（3年），准看護師（1～2年），X線技師（3年），臨床検査技師（3年）であり，初級職は無資格である。

2012年10月，医師の登録数が38万人に達し，人口1,000人当たりの医師数が初めて2.0人の大台に乗った。1980年の1.15人と比較すると，ヘルスマンパワーの状況は改善されてきているといえる。しかし，この数値はブラジル全土に当てはまるものではない。10年の数値で南東部は2.5人，北部はその半分にも満たない0.9人である。医学部へ進学する学生の多くは開業志向が強く，勤務地も僻地より都市部を選ぶ傾向にある。また，登録されている医師の半数以上は専門医であり，一般医の割合が減ることで地方都市や農村部の医師不足がさらに進むことが懸念されている

（IBGEウェブサイト）。

2011～12年の1年間に新規登録された医師数は1万6,000人で，この増加傾向が続けば2031年には経済協力開発機構（OECD）加盟国の人口1,000人当たり平均医師数3.0人に達すると予測されている。その一方，単に医師の数を増やすだけでは地方の医師不足解消にはつながらないとの指摘もある。かかる問題への対策として，連邦政府は2013年に「医師増員（Mais Médicos para o Brasil）」プログラムに着手した。しかし，国内では地方のニーズに適合する医師を集めることがかなわず，同年8月に外国籍の医師たちの受け入れに踏み切った。ポルトガルや隣国アルゼンチンなどから200名の医師が3年任期で招聘されたが，外国出身の医師に義務づけられている試験を免除したことに対して連邦医学審議会（CFM：Conselho Federal de Medicina）が反対し，議論を呼んでいる。

ブラジル地理統計院（IBGE）によると，2010年の看護師登録数は27万1,800人であった。人口1,000人当たりの看護師数は1.43人となり，01年の0.6人と比較すると倍以上に増えた。地域別に見ると最も高いのは南東部の1.71人，最も低いのは北部の0.94人である。州別に見ると，連邦直轄地区とリオグランデドスル州が2.10人，リオデジャネイロ州が2.04人と，世界保健機関（WHO）が示す期待値の2.0人に達している。その一方，北部パラ州は0.72人，北東部アラゴアス州は0.74人と，南部・南東部との間で約3倍の隔たりがある。

〈高木 耕〉

❖ 疾病・死因

近年ブラジルでは，途上国に顕著な感染症等による死亡例は減少傾向にあるが，先進国に多く見られる慢性疾患の症例が増加している。また，開発の進んだ地域と遅れた地域，および地域を問わず富裕層と貧困層とで，抱

える健康問題が異なっている。

　1940年に41.5歳だったブラジル人の平均寿命は，90年に67.7歳，2010年に73.5歳に上昇し，2041年には80歳を超えると予測されている。10年の乳児死亡率は出生児数1,000人当たり16.7人である。80年の73.0人，90年の47.2人，2000年の35.3人と比較すると大きな改善が見られ，医療技術の向上と予防接種の徹底，安全な飲み水へのアクセスなどの成果であると言える。しかし南米近隣諸国よりは高く，世界では93番目である。地域別の10年の乳児死亡率は，南部10.1人，南東部12.6人，中西部17.1人，北部21.2人，北東部23.0人で，北東部が南部の2倍強となっている。州別では北東部のアラゴアス州（30.2人）が最も高く，最も低い南部のサンタカタリーナ州（9.2人）の3倍強となっている。

　多くの新興国と同様，ブラジルでも少子高齢化が急速に進んでいる。人口動態は1990年にはほぼピラミッド型だったが，2010年に釣り鐘型となり，2050年には壺型になると予測されている。国連の定義では「高齢化社会」とは65歳以上人口の割合が7%を超えた状態を指すが，ブラジルはすでに11年に超えている。この傾向が続いた場合，21年後の2032年には14%を超えると予測されており，これは先進国の中でも極めて急速だった日本の26年よりさらに速い。十分な経済成長の前に高齢化問題が深刻化してしまうとの懸念がある（IBGEウェブサイト）。

　生活水準の向上により顕著になってきたのは肥満の増加である。保健省（MS）によると，2006〜11年にかけて，体格指数（BMI）が25以上の「過体重」とされる人の割合が42.7%から48.5%に，30以上の「肥満」は11.4%から15.8%に増加した。「過体重」問題は医療費の押し上げ要因ともなるため，連邦政府は11年に肥満対策を打ち出した。

　喫煙に関しては，ブラジルは1996年以降法令による分煙化を進め，2005年に「たばこの規制に関する世界保健機関枠組条約（WHO Framework Convention on Tobacco Control）」を批准した。10年における喫煙者の割合は男性が17.9%，女性が12.7%で，男性の喫煙率低下が顕著である（世界平均：男性47.0%，女性12.0%）。政府は2022年までに喫煙率を9%まで下げることを目標としている。☞7-10「禁煙法」

　一方，喫煙・飲酒開始の低年齢化が深刻な問題となっている。保健省が2005年に人口20万人以上の100都市で行った調査では，12〜17歳の54.3%が飲酒，15.2%が喫煙の経験があると回答している。薬物に関しては，従来のマリファナやシンナーなどの有機溶剤のほか，2005年以降はコカイン（クラックを含む）の使用例が増え，暴力と違法薬物使用の強い関係性も指摘されている。その他，特に女性の間でダイエットを目的とした薬品の不適切な使用例が目立つ。

　保健省によると，2011年の死因は循環器疾患が最も多く（30.7%），次いで悪性新生物（16.9%），外部要因（13.4%），呼吸器疾患（11.6%），感染症・寄生虫症（4.5%），周産期死亡（2.2%），その他（20.8%）となっている。また，癌の発症例は約49万件だった。1970年代に死因の3割を超えていた感染症・寄生虫症が激減した一方，現代病である生活習慣病や精神疾患の症例が増えてきている。

　「外部要因」のうち，交通事故は2010年に4万3,908件であった。交通事故を含む死亡事故の発生率は人口10万人当たり23.0人で，北部のロンドニア州が39.4人と最も高く，南東部のリオデジャネイロ州が18.3人と最も低い。総じて人口の少ない州の方が発生率が高い傾向にある。殺人事件数は5万3,016件で，その発生率は人口10万人当たり27.8人，北東部のアラゴアス州が66.9人と最も高く，南部のサンタカタリーナ州が13.2人と最も低か

った。年齢別では 20〜24 歳が 65.0 人と高く，男性に限ると数値は 121.9 人に跳ね上がる。なお，国内での死亡は死亡情報システム（SIM：Sistema de Informação de Mortalidade）に登録されるが，近年その登録率が上昇するなど改善が見られる。☞次項
（高木　耕）

❖感染症に対する公衆衛生対策

　デング（dengue）熱はブラジルで 2010 年以降感染が広がり，10 年，13 年，15 年は 100 万人以上の大流行となった（保健省 Portal da Saúde ウェブサイト）。主な症状は高熱，頭や筋肉・関節の強い痛みや発疹で，重症化すれば死に至る可能性もある。デング熱による死亡者数は 10 年以降年間 400 人以上にのぼり，15 年は 863 人に達した。デング熱と似ているが，より症状が軽いチクングニャ（Chikungunya）熱の拡大も報告されている。

　2015 年にはジカ（Zika）熱と特定された患者がバイア州カマサリ市で発見され，その後全国的に感染が確認された。症状はデング熱に似ているが，母子感染による胎児の小頭症発症，および感染者のギラン・バレー症候群発症との関連が疑われている。世界保健機関（WHO）も 16 年 2 月，この関連の可能性を認め，ジカ熱流行に関して「国際的に懸念される公衆衛生上の緊急事態」を宣言した。15〜16 年第 7 週までの間にブラジルでジカ熱感染との関連が疑われる小頭症の事例は 235 件確認されており，うち 221 件が北東部に集中している。ブラジルではそれまでジカ熱の感染は確認されておらず，14 年のサッカーW 杯開催時に旅行者が持ち込んだという説がある一方，以前からウイルスは存在していたが特定されていなかっただけという説もあり，起源ははっきりしない。

　デング熱，チクングニャ熱，ジカ熱いずれも確立されたワクチンが存在せず，治療は今のところ対症療法しかない。したがって予防措置が重要であり，媒介（vector）となる熱帯シマ蚊（Aedes aegypti）の発生を抑える必要がある（日本にも広く生息するヒトスジシマカも，これらの感染症のウイルスを媒介することがわかっている）。連邦政府は医療機関，地域，学校などを通じて国民への啓発を強化し，インターネットや専用電話窓口を通じた情報提供や相談受付を行っている。特に蚊の発生源となる水たまりを作り出す条件（雨水がたまる古タイヤや粗大ごみ，観葉植物，蓋をしていない貯水タンクなど）の除去を強く呼びかけている。2016 年 2 月には軍隊を動員したキャンペーンを行い，熱帯シマ蚊との「戦争」を印象づけた。さらに，公衆衛生中央研究所（Laboratórios Centrais de Saúde Pública）の検査人員の増員や，ブタンタン研究所（Instituto Butantan）におけるワクチン開発資金の提供などの対策も講じている。旅行者に対しては，虫除けスプレーの使用や肌の露出が少ない衣類の着用を呼びかけている。また妊婦に対しては，ディート，イカリジン（ピカリジン），ブチルアセチルアミノプロピオン酸エチルなどを成分とする比較的副作用の少ない虫除けスプレーを推奨している。
（浜口伸明）

❖年金

　ブラジルで老齢年金（以下，年金）の対象とされる高齢者は，一般に 60 歳以上と定義される。全人口に対する高齢者の割合は，1900 年の 3.2%（約 56 万人）から，50 年に 4.3%（約 221 万人），2000 年に 8.5%（約 1,454 万人）へと増加した。ブラジル地理統計院（IBGE）の予測では 2010 年だった 10% 超えがすでに 06 年に実現し，13 年には 13.0%（約 1,873 万人）に達し，予想を上回るペースで高齢化が進んでいる。ブラジルは 2039 年に人口のピーク（約 2 億 1,912 万人）を迎えると予測されているが，その時点での高齢者は約 5,080 万人，全人口に対する割合は 23.2% で，その後

も高齢者は増え続けると考えられており，高齢者大国の道を歩んでいる。

世界銀行によれば，近年のブラジルでは，出生時平均余命が1960年の54.7歳から2012年の73.6歳へ伸張する一方，合計特殊出生率は同期間に6.21人から1.81人に低下するなど，人口形態が先進国化しつつある（*World Development Indicators*）。このような傾向の中，ブラジルでは高齢化が進んでおり，生産人口（15～59歳）が依然多いため，高齢従属人口指数（60歳以上人口／15～59歳人口）は近年緩やかな上昇に留まっているが（1960年の9.0%から2010年の15.5%），2050年には52.1%に達すると見られている。また，年少人口の減少が顕著なことなどから，高齢化指数（15歳未満100人に対する60歳以上の人数。数値が大きいほど高齢化の度合いが高い）は，1960年の6.4人から2000年の19.8人に大きく上昇している。

増加する高齢者に関して，経済状況を2013年の平均月収で見ると，最低賃金以下（収入なしを含む）が50.6%（約268万人），最低賃金以上からその3倍以下が29.1%（約155万人），最低賃金の3倍以上から10倍以下が14.8%（約78万人），そして最低賃金の10倍以上の収入がある最富裕層は5.5%（約29万人）であった。また後述するように，貧困な高齢者に対しては政策により保険料未納でも最低賃金と同額が支給されるため，平均月収が最低賃金前後（半分より多く2倍以下）の高齢者が多い（34.8%，約185万人）。特にルーラ政権において，最低賃金が物価上昇以上に引き上げられたことから，低所得の高齢者の経済レベルは底上げされた。その影響もあり近年，高齢者のみの世帯（独居または夫婦のみ）の割合は増加傾向にあるが，一方で最低賃金と同額の年金などを確実に毎月受給できる高齢者と同居する世帯，または近隣に居住し経済的に依存する家族も増えている。

近年のブラジルでは，年金および同様の役割を持つ社会扶助を受給している高齢者は，全高齢者の80%近くに達している。また，直接だけでなく間接的なものも含めると，その割合は90%超で推移している（IPEA, Ipeadata）。ただし，就労している高齢者も30%前後存在する（IBGE, *Censo Demográfico*, *Pesquisa Nacional por Amostra de Domicílios*）。

ブラジルの年金制度は，全国民を対象とした社会保障の普遍化を掲げた1988年憲法を礎石としている。94年に有識者で構成される「高齢者の権利国家審議会（CNDI：Conselho Nacional dos Direitos do Idoso）」の設置が決定され，2003年には「高齢者憲章」（Estatuto do Idoso）という包括的な法令集が「国際高齢者の日」である10月1日に制定された。

現在のブラジルの年金を含む社会保障制度は，①一般社会保障制度（RGPS：Regime Geral de Previdência Social），②公務員社会保障制度（RPPS：Regime Próprio de Previdência Social），③補足保障（PC：Previdência Complementar）の3つに大別される。

① RGPS は，民間部門および一部の公的部門（公的企業など）の被雇用者を対象とした強制加入の制度で，労働雇用省（MTE）管轄の社会保障庁（INSS）により管理運営されている。主な年金受給資格の基準は年齢と保険料納付期間である。男性の場合，年齢では都市部が65歳，農村部が60歳かつ保険料納付期間15年が受給資格となる。保険料納付期間を基準とする場合は35年で年齢基準はない。女性の場合，年齢では都市部60歳，農村部55歳，保険料納付期間では30年が受給資格となる。② RPPS は公務員を対象とした強制加入の制度で，企画・予算・運営省（MP）が管理運営を行っている。年金の主な受給資格は年齢と保険料納付期間で，男性は60歳・35年，女性は55歳・30年である。③ PC は，民間企業や組合などの団体が管理運営する任

意の社会保障制度で、年金を含め様々な形態を持ち、政府の制度を補足するものである。

　従来のブラジルの社会保障制度は、都市と農村部、公務員と民間労働者の間などで、受給資格や金額に著しい格差があった。年金の普及が遅れていた農村部の高齢者に関しては、1992年に通称「農村年金(aposentadoria rural)」と呼ばれる制度が導入され、大きな改善が見られた。農村年金は、男性は60歳、女性は55歳から、基本的に15年間農業等に従事したことを証明すれば、保険料を納付していなくても最低賃金同額を毎月支給するものである。96年には、貧困な高齢者を対象に、実質的に年金として機能する継続扶助（BPC：Benefício de Prestação Continuada）が開始された。また、98年にカルドーゾ政権、2003年にルーラ政権により年金制度改革が行われ、従来の公務員中心の制度内容が見直され、年金受給資格の変更（勤務年数から保険料納付年数へ）、受給開始年齢の引き上げ、退職公務員からの保険料徴収など、受給条件が厳格化された。

　しかし、二度の改革にもかかわらず年金財政の赤字額は増加しており、特に経済が停滞したルセフ政権下でその傾向が顕著化している。ブラジルの年金制度は基本的に原資を現役世代の保険料で賄う賦課方式のため、赤字部分は国家の財政で補填しなければならない。このような状況下、2015年6月からRGPSの保険料納付期間を基準とする年金に関して、年齢も資格として一部導入するという変更が行われた。ただし、先述したようにブラジルでも少子高齢化が進んでいるため、年金制度においても財政の悪化や人口動態の変化を踏まえたさらなる対応が必要となっている。

☞ 5-1「貧困対策と社会扶助」　　　　（近田亮平）

❖ ボルサ・ファミリア

　ブラジルでは21世紀に入り、全国規模の社会政策が展開され、貧困削減に大きく寄与した。その一例がボルサ・ファミリア（Bolsa Família）に代表される条件付き現金給付（CCT：Conditional Cash Transfer）である。CCTは教育や保健医療など人的資源の形成につながる分野において、通学や予防接種を条件に貧困層へ現金を給付する施策である。人的資本への投資を通じて、世代を超えて継承される傾向の強い貧困の連鎖を断ち切ることを目的とする。特定の貧困層に対象を絞るため選別的な政策でもあり、地方自治体を介さず連邦政府から直接支給することで費用を削減するため、効率性を重視する新自由主義的要素も強い。概してCCTは必要な人々に社会保障を浅く広く与えるものであり、日本の生活保護などより支給額は少ない。しかし、貧困層はリスクに対する脆弱性が高いため、少額でも定期的に得られる現金は日常的な生計の維持や向上に寄与するとともに、経済危機や災害など不測事態の発生によるさらなる困窮化への対処手段ともなり得る。また、少額支給および受給条件の付与には、貧困層の社会経済的自立を促す目的もある。

　CCTの多くは、まず自治体レベルで施行されたのち、全国レベルに拡大していった。自治体レベルの施策には、通学を受給条件とした就学奨励金ボルサ・エスコーラ（Bolsa Escola, サンパウロ州カンピナス市で1994年開始）や児童労働撲滅プログラム（PETI：Programa de Erradicação de Trabalho Infantil, マトグロッソドスル州で96年開始）などがある。2003年に誕生した労働者党（PT）ルーラ政権は、それら複数あった既存のCCTを国家政策として「ボルサ・ファミリア」へ統合し、政権の看板社会政策として実施していった。

　ボルサ・ファミリアの対象は、1人当たりの平均月収により、極貧世帯（月77レアル以下）と貧困世帯（同77〜154レアル）に分けられる。支給額は子どもの数や年齢で異なり、毎月の支給額（2015年9月時点）は、基礎扶助

額が77レアル，15歳以下の子どもや妊婦1人につき35レアル（最高5人まで），16歳と17歳の子ども1人につき42レアル（最高2人まで）となっている。極貧世帯の場合，支給要件である子どもや妊婦の有無にかかわらず，基礎扶助額として77レアルが支給される。08年に子どもの対象年齢が15歳から17歳へ引き上げられるなど，受給条件や支給額は政策の効果や物価上昇を考慮し漸次調整されてきた。総受給額は最小35レアルから最大336レアルで，平均額は支給額が10％引き上げられた14年6月時点で約167レアルだった。また，受給者の大半が家計を管理する母親である点や，専用カードを使い銀行のATMなどで現金を直接受け取れる点なども特徴である。

第一次ルセフ政権下の2011年，ボルサ・ファミリアの対象を0～6歳に拡張した「愛情あるブラジル（Brasil Carinhoso）」プログラムが開始された。同プログラムは，ボルサ・ファミリアをすでに受給していても，世帯1人当たりの平均月収が77レアル以下で，0～6歳の乳幼児を持つ世帯を対象に，世帯1人当たりの平均月収と77レアルとの差額を支給するものである。

ボルサ・ファミリアは2014年1月時点で，想定された政策対象世帯数を上回る1,400万以上の世帯が受給しており，ブラジルの3人に1人が受益者となるまでに普及している。「バラマキ政策」「貧困層の政治利用」といった批判もある。しかしブラジルではCCTの普及に加え，普遍的な社会保障の整備や高い経済成長などの要因により，ルーラ政権の8年間で約3,000万人が貧困層から中間層へ社会的に上昇したとされる（Marcero Neri, 2012, *A nova classe média*）。☞次項　　　　（近田亮平）

❖**貧困対策と社会扶助**

ブラジルの貧困対策の多くは，1993年の社会扶助基本法（LOAS）に基づき，ハイパー・

現在ではスマートフォンによるボルサ・ファミリアの管理も一般化している（提供：Agência Brasil）

インフレが終息し経済が安定し始めた90年代半ば以降大々的に施行されるようになった。95年に発足したカルドーゾ政権は，LOASを法的根拠として地方レベルで普及が進んだ条件付き現金給付（CCT：Conditional Cash Transfer）も含め，NGOや市民団体の参加を得て総合的な社会政策プログラム「連帯コミュニティ（Comunidade Solidária）」に着手した。そして2003年に左派的なルーラ政権が誕生すると，貧困対策としての社会扶助策がさらに積極的に試みられるようになった。

LOASに基づく代表的な社会扶助策として，1996年に始まった継続扶助（BPC：Benefício de Prestação Continuada）がある。世帯1人当たり平均月収が最低賃金の4分の1未満で勤労不可能な高齢者と障害者に対し，最低賃金同額を毎月支給するもので，開始当初は70歳だった高齢者の受給年齢が98年に67歳，2004年に65歳へ引き下げられた。これにより，受給対象高齢者にとって保険料納付が不要な年金とほぼ同等の扶助策となった。支給額が最低賃金と同額のBPCは，最低限ではあるが年金と同様に貧困層の生計を維持し得るため，少額支給のCCTよりも普遍主義的といえる。

少額の現金を支給する社会扶助策としては，1999年開始の「若年層の社会人間開発（Agente Jovem de Desenvolvimento Social e Humano）」プログラムがある。15～17歳の若年層を対象に，1年間の社会教育研修への参加を条件に毎月

「飢餓ゼロ」プログラムを発表するルーラ大統領
(提供：Agência Brasil)

65レアル（当時）を支給するものである。また，94年にサンパウロ州カンピナス市で開始された就学奨励金ボルサ・エスコーラ（Bolsa Escola）および保健医療活動への参加を受給条件とする食糧手当（Bolsa Alimentação）が，2001年に全国規模で実施されるようになった。さらに02年には，家庭用ガスの購入補助として2カ月ごとに15レアル（当時）を貧困家庭に支給するガス手当（Auxílio Gas）が全国を対象に開始された。そのほか児童労働撲滅プログラム（PETI：Programa de Erradicação de Trabalho Infantil）なども含めた各種現金給付政策は，ルーラ政権発足時に発表された「飢餓ゼロ（Fome Zero）」プログラムに包摂され，後にボルサ・ファミリア（Bolsa Família）へと漸次統合されていった。

ルセフ大統領は2011年の政権発足時，依然として貧困削減策の網から漏れている人々に焦点を当て，「困窮なきブラジル（Brasil Sem Miéria）」計画を打ち出した。その対象は当時ブラジルで1,620万人いたとされる，世帯1人当たり平均月収70レアル以下の極貧層である。具体的には，ボルサ・ファミリアを拡張した「愛情あるブラジル（Brasil Carinhoso）」プログラムや，自然保護地区の極貧層に対して環境保全を条件に300レアルを3カ月ごとに支給する「緑手当（Bolsa Verde）」がある。また貧困農家に対し，資材購入や設備投資の資金を年数回に分けて支給する農村生産活動支援（Fomento às Atividades Produtivas Rurais）も実施されている（MDSウェブサイト）。

2005年以降，これら様々な社会扶助政策を制度的に統合し，その管理運営に市民社会が参加する社会扶助統一システム（SUAS：Sistema Único de Assistência Social）が各地方自治体で導入されている。また，基礎的な社会扶助事業を担当する社会扶助センター（CRAS：Centros de Referência da Assistência Social）などが全国各地に設置されており，これらを基点として貧困層を主な対象とした様々な社会扶助策が展開されている。

〔近田亮平〕

❖治安

ブラジルは治安の悪さで世界的に知られている。例えば殺人と強盗の年間発生件数（2012年）はそれぞれ50,108件と979,571件で，不名誉なことに両者とも世界1位を記録している（UNODC, *Crime and Criminal Justice Statistics*, 2014）。このような治安状況への対策の必要性が，いわゆる「ブラジル・コスト」の一因をなしている。特にブラジルの場合，20世紀後半の急速な都市化やそれに伴う貧困の拡大，軍政期後半以降の麻薬取引の蔓延などが治安悪化の要因であるため，都市部でより深刻な社会問題となっている。主に都市周辺部に形成されるスラム街ファヴェーラ（favela）は，少なからぬ偏見を差し引くとしても，犯罪や貧困の温床となっていることは否定できない。

治安の維持や改善を責務とする警察組織は，役割別に①市民警察（PC：Polícia Civil），②軍警察（PM：Polícia Militar），③連邦警察（PF：Polícia Federal），④連邦道路交通警察（PRF：Polícia Rodoviária Federal）に大別される。

①市民警察（PC）は，治安に関する法律などの施行や監視，犯罪の取締や捜査が主な役割である。州知事直属の組織でり，管轄は各州政府である。②軍警察（PM）も同じく州知事直属の組織で，治安維持や法令順守のため

のパトロールを主な任務としている。国軍の予備軍でもあるため，国軍と類似のヒエラルキー的組織構造となっている。

③連邦警察（PF）は連邦政府管轄の組織で，国家や公的企業・機関に対する刑法犯罪捜査，麻薬取引・密輸の取締，空港・港湾での警護などを行う。本部は首都ブラジリアにあるが，各州に監督部や警察署が設置されている。④連邦道路交通警察（PRF）も連邦政府に属し，道路交通違反の取締や事故対応を任務とする。また，他の警察組織と協力し，国境地帯における麻薬・武器・人身の違法売買，窃盗，人権侵害犯罪などの取締も行う。

上記以外に，麻薬犯罪組織の掃討を目的としてリオデジャネイロ州に配備されている特殊警察作戦部隊（BOPE：Batalhão de Operações Policiais Especiais）など，特別な任務を担う警察組織もある。

近年の治安対策として，リオデジャネイロ市で開始された常駐治安維持部隊（UPP）が挙げられる。同市は2014年サッカーW杯開催地の一つであり，16年の五輪開催予定地であるが，ラテンアメリカ最大のロシーニャ（Rocinha）地区を含め，麻薬犯罪組織の拠点ともなっているファヴェーラが市中心部に数多く形成されており，その治安の悪さは国内外で有名である。UPPは犯罪の取締と抑止を目的に，半ば無法地帯化したファヴェーラの内部に拠点を設置し，武装警官を常駐させて周辺コミュニティの警備やパトロールを行っている。2008年に市中心部のファヴェーラに初めて拠点が設置されて以来，15年6月までに42拠点にまで増設されている（リオデジャネイロ州政府ウェブサイト）。

その他，日本の交番システムをモデルとするコミュニティ警察（Policiamento Comunitário）またはKOBAN（交番）が，サンパウロ州で導入されている。導入に際しては，日本政府が国際協力機構（JICA）のプロジェクト（2008

常駐治安維持部隊によるパトロールの様子
（提供：Agência Brasil）

～11年）などを通して支援を行っている。しかし，先述のように殺人と強盗の発生件数が過去数年にわたり世界最悪で推移しているように，ブラジルの治安改善への道のりは依然長く険しいといえる。☞1-5「日本・ブラジル間のODA」

（近田亮平）

❖マイノリティ

ブラジルは，ポルトガル人の到着以前から南米大陸に居住していた先住民をはじめ，さまざまな出自の人びとが住む多民族国家である。国民は国勢調査などの公式統計調査の際，「人種・肌の色（raça e cor）」を自己申告する。選択肢は「白人（caucasiano），黒人（preto），黄色人種（amarelo），褐色人種（pardo），先住民（indígenas）」である。ブラジルで人種差別が社会問題として捉えられるようになったのは近年のことである。人種概念をめぐる言説は，19世紀前半の先住民族の理想化，19世紀後半の生物学に基づく認識，20世紀前半の異種混交の肯定，20世紀後半の人種問題の政治化というように時代ごとに変遷してきた。

ブラジルは主に米国との比較から，人種に関して寛容であり差別が少ない国と考えられてきた。特に1920～30年代のブラジリダーデ（Brasilidade：ブラジル性）追求の思潮のもと，社会学者G・フレイレが提唱した人種民主主義（Democracia Racial）概念をヴァルガス政権が政治的に利用したことにより，国民の間に

「人種差別のないブラジル」像が広まった。ブラジルは自ら「人種のパラダイス」を信じ，欧米との違いを肯定的に強調することで欧米追従からの脱却を試みた。これは先住民・白人・黒人をはじめさまざまなルーツの人びとの混淆こそが「ブラジル性」の最大の要素であると主張する混血肯定運動であった。

1950年代以降は格差が社会問題として注目されるようになるが，議論の中心は階層・階級であった。80年代以降，人種が注目されるようになるとともに黒人の社会運動が盛んになるにつれ，「人種差別のない国」という標語は単なる国家主導のナショナリズム運動の一環と考えられるようになった。2000年代に入って格差是正が重要な政治課題となると，経済的・社会的格差と人種の関連は無視しえない問題であり，貧困解消と経済安定のためにも人種差別の改善が急務であるとの認識が広がった。

近年のブラジルでは人種・民族的マイノリティだけでなく，貧困層や性的少数者（LGBT：レズビアン，ゲイ，バイセクシュアル，トランスジェンダー）も含め，社会的に不利な立場にあるマイノリティ全般についてその権利を保護すべきという機運が高まっている。これら社会的マイノリティの人権保護に関する統括組織は人権庁（SDH：Secretaria de Direitos Humanos）である。先住民の保護に関しては国立インディオ財団（FUNAI）が主導するが，保健衛生状況の改善は先住民保健庁（SESAI：Secretaria Especial de Saúde Indígena）が，土地・保護区関連事項は環境省（MMA）が担当するなど，分野により管轄機関が異なる。また2003年，黒人差別などの人種問題を特務とする機関として，人種平等促進政策庁（SEPPIR：Secretaria de Políticas de Promoção da Igualdade Racial）が設立された。

先住民は，1500年にポルトガル人がブラジルへ到着した当時は約300万人いたと推定されている。欧州人による迫害や欧州から持ち込まれた疫病が原因でその数は激減したが，1990年代から増加に転じ，2010年時点では約82万人であった。現在も伝統的な暮らしを維持していることで知られるヤノマミ（Yanomami）族をはじめ，マクロ＝ジェ（Macro-Jê）語族やトゥピ＝グアラニ（Tupí-Guaraní）語族など，305の民族と274の言語・方言がある。ブラジル地理統計院（IBGE）の調査によると，先住民人口の37.4%が家庭内で母語である先住民言語を使用し，17.5%はポルトガル語を話さない。非識字者の割合は全国平均より高く，2～3割といわれる。先住民のみに所有・使用が認められている保護区には約51万人が居住し，保護区外の先住民と比べ母語使用率や非識字率が高い（IBGE, Censo Demográfico 2010）。

憲法第231条により「先住民の土地（TIs：Terras Indígenas）」の権利は保障されているが，居住地は常に「開発」によって脅かされている。また，ブラジル社会に組み込まれて以降，先住民の薬物・アルコール依存症が問題となっている。社会全体に比して自殺率や子どもの死亡率が高く，先住民への暴力も多数報告されており，生活環境の改善が急務である。

☞次項, 5-2「民主主義の革新を求めて」　　（奥田若菜）

❖人種差別とアファーマティブ・アクション

ブラジルでは2000年代から行政・民間を問わず，教育や雇用機会をめぐり社会的に不利な立場にいる人びとに対し，各種のアファーマティブ・アクション（積極的差別是正策，以下AA）が実施されてきた。その中で03年，多様性を標榜する労働者党（PT）のルーラ政権は，「国際人種差別撤廃デー」（1996年の国連総会で制定）の3月21日に人種平等促進政策庁（SEPPIR：Secretaria de Políticas de Promoção da Igualdade Racial）を設立した。奴隷制以降の歴史の中で作り出された黒人のネガティブ・

イメージの打開，機会平等の促進，偏見と人種差別の撤廃などを目的に創設されたSEPPIRは，人種差別の現状を把握し平等な社会を実現すべく，AA政策を促進している。

ブラジルのAAには，クオータ制（Cota/Quota）と加点（Bônus）という二つの方法がある。前者は特定の集団に定員の一定割合を割り当てる制度であり，後者は特定の集団の試験結果に加点する方法である。国公立高等教育機関として最初にAAを導入したブラジリア大学（UnB）は，2003年に入学定員の20％を黒人に割り当てるクオータ制の実施に踏み切った。黒人の大学院生が差別されている状況に鑑み，1999年からクオータ制を検討し始め，学内での4年間の議論の末，最終的には賛成多数で導入に至ったものである。その際UnBは，クオータ制の実施は人種主義とその結果としての社会的排除に対する抗議であり，大学の不幸なエリート主義に反対するとの声明を出した。その後12年8月にはクオータ制が法律で定められ，高等教育機関での同制度の実施が推進されることとなった。

クオータ法では高等教育機関の入試において，公立高校出身者（私立高出身者と比べて家庭の所得が低く，教育の質も劣る），先住民，黒人，褐色人種に対するAAが定められている。定員の50％を公立高出身者に割り当て，さらにそのうちの一部を，当該地域の人種割合と同程度になるよう先住民，黒人，褐色人種に割り当てる。たとえばリオデジャネイロの場合，人種別人口構成で約52％が先住民，黒人，褐色人種である。ある大学の定員が100名だとすると，最低50名分を公立高出身者に割り当て，さらにそのうち26名分（52％）を先住民，黒人，褐色人種に割り当てることになる。連邦政府は同法施行に際し，これらマイノリティおよび社会的に不利な立場にある学生の入学割合を段階的に引き上げ，2016年には大学生全体の50％にすることを目標に定めたが，これは15年にすでに達成された。

自治権を有する大学の場合，AAの実施方法は各大学の判断に委ねられている。たとえばサンパウロ大学では2015年現在，クオータ制ではなく加点方式を採用している。しかしクオータ法成立以降，その実施を求める学生や市民による運動が続いており，それを受けてサンパウロ大学でも16年から一部クオータ制を導入する予定である。また，ゴイアス連邦大学ですでに実施されているように，大学院でもクオータ制を採り入れる動きがある。また，教育機関のみならず議会へのクオータ制導入も検討されている。

ただし，こうしたAAには根強い反対もある。たとえば混血の進んだブラジルでは人種を厳密に区別することは不可能だという意見で，現にUnBの入試でもクオータ制の対象となる人種の確定方法があいまいで問題が生じている。また，クオータ制の対象から外された人種に対する逆差別にあたるとする批判もある。さらに，クオータ枠で入学する学生は通常の入試に合格するだけの十分な学力を持たないため，大学のレベルが低下する懸念があるという声も上がっている。このような反対意見に対して教育省（MEC）は，ブラジルに経済格差や人種差別が存在するかぎり，AAは必要な措置であると主張している。

〔奥田若菜〕

❖性的マイノリティと信仰の自由

ブラジルで1997年から開催されている「ゲイ・パレード」は，世界最大規模のLGBT（レズビアン，ゲイ，バイセクシュアル，トランスジェンダー）の祭典である。性的マイノリティであることをカミングアウトする人びとが増えた方で，彼ら彼女らに対する差別意識も根強い。2011年と12年に連邦政府が行った初の実態調査によると，LGBTの人びとは周囲や警察からの暴力や侮蔑の言葉によ

る被害を受けているだけでなく，強盗などの犯罪に巻き込まれやすい傾向がある。宗教を重視するブラジルでは，信仰上の理由から性的マイノリティへの不寛容な態度も見受けられる。現状を改善するため政府は 2010 年，LGBT 差別撲滅審議会（CNCD/LGBT：Conselho Nacional de Combate à Discriminação e Promoção dos Direitos de Lésbicas, Gays, Bissexuais, Travestis e Transexuais）を設立した。現在ブラジルでは宗教施設を除くすべての場において，性的マイノリティであることを理由に不当な扱い（施設利用の拒否や過剰な料金の請求，就労拒否など）をすることは禁じられている。また LGBT 関連のシンポジウム開催やホモフォビア（同性愛に対する嫌悪）撲滅プログラムの推進などにより，差別撤廃の機運は高まっている。15 年に性的マイノリティ差別に罰金刑を設けたリオデジャネイロ州など，独自の条例をもつ州もある。

　婚姻に関しては，2011 年に連邦最高裁判所（STF）が同性カップルにも異性と同等の権利を認め，13 年には全国司法審議会（CNJ：Conselho Nacional de Justiça）がすべての役所に同性カップルの婚姻届を受理する義務があると決議した。これにより同性婚が事実上可能となったが，15 年時点ではいまだ議会で合法化されていない。

　ブラジルでは国民のほとんどが何らかの宗教を信じ，特にカトリックは世界最多で，国内でもマジョリティである。しかし，全人口に対するカトリック信者の割合は 1970 年の 91.8％から，91 年に 83.0％，2010 年に 64.6％へと減少している。カトリックに代わり信者数を伸ばしているのがプロテスタントで，70 年の 5.8％から 91 年に 9.0％，2010 年には 22.2％と急伸している（IBGE, *Censo Demográfico*）。特にユニバーサル（Igreja Universal）やアセンブリー・オブ・ゴッド（Igreja Assembleia de Deus）などを含むペンテコステ（Pentecostes）派が，都市部貧困層を中心に信者数を伸ばしている。また，信者に高所得層が多いエスピリティズモ（Espiritismo），カンドンブレ（Candomblé）やウンバンダ（Umbanda）などのアフロ・ブラジル系，先住民や日系の宗教（生長の家，天理教，創価学会など）もある。特定の宗教を信じない人の割合は 2010 年に 8.0％で，91 年の 4.7％から増加している（*Ibid.*）。

　このように「カトリック大国」から「多様な宗教の国」へ変化するなか，ブラジルは信仰の自由の保障に力を入れ始めた。2013 年設立の人権庁宗教的多様性委員会（Comitê Nacional da Diversidade Religiosa）には，人権庁，人種的平等促進政策庁（SEPPIR：Secretaria de Políticas de Promoção da Igualdade Racial），文化省（MinC）などの代表が参加している。信仰やその表現の自由のほか，信仰をもたない自由も保障されている。特に憑依や供儀を伴う儀礼を行うアフロ・ブラジル系宗教への偏見があり，信仰を理由とした差別意識の撤廃や特定宗教へのヘイト・スピーチ（差別煽動表現）の監視が不可欠である。14 年には法改正により，人種や民族を対象とする民事訴訟法に宗教も含めることとなった。このようにブラジルでは文化的多元主義の考えが広まり，人種のみならず性的マイノリティや宗教の多様性を保障する動きが加速している。

〔奥田若菜〕

2. 社会運動

❖社会運動の現在

2015年3月、ブラジルは民政移管から30年目を迎えた。この間、市民の権利を大幅に認めた現行の1988年憲法(「市民の憲法」と呼ばれる)とも相まって、国民の政治参加が拡大した。それは選挙のみならず、多様な非政府・非営利組織(NGO, NPO)の活動や、街頭での集会やデモ行進といった大衆運動などに見ることができる。

今日、世界各地の社会運動はグローバルな連携を持つにいたっている。ブラジルの場合、南米の地域大国であることも手伝って、そうした社会運動のグローバルなネットワークの一つの核としての役割を果たしている。最も端的な例が世界社会フォーラム(World Social Forum)であろう。世界社会フォーラムは、グローバル化の先導役とされる世界経済フォーラム(ダヴォス会議を主催)に対抗して結成されたもので、2001年3月の第1回から3回続けてブラジル南部ポルトアレグレが大会開催地となった。また、01年8月末から9月初めにかけて、南アフリカ共和国で国連反人種主義・差別撤廃世界会議(ダーバン会議)が開催されたが、ブラジルは主催国以外では最大の代表団を派遣し、会議で決議された行動計画に積極的差別是正策(アファーマティブ・アクション)を盛り込むよう、議論を主導した。

2013年、サッカーの国際大会であるコンフェデレーションズカップ開催中、ブラジルの主要都市で政府批判の集会やデモ行進が行われ、主要メディアの報道を通じて、日本でもその「過激さ」に注目が集まった。ブラジルの社会運動を考える際には、民主化によって培われてきた政治意識に加え、アマゾンなどの開発に伴う環境破壊と先住民の生活への脅威や、農村や都市における社会的・経済的格差と闘い、アフリカ系人や女性、性的少数者(LGBT:レズビアン、ゲイ、バイセクシュアル、トランスジェンダー)などマイノリティの権利を求める運動など、民政移管を推進し、民主政の中で成長した新しい動きを考慮する必要がある。

2015年夏の時点で振り返ると、政府批判、

2013年6月、全国で大規模な反政府デモが行われた
(サンパウロ市にて 提供:Agência Brasil)

格差への不満, 環境や人権侵害への抗議など, 13年に集会やデモ行進で一気に噴出した多種多様な要求は, ブラジル国民の多様なニーズを反映しているように思われる。少なくとも, 軍政下では声を上げることができなかったさまざまな社会集団・階層が, 自らの意思を表明できる状況が生まれたことは確かであろう。14年12月, 石油公社ペトロブラス（Petrobras）の不正経理が明るみになり, 現職大統領を含む政権与党幹部の関与が疑われている。これをめぐってすでに数回の大きな集会・デモ行進が行われた。メディアに流れる街頭風景だけを見れば, 相も変わらぬ政治家の汚職とそれへの国民の不満の爆発としか映らないかもしれない。しかし, 民政移管から30年,「市民の憲法」制定から27年を経たブラジルの今を理解しようとするとき, この間の民主主義定着をめぐる試行錯誤の経験を忘れるわけにはいかない。

〔鈴木 茂〕

❖民主化と社会運動

1985年の民政移管にあたっては, 軍政期に制定された憲法を改正し, 国民の直接選挙によって大統領を選ぶことを求める運動（Diretas-Já! 「今すぐ直接選挙を！」の意）が全国で展開された。

1983年初め, 北東部の地方都市で始まったこの運動は, 翌84年に入るとブラジル各地の大都市で盛り上がり, 国会での憲法改正案採決が目前に迫った4月には, リオデジャネイロとサンパウロで100万人規模のデモ行進が行われた。運動を主導したのは軍政野党のブラジル民主運動党（PMDB）や労働者党（PT）で, 民政初代大統領に選ばれるネヴェス, ブリゾーラ, アラエス, モントロといった軍政以前からの有力政治家や, のちに大統領となる若手政治家カルドーゾ, ルーラ, さらにはサッカー・ブラジル代表主将のソクラテス, ミュージシャンのシッコ・ブアルケ, マルチーニョ・ダ・ヴィラなど多くの著名人が参加した。結果的に, 憲法改正案は必要とされた票数にわずかに届かずに国会で否決され, 民政移管後の初代大統領は, 軍政期同様, 間接選挙で選ばれることになった。しかし, 軍政与党の分裂も手伝って, 野党候補であったネヴェスが勝利した。

マルビナス戦争（Guerra de las Malvinas, 英名フォークランド戦争 Falklands War）などの失政によって軍事政権が退陣を余儀なくされたアルゼンチンと違い, 大統領の選出方法や軍政期の人権侵害を不問とする恩赦法の制定など, 一般にブラジルの民政移管は軍部主導で行われたとされる。しかし, 軍部は大統領選挙で勝利できなかっただけでなく, 候補者を選ぶ予備選挙で与党分裂に直面し, 民政移管後の政治の主導権を手放すことになった。その背景に, 街頭に出て民主化を要求する国民の声があったことは間違いない。そして, 民政移管で発揮された一般国民の力は, 民政移管後にも新憲法制定, コロル大統領弾劾といった場面でも大きな影響力を発揮した。

〔鈴木 茂〕

❖新憲法制定と大統領選挙の実施

ブラジルの民政移管は, 軍政以前の政治体制の復活ではなく, 新憲法を制定して新しい民主政をめざして行われた。1986年11月の上下両院選挙を受けて, 翌87年2月に国会議員全員からなる憲法制定会議が開会し, 88年10月の公布まで, 約1年9カ月をかけて憲法草案が審議された。その間, 一般市民からの修正提案を受け付け, その数は1万7,000件を超えたという。零細農民や農業労働者, 都市の労働者や貧困層, 女性, 先住民, アフリカ系人, 性的少数者（LGBT：レズビアン, ゲイ, バイセクシュアル, トランスジェンダー）などを含む多様な社会運動団体も多くの提案を行い, いくつかは憲法第Ⅱ部「基本的

諸権利」などに盛り込まれている。その結果，この憲法は「市民の憲法」の名で呼ばれるようになった。

　新憲法制定によって大統領直接選挙が復活し，1989年10月，国民は29年ぶりに自らの手で大統領を選ぶ機会を得た。ルーラとの決選投票の末，弱冠40歳のほとんど無名の地方政治家コロルが当選した。しかし，就任から2年半後の92年5月，大統領選挙運動資金をめぐる不正が明るみに出，これに端を発する一連の汚職疑惑によって，ブラジル史上初の大統領弾劾を求める運動が展開された。6月に国会に調査委員会が設置されて審議が進む中，8月にはブラジル弁護士会（OAB）や全国学生連盟（UNE：União Nacional dos Estudantes）などが大統領弾劾を訴え，ブラジル各地で大規模な集会やデモ行進が行われた。「カラス・ピンタータス（caras pintadas）」は本来，墨などを顔に塗ってカムフラージュした兵士を指すが，多くの高校生や大学生がブラジル国旗の色である緑と黄のラインを顔に描いてこれらの集会やデモに参加したことで，この若者たちの弾劾要求運動は「カラス・ピンタータス運動」と呼ばれた。10月初め，憲法の規定によって上院で弾劾裁判が始まり，12月末，賛成76票，反対3票の圧倒的多数でコロルの弾劾と8年間の公民権停止が決定された。☞2-2「憲法」

（鈴木　茂）

❖マイノリティの社会包摂と民主主義の革新

　1988年憲法は，長くブラジルの事実上の国是であった「混血を通した国民統合」というイデオロギーを否定し，マイノリティの文化やアイデンティティを擁護し，多文化共生を新たな国民統合の論理として打ち出した。第215条第1項には，「国家は民衆文化，先住民文化，アフリカ系ブラジル人文化，および国の文明創造に参加したその他の諸集団の文化を保護する」と規定されている。こうした多文化主義への転換にも，先住民やアフリカ系人などのマイノリティの社会運動が大きな影響を与えている。

　1500年の時点で300万人とも500万人とも言われるブラジルの先住民人口は，20世紀半ばには20万人を切るまでに減少したが，2010年センサスでは約82万人が自らを先住民として申告するまでに「回復」している（IBGE, *Censo Demográfico 2010*）。これには政府の先住民保護政策のほか，多文化主義による先住民系ブラジル人の自尊心の獲得や，北東部などで顕著な先住民系の混血の人々による「新しい先住民部族の創造」も与っていると見られる。しかし，開発の進展，とりわけ輸出向け農産物栽培の拡大によって，先住民の土地と生活への脅威は深刻の度を増しており，環境保護運動とも相まって，先住民の権利保障運動が活発となっている。

　ブラジル政府が開発をめぐって先住民の存在を認識し始めるのは，20世紀初頭のアマゾン奥地への電信線敷設まで遡ることができるが，軍政下の1970年代に着手されたアマゾン開発は決定的な契機となった。ブラジル政府のアマゾン開発は，大きく水力による電源開発と農牧業開発からなっている。中西部に源を発し，アマゾン川に注ぎ込むシングー（Xingu）川中流域は，電源開発に最も有望な地域として注目され，80年までに7つの巨大ダムの建設が計画された。こうした電源開発計画は民政移管後も継承され，86年にまとめられた国家電力計画では法定アマゾン地域に40の水力発電所を建設することが定められた。88年に政府がシングー川流域のベロモンテ（Belo Monte）・ダム建設に関する最終調査報告書を承認すると，居住地が水没の危機に瀕したカヤポー族を中心に，89年2月，パラ州アルタミラ（Altamira）において「第1回シングー川流域先住民族会議」が開催された。この会議は欧米の先住民や環境保護団体の参

加を得て国際的な注目を浴び，そこで採択された「アルタミラ宣言」はブラジルの環境保護運動の転換点となったとも言われ，その精神は92年6月にリオデジャネイロで開催された国連環境開発会議（地球サミット）にも引き継がれていった。

1988年憲法は，「保留地」や「伝統的な居住地」などを「先住民の土地（TIs：Terras Indígenas）」として認定し，部外者による開発を厳しく規制している。2014年現在，全国に「先住民の土地」は697カ所，約113万 km²あり，これは全国土面積の約13％にあたる。うち法定アマゾンは422カ所，111万 km²で，アマゾン地域総面積の約22％にあたり，TIsの約98％が集中している。しかし，日常的な脅威はアマゾンに限らず，むしろ小規模なTIsが散在する他地域でも深刻である。例えば，ブラジル司教全国会議（CNBB）の先住民布教審議会（CIMI：Conselho Indigenista Missionário）の調査によれば，14年，全国で土地をめぐって138人の先住民が殺害されており，うち41人がマトグロッソドスル州に居住していた。同州は大豆や牧畜などの大規模生産と輸出で知られている。

政府は国会内の農業利害勢力の圧力に押され，近年TIsでの開発規制を緩和する方向に動いている。2012年に出された省令303号（Portaria 303/12）は，「連邦にとって有意義」であることを条件に，憲法に定められた事前協議抜きに政府が開発プロジェクトを実施することを認めた。また，13年には現行では国立インディオ財団（FUNAI）に与えられているTIsの認定権限を国会に移譲する旨の憲法改正案（PEC 215）を提起した。いずれも先住民団体の激しい非難を浴び，とくにPEC 215をめぐっては，13年4月，先住民が下院本会議場を占拠するという事態に発展した。

アフリカ系人の運動も活発化した。アフリカ系人の権利獲得運動は，先住民，女性，性的少数者（LGBT：レズビアン，ゲイ，バイセクシュアル，トランスジェンダー）などと並んで民政移管の原動力となったが，1988年憲法制定以降は，そこに書き込まれた諸権利の実現をめざし，活動を拡大させてきた。まず88年，ブラジルの奴隷制廃止100周年に際し，アフリカ系人諸団体は奴隷制廃止を「偽の解放」であったと批判し，5月には政府主催の記念行事に対抗してサンパウロ，リオデジャネイロ，サルバドールなど主要都市で抗議デモを行った。この頃から，17世紀の逃亡奴隷集団のリーダーであり，奴隷制への抵抗の象徴でもある「パルマーレスのズンビ（Zumbi dos Palmares）」の命日11月20日を「黒人意識の日（Dia da Consciência Negra）」としてさまざまな行事が開催されるようになる。ズンビ没後300年にあたる1995年には，アフリカ系人のみならず，先住民や「土地なし農民」などのさまざまな社会運動が参加して，「ブラジリアへの行進」が行われた。アフリカ系人諸団体はまた，2001年に南アフリカ共和国で開催された国連反人種主義・差別撤廃世界会議（ダーバン会議）の「行動計画」の実現に向けてさまざまな取り組みを行ってきた。中でも大学入学時のアファーマティブ・アクション（積極的差別是正策），とりわけ特定の人種への定員の割り当て，いわゆる「クオータ制（Cota/Quota）」の導入は大きな論争を引き起こしたが，02年にリオデジャネイロの二つの州立大学，04年には国立大学として初めてブラジリア大学（UnB）でクオータ制が採用された。12年8月には，すべての国立大学の入学者選抜にクオータ制を導入する連邦法（法律第12号，711/2012）が制定され，その第3条では，立地する州の人種別人口比に基づき「黒人，混血，先住民」の入学枠を設定すると定められている。

軍政下で始まり，民政移管後に勢力を拡大したもう一つの重要な社会運動として，「土地

なし農民」の農地獲得運動が挙げられる。その最大の団体「土地なし農民運動」（MST）は，1984年1月に南部パラナ州カスカヴェル（Cascavel）で第1回全国大会を開いて正式に発足したが，95年7月のブラジリアにおける第3回全国大会開催を境に新自由主義への対決姿勢を鮮明にし，直接行動としての「未利用農地」の占拠を加速した。96年4月にパラ州東部エルドラードデカラジャス（Eldorado dos Carajás）で，農民のデモ隊に対し軍警察が発砲，農民側に19人の死者が出るという事件が起き，海外でも大きく報道された。「土地なし農民」は，先住民と並んで，地主や警察権力による暴力の最大の犠牲者となっている。

☞ 5-1「マイノリティ」　　　　　　　　（鈴木　茂）

❖経済成長と国民の生活実感

2013年6月，ブラジル全国の主要都市では，1992年以来の規模といわれる反政府デモが繰り広げられた。同月15日から30日にはサッカー・ワールドカップの前哨戦としてコンフェデレーションズカップが開催されており，観戦に訪れた日本人を含む多数の外国人もその様子を目にすることとなった。2000年代に入り，ブラジルは目覚ましい経済成長を遂げ，ワールドカップやオリンピックの招致にも成功していたので，国民の不満との落差が国際的な注目を浴びた。

直接的な発端は，サンパウロにおけるバス・地下鉄料金の値上げであった。2013年6月2日，この年の1月に就任したばかりの労働者党（PT）のアダージ新市長が，バス・地下鉄料金を3レアルから3.2レアルに引き上げた（サンパウロに限らず，ブラジルの公共市内交通は均一料金制）。当時のレートで約10円の値上げであったが，以前から公共交通の無料化を要求していた学生団体「パセ・リヴレ（無賃乗車）運動（MPL：Movimento Passe Livre）」などの反対運動を招いた。これに対し，

2014年2月，ブラジリアで行われた抗議行動で入植・農地改革院（INCRA）の建物を占拠した「土地なし農民運動」のメンバーたち（提供：Agência Brasil）

市当局は警察を動員して制圧しようとした。同月13日には警察との激しい衝突が起こり，多数のけが人が出たうえ，軍政期を彷彿させる予防拘禁を含めて約300人が逮捕された。けが人の中には報道関係者もおり，ここにいたって大手メディアも，反対運動側に好意的な報道に転じた。また同日，サンパウロの運動が，かねてから公共交通料金値上げへの反対運動が繰り返されていたリオデジャネイロをはじめ，国内各地の都市にも飛び火した。15日土曜にはリオデジャネイロでコンフェデレーションズカップが開幕したが，開会挨拶に立った大統領ルセフには会場から罵声が浴びせられた。運動は週をまたいで各地で続き，17日には少なくとも12都市で30万人がデモに参加したとされる。その結果，19日にサンパウロとリオデジャネイロの市長が料金値上げの撤回を表明した。

しかし，市・州・連邦政府への批判は終息するどころかますます拡大し，要求項目も多様化していった。さらに，すでに当初から見られたことであったが，混乱に乗じた略奪も頻発し，大都市の中心部は一時的に無政府状態に近くなった。1999年の世界貿易機関（WTO）閣僚会議（於米国シアトル）への抗議活動で注目された，黒装束の過激な活動家集団（ブラック・ブロック Black bloc）も登場し，混乱に拍車をかけた。こうした犯罪や暴

力を別にすれば，2013年6月の一連の抗議運動は一般国民から大きな支持を得た。

運動の進行中も，その後にも，2013年6月の出来事についてさまざまな解釈がなされたが，ソーシャル・ネットワーキング・サービス（SNS）やYouTubeをはじめとする動画共有サービスなど，運動の拡散やメッセージの伝達に新しいコミュニケーション手段が利用されたことや，明確な核となる組織が見当たらないことなど，運動の現象面についての論評が目立った。組織面について付言すれば，運動が進展する中で，政権党であるPTをはじめとする政党や労働組合など既存の組織と，それ以外の参加者との間で対立が起きていた。

要求項目については，たしかに参加者それぞれが思い思いの要求を掲げていたように見えたものの，いくつか多くの共感を呼んだ項目が存在した。中でも，汚職に対する連邦検察庁（MPF）の独立捜査権を縮小しようとする憲法改正案（PEC 37）への反対や汚職への厳罰の法制化，ワールドカップやオリンピックのための巨額の支出に反対し，教育や医療へより多くの予算を振り向けよとの主張は大きな支持を獲得した。また，国会内の一大勢力，「エヴァンジェリコ（Evangélico 福音派）」と呼ばれる非カトリック・キリスト教系新宗派議員団が推進していた，同性愛を「治療すべき精神病」とみなす法案「ゲイ治療法（Cura Gay）」への反対も各地で叫ばれた。なお，その後，PEC 37も「ゲイ治療法」も廃案となった。

(鈴木 茂)

❖労働運動の歴史的変遷

ブラジルの労働運動の起源は，19世紀後半からサンパウロ州の農村部を中心に広まったコーヒー農園で，賃金や労働条件をめぐり発生したストライキであった。その後，都市化や産業の発展により，労働運動は都市部へと舞台を移していき，19世紀末には当時の首都だったリオデジャネイロで最初の労働者の政党が結成された。また，コーヒー農園での労働力として多くの外国移民を受け入れたサンパウロでは，資本主義経済に基づく階級や労使関係が形成され，外国人を中心に労働者の組織化や活動がより活発に行われた。

1930年以降，独裁的なヴァルガス政権が「新国家（Estado Novo）体制」と呼ばれる権威主義的な近代国家の建設を推進した。ヴァルガス大統領は，労働者の保護を法的に体系化した統合労働法（CLT）の制定や，労働者の基本的な必要を満たす最低賃金制度の導入を実施した。その一方，労働組合を政府による垂直的な支配構造における従属組織とし，労働者の統制や左翼組織への弾圧を強化した。その結果，労働運動は国家のコーポラティズム（corporatism / corporativismo：協調主義）体制に組み込まれていった。

ブラジルは1961年からの軍事政権期，外国資本によるフォーディズム型の自動車産業が発展し，多くの工場が建設されたサンパウロ市近郊へ労働者が集中したこともあり，政府ではなく民間の企業をベースとする「新しい労働運動」が形成されていった。政府の支配体制に包摂されない「新しい労働運動」は，政治の自由化を求める運動に影響を与えながら活動を活発化していった。

1970年代後半には，当時非合法だったストライキが各地で大規模かつ頻繁に実施され，軍事政権や国民に大きなインパクトを与えた。これらを主導したのは，サンパウロ市近郊の金属労働組合のリーダーとして台頭し，のちに大統領となったルーラなど，国家と距離を置いた「新しい労働運動」のリーダーたちであった。彼らを中心に，過去の左派政党とは袂を分かった労働者党（PT）が80年に誕生し，83年にはPTと関係が深く左派色の強い労働者統一本部（CUT），86年により穏健な労働者総同盟（CGT：Confederação Geral dos

Trabalhadores）という全国レベルの二つの労働組合が結成された。

1990年代になると，経済の安定化が実現するとともにグローバル化が進んだことで，それにともなう労働・雇用の柔軟化など新自由主義的な構造改革が試みられた。それにより雇用情勢が悪化したこともあり，ブラジルの労働運動は90年代に停滞することとなった。

ただし，2003年にPTが政権の座に就いたことにより，組合員数は以前より増加した。それはPTが組織労働者を支持基盤に持つ政党であり，特に2,000万人以上の組合員を擁し，南米最大かつ世界5位の規模を誇るCUTの支持を受けている点が大きい。その一方，ルーラ政権下で経済が好調だったこともあり，ストライキ件数の減少が見られた。組合員数の増加も含めたこれらの変化には，与党PTとその支持母体である国内最大の労組CUTとの相互依存的な関係が少なからぬ影響を与えたと考えられる。この点に加え，協同組合などによる連帯経済（労働者協同組合，回復企業，アソシエーションなど）や，労組とその他の運動体の共闘により労働者全体の福祉向上を目指すユニオニズム（組合主義）的運動が，近年の労働運動の特徴として挙げられる。☞次項，2-3「経済団体・業界団体・労働組合」

(近田亮平)

❖主要労働団体と政党

労働組合にとって，政党とのパイプは政治過程への影響力を向上させる上で必要不可欠である。一方，政党にとっては，労働組合は魅力的な動員力を有する集団である。ブラジルの場合，特に有名なのが労働者統一本部（CUT）と現政権党である労働者党（PT）の関係である。CUTはPTや土地なし農民運動（MST），ブラジル司教全国会議（CNBB）などと共に1980年代の民主化運動を推進し，2002年の大統領選にPTから出馬したルーラの当選にも大きく貢献した。その結果，第一次ルーラ政権では多くのCUT関係者が政治任用された。

しかし，ルーラ政権で左派的な政策が完全には実行されないことが明らかになるにつれてCUTのPTに対する期待は失望に変わり，新政権誕生からわずか8か月後の2003年8月には，PTを外したかたちでCUTやMSTを中心とする新たな団体「社会運動調整（CMS：Cordenação dos Movimentos Sociais）」が設立された。その後，05年7月にCUTの会長であったマリーニョが労働大臣として政権に迎えられたものの，彼が06年8月にサンパウロ市周辺のABC地区で発生したストライキへの介入を拒否したことによって，CUTとPTの路線の違いは決定的となり，06年大統領選挙の第1回投票ではCUTはルーラを支持しなかった。ただし，決選投票の相手となったブラジル社会民主党（PSDB）候補アルキミンとの差が僅かであることが伝えられると，90年代に新自由主義改革を行ったPSDBの政権復帰をよしとせず，決選投票ではルーラ支持に回った。以後もCUTのPTに対する選挙支援は続いており，現ルセフ政権の誕生にも貢献している。また，13年6月以来全国で起きている一連の反ルセフ・反PTの抗議デモに対抗して行われているルセフ支持デモに参加してもいる。

一方，CUTに対抗するナショナルセンターとして創設された「労働組合の力（FS：Força Sindical）」は，CUTとは党派性も大きく異なり，選挙ではPSDB候補への支持を明確にしている。特にFS会長のパウリーニョことパウロ・ペレイラは，2013年に政党「連帯（Solidaridade）」を設立し，14年の総選挙でネヴェスを大統領候補に擁立したPSDBの政党連合に加わった。

ブラジル一般労働組合（UGT：União Geral dos Trabalhadores）は，元々ブラジル民主運動

党（PMDB）の左派やブラジル共産党（PCB）に近いとされていた労働者総同盟（CGT：Confederação Geral dos Trabalhadores）に、他の複数のナショナルセンターが合流したものであるが、その党派性は明確ではない。例えば、2014年の大統領選挙では、会長のパタがルセフの選挙キャンペーンのテレビCMに出演したが、UGTパラナ州支部はルセフへの支持を拒否した。また、パタは16年のサンパウロ市長選に社会民主党（PSD）から出馬することを目論んでいる。

（菊池啓一）

❖参加型行政

ブラジルの参加型行政とは、1988年憲法を基盤に国家と市民社会の有機的相互関係を構築するための手段として、連邦、州、市（ムニシピオ município）の各単位の中で、政策の意思決定過程に市民社会が参加して営まれる行政のことである。その特徴として、政治・行政における代表制と市民参加（参加型民主主義）の原則が同時に作用すること、市民社会の自発的な活動を促進し、市民社会組織が行政パートナーとなりうること、質の高い行政サービスを提供するための制度設計が可能となることなどが挙げられる。参加型行政の構成要素には、参加型予算（orçamento participativo）、審議会（conselho）、公聴会（audiência pública）、カンファレンス（conferência）、都市マスター計画（plano diretor）、各種ワーキング・グループ、政府間プログラムなどがある。これらの中でも公共政策の策定・実施過程で特に重要なのが、市における参加型予算と審議会である。

参加型予算の形態は市によって多様だが、ボトムアップ型の審議会が行われる点が共通している。審議の過程はおおよそ次の通りである。①市の予算の一部に関して、まず地区ごとの評議会で市民が意見を出し合い、優先順位を議論する。②地区評議会の中から選出された地区代表を集めて地域評議会が行われ、その中から市の予算審議会に参加する代表が選ばれる。③市予算審議会で予算案が策定され、市総会に提出される。④市総会で予算案が承認されれば、それを市の正式な予算案として市議会に提出し、地区レベルに戻って予算が執行される。

最終的に市総会で承認された予算案が市長や市議会の決議で覆される場合もあるが、行政府は基本的に予算案策定過程に関与しない。これまで政策策定過程から排除されていた社会集団や個人が、行政府の干渉を受けずに自己の利益や便益を主張し、予算策定の過程に参加する機会を得る点が、参加型予算の最大の特徴といえる。

参加型予算は、2016年現在よりも急進的な左派政党だった労働者党（PT）の政治戦略として、1989年にリオグランデドスル州都ポルトアレグレ市において草の根レベルで開始されたものである。その成功により、参加型予算はその後政党のイデオロギーの違いを超えて全国各地で導入され、他のラテンアメリカ諸国のみならず、いまやスペイン、ドイツ、フランスなど欧州にも広がっている。

一方、審議会は、市民社会の代表が特定の政策課題について主に市政府と討議する仕組みである。1990年代から都市部を中心に設置され始め、2014年時点で4,718の市（全体の84.8％）で導入されている。審議会には主に次の三つの特徴がある。

①一種の代表制である点：すべての市民が地区評議会レベルで審議に関わることのできる参加型予算とは異なり、審議会は市民社会組織の代表などから構成される。市民社会の行政への影響力を最大化するため、資源や権限をもつ人物を審議会に派遣するのである。したがって、参加型予算に比べ市民参加の度合いは低い。

②市民社会と行政府が同比率で参加する点

（権限の共有）：審議会は市政府，市民社会組織（NGO や労働運動団体），産業セクター，大学・研究機関などから，それぞれ同じ割合で選出された審議員（conselheiro）で構成される。選出方法は，機関・団体自身による指名と，住民による選挙の両方が採用される。

③設置が法律で義務化されている点：法制度上の自律性が低く，実状として市政府の裁量に委ねられる部分が大きい参加型予算と異なり，審議会は政策課題の内容が多様なため，対象分野の法律などにより設置の義務化および開催や審議員構成などの運営方法が法で定められている。

参加型行政の特徴を把握するには，市民がどのような経路で政策策定過程に参加するか，行政府との権限共有がどのように実現しているか，仕組みが法律によって制度化されているかなどが重要な視点となる。☞次項

（舛方周一郎）

❖参加する市民社会組織

ブラジルの参加型行政では，代表制とは異なる市民の直接的な政治・行政参加の方法が模索されてきた。なかでも審議会（conselho）は，都市計画，保健医療，住宅，コミュニティ開発，環境，女性，高齢者，青少年活動，教育など，全国で約 40 もの政策課題をめぐり，市民社会が代表者を介して政策決定過程に参加する仕組みとして機能している。審議会は市政府代表のほか，社会運動団体，労働組合，住民組織，産業・工業団体，宗教系団体，NGO，大学・研究機関など多様な市民社会組織の代表から構成される。全国の市の審議会に代表を送っている団体の数は，2013 年時点で大統領府総務庁（Secretaria Geral da Presidência da República）に登録されているだけで 473 にのぼる。

参加型行政をめぐる議論では，1990 年代から市民社会の参加形態が注目されてきた。政策の策定・実施に市民社会がいかに参加するかによって，行政の説明責任，審議過程の透明性，政策の有効性などが左右されるからである。例えば都市問題に悩むサンパウロ市では，持続可能な開発に関する国際的な潮流を受けて，市政府と環境保護団体の連携が 90 年代に活発化した。ブラジル自然保護機構（FBCN：Fundação Brasileira para a Conservação da Natureza），南自然環境保護協会（AGAPAN：Associação Gaúcha de Proteção ao Ambiente Natural），環境芸術運動（MAPE：Movimento de Arte e Pensamento Ecológico），自然保護助成基金（Funatura：Fundação Pró-Natureza），社会環境研究所（ISA：Instituto Socioambiental）などの国内団体，緑の党（PV：Partido Verde）などの政党のほか，グリーンピース（Greenpeace）など国際 NGO のブラジル支部がこの動きに加わった。

これら市民社会組織と市政府との間で都市環境対策を議論する場が必要となり，93 年に「環境・持続可能な開発審議会（CADES：Conselho Municipal do Meio Ambiente e Desenvolvimento Sustentável）」が設置された。CADES はサンパウロ州環境局や環境運動団体の専門家の協力を仰ぎながら，大気・水質汚染の改善プログラムなどを実施した。しかし，CADES 内では都市開発を重視する保守派が勢力を維持しており，環境保全を主張する市民社会組織の参加が長らく制限されていた。

これに対して，2001 年に市長に就任した労働党（PT）のスプリシーは，地方分権化と市民の政治参加向上のため急進的な行政改革を実施したが，CADES 改革に関しては州環境局などの抵抗に遭い見送られた。しかし，05 年にブラジル社会民主党（PSDB）のセーラが市長の座に就くと，都市開発や環境分野の専門家，環境運動団体とつながりをもつ人物が市環境局長に任命され，市政府と市民社会の連携が強化された。

続いて 2006 年，社会民主党（PSD）のカサビ（現・連邦政府都市大臣）が市長に就任し，翌 07 年には市民社会組織や企業など 500 もの団体が参加して環境問題の解決を市政府に要求するための運動体「私たちのサンパウロ運動（Movimento Nossa São Paulo）」が結成された。環境団体の専門知識を重視した市環境局はこの運動体と良好な関係を築き，審議会における市民参加の拡大が図られた。
　ただし実質的には，情報取得で不利な立場にある市民社会組織は審議会への参加を保証されているにすぎず，議論の主導権は市政府が握る傾向にある。また審議員についても，専門知識を有する一部の団体の代表や政治的・経済的有力者に発言権が集中することが多く，市民参加の課題として指摘されている。

〈舛方周一郎〉

第6章 環境と開発

0. 概観

　広大な国土と豊かな自然を併せ持つブラジルは，常に開発と環境保全が激突する舞台となってきた。両者の軋轢は，今後も高まりこそすれ止むことはなさそうである。

　ブラジルでは20世紀後半，それまで低開発だった中西部の広大なセラード（cerrado：ブラジル中央部に広がるサバンナ）地域や北部のアマゾン地域で，国策による大規模な国土開発が推進された。開発優先の諸施策が幅を利かせる中で，さまざまな環境問題や先住民に対する人権侵害が深刻化し，世界中から厳しい批判の目が向けられることになった。

　その結果，20世紀最後の十数年はまさにブラジルが開発優先の施策から脱却し，環境保全を国是として取り組むことを国の内外に表明した，いわば揺り戻しの時代となった。1988年憲法では，環境が国民すべての共有財産であり，国民が健康に不可欠な均衡のとれた環境に暮らす権利をもち，公権力と国民が現在および将来にわたって環境を保全する義務を負うことが明記された。

　また，1992年にはリオデジャネイロで国連環境開発会議（地球サミット）が開催され，ブラジルは議長国として「環境と開発に関するリオ宣言」と行動計画「アジェンダ21」の採択を主導するなど，環境保全に真正面から取り組む姿勢を示した。そして，環境に関わる国際条約を次々と批准すると同時に，98年には環境犯罪に対して厳しい刑事罰を適用する「環境犯罪法」を制定するなど，無秩序な開発圧に対抗するシステムや力を蓄えてきた。

　しかし21世紀を迎え，BRICS（ブラジル，ロシア，インド，中国，南アフリカ）の一員として急速な経済発展を遂げる中で，ブラジルはそれまで未経験の新たな開発圧に直面することになった。すなわち，フレックス燃料車（FFV）の爆発的な普及と政府の燃料政策に後押しされた，サトウキビやアブラヤシ（*Elaeis guineensis*）などのバイオ燃料用作物栽培の無秩序な空間的拡大である。

　また，急速な経済発展に伴い深刻化する電力不足に対応するため，ブラジルは2000年以降，アマゾンで大型水力発電所の建設計画を推進した。しかし，アマゾンの環境保全や先住民の人権保護を訴える国内外からの厳しい批判に遭遇し，国を二分する激しい法廷闘争が展開される事態となった。大型水力発電所はようやく稼働を始めたが，その安全性や有効性に対する疑念はいまだ払拭されていない。

　さらに2012年には，森林法改正法案をめぐり農牧業推進派と環境保全推進派が上・下院で激しく対立し，最終的に大統領が同法案の一部に拒否権を行使するなど，厳しい議会対応を迫られる結果となった。その一方でブラジルは，地球サミットから20年後に当たる同年に「リオ＋20」を開催し，世界に向けて「持続可能な開発」を再アピールしている。

　ブラジルは21世紀を迎え，ふたたび開発と環境保全が激突する時代を迎えている。両者の力関係が拮抗する中で議論が深まり，真に「持続可能な開発」が実現される国家へと変貌を遂げることが切望されている。（丸山浩明）

1. 気候変動と環境政策

❖ 気候変動の実態

降水量▶ ブラジルの国土は，北は熱帯から南は温帯まで及ぶ。年降水量もアマゾン（図6-1-1の領域A）では2,000 mm以上と多いが，ほぼ同緯度の北東部（同，領域B）では1,000 mm以下である。また，雨季（南半球の夏）にはアマゾンから南大西洋にかけて多雨域（熱帯収束帯および南大西洋収束帯）が出現するため，中緯度地域（同，領域C）でも年に約1,500 mmの降水量となる。

図6-1-2は，図6-1-1の領域A～Cの陸地における1900～2010年の年降水量（領域内の空間平均値）を示したものである。まず北東部（図6-1-1の領域B）の範囲を決め，同じ緯度・経度幅でアマゾン（領域A）と中緯度地域（領域C）にも注目する範囲を設定した。

あるデータの標準偏差をそのデータの平均値で割ったものを変動係数と呼ぶ。変動係数は無次元となるため，異なるデータの比較が可能になる。降水量の場合，一般に変動係数は多雨域で小さく，少雨域で大きくなることが知られている。ブラジルの場合もこの例にもれず，領域A～Cの変動係数はそれぞれ，

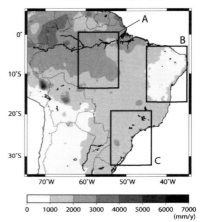

図6-1-1 ブラジル周辺の年降水量の分布（1975～2005年の平均値）

出所：Willmott, C. J. and K. Matsuura (2012) Terrestrial Precipitation 1900-2010 Gridded Monthly Time Series (Version 3.02), http://climate.geog.udel.edu/~climate/html_pages/download.html

0.092, 0.202, 0.100となる。つまり，降水量の少ない北東部（領域B）は他の領域に比べて変動係数が2倍以上大きく，降水量が多い年もあれば少ない年もある。

図6-1-2では，アマゾンにおいて1900～30年頃に降水量が増加傾向にあることが目をひ

図6-1-2 領域A～Cの陸地における年降水量の経年変化

出所：図6-1-1と同じ

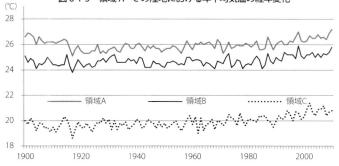

図 6-1-3 領域 A～C の陸地における年平均気温の経年変化

出所：Willmott, C. J. and K. Matsuura (2012) Terrestrial Air Temperature: 1900-2010 Gridded Monthly Time Series (Version 3.01), http://climate.geog.udel.edu/~climate/html_pages/download.html

くが，それ以外にも，どの領域においても十年～数十年スケールで降水量が多い時期と少ない時期があることがわかる。また，領域 A と B の年降水量には正の相関（$r=0.40$）が，領域 A と C および B と C の年降水量には弱い負の相関（それぞれ $r=-0.10$ と -0.20）がみられる。このことは，熱帯と中緯度では降水量の年々変動が逆のパターンになることを意味している。

気温▶ブラジル国内の気温分布は，基本的に低緯度側で高温，高緯度側で低温になる。年降水量（図 6-1-1）にみられたアマゾンと北東部のコントラストが気温にはみられず，むしろアマゾンでは高緯度側まで高温域が分布している。

図 6-1-3 は，図 6-1-1 の領域 A～C の陸地における 1900～2010 年の年平均気温（領域内の空間平均値）を示したものである。年降水量とは異なり，緯度に応じた気温の分布になっていることがわかる。アマゾン（領域 A）では，1900～30 年に気温が下がっており，この期間は降水量の増加（図 6-1-2）と合わせて特徴的な時期であると言える。また，1900～2010 年における気温の長期変化傾向は，領域 A～C の順にそれぞれ 0.0039, 0.0055, 0.0098（℃/年）となり，領域Cでは 100 年当たり 0.98℃上昇していることになる。一般に，地球温暖化による昇温は低緯度で小さく，中高緯度で大きいと言われているが，ここでもその特徴が現れている。

(松山 洋)

❖気候変動と自然災害

気候変動と関わるブラジルの自然災害としては，大雨と干ばつという両極端の現象がある。特に熱帯収束帯と南大西洋収束帯の活発化に伴う大雨と土砂災害は毎年のように発生し，日本でも報道されることがある。近年では 2009 年の大雨で，アマゾン支流のネグロ川が過去最高水位に達した。14 年には歴史的大洪水に見舞われ，支流のマデイラ川が氾濫して多くの人々が避難を余儀なくされた。ブラジル南東部では，13～14 年の雨季に洪水や地すべりが発生し，多数の死傷者が出た。

年降水量の多いアマゾンでは，エルニーニョ現象が起こると降水量が減ることが知られている。これは東太平洋から南米大陸への東西循環を通じて，アマゾンでの対流活動が抑制されるからである。最近では 2005 年と 10 年にアマゾンで大干ばつが発生しており，洪水と干ばつが 10 年ごとに交代で発生しているという指摘もある。なお，10 年の干ばつはエルニーニョ現象に伴うものであったが，05 年はそうではなかった。

年降水量の少ない北東部では降水量の年々

変動が大きいため（前項図 6-1-2），干ばつが生じることも多く，歴史的に多くの「干ばつ難民」を生じさせてきた。近年も頻繁に干ばつが発生しており，農業に深刻な影響を与えている。この他，南半球の冬には南からの冷涼な寒気団がアマゾンまで侵入し，急激な気温低下が生じることがある。この現象をフリアージェン（friagem）といい，霜害によってコーヒーが大打撃を受けることがある。

（松山 洋）

❖ 国家気候変動政策

ブラジルの国土にはアマゾン熱帯雨林全体の約70%が含まれ，天然の巨大な大気循環システムを擁しているといえる。しかし一方でブラジルは，農業やエネルギーの分野において世界有数の生産・消費国であり，アマゾンやセラード（cerrado：サバンナ）の開発による大規模な森林破壊（主として伐採や農地造成のための焼き畑）が，気候変動の原因とされる温室効果ガスの発生源となっている。その対策として，2008年に国家気候変動政策（PNMC：Política Nacional de Mudança Climática）に着手し，09年に開催された国連気候変動コペンハーゲン会議の閉幕直後には国家気候変動法（法律第12187号）を制定した。

全体で13条から成る同法では，気候変動政策の課題（第1条），政策のガイドライン（第2～5条），解決方法（第6条），政策を執行する行政機関（第7条），実施過程における財政制度（第8条），排出削減市場（第9条）などが定められている。また第11条には，「他の政府プログラムや公共政策の課題・目標・ガイドラインを，気候変動政策のそれと一致させなければならない」と明記されている。ただし，第10条「化石燃料から，小規模水力，風力，太陽光，バイオマスなどの代替エネルギーへと徐々に移行すること」については，鉱山エネルギー省（MME）の異議を受けてルーラ大統領が部分的拒否権を行使し，議会での法案審議過程で削除された。

同法には次のように，温室効果ガス削減に関して「自発的」かつ具体的な目標値が明記されている。①特段の対策を講じない場合（BAU：Business as usual），2020年時点で二酸化炭素排出量が約32億トンに達すると推計されており，この量の36.1～38.9%の削減を目指す。②ただし，①の目標値に関して義務規定は設けない。③削減に向けた対策を講じた場合でも，2020年時点の排出量は約27億トンと推計される。これを16億トンまで減らすことを政府として公約する。

この法律に基づき，政府はBAUベースによる削減目標値（36.1～38.9%）の大部分を開発の抑止により達成する計画を立てている（アマゾンとセラードにおける森林伐採をそれぞれ80%，40%削減すると，二酸化炭素排出量を計24.7%削減できる）。その他の部分は農牧畜業（4.9～6.1%）やエネルギー（6.1～7.7%）などの分野で削減する計画である。

また，環境省（MMA）を中心に構成された気候変動委員会や，企業団体，環境NGO，専門家らの連携により，各種の気候変動緩和策が講じられている。具体的には，法定アマゾンにおける森林伐採の予防管理行動計画（PPCDAM：Prevenção e Controle do Desmatamento na Amazônia Legal），セラード地域の森林伐採・焼却予防管理行動計画（PPCerrado：Plano de Ação para Prevenção e Controle dos Desmatamentos e das Queimadas no Cerrado），エネルギーや農業の部門における低炭素化計画などがある。

ブラジルが国家気候変動政策を推進してきた背景には，2000年代末の世界情勢があった。すなわち，温室効果ガスの排出規制を推進する欧州先進諸国，排出規制に抵抗するアジア・アフリカなどの開発途上諸国，対応に苦慮する中国・インドなどの新興諸国という三

つ巴の対立構造の中で，ブラジルはすすんで排出規制に取り組む姿勢を見せることで，多国間交渉の主導権を握ろうという政治的意図をもっていたのである。

ただし，現状の国家気候変動政策は，行政組織間の連携が弱いことや，法的拘束力や罰則規定がないことなどにより，政策の実施や評価の不確実性が高い。まずは省庁間の連携強化および政策に携わる行政官などの人材育成が焦眉の課題である。 〈舛方周一郎〉

❖ 環境外交

1992年，「環境と開発に関する国連会議（地球サミット）」がリオデジャネイロで開催されたことを機に，ブラジルは同会議で採択された気候変動枠組条約，生物多様性条約，森林原則に批准し，各分野の環境政策を推進してきた。特に気候変動政策に関しては，国内外の専門家と連携し，京都議定書の採択をめぐる国際交渉にも関与した。その過程において，ブラジルは米国とともにクリーン開発メカニズム（CDM：Clean Development Mechanism）の導入に貢献し，97年には他の新興国・途上国と共にクリーン開発基金（CDF：Clean Development Fund）の設立を提唱した。また2002年の国連持続可能な開発に関する世界首脳会議（リオ＋10）では，国内のマクロ経済安定化を背景に，国際的な環境政策の推進にも主導的役割を果たした。

他方，2005年の京都議定書の発効から07年のバリ行動計画（Bali Action Plan）の策定に至るまでの過程で，政府は気候変動問題を国家の脅威としてではなく，むしろ国際政治上のチャンスの一つとして捉えるようになった。その転換点は，05年に森林伐採に関する国際的制度改革に関与したことであった。政府はこれまで国家の重荷とされてきたアマゾンにおける森林伐採の問題を，以後徐々に国際的な環境政策に関与する上での外交カードとして利用するようになったのである。その背景には，世界的な資源価格高騰に伴うコモディティ輸出を中心とした貿易収支の向上と，投機マネーの国内への大量流入が挙げられる。とりわけその主軸を担ったエタノールは，生産技術の他の途上国への移転なども含めブラジルにとって重要な貿易財であるだけでなく，温室効果ガス削減に寄与する新時代のエネルギーでもある。その主要な供給元となることで，ブラジルは排出権取引により世界の気候変動政策を支援する立場に立つことを目指した（エタノール外交）。

さらに，2008年の世界金融危機から09年の国連気候変動コペンハーゲン会議に至る過程で，ブラジル政府は多国間協調主義のもと，南アフリカ・インド・中国とともに結成した新興国グループ（BASIC）の一員として，持続可能な開発と気候変動の問題に関して先進国に対抗する姿勢を強めた。特にブラジルを取り巻く国際的・国内的な文脈の中で重要なのが，08年8月にルーラ政権下で調印された，熱帯雨林の保護を目的とするアマゾン基金（Fundo Amazônia）創設法（法令第6.527号）である。

しかし，ブラジルの環境外交はルセフ政権が発足した2011年を境に保守的な姿勢に転換した。12年6月，ブラジルは再び国連持続可能な開発会議（リオ＋20）の開催国となったが，これと前後して欧州金融危機が発生し，ブラジルも負の影響を被った。環境政策においても，ルーラ政権期までの国際協調主義から国内経済優先への転換を余儀なくされた。そのため2020年以降の気候変動対策を定めたパリ協定（Paris Agreement）を採択した15年の国連気候変動パリ会議の準備段階から，ブラジル政府の外交姿勢に注目が集まった。

☞ 4-3「再生可能エネルギー」 〈舛方周一郎〉

2. アマゾンの環境と開発

❖熱帯雨林の減少

アマゾン熱帯雨林はブラジル北部の大半を占め、その面積はおよそ354万 km² と推定されている（International Tropical Timber Organization, *Status of tropical forest management 2011*）。周知の通り、20世紀以降、ブラジルのアマゾン熱帯雨林は木材生産や農牧地造成などの開発によって減少が進んだ。宇宙航空研究所（INPE）によると、現在までの消失面積は約70万 km²、国内のアマゾン熱帯雨林面積の約2割に相当する（図6-2-1）。

森林減少は法定アマゾン（Amazônia Legal）の南東部から南部にかけての地域で顕著で、「森林破壊の弓状地帯（Arco de Desflorestamento）」を形成している。この地域では、1990年代半ば以降に大豆栽培を中心としたアグリビジネスによる開発が拡大したこともあり、森林減少のフロンティアとして注目されている。アマゾン熱帯雨林における森林減少は2000年代に入っても高い水準で持続し、04年には「森林破壊の弓状地帯」を中心に1年間で2万8,000 km² もの面積が失われた（図6-2-2）。

こうした森林減少の急速な進展は国内外から批判を浴びることになり、ブラジル政府は1990年代以降、アマゾン熱帯雨林の保全政策に取り組んできた。例えば2000年には森林法（Código Florestal Brasileiro）が改正され、新規開発に際して保全すべき森林面積の割合をそれまでの50％から80％に引き上げた。また04年からは、複数の政府機関が連携して「法定アマゾンにおける森林伐採の予防管理行動計画（PPCDAM：Plano de Prevenção e Controle do Desmatamento na Ama- zônia)」を開始した。

NGOや業界団体もこの問題に積極的に取り組んでいる。その一例が、2006年7月から実施されている「大豆モラトリアム（Moratória da Soja）」である。その主旨は、アマゾン熱帯雨林を切り開いて造成された農地で生産された大豆を買い取らないという単純な協定だったが、森林減少の抑止効果は非常に大きく、その後アマゾンにおける大豆生産を目的とした新規伐採はほとんど行われなくなった。

こうしたさまざまな取り組みの結果、アマゾン熱帯雨林の森林減少速度は2004年以降鈍化し、10年代には年間5,000～7,000 km² 前

図6-2-1 法定アマゾンにおける熱帯雨林の消失面積（1978～2014年）

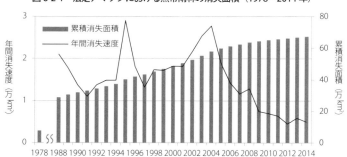

出所：吉田圭一郎「顕在化する環境問題」（丸山浩明編『世界地誌シリーズ6 ブラジル』朝倉書店、2013年、p.35）の図に2013、14年のデータを追加（原資料：INPE, PRODES）

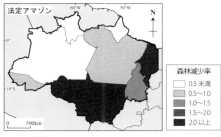

図6-2-2 法定アマゾンにおける州別森林減少率（2004年）

出所：原資料はINPE, PRODES

後、ピーク時の70〜80%程度までに抑制された（前掲図6-2-1）。その一方で、12年には森林法が改正され、08年以前の違法な伐採を対象とする森林再生義務が免除されるなど、開発圧力はいまだ衰えていない。今後もアマゾン熱帯雨林における開発と保全の動向に注視する必要がある。☞次項　　　　　　　（吉田圭一郎）

❖宇宙からのアマゾン監視

　広大なアマゾン熱帯雨林の状況を継続的に把握するため、ブラジルでは宇宙航空研究所（INPE）を中心に、人工衛星を用いた監視システムを導入している。その主軸をなす法定アマゾン森林減少モニタリング・プロジェクト（PRODES：Projeto de Monitoramento do Desmatamento na Amazônia Legal por Satélite）は、ランドサット衛星（光学センサ搭載）を用いて土地被覆状況を把握し、過去のデータと比較するシステムで、1988年以降、伐採により減少した森林面積をウェブサイト（www.obt.inpe.br/prodes/index.php）で公表している。

　また、森林伐採リアルタイム探知システム（DETER：Sistema de Detecção de Desmatamento em Tempo Real）では、高頻度でデータを取得するテラ衛星（MODISセンサ搭載）を用いて、リアルタイムかつ広範囲に森林伐採の状況が把握されている。ブラジル環境・再生可能天然資源院（IBAMA）は、このシステムを違法な森林伐採の監視・防止に役立てている。こうした「宇宙からのアマゾン監視」は、熱帯雨林の減少速度の抑制や違法伐採の防止に高い効果を発揮している。

　しかし、人工衛星に搭載された光学センサで雲に遮蔽された地域の状況を把握することは困難である。特に熱帯雨林地域は雲量が多く、人工衛星による監視システムの有効性には限界があった。そこで現在では、雲の影響を受けない全天候型センサによる監視システムの導入も検討されている。例えば日本の陸域観測技術衛星「だいち」（ALOS）には、昼夜や天候を問わず地上を観測できるマイクロ波センサ（PALSAR）が搭載されており、ブラジル政府は2007年から日本の宇宙航空研究開発機構（JAXA）を通じてそのデータ提供を受けている。また09〜12年まで国際協力機構（JICA）のプロジェクトにより、日本からの関連技術支援も行われた。今後もこうした国際協力を通じた技術の向上により、人工衛星によるアマゾン監視システムが森林破壊の抑制・防止にさらなる効果を発揮することが期待される。　　　　　　　　　　（吉田圭一郎）

❖農業開発と環境保全

　アマゾンにおける森林消失の主要な要因は牧場化である。2000年以降に牧場化が進展した地域は、アクレ州やロンドニア州の主要部、パラ州のアマゾン横断道路沿線、マトグロッソ州北部のクイアバ・サンタレン道路沿線など、法定アマゾン（Amazônia Legal）の南部に集中している。また、牧場化は2000〜05年期にはアマゾンの全域で進展したが、05年以降は牧場の増加に歯止めがかかり、パラ州東部のように牛の飼育頭数が減少に転じる地域も現れた。

　アマゾンにおける農牧業の展開は、同時期にアマゾンの外部で進展した大規模な農業開発の動向と密接に関わっている。当初、アマ

ロライマ州の広大な大豆畑（2015年，撮影：丸山浩明）

ゾン開発の防波堤として期待されたセラード（cerrado：サバンナ）地域の大豆生産は，1990年代以降，法定アマゾンの南部・南東部から急速に侵入し，「森林破壊の弓状地帯（Arco de Desflorestamento）」と呼ばれる農地開発のフロンティアを形成した。こうしてブラジルの大豆産地に名を連ねたアマゾンでは，今世紀に入っても大豆畑が適度な乾季をもつ広大な平坦地を求めて飛び地的に拡大を続けてきた。とくに穀物メジャーのカーギル社が進出したパラ州西部サンタレン・ベルテーラ一帯や，ロライマ州，アマパ州などでは大豆畑が急速に拡大している。アマゾンの大豆畑は，その多くが既存の農地などへの進出によって拡大したもので，森林伐採を伴う新規開拓は少ないといわれるが，環境保全に向けた厳しい監視が必要不可欠である。

近年，アマゾンではバイオ燃料用の作物栽培も活発である。2000年代に入って，ブラジルではバイオ燃料とガソリンの両方が使えるフレックス燃料自動車（FFV）が爆発的に普及した。政府はガソリンや軽油にバイオ燃料を一定の割合で混合することを法律で義務づけ，バイオエタノールの原料となるサトウキビや，バイオディーゼルの原料となる大豆，アブラヤシ（Elaeis guineensis）などの油料作物の栽培拡大を促した。その結果，バイオ燃料用の作物畑がセラード地域や北東部から「森林破壊の弓状地帯」を越えてアマゾン内部へと拡大している。

例えばパラ州トメアス近郊では，かつての牧場地域がバイオディーゼル用のアブラヤシ栽培地域へと急速に変貌を遂げている。2000年および12年の森林法改正では，法定アマゾンで農地造成を行う場合の森林維持率は80％と厳しい規制が設けられている。しかし，すでに農地や牧場となっている場所では，地目転換による新たな大規模農業が容易に進出可能である。この地域の近年の牧場化の鈍化は，牧畜から他の農業への転換を反映したもので，必ずしも農業開発圧の低下を意味しない。

また，アマゾンにおける森林破壊の最も危惧すべき要因として，バイオエタノールの急激な増産に伴うサトウキビ畑の無秩序な拡大が指摘されてきた。実際，アマゾンの一部にもエタノール工場が現れ始め，そこからサトウキビ畑が周囲に拡大する可能性が憂慮された。しかし，環境保全に対する国内外の厳しい監視と強い要請のなか，ルーラ大統領は2009年9月，「サトウキビの農業生態学的ゾーニングに関する大統領令」を公布して，アマゾン全域をサトウキビの栽培禁止地域（ただし自給的栽培や既存の製糖産業に関わる栽培は除く）に指定した。ブラジル環境政策の注目すべき成果の一つといえる。今後も森林保全に向けた厳格な監視と，法規制の下での持続可能な開発の実現が望まれる。☞本節「熱帯雨林の減少」，4-3「再生可能エネルギー」（丸山浩明）

❖**大型水力発電所の建設と環境問題**

2000年代以降，ブラジルは急速な経済発展を遂げる一方，国内では深刻な電力不足に直面してきた。01年に発生した大停電を受けて，政府はダム建設を喫緊の国家的課題と位置づけ，アマゾン川流域でも大規模な発電計画を立案してきた。03年にルーラ政権下で策定された2004～07年期多年度計画には，アマゾンでの積極的な道路・運河・水力発電所・ガス

パイプライン・送電線などの建設計画が盛り込まれ，その実現に向けて莫大な国家予算の投入も企図された。

その中で代表的な国家事業として注目を集めたのが，サルネイ政権時代（1985～90年）よりその是非をめぐって激しい論争が続いてきたパラ州のベロモンテ水力発電所（最大発電能力11,233MW，実現すれば世界第3位）と，ロンドニア州マデイラ川のジラウ水力発電所およびサントアントニオ水力発電所の建設計画であった。

しかし，2000年代前半以降も多数の水力発電計画が策定されたにもかかわらず，事業は一向に進捗せず，各地で発電所建設が頓挫する事態となった。その背景には，建設計画の中に巨大な水没地を生みだす大型ダム建設や，自然保護地域・インディオ居留地内の水力発電所が含まれており，アマゾンの環境保全や先住民の人権保護を訴える国内外からの厳しい批判が噴出して，環境省（MMA）の建設許可がなかなか出なかったことがある。

2000年代後半には，政権与党や国家統合省（MI），鉱山エネルギー省（MME）など，エネルギーコストの高騰や電力不足による経済発展の停滞を危惧し，産業需要に即した現実的な環境政策の実現を訴える勢力と，環境問題や漁獲資源減少などを理由にダム建設に慎重な環境省，建設反対を強く訴える人権団体や先住民らが厳しく対峙して，各地の裁判所を舞台に法廷闘争が展開される事態となった。

結局，ブラジル環境・再生可能天然資源院（IBAMA）は，2007年7月にサントアントニオおよびジラウ水力発電所の建設を許可し，

ブラジル北部マデイラ川のジラウ水力発電所周辺に広がる広大な枯死水没林（2015年，撮影：丸山浩明）

前者は12年3月，後者は13年9月より商用運転を開始した。一方，長年論争の的だったベロモンテ水力発電所建設は，10年4月に9社からなるコンソーシアムがようやく請負業者と決まってからも，米州機構（OAS）が先住民や地域住民の人権侵害・生活破壊を問題視して工事差し止めを求めるなど，さまざまな反対運動が国の内外で展開された。しかし，11年6月にIBAMAが建設許可を出すとすぐに着工し，16年2月には試験稼働が行われた。同ダムは19年に完成予定である。

水力発電所は計画から稼働までに長い年月を要し，環境への影響も甚大である。また，地形が平坦なアマゾンでは発電に十分な落差が得られないうえに，河川の水量が雨季と乾季で大きく変動するため，年間発電能力が抑制されるという弱点を抱えている。さらに，水位が急上昇する雨季には洪水や発電所事故の危険性が高まり，2014年2月のように運転停止を迫られることもある。こうした諸問題に直面するアマゾンの水力発電が，はたして国家のエネルギー政策やアマゾン開発の要となりうるのか，改めて慎重かつ多角的な議論と検討が必要であろう。

〔丸山浩明〕

3. パンタナールの環境と開発

❖**パンタナール：生物多様性の宝庫**

　南米大陸のほぼ中央に位置するパンタナール（Pantanal）は，ブラジル・ボリビア・パラグアイの3カ国にまたがる世界最大級の湿原地帯である。その名称はポルトガル語のパンタノ（pântano：大湿原）に由来する。総面積は約20万 km^2 に達するとされ，日本の本州面積に匹敵する。このうちブラジル領は湿原全体の約7割にあたる 13.8 万 km^2 を占め，行政的にはマトグロッソ州に属する北パンタナールと，マトグロッソドスル州に属する南パンタナールに区分される。

　パンタナールはアマゾンと肩を並べる世界屈指の生物多様性の宝庫である。これまでに同定された生物種だけでも，鳥類 656 種，哺乳類 95 種，爬虫類 162 種，魚類 263 種，両生類 40 種に達している。また植物に関しても，756 種の木本種を含む 1,656 種の陸生植物，240 種の水生・半水生植物が同定されており，その総数は 3,500 種に達するとの見方もある。セラード（cerrado：サバンナ），アマゾン，グランチャコ（Gran Chaco：アンデス山脈とパラナ・パラグアイ川との間の熱帯半乾燥気候地域），そして大西洋岸森林の諸要素から構成されるパンタナールの多様な植物相は，パンタナール・コンプレックスとも呼ばれている。

　こうした豊かな生物多様性の背景には，気候的に明瞭な雨季と乾季があり，雨季には河川の氾濫で季節的に浸水域が形成されるなど，乾燥から湿潤まで植物にとって多様な生態環境が同所的に存在していることがある。換言すれば，水路，湖沼，湿地，草原，森林などの多様なビオトープ（生物群集の生息空間）がモザイク状に分布する生態環境が，動植物の豊かな生物多様性をその根底で支えている。

　図 6-3-1 は，南パンタナールの調査で検出された多様なビオトープと，その分類規範となるそれぞれの土地の浸水状況，地形区分，植物景観（植生区分と生活型）の特徴をまとめたものである。これらの多様なビオトープは，浸水の有無やその期間，植生を規定する土地起伏（とくに河床との比高）と明瞭な対応を示しながら発現し，多様な動植物の生存を可能にしている。

〈丸山浩明〉

❖**エコツーリズムの光と影**

　ブラジルでは，とりわけ 1990 年代後半以降，豊かな自然を活かした観光に力が注がれるようになった。なかでも急速に台頭したのが「自然地域を対象（目的地）とした，環境保全と地域住民の利益の維持とを両立させる責任を負う観光」としてのエコツーリズム（ecoturismo）である。2003 年には観光省（MTur）やエコツアー協会により，エコツーリズムによる地域発展を見込んだエコツーリズム拠点（pólo de ecoturismo）が指定され，その数は 03 年の 26 地域から 12 年には 90 地域へと大きく増加している。

　こうした動きの中で，大湿原パンタナール（Pantanal）はブラジルを代表するエコツーリズムの先進地として，1990 年代より国内はもとより海外からも欧州を中心に多数の観光客を集めてきた。2000 年にはユネスコの世界自然遺産に登録され，03 年にはアマゾンと並ぶ大規模なモデル的エコツーリズム拠点に指定されている。

　これらの拠点で提供されるエコツアーの中心は，豊富な動植物とその生存を支える多様で雄大な自然に触れるものである。具体的には馬や自動車，ボートでめぐる動植物の観察・

図 6-3-1　多様なビオトープとその分類規範

ビオトープ	浸水状況 *2		地形区分	植物景観		
	雨季	乾季		植生区分	(現地名称)	生活型
リオ	○	○	恒常河川	水生・半水生植物 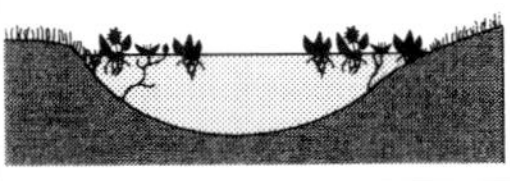		
コリッショ・コリション	○	○	堀割状小河川			
バニャード	○(浸水地)	○	恒常的浸水地			
バザンテ	○(浸水地)	△	間欠河川	草本サバンナ	草本 (カンポリンポ)	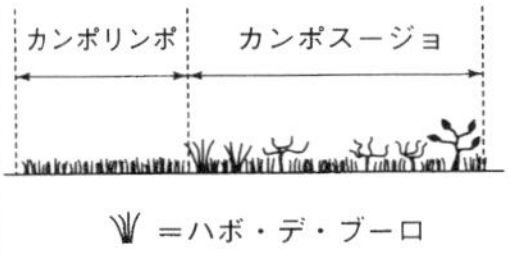
バイシャーダ	○(浸水地)	△	一時的浸水地			
バイア	○(浸水地)	△	湖沼			
サリナ・サリトラダ *1	○(浸水地)	○	塩性湖沼		草本 (灌木) (カンポスージョ)	
カンポアルト	×	×	微高地 低			
セラード	×	×	微高地 中	S*3	草本・灌木 (セラード)	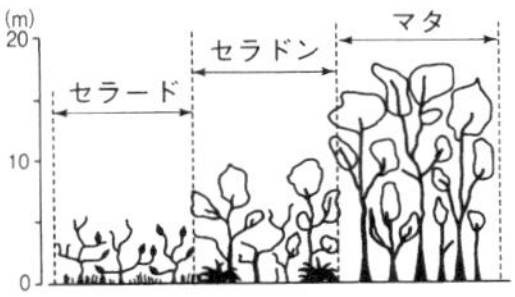
セラドン	×	×	微高地 高		(セラドン)	
コルジリェイラ	×	×	自然堤防・微高地	熱帯季節林	森林	
マタシリアル	×	×	自然堤防		(マタ)	
カポン	×	×	中州状微高地			
人工牧野	×	×	自然堤防・微高地	栽培植物 		
農地	×	×				
農場施設	×	×		なし		

注）*1：サリナには藻類を除き植物はほとんど生育しない。サリトラダには草本・灌木類が生育する。
　　*2：○：浸水する。△：場所・時期により浸水する。×：浸水しない。
　　*3：S：木本サバンナ。
出所）丸山浩明編（2011）『パンタナール―南米大湿原の豊穣と脆弱』海青社, p.34

写真撮影ツアーや，豊富な魚相を活かしたスポーツフィッシングなどである。エコツーリズム拠点は多数の木橋を通過して湿原の内部へと通じる道路の沿線にあり，北パンタナールではトランスパンタネイラ，南パンタナールではエストラーダパルケと呼ばれる未舗装道路の沿線にホテル，農家民宿，釣宿，キャンプ場，簡易宿泊所といった宿泊施設が集積している。

しかし，湿原を舞台とするエコツーリズムの発展は，関連する一部の企業や住民の利益につながる一方で，さまざまな環境・社会問題を顕在化させてもいる。主に都市の観光業者（外部資本）が提供する，エコツアーとは名ばかりの，ガイドを伴わない中身の薄い日帰り・短期ツアーの隆盛は，湿原内の高速自動車走行に起因する野生動物の轢死や植生破壊，タバコの火の不始末による山火事の発生，ごみの放置，野生動物へのストレスなど，さまざまな問題を誘発している。

また，スポーツやレジャー目的で魚を釣るスポーツフィッシングの発展は，プロの漁師の観光業への参入を促した。その結果，それまで漁場や水産資源の保護・管理を担ってきたプロ漁師たちが，観光客を相手にした生き餌の捕獲・販売業や釣りガイドへと転身することで，各地の伝統的な漁村は急速に衰退し，河川環境の悪化にともなう水産資源の減少や，外来種の持ち込みによる生態系の攪乱などが深刻化している。

観光業に依存した漁家経営が活況を見せたのはわずか 10 年ほどで，2000 年代に入ると

エコツーリズム拠点には，湿原を渡る木橋が設けられている
（2009年，撮影：丸山浩明）

表6-3-1 マトグロッソドスル州「水産資源の持続的開発と保全を実現するための法令」（5646号）による諸規定

入漁証の取得義務	「スポーツフィッシングのための環境許可証」の購入義務
使用可能な漁具規定*	網，もり，やな，鉤，爆発物，有毒物などの使用禁止規定
漁獲割当量規定	捕獲可能な最大漁獲量を規定
漁獲サイズ規定*	魚種別に捕獲可能な最小漁獲サイズを規定
禁漁期規定*	魚が産卵するピラセマ期（11〜2月）は自給用を除き禁漁とする
漁場規定*	恒常的禁漁区，キャッチ＆リリース指定区，禁漁期の延長区域を設定
輸送・販売規定*	産地証明証，入漁証，漁獲物コントロールガイドなどの携帯義務
罰則規定*	違反者に対する罰金，装備差し押さえ，業務停止，禁錮刑などの規定

注：＊プロ漁師，スポーツフィッシング客の双方に適用される。
出所：丸山編，前掲『パンタナール』p.163

スポーツフィッシングの持続・発展性に陰りが見え始めた。その背景には，漁獲量の減少や湿地生態系の破壊に対する，厳罰規定も盛り込んだ政府の厳しい法規制があった。例えばマトグロッソドスル州では，漁業者の資格，使用可能な漁具，漁獲割当量，魚種別漁獲可能サイズ，禁漁期（産卵期の魚の遡上を意味する piracema からピラセマ期とも呼ばれる），漁場，魚の輸送・販売に関する細目，違反者に対する罰則などが法令により事細かく規定され，頻繁にその内容の見直しが行われてきた（表6-3-1）。

しかし，このような厳格な法規制がパンタナールを対象に限定的に強化されたため，多様な釣りや釣果を求めるスポーツフィッシング客は，より法規制が緩い地域の漁場へ流出し，入り込み客の急減につながった。一方，ひとたび観光業に参入した漁師の多くは容易にプロ漁師に戻ることができず，新たな職業を模索する者が増加した。同州のパンタナールには，短いスポーツフィッシング・ブームと環境保全に対する州政府の対症療法的な施策に翻弄されて疲弊した漁家の残像が，今も痛々しく残っている。

（丸山浩明）

❖環境破壊のポリティカル・エコロジー

熱帯地域のローカルな環境・社会問題に，外部世界のグローバルな政治的影響力が深く関与している事実を重視するのがポリティカル・エコロジーの視角である。現在，パンタナール（Pantanal：ブラジル・ボリビア・パラグアイの3カ国にまたがる世界最大級の湿原地帯）のタクアリ川流域で拡大を続ける巨大な浸水域で生じている問題は，ポリティカル・エコロジーの視角から分析できる好例である。その浸水面積は1万1,000 km^{2}に及ぶとみられ，小農場100カ所と大牧場20カ所が水没により放棄されたといわれている。また，浸水により農場を追われた地主や労働者は約4,000人に上るといわれる。彼らは何の補償も受けられないまま，新たな職を求めて近隣のコルンバやラダリオの町へと流出した。しかし，移転先でも安定した仕事は少なく，その多くはインフォーマル・セクターでの僅かな収入に頼りながら，郊外に形成されたスラムでの生活を余儀なくされている。

この問題は，タクアリ川の河道から大量の水が恒常的に外部へ流出し続けているために生じている。つまり問題の核心はアロンバード（arrombado）ないしボッカ・ド・リオ（boca do rio）と呼ばれる自然堤防の破堤部がいかに形成され，なぜ閉鎖できないのかにある（図

第6章　環境と開発

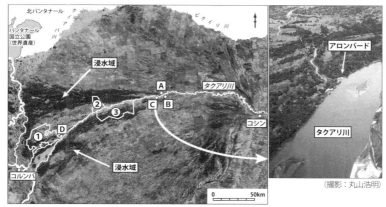

図 6-3-2　アロンバードの分布と浸水域の広がり

【アロンバード】A：カロナル　B：フェーロ　C：サンタ・アナタリア　D：ゼダコスタ
【浸水したコロニア】1：サン・ドミンゴス他　2：バグアリ他　3：ボン・ジェズス・ド・タクアリ他
右写真：タクアリ川の土砂堆積とアロンバード

6-3-2)。さらに，パンタナールの外部で推進されたセラード農業開発の影響や，現地住民により培われてきた湿地管理のワイズユース（wise use）を等閑視した政治的決断がこの問題に深く関わっている。

パンタナールでは年間を通じて河川の水位変動が大きく，雨季には水位が急上昇して自然堤防が決壊し，外部へ水が流出して浸水地が広がる。この現象を牧場主たちは自然の摂理として受容し，彼らの生業である牧畜業にうまく利用する知恵を発展・継承させてきた。すなわち，バザンテ（vazante：間欠河川の河床草原）やバイシャーダ（baixada：浅い窪地状の低位草原）のような，樹木を交えない良質な天然草地を継続的に確保するためには，周期的な浸水により木本種の侵入を防ぎ，植物遷移による草地の森林化を抑制することが有効である。そこで彼らは雨季にはアロンバードからの水の侵入を受け入れ，水位が下がる乾季にはアロンバードを人為的に閉鎖して草地の排水・乾燥化を促すことで，良質な天然草地の形成と維持を実現してきたのである。

ところが，1980年代頃よりパンタナールの河川で大規模な土砂堆積（assoreamento）が顕在化し，河床高の急激な上昇や河道の大きな変化が問題となった。これは70年代後半以降，湿原に流入する河川の上流に広がるブラジル高原で，大豆生産を中心とする大規模なセラード農業開発が進められた結果，植被を剥がれた農地から大量の土砂が河川へと流出し，下流のパンタナールに運ばれたことに起因していた。折しも80年代は多雨年が多く，総じて川の水位が高かったことも大規模な土砂堆積や河道の不安定化を助長した。そして，予期せぬ各所でアロンバードが形成され，浸水地が広がる事態となった。

さらに1990年代に入ると，政府は漁獲資源の保護を理由にアロンバードの管理に法規制をかけ，それまで牧畜民が乾季に実施していたアロンバードの閉鎖を禁止して，その周年開放を義務づけた。その理由は，アロンバードの閉鎖が魚の産卵のための遡上（ピラセマ）を妨害し，漁獲量の減少を来しているという，にわかには信じ難いものであった。こうして，パンタナールで共棲してきた牧畜民と漁民との間に，突如として対立構図が作り出された。

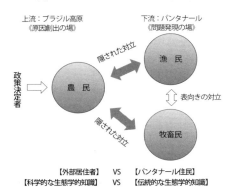

図6-3-3 アロンバードをめぐる対立構造

出所：丸山編，前掲『パンタナール』p.270

その一方で，この問題の本質である上流の農民と下流の牧畜民や漁民，外部居住者とパンタナール住民，といった本来の対立構図は隠されたままである（図6-3-3）。

周年開放が義務づけられてから20年以上が経過した現在，タクアリ川各所のアロンバードは巨大化し，もはや住民の手で閉鎖できる規模ではなくなっている。恒常的浸水域の拡大や地下水位の上昇は，広範囲で樹木の立ち枯れなどの植生破壊をもたらしている。また浸水による天然草地や農地の減少・劣化は，牧畜業や農業の深刻な衰退を招いている。さらに河床高の上昇や本流での河川水の減少は，舟運を困難にしてパンタナールの伝統的な河川・牧畜文化の衰退や消失にもつながっている。

（丸山浩明）

4. ノルデステの環境と開発

❖農牧業の推移

ノルデステ（Nordeste：北東部），なかでも広大な内陸部の乾燥地帯セルトン（sertão）における農業は，常に干ばつとの戦いであった。2000年代後半も毎年のように干ばつが発生しており，灌漑農業の恩恵を受けられない小規模農家などは壊滅的な状況に見舞われた。「第二のカリフォルニア」と称せられたソブラディーニョ（Sobradinho）・ダム周辺の大規模灌漑地域も，頻発する干ばつにともない大きな変貌を遂げてきた。

ノルデステの主要農作物は，作付面積順にトウモロコシ，大豆・豆類，サトウキビであり，それぞれ100万ha以上の面積を誇る（2013年）。これらに次いで50万ha以上を有するのがキャッサバ，カジュー（cajueiro：果肉はカシューアップル，種子はカシューナッツとして食される），コメである（表6-4-1）。このうちカジューは，統計上ノルデステのみで生産されている。サトウキビ栽培と製糖業はノルデステ沿岸部の伝統産業であるが，近年ではバイオ燃料作物としての栽培も盛んである。ノルデステでは他にトウゴマなどの油料作物もバイオディーゼル燃料用として導入されたが，現在ではほとんど栽培されていない。2001～13年の作付面積の変化をみると，サトウキビ，カジュー，キャッサバは一時期微増傾向を示したものの，ほぼ横ばいである。その一方，この13年間で作付面積が2.41倍に急増しているのが大豆である。大豆はマラニョン，ピアウイ，バイアの3州で栽培されているが，中西部のセラード（cerrado：サバンナ）における大規模農業開発による大豆生産の拡大がノルデステの内陸部にも及んできていることを示している。

セルトンにおける伝統的な農業は牧畜である。飼養頭数では牛（ブラジル全体の14％）が圧倒的に多く，そのほか羊（同57％）や山

表 6-4-1 ノルデステにおける主要農作物の作付面積の変化

(単位：1,000 ha)

年	2001	2003	2005	2007	2009	2011	2013
トウモロコシ	2,559	2,905	2,735	2,917	3,123	3,003	2,229
	(1.00)	(1.14)	(1.07)	(1.14)	(1.22)	(1.17)	(0.87)
大豆	966	1,242	1,441	1,455	1,614	1,960	2,326
	(1.00)	(1.29)	(1.49)	(1.51)	(1.67)	(2.03)	(2.41)
その他豆類	2,134	2,404	2,266	2,195	2,253	2,119	1,356
	(1.00)	(1.13)	(1.06)	(1.03)	(1.06)	(0.99)	(0.64)
サトウキビ	1,189	1,299	1,179	1,265	1,325	1,350	1,306
	(1.00)	(1.09)	(0.99)	(1.06)	(1.11)	(1.14)	(1.10)
キャッサバ	774	835	963	1,355	1,400	1,150	847
	(1.00)	(1.08)	(1.24)	(1.75)	(1.81)	(1.49)	(1.09)
カジュー	616	674	690	742	782	769	724
	(1.00)	(1.09)	(1.12)	(1.20)	(1.27)	(1.25)	(1.17)
コメ	727	720	821	746	729	680	572
	(1.00)	(0.99)	(1.13)	(1.02)	(1.00)	(0.93)	(0.79)

表 6-4-2 ノルデステにおける主な家畜の飼養数の変化

(単位：1,000 頭・羽)

年	2001	2003	2005	2007	2009	2011	2013
牛	23,414	24,992	26,969	28,711	28,290	29,586	28,959
	(1.00)	(1.07)	(1.15)	(1.23)	(1.21)	(1.26)	(1.24)
羊	8,061	8,233	9,110	9,286	9,567	10,113	9,774
	(1.00)	(1.02)	(1.13)	(1.15)	(1.19)	(1.25)	(1.21)
山羊	8,909	8,906	9,543	8,634	8,303	8,538	8,023
	(1.00)	(1.00)	(1.07)	(0.97)	(0.93)	(0.96)	(0.90)
豚	7,198	7,051	7,090	6,747	6,290	6,079	5,559
	(1.00)	(0.98)	(0.98)	(0.94)	(0.87)	(0.84)	(0.77)
馬	1,403	1,405	1,424	1,430	1,375	1,342	1,246
	(1.00)	(1.00)	(1.01)	(1.02)	(0.98)	(0.96)	(0.89)
家禽	114,282	121,515	124,702	131,731	139,383	137,883	135,755
	(1.00)	(1.06)	(1.09)	(1.15)	(1.22)	(1.21)	(1.19)

注：表 6-4-1, 6-4-2 とも，下段括弧内の数値は 2001 年を 1.00 とした場合の指数。
出所：いずれも IBGE, *Anuário Estatístico do Brasil 2001-2014*

羊（同 91％）など乾燥に強い動物が多い（表 6-4-2）。州別にみると，牛はバイア州が最多で約 1,080 万頭，次にマラニョン州が約 760 万頭で続く。羊はバイア州，セアラ州，ペルナンブコ州，山羊はバイア州，ペルナンブコ州，ピアウイ州の順に多く，これらの州の内陸部では現在でも牧畜が盛んに行われている。飼養頭数の変化をみると，1980〜90 年にかけては牛，羊，山羊ともに大きく増加したが，2000 年にかけて牛と山羊が減少し，羊は横ばいであった。01 年以降では牛と羊が増加傾向にあり，山羊は豚，馬とともに減少傾向をみせている。また，近年では養鶏をはじめとする家禽飼養業も成長している。☞次項, 4-2「畜産」

(山下亜紀郎)

❖干ばつとセルトンの小農経営

ノルデステ（Nordeste）と呼ばれる北東部の内陸に広がる乾燥地帯セルトン（sertão）は，周期的に干ばつに見舞われてきた。2010〜14

表 6-4-3　ルクレシア市の営農環境の変化

年	営農環境	通常年（N）を100とした場合の生産量目安（％）
2000	SV	最大 20%
2001	SV	最大 20%
2002	N	100%
2003	SV	最大 20%
2004	N	100%
2005	N	100%
2006	N	100%
2007	S	0%
2008	CE	最大 50%
2009	C	最大 80%
2010	SV	最大 20%
2011	SV	最大 20%
2012	SE	0%
2013	SE	0%
2014	SV	最大 20%

注：記号の意味は次の通り。
　SE ：大被害が発生する干ばつ
　S　：被害が発生する干ばつ
　SV ：作付の検討が必要な干ばつ
　N　：作付可能（通常年）
　C　：被害が出る多雨
　CE ：洪水が発生する多雨

出所：渡部直人（2015）『Rio Grande do Norte 州 BDF（バイオディーゼル燃料）プロジェクト報告書』

セルトンの羊（2014 年，撮影：渡部直人）

年にも厳しい干ばつが襲い，天水に依存する小規模農家は壊滅的な被害を被った。

リオグランデドノルテ州の内陸部に位置するルクレシア（Lucresia）市での最近の調査で，降水量の顕著な年変動が明らかになった。同市では 2009〜14 年にかけて，年降水量が最小 236 mm から最大 1,119 mm まで大きく変動し，多雨年と寡雨年が目まぐるしく交替しつつ洪水や干ばつの被害が誘発されていた。このような降水量の大きな変動は，農作物生産の著しい不安定性につながっている。

表 6-4-3 は，同市の小農約 30 名からの聞き取り調査に基づき，2000〜14 年にかけての営農環境を示したものである。通常の作付ができた年（N）の生産量を 100 とした場合の，寡雨および多雨年の生産状況が 6 段階で評価されている。これによるとこの 15 年間のうち，干ばつによりまったく収穫ができなかった年（SE および S）が 3 年，雨が少なく作付の検討が必要だった年（SV）が 6 年，多雨による被害が出た年（C および CE）が 2 年あり，通常年はわずか 4 年に過ぎなかったことがわかる。

ルクレシア市の事例に見るように，セルトンの小農経営はきわめて不安定であり，自給用作物すら収穫できないこともしばしばである。これは畜産に関しても同様で，2013 年にはリオグランデドノルテ州の農牧業研究公社（EMPARN：Empresa de Pesquisa Agropecuária do Rio Grande do Norte）が，牧畜の 90％が被害を被ったと発表している。

こうしたなか，セルトンの小農経営で注目されているのが養蜂である。リオグランデドノルテ州の調査では，20 種類以上の樹木の花が養蜂に有用であることが確認されており，すでにセアラ州では養蜂家がこれらの樹種の植林を自主的に始めている。養蜂の導入は，セルトンの砂漠化を防ぐ有効な解決策の一つとして注目を集めている。

また，養蜂とともに干ばつ適応型の営農形態としてその普及が期待されているのが，乾燥に強い肉用羊と地鶏の小家畜飼育である。とくに羊は，山羊のように木に登れないことから樹木の食害が少なく，放牧柵を乗り越えることがないため飼育管理も容易である。ともに 2010 年の干ばつ下でも一定の生産量を

持続できることが確認されており，今後の普及が注目されている。　　　　　（渡部直人）

❖大規模灌漑農業の現状と課題

1978年のソブラディーニョ（Sobradinho）・ダムの建設以降，サンフランシスコ川中流域に位置するペルナンブコ州ペトロリーナとバイア州ジュアゼイロ周辺地域では，サンフランシスコ川流域開発公社（CODEVASF：Companhia de Desenvolvimento do Vale do São Francisco）による大規模灌漑プロジェクトが実施されてきた。90年代までに8つのプロジェクトが実施され，2000年以降もペトロリーナ北東におけるポンタル計画（Projeto Pontal）と，ジュアゼイロ南西におけるサリトル計画（Projeto Salitre）が進行中である。前者はサンフランシスコ川に設けられた取水口より毎秒7.8m^3の水を引き込み，約1万4,000 haを灌漑するもので，2015年8月時点でおよそ半分の区域が開発済みである。後者は総面積約3万 ha，計画最大取水量毎秒42.0m^3にのぼる大規模な灌漑計画で，15年までに第1期として約6,000 haが開発された。

これらの大規模灌漑プロジェクトによる開発耕地で栽培されている主な作物はマンゴーとブドウであり，ブラジル国内で消費されるだけでなく海外へも輸出されている。その他，アセロラ，グアバ，ココヤシ，パッションフルーツ，バナナなどの熱帯果樹，およびスイカ，メロン，サトウキビ，タマネギなどが栽培されている。

耕地への主な灌漑方式は，小型スプリンクラーによる散水（micro aspersão）および点滴（gotejo）といった節水灌漑であり，1980年代に導入されたセンターピボット（pivô central）や大型スプリンクラー（canhão）による灌漑は，現在ではほとんどみられない。すなわちサンフランシスコ川の豊かな水を浪費的に使うのではなく，節制しながら使う方向に変わ

ソブラディーニョ・ダム（2015年，撮影：山下亜紀郎）

ってきているといえる。84年のセナドール・ニーロ・コエーリョ計画（Projeto Senador Nilo Coelho）では，当初約2万haの耕地に対して計画最大取水量は毎秒23.2 m^3であったが，節水灌漑が進んだことによる余剰水で，新たにマリア・テレーザ計画（Projeto Maria Tereza）を実施し，耕地をさらに約3,000 ha拡大した。それでも両プロジェクトを合わせた現在の実績使用水量は毎秒18 m^3程度に抑制されている。節水灌漑を導入したある農家の事例では，単位面積あたりの水使用量はおおむね半減したとのことである。

このように節水灌漑の導入が進んでいる背景には，近年のサンフランシスコ川の流量減少がある。2015年8月末にはソブラディーニョ・ダムの貯水率が12％にまで落ち込んだ。サンフランシスコ川流域の乾燥・半乾燥地域では，ダムあるいは河川自流に水源を求める大規模な灌漑用水や都市用水がいくつも建設・計画されているが，一方で水資源の有限性という観点も今後はより意識していかなければならない。また，ソブラディーニョ・ダムには大規模な水力発電所が設けられており，灌漑用水の送水施設の電源にもなっているが，渇水による電力不足や使用料の高騰も懸念されている。これにともない，かつて「第二のカリフォルニア」と称されたサンフランシスコ川中流域の大規模灌漑農業も，現在大きな転換期にあるといえよう。　　（山下亜紀郎）

5. 持続可能な開発への挑戦

❖アグロフォレストリーの導入と普及

　20世紀初頭にアマゾンの熱帯雨林地域に日本人が現れて野菜の栽培を開始し，1920年代末から30年代前半にかけて熱帯アジアの果樹，ジュート（*Corchorus capsularis*），コショウ（*Piper nigrum*）などを導入し，第二次世界大戦前後に移輸出品に育て上げた。それまで現地住民は，主として自給用キャッサバ（*Manihot esculenta*）の焼き畑移動耕作に従事し，森林採取物を日用品購入の清算に充てることはあっても，農作物を販売して現金を手にすることは稀であった。そのためブラジルでは，日本人は初めてアマゾンに農業を確立し，国家の統合発展に寄与したと評価されている（Alfredo Homma, *Amazônia*, EMBRAPA Serviço de Produção de Informação, Brasília, DF, 1998）。

　猛獣毒蛇や風土病が恐れられていた「地球の裏側」の熱帯林に，1930年代中葉までに数千人の農業移民が向かった背景には，海外からの送金を元手に近代化を急ぐ日本，アジアでの経済利害対立により日本移民を締め出した米国，その政治的影響を受けつつも欧米の経済支配下にあったアマゾンの開発統合を急ぐブラジルの思惑が交錯していた。

　アマゾナスとパラの両州政府から数万～百万ヘクタールの土地使用権を譲渡された日本の拓殖企業等は，1928年以降，アマゾン各地に日本人入植地を開設，現地や熱帯アジアの英・蘭領由来の有用植物収集に努め，定着農業を目指して多年生草本や木本永年作物の試作を進めた。原始林を切り拓き，木灰を肥料にコメや野菜を数年栽培した後，整地してガラナ（*Paullinia cupana*），カカオ（*Theobroma cacao*），ブラジルナッツ（*Bertholletia excelsa*），パラダイスナッツ（*Lecythis zabucajo*），ローズウッド（*Dalbergia nigra*）等を植えたのが，今日のトメアス式アグロフォレストリー（SAFTA：Sistema Agroflorestal de Tomé-Açu）の原型である。

　パラ州トメアス入植地では，カカオを主作物と定めて1929年に開拓を始めたが，熱帯農業の経験不足から無被陰清耕法で苗木を植栽し枯死が相次いだ。後から原因に気づいてブラジルナッツ等を被陰樹に植え込む頃には拓殖会社の資金も枯渇し，開拓事業は中止された。やがて太平洋戦争開戦により土地使用権の譲渡は無効化され，敵性資産として接収されてしまう。約80年生のブラジルナッツの大木が，今日でもトメアスやアマゾナス州パリンチンスに点々と生き残っているが，戦前に生産から販売まで一応の軌道に乗ったのは，台地の陸稲・野菜類と低地のジュートの一年生作物のみであった。

　太平洋戦争終結後，インドネシアはじめ熱帯アジア諸国は，独立に伴い主食作物栽培を優先させたため，コショウの国際相場が騰貴した。トメアスでは，戦前にシンガポールから導入されていたクチン種コショウの栽培が急拡大し，1950年代中盤に再開された戦後入植者を含め500余戸の日系農家で世界のコショウの5％を生産するまでとなった（Anthony B. Anderson, *Alternatives to Deforestation*, Columbia University Press, New York, 1992）。

　しかし，モノカルチャーの拡大した1960年代中葉からフザリウム菌の一種 *Fusarium solani* f. sp. *piperis* による立ち枯れが蔓延し，農家経営が大打撃を受けた。トメアスから病害未発生地への転耕が相次いだが，入植地に留まった農民は，各々代替・後継作物を模索していった。コショウが点々と生き残る圃場の

管理労働と，枯死コショウ植穴残肥を有効に活用するため，様々な植物を補植してみたところ，たいがいは良く育った。

トメアスの日系総合農協（CAMTA：Cooperativa Agrícola Mista de Tomé-Açu）は，コショウの後作として戦前に試みたカカオの改良種をバイア州から再導入することを決定した。当初は政府機関の指示で，マメ科肥料木兼被陰樹（*Erythrina* spp., *Clitoria racemosa*）がカカオとともに植えられたが，コショウの収入で肥料を賄える日系農家は，風害・虫害に弱く，材木にならないこれらの樹種に満足しなかった。主に用材や樹脂，堅果等の生産が見込めるフレイジョー（*Cordia goeldiana*），マホガニー（*Swietenia macrophylla*），セドロ（*Cedrela odorata*），パラーゴム（*Hevea brasiliensis*），ブラジルナッツ等数十種の在来および外来樹種に被陰樹を変更していった。また，コショウの想定寿命を従来の20年から5年に短縮し，一年生作物やパッションフルーツ（*Passiflora edulis*）と混植，その被陰・防風効果を活用してカカオ，クプアスー（*Theobroma grandiflorum*）等の苗を間作し，コショウが枯れる頃には熱帯果実が収穫できるよう，試行錯誤でリレー栽培体系を組み立てていった。後にSAFTAと呼ばれるこの栽培体系は，日系農場で雇用された現地人農業労働者の自作地での模倣により広まっていった。

1990年代中葉以降，ブラジル経済の低迷に伴い入植地の治安が悪化したため，200戸のトメアス日系農家の周囲で耕作する5,000戸の非日系小農の収入を安定させるべく，SAFTAを普及しようとする若手日系農家が現れた。この活動は後にCAMTAの社会事業に採用され，2010年にはブラジル連邦政府が主催するセルソ・フルタード記念第1回地域開発賞の生産・組織経営部門で第1位に選ばれた。以来，CAMTAは毎年数々の表彰を受け，研究プロジェクト融資機構（FINEP）は11年，ブラジル銀行財団（FBB：Fundação Banco do Brasil）は15年に，SAFTAに社会技術の認定を与えた。アマゾニア銀行を通じた家族経営農場支援プログラム（PRONAF：Programa Nacional de Fortalecimento da Agricultura Familiar）では，アグロフォレストリー融資のモデル農法にも採用されている。

今日では，社会貢献事業を手がける現地企業や日本の国際協力機構（JICA），NGO等とのパートナーシップにより，ブラジルはもとよりボリビア，コロンビア，エクアドル，ベネズエラ，ペルー，スリナム，仏領ギアナなどの熱帯雨林地域において，CAMTA関係者が農民や普及員，研究者などを対象にアグロフォレストリーの技術指導を行っている。

（山田祐彰）

❖アグロフォレストリーの実践例

アマゾンにおけるアグロフォレストリーは，先住民が数千年前から行ってきた自給焼き畑休閑システムを起源としている。1970年代から欧米研究者に注目され始めるトメアス（Tomé-Açu）日系農家の「遷移型」アグロフォレストリーは，この休閑（二次遷移）部分を有用植物の時系列栽培に置き換えたものである（Anthony B. Anderson, *Alternatives to Deforestation*, 1992）。

作付初年度から2年度にかけて，マメ科やウリ科の一年生作物を緑肥やライブマルチに，イネ科作物やバナナ（*Musa* spp.）を被陰と刈敷・保水に活用しつつ，コショウ（*Piper nigrum*）やパッションフルーツ（*Passiflora edulis*）などの多年生作物，熱帯果樹と多目的高木を順次間作・混植してゆく。そして7〜10年で，低層のカカオ（*Theobroma cacao*）やクプアスー（*Theobroma grandiflorum*），高層の多目的樹種，林床や林縁の多年生草本作物から成る複層林を形成させ，四半世紀で原始林の半分から三分の二に及ぶ地上部バイオマスが蓄積される

図 6-5-1　日系遷移型アグロフォレストリーの概観

出所：Bolfe, E. L. (2010) Desenvolvimento de uma metodologia para a estimativa de biomassa e de carbono em sistemas agroflorestais por meio de imagens orbitais, Ph.D. Dissertation, UNICAMP, p.129, figura 5.9.

（図 6-5-1）。

トメアスの日系農家はまた，ブラジルナッツ（*Bertholletia excelsa*），アンジローバ（*Carapa guianensis*），クプアスー，バクリ（*Platonia insignis*），ウシ（*Endopleura uchi*），ピキアー（*Caryocar villosum*）など，アマゾンの野生果樹を作物化してアグロフォレストリーの圃場で栽培し，系統選抜も行った。これらの果実や種子を加工し，出荷販売したことで，熱帯林の「遺伝資源」の経済価値を広く世に知らしめた。

ブラジル領アマゾンにおける他のアグロフォレストリーの事例としては，ロンドニア州ポルトヴェーリョ市のアクレ州境に近いノーヴァカリフォルニア区で 1989 年から行われている，林内植栽による混植経済植林プロジェクト（Projeto RECA：Reflorestamento Econômico Consorciado Adensado）が挙げられる。このプロジェクトでは農業協同組合を組織し，熱帯果実などの農産物を加工販売することで，家族経営農場の後継者育成に力を入れている。

また，2007 年にバイア州イリェウス市で設立され，国内外の諸機関・団体の支援と生産物認証を受けて，バイア州やエスピリトサント州，パラ州で林内植栽のカカオ園を普及させるカブルカ協会（Instituto Cabruca）の活動も注目されている。

これらのアグロフォレストリーを推進する諸団体は，ブラジル・アグロフォレストリー学会（SBSAF：Sociedade Brasileira de Sistemas Agroflorestais）等を通じて相互に交流を行っている。

（山田祐彰）

❖フェアトレードの推進

現地住民がアマゾン熱帯林で採取する特用林産物やアグロフォレストリー生産物は，量が少ないうえに品質も多様である。また，インフラが未整備な奥地から遠方の国内外市場へ移輸出されるため，高い中間マージンが価格に反映されて，生産者はしばしば不当な低価格での集荷業者への生産物引き渡しを余儀なくされてきた。

ドイツに本部を置く国際フェアトレードラ

ベル機構は「フェアトレード（英：fair trade, 葡：comércio justo）」を，「生産者がより良い条件で生産物を販売して生活を改善し，将来の見通しを立てられるようにする一方，消費者が日々の購買活動を通じて貧困削減に貢献できるようにするための持続的なパートナーシップ」と定義している。

協同組合や生産者協会に加入し，各種の農林水産物認証を得てフェアトレード事業に参画する生産者は，より高く安定した収入が見込めるため，持続的開発や天然資源管理を志向するとされる。アマゾンでもさまざまなフェアトレード関連団体が，欧米諸国やブラジル国内の先進地域に生産物販売先を想定して活動している。以下にその一部を紹介する。

NGO「ブラジル地球の友（Núcleo Amigos da Terra Brasil）」は，1989年からアマゾン産木材への森林管理認証の普及を推進している。パラ連邦大学（UFPA：Universidade Federal do Pará）が92年に開始した「アマゾンの貧困と環境プログラム（POEMA：Programa Pobreza e Meio Ambiente na Amazônia）」では，アグロフォレストリーで生産されたココナツ（Cocos nucifera）の外皮繊維がメルセデス・ベンツの自動車座席用材料に採用され，フェアトレードで取引されている。パラ州ベレンでは日本の国際協力機構（JICA）の技術支援のもと，クラウア（Ananas erectifolius）繊維を用いた和紙を生産し，2006年にはアマゾン・ペーパー協会（Associação Amazon Paper）が設立された。環境NGOグリーンピース・ブラジル（Greenpeace Brasil）は，04年から「アマゾン友の都市（Cidade Amiga da Amazônia）」キャンペーンを通じて，合法木材のみを使用することを定めた市条例の制定に向けて運動を進めている。

その他，天然林やアグロフォレストリー由来の特用林産物を，ナチュラ（Natura Cosméticos）やザ・ボディショップ（The Body Shop International）などの化粧品メーカー，テスコ（Tesco）などの小売業者がフェアトレード商品として加工販売している。日本ではNPO アルコイリス（Arco Iris）が，アグロフォレストリーで生産されたサシャインチ（Plukenetia volubilis 種子から加工した油や粉が食用となる）を，アクレ州に隣接するペルー領アマゾンから輸入している。　　（山田祐彰）

❖アグロフォレストリーの課題と可能性

アマゾンにおけるアグロフォレストリーは，零細ないし小規模家族経営で，数ヘクタールから数十ヘクタールの土地に数種から数十種の作物を栽培する少量多品目生産が主流である。パラ州パラゴミナス市にある岡島農場のように，数百ヘクタールの土地にコショウ（Piper nigrum），カカオ（Theobroma cacao），マホガニー（Swietenia macrophylla），アフリカマホガニー（Khaya anthotheca, K. ivorensis）などを混植する大規模なケースはいまだに稀である。したがって，これらの多品種農産物をとりまとめて品質を統一し，技術支援や加工販売の機能を兼ね備えた総合農協や生産者協会の存在が不可欠である。

トメアス日系総合農協（CAMTA：Cooperativa Agrícola Mista de Tomé-Açu）は，コショウやカカオの選別・貯蔵および熱帯果実の加工・冷凍を行う施設を持っており，奥地から国内外への移輸出も担っている。また生産物の認証には，土壌保全や炭素固定，森林回廊形成などアグロフォレストリーが有する環境調整機能をふまえて生産物の付加価値を高める機能があるが，現状では小農にとって認証を得るためのコストは負担が大きい。今後は政府による認証制度や，生産者相互認証システムの構築を検討する必要があろう。

さらに現行法制下では，農民が自分で植えたマホガニーやブラジルナッツ（Bertholletia excelsa）などアマゾン在来種の樹木を伐採し，合法的に販売することは困難である。したが

って，カカオ被陰樹がこれら有用樹の場合，その材木を販売してカカオ園を更新することは不可能に近い。また，仮に被陰樹を伐採せず，その根圏が発達した林内にカカオ苗を植えた場合には，樹木との競合でカカオの生育は緩慢になる。

このように，アマゾンでは農民が在来有用樹を植林する動機が削がれている一方，天然林内では有用樹の違法伐採が続いている。このままではアマゾンの高級用材資源は枯渇に向かい，農民が作物を栽培しながら貯金代わりに木材を育てられる遷移型アグロフォレストリーの普及も抑制されてしまう。

また，2012年の新森林法（Novo Código Florestal Brasileiro）によると，アマゾンでは農業に向かない河岸や急傾斜地を除き，原則として所有する土地面積の20％（トメアス入植地のような一部の指定地域は50％）のみ開墾できると定められており，残りは天然林を保全するか，植え戻すことになっている。これは農家経営にとっては足枷である。むしろ開発地域と保全林・公園地域のゾーニングを厳格に行い，農業生産性の持続的向上による農村社会の安定化を図りつつ，天然林の違法伐採を抑制すべきであろう。

この点で，トメアス式アグロフォレストリー（SAFTA：Sistema Agroflorestal de Tomé-Açu）は焼き畑や牧場，アブラヤシ（*Elaeis guineensis*）プランテーションよりも単位面積当たりの生産性が高く，集約的な小農経営に適している。また，遷移が進むにつれ肥料や農薬の投与も軽減できることが経験的に知られている。涼しい林内の労働環境は快適であり，アグロツーリズムも期待できる。今後，行政や研究機関，NGO，NPO等との連携によるさらなる改良普及活動を通して，定着農業の推進と農村雇用の創出に貢献する可能性を秘めている。

（山田祐彰）

6. 都市化の進展と都市環境

❖都市化と国内人口移動

ブラジルの都市化率は84.4％（2010年）であるが，都市人口の定義が広いため，この数値には農村的な地域に暮らす人々も含まれている。すなわち農村を含めたすべてのムニシピオ（município）の中心地区が「市街化地域」とされ，そこに居住する人々が定義上「都市人口」である。いずれにせよ2000年代に都市化がさらに進んだことは確かであり，たとえばセラード（cerrado：サバンナ）地域では，大豆生産や関連するアグロ・インダストリーの成長で小さな町が数多く誕生した。そこでは住宅，上下水道，電気，街灯等の都市インフラの需要が増えたが，その供給は遅れ，生活困難が生じた。これはムニシピオのレベルの問題であるが，州レベルではどうか。

応用経済研究所（IPEA）が2010年に発表したブラジルの国内人口移動に関する研究報告書（Migração Interna no Brasil, Comunicados do IPEA No.61），およびIPEAの4人の研究員による13年の論文（Aglomeração Econômica e Migração: Uma Análise para o Caso Brasileiro, No. 1913）によると，1995～2009年の間，毎年約250万～275万人が州外へ移住した（ただし97年は例外的に減少）。この間，総人口は増えているので，国内移動者の対総人口比は2003年までは1.5％以上であったのが，それ以後は1.5％未満になり，州間人口移動の対総人口比は減少傾向にある。

過去数十年の傾向としては，北部や北東部の州の住民が総人口に占める割合が徐々に増えているが，州間移動の行先は依然としてサンパウロ州が多い。1995年時点で9つの連邦

単位（UF），2009 年時点では 13 の連邦単位において，同州が移住先第 1 位である。過去 30 年以上にわたりセラード地域の経済発展が顕著であったが，大規模農場での機械化された農業は必ずしも雇用の顕著な増大にはつながらなかった。このため依然として南東部の豊かな州が多くの労働力を誘引している。

2000 年代の状況としては，サンパウロ州へ移住した人の約 4 割は北東部出身者であった。また 1995～2008 年の時期には，移動者の約半数が 18～29 歳の若年層であった。なお，大きな流れではないものの，北東部の生活の質が改善するにつれて，南東部から北東部へ回帰する動きも生じている点が注目される。

（山崎圭一）

❖大気汚染

大気の汚染源は，未舗装道路の土ぼこり，熱帯林の焼却や火事で発生する煙，工場排煙，自動車排ガスなどである。大気汚染基準については，1990 年に国家環境委員会（CONAMA：Conselho Nacional de Meio Ambiente）の決議により定められた環境基準が現在も有効である。表 6-6-1 に示すように，この基準には 2 種類ある。一つは全浮遊粉塵（TSP），煤煙，浮遊粒子状物質（SPM），二酸化硫黄，一酸化炭素，オゾン，二酸化窒素について決められたもので，さらに第一基準（健康被害が生じる水準）と第二基準（動植物などに被害が生じない，より厳しい水準）に細分されている。二つめは未達成の場合に政府が何らかの対応をとる基準で，上記と同じ 7 つの汚染物質ごとに注意水準，警戒水準，緊急水準の 3 段階の環境基準が設定されている。大気中の汚染濃度が緊急水準に達した場合，政府は生産者に対して緊急措置を講じる。大気汚染対策としては以上の 2 つの環境基準以外に，汚染源（固定および移動）からの排出ガスの濃度に着目した排出基準と燃料の質への規制がある。

ここでは大都市の主要な大気汚染源である自動車の排気ガスに焦点を当てよう。ブラジルの自動車排ガス規制は過去数十年にわたり

表 6-6-1　大気の質に関する環境基準の例：二酸化窒素規制

（単位：毎時 $\mu g/m^3$）

環境基準 1		環境基準 2（警告等発出用）		
第一基準	第二基準	注意水準	警戒水準	緊急水準
320	190	1,130	2,260	3,000

出所：サンパウロ州立環境公社（CETESB）報告書

表 6-6-2　自動車排ガス規制計画（PROCONVE）による規制値

汚染物質	単位	規制値	
		フェーズ L5 2009 年 1 月 1 日～	フェーズ L6 2014 年 1 月 1 日～
一酸化炭素（CO）	g／km	2.0	1.3
炭化水素（HC）	g／km	0.3	0.3
非メタン炭化水素（NMHC）	g／km	0.05	0.05
窒素酸化物（NOx）	g／km	0.12 または 0.25	0.08
粒子状物質（PM）	g／km	0.05	0.025
アルデヒド（CHO）	g／km	0.02	0.02
燃料蒸発ガス（エバポ）	g／テスト	2.0	1.5 または 2.0

注：原表にあるガソリンかエタノールかといった燃料の違い等に関する詳細な注は省略した。
出所：IBAMA, PROCONVE サイト（www.ibama.gov.br/areas-tematicas-qa/programa-proconve）

徐々に強化されてきた。その一連のプログラムは自動車排ガス規制計画（PROCONVE：Programa de Controle de Emissões Veiculares）と呼ばれる（表6-6-2）。乗用車，軽量商用車，重量商用車，ディーゼル車，バス，二輪車，天然ガス車など車種ごとの規制のほか，次に述べるように燃料別の規制も設けられている。また新車のみ適用・全車適用の区分もある。ブラジルの自動車を燃料別にみると，ガソリン車，エタノール車，フレックス車（ガソリンとエタノールの両方に対応），およびディーゼル車の主に4種類に分かれる（その他，天然ガス車等もある）。ここでいうガソリン車に特殊で，ブラジルの給油所で販売されるすべてのガソリンには22%のエタノールが混入されており，ガソリン車の技術もそれに対応している。エタノール車の排ガスは比較的クリーンだといわれているが，街にはガソリン車もディーゼル車も走っているので，PM 10（大気中に浮遊する微粒子のうち粒子径がおよそ10 μm以下のもの）や二酸化窒素などによる大気汚染の問題は解消されず，大都市では呼吸器系疾患等の健康被害が生じている。

大気の質を管理するには，汚染物質のモニタリングが重要である。自動車の4割が集中しているサンパウロ州では，州立環境公社（CETESB：Companhia Ambiental do Estado de São Paulo）が公害や廃棄物の調査・規制を担当している。CETESBは2014年時点で州内に51の固定測定所と1台の移動測定車を整備し，最大15項目にわたる観測を行っている。とくにPM 10は，49の測定所と移動測定車で測定されている。

サンパウロ大都市圏の大気の状況をみると，2005～14年にかけてPM 10は34～41 μg/m³（年平均値）でほぼ横ばいに推移している。オゾンは悪化の傾向が見られる。二酸化硫黄は05年の9 μg/m³から14年の4 μg/m³（年平均値）へと半減した。一酸化炭素は1～3 ppm（8時間平均値の最大値の年平均値）の間で漸減傾向にある。自動車が増加するなかで，サンパウロ大都市圏の大気汚染は依然として深刻な状態が続いている。　　　　　（山崎圭一）

❖水質汚染・下水処理

地上の表流水，湖沼や海洋の水および地下水の汚染の原因は，工場排水，農場からの排水，畜産農家からの汚水（家畜の糞尿含む），家庭やオフィスビルからの排水（都市下水）などである。工場排水については，各工場内で浄化処理してから公共下水道や環境中に排出することが定められており，そうでない場合は公害となる。実態とルールが乖離している可能性があるが（現実に公害は生じている），詳細は十分に調査されていない。

都市下水については，オンサイトの浄化槽か，または公共下水道と下水処理場を経て浄化される。ただし，都市部は都市省（MCidades），農村部は国家統合省（MI），環境面に関しては環境省（MMA）と縦割り行政になっており，総合的な情報が発表されていないため，全体像が不明である。ブラジル地理統計院（IBGE）の全国家計サンプル調査（PNAD）によると，2013年現在，66%の家庭（約4,300万世帯）が下水道に接続している。しかし北部20%，北東部42%，南東部91%のように地域間格差が大きい。なお，集められた下水がすべて下水処理場で浄化されているわけではないため，これらの数値は完全な情報ではない。とくに大西洋に面した州での未処理下水の海洋流入は，喫緊に解決されるべき重要課題となっている。

サンパウロ州全体では，集められた下水の約60%が処理されており，残りは未処理のまま海洋を含めた環境中に投棄されている。例外はサンパウロ大都市圏のサンカエタノドスル市で，全世帯が下水道に接続しており，集められた下水は100%浄化処理されている。

いずれにせよ，下水道に接続していない場合，オンサイト施設で処理されているか，または未処理で環境中に放出されていることになるが，下水道の整備状況に関する統計しか得られていない現状では詳細がわからない。

都市省によれば，2013年の公衆衛生施設（セプティック・タンク［浄化槽］を含む）の普及率は都市部全体で約84％（約4,730万世帯）である。03年の3,280世帯から10年間で大幅に増加しており，07年以降の成長加速化計画（PAC）による857億レアルの投資が功を奏したといえる。ただし，これらも都市部に限定した情報であり，農村部の状況調査が別途必要である。

農村部での課題は，オンサイト浄化槽の機能評価である。現状では浄化機能が不十分な施設も浄化施設として計上されている可能性があり，その場合には排水の二次的浄化を考慮に入れる必要が出てくる。以上を総合的に考察すると，ブラジルでは家庭排水のうちどれくらいの割合が浄化されているか不明である。専門家はラテンアメリカ全体では汚水の2〜3割が浄化処理されていると推定している。

下水処理技術がラテンアメリカ地域で最も進んでいるのはチリで，活性汚泥方式と高率酸化ラグーン（池）方式が主流である。一方ブラジルでは，ラグーン方式と上向流式嫌気性汚泥処理床方式（UASB：Upflow Anaerobic Sludge Blanket）が主流である。活性汚泥方式は処理能力が最も高いが，整備費用が高額でありブラジルでは少ない。サンパウロ州下水処理公社（SABESP：Companhia de Saneamento Básico do Estado de São Paulo）は，上向流式嫌気性リアクター，通性ラグーン，嫌気性ラグーン，酸化ラグーン，熟成ラグーン，濾過法および浮上法をウェブサイト上で紹介している。ブラジルではこれらを含め十数種類の下水処理技術があるが，組み合わせも多いので厳密な分類は難しい。たとえば嫌気性リアクターは単独では不十分なので，通性ラグーンでの二次処理が必要である。

サンパウロ州の表流水の水質は，生物化学的酸素要求量（BOD：Biochemical Oxygen Demand）でみると2000年代末以降改善している。公衆衛生施設への投資の増大が効いたといえるが，他の汚染物質を含めた全体の状況は依然として深刻である。たとえばサンパウロ市を流れるチエテ川の下流にあるピラポラドボンジェズス市では，市内を流れる同川の汚染が問題となっている。都市下水（とくに洗剤成分）の流入と水力発電ダムによる水流が原因で大量の泡が発生しており，この現象は数十年前から知られているが，2015年6月の大量発生では泡が数メートルの高さに達し，堤防を越えて道路や住宅地に流出した。河川汚染の象徴的な事件として注目されているが，いまだ解決されていない。　（山崎圭一）

❖ 廃棄物処理とリサイクル

環境省（MMA）によると，ブラジルの固形廃棄物の量は国民1人あたり1日1.02 kgである（2013年）。これは日本における一般廃棄物の量（過去数十年にわたって1 kg前後で推移）と同水準といえる。しかし収集・処分体制は日本とはかなり異なる。収集については，地方自治体のごみ収集車による定期的な回収サービス以外に，カタドレス（catadores）と呼ばれる民間の零細廃品回収業者による資源ごみの収集がある。中間処理については，ブラジルでは日本のような焼却による減量処理は行われていない。大型焼却炉の建設計画もあるが，環境保全派の反対もあり論議を呼んでいる。

固形廃棄物は最終的には陸地の処分場で埋立処理されるが，施設は不足している。5,570のムニシピオ（município）のうち，埋立処分場を有するのは2,215市にとどまる（2015年）。

国民の約6割の出す廃棄物が埋立処分場へ持ち込まれている。分別収集を実施しているムニシピオは総数のわずか20.8％である（13年）。また，固形廃棄物管理計画を策定しているムニシピオは2,323市と全体の4割強である（15年）。総合的にみて，廃棄物処理のためのインフラ整備や政策が遅れている状況といえる。

法制度に関しては，2010年8月2日に制定された固形廃棄物国家政策法（法律第12305号）が重要である。とりわけ廃棄物の全体量の削減，埋立処分場へ持ち込む量の削減，再資源化・再利用の促進，製品のライフサイクル全体にわたる責任の分有，不法投棄の根絶，カタドレスの社会的統合などが謳われている点が画期的といえる。

応用経済研究所（IPEA）の2011年の調査では，カタドレスは全国で約60万人を数える。彼らの多くは組合を形成しており，684のムニシピオに1,175団体が存在する。01年にはそれらの団体が参加し，全国資源ごみ回収者運動（MNCR：Movimento Nacional dos Catadores de Materiais Recicláveis）が結成された（www.mncr.org.br/）。MNCRは貧困層による社会運動であると同時に，事業者団体としての性格も有している。

ムニシピオ単位での先進的事例としては，パラナ州クリチバ（Curitiba）市の取り組みが挙げられる。同市は分別収集の推進，貧困対策，不法投棄撲滅を融合させた政策を導入している。具体的にはごみと食糧の交換プログラムにより，住民の収集への協力を促進し，貧困層の生活を改善し,不法投棄を減らした。2007年には，ドイツに本部を置く国際的NGOアヴィナ財団（Avina Foundation）の支援を得て，カタドレスのエンパワメント事業「エコ市民（Ecocidadão）」を開始した。カタドレスは従来，回収した資源ごみを自身の家庭内で分別しており，非効率的であった。そこで「エコ市民」事業では分別工場を建設し，カタドレスの利用に供した。その利用者は現在約400名にのぼっている。分別工場を利用することで資源ごみの純度が向上し，静脈産業（リサイクル業者）へ販売する際の換金率が数倍に上昇，カタドレスの現金収入が大幅に増加している。それまで市内のカタドレスの平均月収は500レアルであったが，それが事業参加者平均で166％増大し，なかには月3,000レアルを稼ぐ者もいるという。2014年時点で20の分別工場が整備されており，さらにいくつかの建設計画がある。同市内で発生する資源ごみの約35％がこの事業でリサイクルされている。☞次節　　　　　（山崎圭一）

7. 環境都市の可能性と課題：クリチバ市の事例

❖交通システムと土地利用計画の融合

一般に都市部の無秩序なスプロール現象は都心の疲弊を生み，クルマ社会の浸透を容認することになる。パラナ州クリチバ（Curitiba）市は人口175万，1970～2000年の30年間に266％の人口増加を経験し，世界中から多くの人々が流入している。そして世界がモータリゼーションの時代に突入していった時期に，その流れに逆行するかのように1972年には「クルマの都心からの締め出し」を強行した。結果，歩行者中心の繁華街「花通り（Rua das Flores）」が出現し，市民の憩いの空間として注目を浴びることとなった。

同市では市民の交通手段として，クルマではなく連結型のバスが主に利用されている。1日平均200万人が利用するバス網は日本の地下鉄に匹敵する輸送量を有し，ピーク時には3連結の大型幹線バス（市中心部と郊外を結

ぶ）が30秒おきのダイヤで運行されている。
　クリチバ市のバスシステムにはいくつかの顕著な特徴がある。まず，段差がなく乗り降りしやすいチューブ型の停留所内で市内一律運賃を支払うことにより，乗降による時間的ロスが省ける。次に，市中心部から周辺部に向かって放射状に広がる5本の幹線道路が都市構造の骨格をなしており，幹線に沿って建設されたターミナル周辺には市役所や銀行，コンビニエンスストア，飲食店，公衆トイレなどの施設が集まっている。つまり都市機能を中心部に一極集中させず，周辺に向かって分散させる都市構造である。これら一連の交通システムは「統合輸送ネットワークシステム（RIT：Rede Integrada de Transporte）」と呼ばれ，第三セクターのクリチバ都市公社（URBS：Urbanização de Curitiba S.A.）が統括管理している。バスの運行は10社の民間会社が請け負い，各社への支払いは乗客数ではなく運行距離に基づいている。幹線，近郊線，在来線，観光線，病院循環線など目的別に10種に及ぶ路線は，路線図，車体，停留所などが色分けされており（たとえば先述の幹線大型バスは赤色），容易に識別できるようになっている。また現在，排ガス削減のためにバイオディーゼル燃料が全車両の30％に試験的に使用されている。なお，上記「赤」の沿線には比較的高層の建物（オフィスや住宅など）が高密度で建設されており，市内のランドマークとなっている。このようにクリチバ市では，交通システムと土地利用計画が「市民・歩行者中心」の視点で融合されている。

（福島義和）

❖ 環境政策の実績と課題

　パラナ州クリチバ（Curitiba）市では，「ごみ交換プロジェクト」（1989年開始），「緑の交換プロジェクト」（91年開始）という二つの環境プロジェクトが実施されている。前者

クリチバ市のチューブ型バス停留所（撮影：Morio）

は河川敷などに形成されたファヴェーラ（favela）の住民が回収した再生可能ごみ（プラスチック，紙など）を，行政が準備した野菜や果物などの余剰生産物と交換するものである。これによりファヴェーラ住民の生活・栄養改善，行政サービスのコスト削減など多くのメリットが生まれている。一方，後者「緑の交換プロジェクト」は，郊外63カ所の低所得層居住区を対象に，同じく住民が回収した再生ごみと野菜・果物等を交換する。この二つのプロジェクトが成功した背景には，同市の環境教育の普及がある。ごみの再資源化と貧困層の社会的包摂という二つの課題に，市民が積極的に参加している。

　むろん市内に貧困や格差の問題はいまだ存在するが，それらが一定の改善をみているのは，1970年代以降3期にわたって市長を務めたジャイメ・レルネルの強力なリーダーシップと行政機関の能力によるところが大きい。レルネル市政以降，クリチバ市は市民の生活の質の維持と環境政策の両立に力を注いできた。そこでは地域性の重視や貧困層の社会的包摂の理念が貫かれている。日本の縦割り行政の現状に比して，同市の政策はポリシー・ミックスの一つの成功例といえよう。一方で，地域性を重視したミクロな政策が実施されれば，その恩恵を受ける地域と受けない地域の間でサービスに格差が生じることもありうる。また，現状では政策の持続性が市長のリーダーシップや行政機関の能力，市民参加の度合

いに依存しており，それは翻せば人・世代の交代によって政策が中断してしまう可能性を示唆している。こうした点も今後は課題となってくるだろう。

〈福島義和〉

❖環境都市の可能性

日本では現在，安倍政権の新自由主義的政策のもとで「地方創生」が叫ばれ，「コンパクトシティ」を掲げた都市再開発が展開されている。しかし既存のコンパクトシティ構想では，渋滞の悪化，地価高騰，地域格差などが避けられない。その成否は，地域ごとの自然・歴史・文化を活かした内発的な動きをいかに引き出し，街づくりに活かせるかで決まるだろう。その意味で，パラナ州クリチバ（Curitiba）市の「人間の生活を中心に据えた街づくり」は，日本の都市政策にも大きな示唆を与える。その要点は次の3点に整理することができる。

①政策の柔軟性を維持し，大規模な開発ではなく，ヒューマン・スケールに沿った開発を積み重ねることが重要である。その際，たとえばクリチバ市の「ごみ交換プロジェクト」のように住民の積極的な参加を得られる政策や，開発の理念を根づかせるための環境教育の普及が必要となる。環境教育については，とりわけ教員やサービス業従業員など，「人間相手」の職業の人々への教育を優先的に行うことで効率的に普及を図ることができる。

②理念的には経済成長と環境保全を両立させる都市政策が望ましいが，現実には難しい面も多い。クリチバ市は1972年に「クルマの都心からの締め出し」を強行し，それによって人間中心の都市を形成したが，この政策がどの都市でも可能であるわけではないであろう。しかし，日本の都市においても，中心から周辺に向かって伸びる公共交通の路線沿いに都市機能を分散させることは可能である。こうした脱中心型都市構造を形成するには，交通システムと土地利用計画を有機的に統合する政策が重要となる。

③クリチバ市の「ごみ交換プロジェクト」や「緑の交換プロジェクト」のような政策により，循環型都市と貧困削減を並行して実現することができる。同市ではまた，バス路線も新規敷設を極力避けて既存の道路を組み合わせて利用したり，古い建物を再利用するなど，都市計画全体に循環型社会の理念が貫かれている。

〈福島義和〉

第7章 法制度

0. 概観

　文書記録に残るブラジルの歴史は，ブラジルが「発見」された1500年に始まる。それ以降，1822年に独立するまでの約300年間は，ブラジルの統治はアフォンソ法典，マノエル法典，フィリッペ法典など大陸法の伝統を継承するポルトガル法の下で行われた。「ブラジル法」が歴史に登場するのは，初代皇帝ドン・ペドロ1世による1824年憲法の発布以降である。その後，法典の編纂が進められ，最初の刑法典が1830年，商法典が1850年に制定された。最初の民法典は，当時のドイツ民法典など先進国の立法を参考にして1916年に制定された。1930年に大統領に就任したヴァルガスは社会主義的な労働政策を推進したが，同政権の下で1943年，当時存在した労働法規範を統合する形で統合労働法（CLT）が編纂された。

　1964年の軍事クーデターによって成立したカステロ・ブランコ政権に始まる軍事政権は，基本的に親米的であり外資導入政策を推進した。その下で60〜70年代にかけて経済法制の基盤が確立された。その立法例は，経済力濫用禁止法（62年），対外利潤送金規制法（62年），外国銀行法（64年），資本市場法（65年），工業所有権法（71年），株式会社法（76年）および証券取引委員会法（76年）などである。経済面では，外国資本導入を柱にした工業化政策が効を奏し，高度経済成長を実現したが，その後のオイルショックを契機に失速した。それ以降，多額の対外債務を抱えたブラジル経済は行き詰まり，数次にわたり実施された対外債務再編交渉と価格安定化政策は失敗を重ね，80年代は同国にとって経済的混乱の時代であった。

　民政移管後の1988年に公布されたブラジル憲法の下で，同国の現在の法秩序が構築されている。この民主憲法は，消費者保護と自由競争を基軸とする経済秩序を保障しており，たとえば公共民事訴訟法（85年），消費者保護法（90年），競争法（91年）などの立法は，いずれも企業による経済力の濫用抑止および消費者の権利保護を目的としている。

　1994年の大統領選挙ではカルドーゾが勝利し，新自由主義的政策の下で国営企業の民営化を推進し，従来の輸入代替工業化政策から市場開放政策への転換を図った。これが奏功してインフレは徐々に鎮静化し，対外債務問題の解消とともに高度な経済成長が実現され，現在では新興経済国の一翼を担うに至っている。

　1990年代以降のブラジルにおける経済関連立法の特徴は，いずれも法制の国際的調和が意図されている点に見出される。例えば国連商取引法委員会（UNCITRAL）が制定した仲裁モデル法に準拠したブラジル仲裁法（96年），金融活動作業部会（FATF）の勧告をもとに制定されたマネーロンダリング規制法（98年制定，2012年改正），21世紀に入って改正された倒産法（1945年制定，2005年改正），経済協力開発機構（OECD）の勧告に基づき全面改正された競争保護法（2011年），OECD外国公務員贈賄禁止条約に準拠して

立法された腐敗行為防止法（2013年）などがその例である。

国際契約法の分野では，UNCITRAL が起草し，1980年のウィーン外交会議において採択されたウィーン物品売買条約が2014年にブラジルについて発効した。同条約は，物品売買契約に関する国際的な統一法を設けることによって国際取引の発展を促進することを目的としている。

2002年には私法の一般原則を規定する民法典が改正され（03年施行），私法体系の近代化が達成された。ブラジルは独立からほぼ2世紀を経て，欧米諸国およびアルゼンチンなどのラテンアメリカ近隣諸国の法制の影響を受けつつも，固有の法文化を形成している。

（阿部博友）

1．1988年憲法・法規範の種類・司法制度の問題点

❖1988年憲法

ブラジルは連邦制を採用する国家であるが，同制度が最初に導入されたのは米国憲法の影響を強く受けた1891年憲法の下であった。同憲法によって連邦制と大統領制が採用され，行政・立法・司法の三権分立の原則が確立された。その後約1世紀を経て，軍政から民政への移管後に制定された1988年憲法は，1891年憲法が確立した政治体制や三権分立の伝統を承継している。また政体に関しては，1993年に国民投票が実施された結果，共和制および政治制度としての大統領制を継続することが再確認された。

なお，国内の各州も個々にその州憲法を有するが，以下では特段の記載がない限り「憲法」とは連邦憲法（Constituição Federal）を指すこととする。

（1）立法府

連邦立法機関である連邦議会は，上院（Senado Federal）と下院（Câmara dos Deputados）により構成される。下院議員は各州および連邦直轄区より選出され，任期は4年。上院議員は各州および連邦区から選出され，任期は8年で，4年ごとに定員の3分の1または3分の2が改選される。連邦議会は民事・商事・刑事・訴訟手続きなど広範な立法権限を有する（憲法第22条）。他方で環境・消費者保護・教育・税務など一定の事項は，連邦および州・特別区が競合的立法権限を有する（同24条）。

（2）行政府

大統領（任期4年，1回のみ再選可能）は，元首として国家を代表するだけでなく行政府の長であり，閣僚の任免権および国軍の指揮権を有する。大統領が欠員となった場合には副大統領が残りの任期を代行し，副大統領がその職務を遂行できない場合には連邦下院議長，連邦上院議長，連邦最高裁判所長の順序でその任にあたる。

行政府は各省，各特別行政庁および軍から成り，各々の活動領域における公共政策を策定・実施する役割を担う。2016年時点の行政府は，大統領府（PLANALTO），農牧食料供給省（MAPA），都市省（MCidades），科学技術イノベーション省（MCTI），通信省（MC），文化省（MinC），防衛省（陸空海軍司令部を含む MD），農村開発省（MDA），開発商工省（MDIC），社会開発飢餓対策省（MDS），教育省（MEC），スポーツ省（ME），財務省（MF），国家統合省（MI），法務省（MJ），環境省（MMA），鉱山エネルギー省（MME,），企画・予算・運営省（MP），社会保障省（MPS），外務省（MRE），保健省（MS），労働雇用省（MTE），運輸省（MT），観光省（MTur），女性・人種平等・人権省（MMIRTH）である。

大統領は法律を裁可する権限を有するが、その法律の全部または一部について拒否権を発動する権限も有している。

(3) 裁判制度

裁判所は連邦裁判所と州裁判所で構成される。日本の市町村に該当するムニシピオ（município）は独自の裁判所をもたない。連邦・州ともに裁判所判事は終身職として身分が保障されている。

なお、ブラジル法の下では、大陸法の伝統に従い、いわゆる判例拘束性の原則は採用されていないが、次の2つの例外が存する。まず2004年の第45憲法修正に基づく連邦最高裁判所（STF）の拘束性判決要旨（súmulas vinculantes）であり、STFが繰り返し判断した重要性の高い拘束性判例要旨については、他の裁判所のみならず政府機関もこれに拘束され、異なる判断は許容されない。もう一つは06年の法律第11276号および11277号によって定められた重要判決要旨（súmulas imperativas de recurso：上告が認められない重要判決要旨の意）であり、連邦高等裁判所（STJ）の重要判例の要旨に準拠して下級審が判断した事案については、当事者は下級審の判決に不服であっても、この争点についてさらにSTJの判断を求めることは認められない。

以下、ブラジルの司法権を構成する各種裁判所の概要を示す。

連邦最高裁判所（STF）▶ 憲法の適用と解釈について判断する裁判所である。11名の判事（Ministros）は大統領が指名し、連邦上院議会の絶対多数による同意を得て任命される。STFはまた一定の事案（憲法第102条）について、STJや高等労働裁判所（TST）など高等裁判所の上訴審となる。

連邦高等裁判所（STJ）▶ 連邦法に関する事案の上告審であり、州裁判所の扱う案件についても連邦法に関する事案はSTJが上告審となるが、その他の州レベルの案件は原則として州高等裁判所（TJ）が最終審となる。STJの判事（Ministros）は大統領が指名し、連邦上院議会の同意を得て任命される。

連邦地方裁判所（TRF）▶ 全土を5つに区分した各管区のTRFと連邦判事（Juízes Federais）で構成される。例えば第3管区TRFはサンパウロ市に所在し、サンパウロ州およびマトグロッソ州を管轄する。連邦、独立行政機関または連邦公社が原告、被告、補佐人または抗告人として関与する訴訟、外国または国際機関とムニシピオまたは居住者との間の訴訟、連邦と外国または国際機関との条約または契約に基づく訴訟など、憲法第109条に定める事項について管轄する。なお、連邦民事・刑事裁判所は法律第10259号（2001年）に基づき設置され、最低賃金の60倍までの少額案件を担当する。

州裁判所▶ 州高等裁判所（TJ）および州司法判事（Juízes de Direito）から成る。国家もしくは連邦レベルの公職者を当事者としない、刑事・民事・商事に関する州およびムニシピオの法律・条令等の違憲性に関する訴訟を担当する。TJは各州に一つずつ存在し、さらに州内にいくつかのムニシピオを括る形で設定されている司法区（comarcas）ごとに一つ以上の第一審裁判所（vara）を有する。第一審裁判所の判決に不服な当事者はTJに控訴することができ、TJは原則として州裁判所の最終審となる。ただし、連邦法に関する事案についてはSTJに上訴が可能である。

なお、州特別民事・刑事裁判所は法律第9099号（1995年制定）に基づき設置され、最低賃金の40倍以下の少額案件等を担当している。

労働裁判所▶ 労働関係の案件を解決する責任を負う。27人の判事を擁する高等労働裁判所（TST）、国内24の地方労働裁判所（TRT）、労働裁判所判事（第一審裁判所であり、国内に約1,300カ所設置されている）、および和解

裁定委員会から成る。なお，2000年の法律第9957号によって最低賃金の40倍までの金額に関する簡易労働訴訟手続き（Procedimento Sumaríssimo）が認められた。労働裁判所は，憲法第114条所定の労働事件を管轄する。

選挙裁判所▶ 高等選挙裁判所（TSE），各地方選挙裁判所（TRE），選挙裁判官，選挙委員会から成る。選挙の実施・管理・監視ならびに政党の結成・登録に関する責任を負う。

軍事裁判所▶ 軍事上の犯罪を訴追し裁くプロセスの責任を負う。高等軍事裁判所（STM：Superior Tribunal Militar），軍事司法判事，各軍事裁判所，軍事司法審議会から成る。

（阿部博友）

❖ 法規範の種類

国内26の州にはそれぞれの議会があり，州法の制定権限を有する。連邦法は民事・商事・刑事・訴訟手続きなど広範囲におよぶが，州法は環境・消費者保護・税などに関して立法され，憲法および連邦法に準拠することが求められている。

例えばサンパウロ州の禁煙法（Lei Antifumo do Estado de São Paulo，州法第13541号，2009年制定）は，同州内において公共の場での喫煙を禁止する州法である。また，日本の市町村に該当するムニシピオ（município）もそれぞれ議会を有し，法令の制定権限を有するが，その権限は地域的利益に関する事項に限定される。例えばサンパウロ市組織法（Lei Orgânica do Município de São Paulo）は，同市の立法・行政組織等に関するムニシピオ法である。

連邦法については，以下に述べる5層の法規範が存在する（憲法第59条）。

(1) 連邦憲法および憲法修正

1988年に制定された連邦憲法（Constituição Federal）はブラジルの最高法規である。憲法修正（Emendas 憲法第60条）は，上・下院においてそれぞれ3分の1以上の同意が得られた場合に発議され（その他，大統領および州議会にも発議権がある），両院で2回にわたり5分の3以上の同意が得られたときに修正が承認される。承認された修正憲法は憲法規範としての効力を有する。なお，1988～2013年までに74件の憲法修正が成立している。

(2) 憲法補足法

憲法が特に補足法に委ねる旨を明示的に規定している場合，憲法補足法（Leis Complementares 憲法第69条）が上・下院のそれぞれ絶対多数（出席議員の過半数）で採択される。例えば憲法第153条は連邦の租税徴収権に関する規定であるが，同条VII号は大規模資産税については補足法が定める旨を規定する。1988～2013年までに86件の憲法補足法が承認されている。

(3) 通常法・委任法・暫定措置法・立法府命令・決定

通常法（Leis Ordinarias 憲法第47条）▶ 一般に法律と称されるものを指す。連邦，州，ムニシピオ政府によって日に80件以上，年間では3万件以上が制定されており，1988～2013年までに60万件以上の通常法が制定されたと言われる。

委任法（Leis Delegados 憲法第68条）▶ 大統領が編纂し，議会に対して委任を要請する。ただし，司法府や検察組織およびその構成員の身分保障，公民権，個人の権利，参政権，選挙権など憲法第68条が規定する一定の事項については委任が認められない。

暫定措置法（MP 憲法第62条）▶ 重大で緊急を要する場合に大統領が発議する。法律としての効力を有するが，有効期間は60日間で，さらに60日間の延長が可能である。公布後，法律への転換を審議するために議会に上程されなければならない。議会で承認が得られない場合は効力を喪失する。

立法府命令（Decretos Legislativos 憲法第49条）▶ 憲法第49条および第62条に規定する事項を実施するために議会に専属的に認められた議決

行為である。なお，ブラジルが批准する国際条約はこの立法府命令によって国内で実施される。例えばブラジルは1998年12月，経済協力開発機構（OECD）外国公務員贈賄禁止条約に署名し，2000年11月20日付で制定された立法府命令第3678号によって同条約の国内実施を開始した。民事，税，商事，労働等に関する国際条約に関わる案件は，この手続きを踏んで国内で実施される場合，当該条約が優先して適用される。立法府命令の制定に関する手続きの詳細は，上・下院の内規（Regimentos Internos）に規定されている。

決定（Resoluções 憲法第51・52条）▶ 議会の政治的・訴訟立法的・事務的事項について定めるもので，例えば大統領，副大統領，大臣の弾劾手続きの開始は上・下院議員数の3分の2以上により認可される。

（4）規範命令

行政府による規範命令（Decreto Regulamentares：憲法第84条 IV 号）は，行政府の専権事項に関して発せられるもので，法律の実施に関する細則を定めるものである。ただし，規範命令によって，法律の内容を修正・変更することは認められない。

（5）行政規則

各行政機関が発する行政規則（atos administrativos inferiores）は，Instrução Normativas, Portarias, Regimento Internos, Provimentos など様々な呼称で呼ばれる。原則としてそれを公示した行政府内で適用されるものであるが，なかには企業活動に大きな影響を与えるものもある（例えば中央銀行が発する行政規則は外国への送金や為替に関連する内容を含み，影響が大きい）。また，複数の省庁により公示される規則は省庁間規則（Portaria Interministral）と称される。

（阿部博友）

❖司法制度の問題点

2004年に創設された全国司法審議会（CNJ：Conselho Nacional de Justiça）は，同国の司法の運営および財務について管理し，かつ各判事の職務遂行状況の管理・監督を行う独立機関である。CNJの資料（Justiça em Números 2015）によると，2014年度初頭時点で司法機関（連邦裁判所，州裁判所，労働裁判所の他，選挙裁判所など特別裁判所を含むすべての裁判所）で係属中の訴訟案件は約7,080万件であった。図7-1-1は，09〜14年度の新規案件数，処理

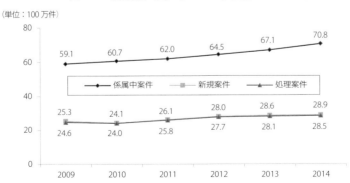

図7-1-1　訴訟件数の推移（ブラジル司法全般・2009〜14年）

出所：Justiça em Números 2015 at 34 (Conselho Nacional de Justiça, 2015)

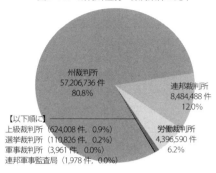

図 7-1-2 裁判所種別・係属案件の比率

州裁判所 57,206,736 件 80.8%
連邦裁判所 8,484,488 件 12.0%
【以下順に】
上級裁判所（624,008 件、0.9%）
選挙裁判所（110,826 件、0.2%）
軍事裁判所（3,961 件、0.0%）
連邦軍事監査局（1,978 件、0.0%）
労働裁判所 4,396,590 件 6.2%

注：上段の数値は案件数、下段はその全体に占める割合を示す。
出所：Justiça em Números 2015 at 35 (Conselho Nacional de Justiça, 2015)

案件数および係属中案件数の推移である。その需要対応係数（Índice de Atendomento à Demanda：新規案件数に対する処理案件数の割合）は 98.6%（図中、新規案件数と処理案件数はほぼ重なっている）で、係属案件数の増加傾向は今後も継続すると見込まれる。また図 7-1-2 は、係属中案件数を裁判所の種別ごとに示したものである。州裁判所が 8 割を占め、これに連邦裁判所、労働裁判所が続く。これらの資料から、ブラジルにおいては年々増大する訴訟件数に比して司法機関の人手不足あるいは非効率性が顕著で、それにより訴訟手続きの慢性的遅延が生じており、司法制度改革が喫緊の課題となっている。特に一般的な民事・商事案件を担当する州裁判所に持ち込まれる訴訟案件数は、処理能力を超える過剰な状況となっている。

（阿部博友）

2. 刑法・刑事訴訟法

❖刑法

ブラジルにおいて現在効力を有する刑法は、1940 年 12 月 7 日付法規命令（decreto-lei）第 2848 号である（42 年施行）。同法はその後、数次の改正を重ねており、84 年に法律第 7209 号によって総則規定は全面的に改正された。刑法は総則と各論を合わせ全体で 361 の条文から構成される。総則の構成は、第 I 編：適用範囲、第 II 編：犯罪、第 III 編：責任能力、第 IV 編：共犯、第 V 編：刑事罰、第 VI 編：保安処分、第 VII 編：刑事訴訟、第 VIII 編：時効、となっている。また各論は、第 I 編：生命に対する犯罪、第 II 編：財産に対する犯罪、第 III 編：無体財産に対する犯罪、第 IV 編：労働に対する犯罪、第 V 編：信仰および死者の尊厳に対する犯罪、第 VI 編：性犯罪、第 VII 編：家族制度に対する犯罪、第 VIII 編：公共の安全に対する犯罪、第 IX 編：公安に対する犯罪、第 X 編：公の信用に対する犯罪、第 XI 編：公共行政に対する犯罪より成る。

刑法は 1988 年憲法の下で次の諸原則を確立している。第 1 に罪刑法定主義原則であり、法律に定めがなければ犯罪とならない。また事後法を禁止し、予め制定された法律によって初めて刑罰を科すことが可能となり、その遡及効は認められない（憲法第 5 条 39 号、40 号）。第 2 に有責性原則であり、刑法の下で無過失責任を問われることはない（同第 1 条 3 号、第 5 条本文など）。第 3 に尊厳の保障であり、刑法は国民の基本的権利および自由を侵害するいかなる差別も処罰する（同第 5 条 41 号）とし、受刑者に対しても身体上および精神上の完全な尊重が保障されている（同条 49 号）。第 4 に法定刑の遵守原則であり、裁判官は法律に規定された通りの刑罰を科すことのみが許容され（同条 46 号）、また罪を犯した個人に対してのみ刑罰は適用され、その承継人等に責任は波及しない（刑法第 5 条 46 号）。そして特別裁判所はその設置を禁止する（同条 37 号）。第 5 は刑罰適用の最小化原則であ

り，刑法は他人に対する侵害行為のうち重要な行為のみを犯罪とし，軽微な侵害に刑罰を適用しない。第6は保護法益に関する原則であり，刑法は基本的人権の保障や社会における共生などの法益保護に限定して適用される。第7は犯罪の重大性に比例した刑事罰の適用原則であり，犯罪行為の重大性と適用される刑事罰の重さは比例的でなければならない。なお，刑法典については2012年に改正法案が上院に提出されている。

（阿部博友）

❖刑事訴訟法

　刑事手続きを定める刑事訴訟法は，1941年の法規命令（decreto-lei）第3689号が，数次の改正を経て，現在でも効力を有している。1988年憲法の下で刑事訴訟法は次の原則を明示している。第1にデュー・プロセス・オブ・ロー（due process of law/devido processo legal），すなわち何人も法の定める適正な手続きによらなければ，生命・自由または財産を奪われないとする原則である（憲法第5条54号）。なお，本原則から派生する保障として，単に犯罪を規定する法律が存在するだけでは足りず，さらにその内容が適正なものでなければならないと考えられている。第2に特別裁判所の設置禁止原則である（憲法第5条37号，53号）。第3に対審（contraditório）制度と完全な防御の保障であり，憲法は訴訟当事者および一般被告に対審と弁護に固有の手段と控訴を伴う広範な弁護を保障している（同条55号）。第4に，不正な手段により入手された証拠についてその証拠能力を否定する（同条56号）。第5に無罪推定原則であり，何人も刑法上の有罪が確定するまでは犯罪人とはみなされない（同条57号）。最後に裁判の公開制の保障であり，司法諸機関によるすべての審理は公開を原則とし，すべての決定は正当な根拠を有するものでなければならない（第93条9項）。なお前項の刑法同様，刑事訴訟法についても現在では社会と適合しない点が生じていることから，改正作業が進行中である。

（阿部博友）

3. 民商法

❖2002年民法典

　民法は私法の一般法として市民相互の関係を規律する法であり，商法は民法の特別法にあたる。ブラジルでは1850年に最初の商法典（法律第556号）が制定され，1916年に至って初めて民法典（法律第3071号）が制定された。しかし，制定後まもなく経済の発展による社会的変化を反映した改正が必要であると認識され，1930年代から債権法改正の作業が開始されたが，その後さらに全面改正の必要性が認識され，72年に改正原案が作成された。以後，議会における長期にわたる審議を経て，2002年に新民法典（法律第10406号，以下「民法典」または「民法」と称す）が成立したが，この際，1850年商法典は海商法の規定を除いて民法典に統合された。

　2002年民法は，旧民法と同じく大陸法の伝統にならったパンデクテン方式を採り，全体で2,046の条文，大きく分けて次のように総則と各論の2部から成る。総則：第Ⅰ編「人」（第1～78条），第Ⅱ編「物」（第79～103条），第Ⅲ編「法律事実」（第104～232条）。各論：第Ⅰ編「債権法」（第233～965条），第Ⅱ編「企業法」（第966～1195条），第Ⅲ編「物権法」（第1196～1510条），第Ⅳ編「家族法」（第1511～1783条），第Ⅴ編「相続法」（第1784～2027条），および補足編（第2028～2046条）。以下，総則と各論に分けて概要を記す（補

足編は割愛する)。

(1) 総則

総則は「人」「物」「法律事実」の各編に分かれ，2002年の改正において第I編「人」に法人格の否認規定(第50条)が追加された。同条は「会社の目的外行為や会社資産の混同など，法人格の濫用があった場合は，裁判官は当事者の申し立て，または検察庁が訴訟に介入した場合はその申し立てに基づき，一定の特定された責任が管理役員または法人株主に遡及することを決定することができる」と定める。従来，ブラジルの裁判所は法人格否認法理の適用について慎重な態度を示していたが，近年，1990年の消費者保護法(法律第8078号)，94年の経済秩序維持法(第8884号)，98年の環境基本法(第9605号)などの特別法において，法人格否認規定が導入されつつあった。

(2) 各論

債権法 (Direito das Obrigações) ▶ 第I編「債権法」(第233〜965条)は契約法の内容を包含する。2002年民法典では契約法総論の冒頭に「契約自由原則は契約の社会的機能の範囲内で許容される」(第421条)こと，および信義誠実原則(第422条)が新たに規定された。これは矛盾行為禁止原則(venire contra factum proprium)を含意する規定であるとされる。また，いわゆる附合契約(contrato de adesão)に関して，作成者不利原則(contra proferentem 第423条)や，附合契約受諾者による事前の権利放棄規定を無効とする規定(第424条)など，旧民法ではみられなかった規定が加わった。また，従来から判例や学説で認められていたハードシップ免責についても規定が新設された(第478条)。

契約法は売買，交換，委託販売，贈与，賃貸借など計20の類型の契約について規定しており，旧民法にはなかった「予備的合意(Contrato Preliminar)」の規定(第462〜466条)が設けられた。予備的合意に関しては，その法的性格について様々な議論がなされていたが，民法は「予備的合意がなされ，そこに解除条項(cláusula de arrependimento)が規定されていない場合は，いずれの当事者もその相手方に確定合意の締結を要求できる」(第463条)こと，さらに「相手方が確定合意に応じない場合は，当該当事者に対して損害賠償を請求できる」ことを規定した(第465条)。

また，20の契約類型の中には和解契約(compromisso)も含まれる。仲裁に関しては1996年の法律第9307号(仲裁法)が規定している(民法第853条)。

企業法 (Direito de Empresa) ▶ 第II編「企業法」(第966〜1195条)は，企業および会社に関する一般規定を定める。民法下で法人格を有する会社は株式会社，有限会社，単純会社，合名会社，合資会社および協同組合であり，法人格を有しない会社(社団)は共有社団および匿名組合である。近年では2011年の法律第12441号によって，個人有限責任企業(Empresa Individual de Responsabilidade Limitada)の設立も認められることになった。また第1089条には「株式会社は特別法により規定し，特別法に規定のない場合は本法の規定が適用される」とあり，この特別法とは株式会社法(1976年 法律第6404号)を意味する。☞7-4「民法が規定する企業形態」

物権法 (Direito das Coisas) ▶ 第III編「物権法」(第1196〜1510条)について，以下では特に，担保物権および典型契約の一つである保証(fiança)に関連する規定(①抵当権，②質権，③譲渡担保権，④所有権留保，⑤人的担保)を解説する。

①抵当権(hipoteca：第1473〜1505条)は，債務者または第三者が，ある債務の担保として供した物(一般的には不動産)について，他の債権者に先立って自己の債権の弁済を受ける権利を意味する。後述する質権とは異な

り，対象物の引き渡しを要しないため，所有者が抵当権成立後も引き続き使用およびそこからの収益を得ることができる。抵当権の設定には公証人による公正証書（escritura pública）の作成を要するほか，当該公正証書が対象不動産を管轄する不動産登記所に登記されなければ，第三者への対抗力を生じ得ない。また，抵当権の対象となった不動産には，複数の債権者の抵当権が設定されうる。ただし債務者がこのような複数の抵当権を設定できるのは，原則として当該不動産の価値が抵当権の対象となる債務額を上回る場合に限定される。また，後順位の抵当権は先順位の抵当権に従うことになる。債務が弁済されない場合は，債権者は抵当権を実行するために対象不動産の競売を裁判所に申請することになる。

②質権（penhor：第1431〜1472条）は，債権の担保として質権設定者（債務者または第三者）から受け取った物を質権者（credor pignoratício）が占有し，その物について他の債権者を差し置いて優先的に弁済を受けることができる権利である。抵当権との相違は，占有の移転が要件となる点にある。質権設定証書（instrument do penhor）には，債務額，履行期限，金利，保証の対象となる資産の詳細などが明記され，それを証書登記所に登記する必要がある。一般的には債務不履行があった場合，債権者は対象資産を法的手続きにより競売にかける必要がある。しかし，質権設定証書において，当該資産を一般売却方式で売却できることが認められていれば，当該合意が優先する。

③譲渡担保権（alienação fiduciária em garantia）は，債権者が債権担保の目的で所有権をはじめとする財産権を債務者または物上保証人から形式的に譲り受け，被担保債権が弁済された場合はその権利を返還するものである。動産に関する譲渡担保権は民法第1361条，不動産に関する譲渡担保権は法律第9514号（1997年11月20日付）に規定されている。なお，1965年7月14日付法律第4728号に基づき，債権者は当該担保権を第三者に売却し，その債権（売却の手数料等を含む）に充当した残りの金額を債務者（担保提供者）に返済しなければならない。担保権設定契約等で，債務者が弁済期間内に債務の弁済をしないときは担保権者に対象物の所有権を取得させるという約定（流質契約 pacto comissório）は禁止されている。

④所有権留保（reserva de domínio 第521条）は当事者間の合意で成立するが，第三者への対抗力を有するためには書面合意を債務者の所在地において登録しなければならない。

⑤人的担保には，保証人（fiança 第818〜839条）によるものと約束手形などの支払保証（aval 第897条）によるものがある。保証人による保証では，対象物等の引き渡しはその成立要件ではないが，書面によることを必要とする。また，将来の債務についても保証の対象とすることが可能である。なお，支払いを求められた保証人は債権者に対し，主たる債務者の財産につき執行をなすまで自己の保証債務の履行を拒むことができる（検索の抗弁権 o benefício de ordem）。一方，手形などの支払保証は，一部のみの保証は認められず，手形等の額面の全額についての保証でなければならない。

家族法（**Direito de Família**）▶ 第Ⅳ編「家族法」（第1511〜1783条）は，主に婚姻から生じる法律関係を規律するもので，婚姻の成立，夫婦財産制度，婚姻の解消，親族関係，養子縁組，内縁，管財・扶養などを規定している。男女ともに16歳に達すれば結婚できるが，18歳までは両親の許可が必要である（第1517条）。第1514条は「婚姻は男性と女性が判事の面前で婚姻の意思を表明し，判事が婚姻を宣言したときに成立する」と規定し，条文上は同性間の婚姻を排除している。また憲法第

226条3項には「男女の安定した結合は家族として認められ，法律はその婚姻への転換に便宜を与えなければならない」とあり，民法第1723条は「男女が家族を形成する目的で公然と長期にわたる同姓を継続している状態」を内縁関係として認めている。このように異性間においては，法律が婚姻や同棲について規定を与えているが，同性間については法的に認知されていない。2002年民法典の成立過程ではこの状況について，法学者の間では憲法が定める平等原則に違反するという意見も少なくなかった。

　2011年5月，連邦最高裁判所（STF）は，同性婚についても異性婚と同等の権利を認めるという判断を下した。これはリオデジャネイロ州の知事と検察局が，すべての州職員に平等な権利を与えたいとして最高裁の判断を仰いだものであり，カトリック信者の多いブラジルにおいて特筆に値する判例である。さらに13年5月には全国司法審議会（CNJ：Conselho Nacional de Justiça）が，同性カップルから要請があった場合，公証人役場は婚姻登録をする義務があるとの判断を下した（このCNJの判断に対して不服がある場合は，最高裁に不服申し立てができる）。ブラジルでは現在，26州と連邦直轄区（ブラジリア）のうち14州が同性婚を認めているが，同性婚の合法化については連邦議会においてプロテスタント系議員らが強く反対しており，いまだ継続審議中である。なお，サンパウロ州裁判所は11年，シビル・ユニオン（civil union/ união civil）から同性婚へと関係を法的に変更したいというある男性カップルの申請を認める旨の判断を下した。

　続いて，家族法の内容を詳しくみていくこととする。

　①夫婦財産制度（Regime de Bens entre os Cônjuges）：夫婦の財産については種々の制度が選択可能であるが，一般に広く行われているのは，婚姻前の財産は各配偶者に属し，婚姻後に取得した財産は共有財産とする財産一部共有制度である（民法第1658条以下）。民法ではその他，財産包括的共有制度（第1667条以下）や後得財産終局参加制度（第1672条以下）などを規定している。なお民法第1641条2項は，60歳以上の婚姻については夫婦別産制の採用を義務づけていたが，この年齢規定は2010年12月9日付法律第12344号によって70歳以上に改正された。対象年齢が引き上げられたとはいえ，その年齢に至っても十分な判断能力を備えた者も少なくないため，一部の法学者からはかかる規定が憲法で保障する人格権，自由権，平等の権利などに抵触するとの見解も示されている。

　②別居・離婚（Separação e Divórcio）：婚姻は離婚により解消される（憲法第226条補項6，民法第1571条補項1）。カトリック教徒の多いブラジルでは，判決による法定別居制度はあったものの，離婚・再婚は長らく認められていなかった。1977年の憲法改正でようやく離婚が認められ，1988年憲法（第226条6項）も「民事婚は，法律に明示する場合において1年以上の法的別居，または2年以上の事実上の別居が証明された後に，離婚により取り消すことができる」と規定している（民法第1580条も同趣旨）。法的別居は，共同生活の維持が不可能となった場合に当事者の訴えに基づき裁判所が命じるもので，その理由として配偶者の (i) 姦通，(ii) 殺人未遂，(iii) 虐待または重大な侮辱，(iv) 共同生活の1年以上の継続的な放棄，(v) 名誉を棄損する罪による有罪判決，(vi) 不名誉な品行，が挙げられている（民法第1573条）。また，1年以上婚姻関係が続き，双方が裁判官に別居の意思を表明し，その協議が認証された場合も法的別居が認められる（第1574条）。法的別居が認められると，共同生活および相互忠実義務，ならびに財産制を終結する（第1576条）。

この時点で実質的には他人と変わらない関係となるが，離婚までの間はいつでも婚姻関係を復活させることができる（第1577条）。

③親権と子の奪取問題：民法では子どもとの関係について，離婚によって子に関する父母の権利と義務が変更されるものではないと規定しており，離婚後も共同で親権を行使することになる（第1579条）。しかし現実には，離婚にあたり子の奪取問題が生じている。民法では，父母のうちいずれかが親権または監護権を有する場合，有さない方が親権・監護権者の同意を得ずに18歳以下の子どもを連れ去る行為は重大な犯罪（未成年者略取罪）を構成する。この犯罪には2カ月以上2年以下の禁錮刑（刑法第249条），または2年以上6年以下の禁錮刑および罰金刑の併科（児童保護法第237条）が科される可能性がある。なお，ブラジルは1980年にハーグ国際私法会議において採択された「国際的な子の奪取の民事面に関するハーグ条約」（83年発効）を99年に批准し，2000年から国内施行している。

相続法（Vocação Hereditária）▶ 第Ⅴ編「相続法」（第1784～2027条）は法定相続人に関して，(i) 生存配偶者および直系卑属，(ii) 生存配偶者と直系尊属，(iii) 直系尊属がいない場合は生存配偶者のみ，(iv) 傍系血族，の順で規定している（第1829条）。また，被相続人の死亡までの間に2年以上別居していた場合は，その配偶者には相続権が認められない旨の規定がある（民法第1830条）。　　　　（阿部博友）

❖**国際物品売買契約**

国連国際商取引法委員会（UNCITRAL）が起草し，1980年のウィーン外交会議で採択された国際物品売買契約に関する国連条約（CISG：United Nations Convention on Contracts for the International Sale of Goods）を，ブラジルは2012年の立法府令（Decreto Legislativo no. 538/2012）によって採択し，これが14年4月に発効したので，世界で79番目の締約国となった。

CISGは，国際的な物品売買契約に適用される各国共通の契約法であり，いわゆる万民法型の私法統一条約である。国際物品売買契約に関し，契約の成立および売買契約当事者の権利義務等を規定している。CISGに準拠することを売買当事者が合意することで外国法への対応が最小限で済み，準拠法条項の契約交渉の時間を省けるなど利点が多く，ブラジル実務界のみならず法学界でもその国内実施が長らく望まれていた。

本条約締結国に営業所を有する当事者と物品売買取引（消費者取引などの例外あり）を行う場合はもちろん，相手方が非締約国であっても，国際私法の準則により契約準拠法として締約国の法律が指定される場合は，その売買契約について本条約が適用される（第1条1項b）。ただし，原則として当事者はその合意により，本条約の全部または一部の適用を排除することができる。　　　　（阿部博友）

❖**有価証券法**

ブラジルの代表的な信用手形（título de crédito）としては，為替手形（letra de cambio），約束手形（nota promissória），および商業手形（duplicata）があるが，一般的には商業手形が使用されている。為替手形および約束手形については民法（第887～926条），商業手形については1968年7月18日付法律第5474号およびその改正法（商業手形法）が規定している。商業手形に記載される項目は，手形の名称と番号，発行日，インボイス番号，支払日，販売者と購入者の名称と本籍，価格（数字と文言による表示），支払場所，指図文句，購入者が債務を確認し手形の決済を約束し引受を声明する署名，および発行者の署名である（商業手形法第2条）。なお，今日では購入者＝債務者の承認しない手形である場合が多く，

銀行割引，借入金の保証抵当手形または銀行取立として，金融機関から購入者＝債務者へ支払請求が提示されるのが一般的である。この場合，購入者＝債務者が期日内に指定された銀行へ支払を行い，商業手形等に決済証明を受ける方式，あるいは債権者の銀行口座へ直接預託し事務処理するケースなどがみられる。商業手形は信用手形であり，発行人である債権者が手形に裏書き（endosso）することで第三者へ譲渡される。また保証人（avalista）が裏書面に署名することで手形保証（aval）が行われる。商業手形を所持する債権者は，期日までに債務者が決済しなかった場合，債務決済の連帯責任者である手形の発行人，手形の譲渡者および保証人に対し，支払請求または強制取立が可能である。　　　　（阿部博友）

4．企業法・資本市場法

❖民法が規定する企業形態

ブラジル法の下では，有限会社（Sociedade Limitada）や株式会社（Sociedade Anônima），合名会社（Sociedade em Nome Coletivo），合資会社（Sociedade em Comandita Simples），株式合資会社（Sociedade em Comandita por Ações），協同組合（Sociedade Cooperativa），個人有限責任企業（Empresa Individual de Responsabilidade Limitada）といった法人格を有する組織のみならず，ジョイントベンチャーやコンソーシアムのように法人格を有しない組織も認められている。2002年民法は各論第Ⅱ編「企業法」（第966〜1195条）において，法人の形態を詳細に規定している（表7-4-1）。

有限会社法▶ ブラジルでは「駐在員事務所」の開設は事実上認められず，また「支店」の設立には連邦政府による事前承認を必要とし，特別なケースを除き採用されていない。したがって，現状ではブラジルで事業活動を行うには現地法人の設立が必要である。ブラジルに進出する日系企業がその現地法人形態として活用しているのは有限会社（Sociedade Limitada）と株式会社（Sociedade Anônima）であるが，後者は一般に大規模な事業を営む場合に選択される形態であり，稀である。有限会社については民法に詳細な規定がおかれている（第1052〜1087条）。これらの規定に定めのない事項については，単純会社（Sociedade Simples）に関する規定（民法第997〜1038条）が適用され（第1053条本文），また定款の規定により株式会社法の規定を補足的に適用することが可能である（民法第1053条単項）。

有限会社は最低2名の社員を必要とする。株式会社に比して設立手続きが簡便で運営コストも安く，計算書類の開示も原則として要求されない。ただし株式や社債を発行することはできない。また，2007年の株式会社法改正によって，有限会社であってもその企業集団の総資産が2.4億レアルを超える場合，または総売上高が3億レアルを超える場合には，後述の株式会社法に準拠した財務書類の計算義務や外部監査人の起用義務が課されることとなった。

株式会社法▶ 現行の株式会社法の基盤は1976年に全面改正されたものである（12月15日付法律第6404号）。ただし，2002年民法の第Ⅱ編「企業法」（第966〜1195条）に株式会社に関する規定が盛り込まれたことで，株式会社法（以下「会社法」と略）に定められていない事項については民法（第1089条）の規定が適用されることとなった。

株式会社には最低2名の株主が必要である。また，株式会社はその発行する有価証券が市場で取引されているか否かにより，公開会社

表 7-4-1　法人格を有する企業組織の分類

企業形態	根拠法令	特徴
単純会社	民法第 997～1038 条	弁護士事務所，会計士事務所，コンサルタント会社など，出資者本人が直接役務を提供する形態
合名会社	民法第 1039～1044 条	出資者は会社債権者に対して無限の連帯責任を負う
合資会社	民法第 1045～1051 条	有限責任社員と無限責任社員とで構成される
有限会社	民法第 1052～1087 条	2 名以上の出資者，1 名以上の業務執行者を要する
株式会社	民法第 1088 条，1089 条および株式会社法	● 2 名以上の株主，3 名以上の経営審議会メンバー，2 名以上の業務執行者，3～5 名の監査役を要する ● 財務諸表の公開義務あり
株式合資会社	民法第 1090～1092 条および株式会社法第 280～284 条	● 株主は有限責任のみ負担 ● 取締役は会社の債務について無限の連帯責任を負う
協同組合	民法第 1093 条～1096 条	20 名以上の個人により簡易会社として設立される
個人有限責任企業	2011 年 7 月 12 日付法律第 12441 号に基づく民法改正	● 有限責任の一人企業 ● 商号に有限責任企業の略称 EIRELI を付さなければならない

出所：筆者作成

と非公開会社に分類される。一定の小規模非公開会社を除き，計算書類の作成およびその公表が義務づけられている。

株主総会は会社の最高意思決定機関であり，定款変更，取締役および監査役の選任・解任，計算書類の承認等の権限を有する。定時株主総会は毎年 1 回，会計年度終了日から 4 カ月以内に開催しなければならない。

次に経営審議会（conselho de administração）は，株主総会の決議を経て選出される最低 3 人のメンバーで構成され（同第 140 条本文），会社の業務一般に関する方針を策定し，取締役会（diretoria）とともに会社の運営を担当する。また，取締役の任命・解任などの権限も経営審議会が有する（同第 142 条本文）。経営審議会のメンバーの任期は 3 年を超えることはできないが，再選が可能である。メンバーがブラジル居住者でない場合，国内に住む代理人の選定が必要となる。なお，公開会社（銀行を含む）は経営審議会の設置が義務的である（会社法第 138 条 2 項）が，非公開会社については任意とされている。

経営審議会が設置されていない会社では，その運営は取締役会が担当する。取締役会は最低 2 名の取締役（diretor）により構成され（同第 143 条本文），会社を代表し業務を執行する権限が付与されている（同第 144 条本文）。その任期は 3 年を超えることはできないが再選が可能である。取締役はブラジル居住者でなければならないが，株主である必要はない。なお，経営審議会が設置される場合，審議会メンバーが取締役を兼任することができるが，その人数上限は審議会メンバーの 3 分の 1 と定められている（同第 143 条 1 項）。

ブラジルでは法人を社会的存在としてとらえ，支配株主に権力濫用の禁止義務を課している。すなわち会社法は株主全員について議決権行使の濫用を禁止し（第 115 条），さらに支配株主は会社の利益を考慮して議決権を行使する義務を負う（同第 116 条単項）。また，国家の利益を損なう目的により，もしくは少数株主または国家経済の損失により会社を利すべく会社を導く行為は，支配株主の権力濫用にあたる（同第 117 条 1 項）。

公開会社法制▶　公開会社の場合，経営審議会はそのコーポレート・ガバナンスについて重要な役割を担う。しかし，経営審議会メンバーは株主総会において選任される必要があり，特に支配株主の利益代表としての性格が強くなりがちである。この点につき，南米最大の

規模を誇るサンパウロ証券・商品・先物取引所（BM&F BOVESPA）が問題を提起している。BM&F BOVESPAは2000年に三つの新規上場市場を開設したが，このうち最も高いガバナンス水準が要求される新市場（Novo Mercado）およびレベル2市場（Nível 2）について，経営審議会メンバーの20％以上に関して独立性を要求し，将来はその割合を30％以上に引き上げる考えを示している。なお，経営審議会メンバーの資格要件として，当該会社の株式保有が定められていたが，これは2011年の法律第12431号による株式会社法改正で廃止された。

M&A法制▶ 前述の株式会社法および1976年に制定された証券取引委員会（CVM）法は，1990年代の国営企業民営化政策およびその後の開放経済政策にそれぞれ呼応する形で変革を遂げてきた。特に2000年代以降は，大量の外資流入に伴い新規株式上場市場を創設するとともに，国内資本市場法制およびM&A（合併・買収）法制の整備が進められてきた。また，国内企業の国際競争力向上を図るための国際財務報告基準（IFRS）への収斂や，コーポレート・ガバナンス強化のための上場規則改正など，様々な角度から政府主導による法制改革が進められている。

1976年株式会社法の第254条では，公開会社の支配権の譲渡にはCVMの事前認可を要すると規定し，CVMは公開買付によって少数株主に対する均等な取扱い（特に支配権株式と同単価での買取）を保障すべきと定めていた。しかし，97年の法律第9457号で上記第254条が廃止されたため，支配権取得者はその対象会社の少数株主が保有する株式を買い取る義務を負わないことになった。当該改正は，主として90年代に始まる公営企業の民営化を推進する目的で行われたものであるが，学界からは少数株主の権利を毀損し，ブラジルの資本市場の発展を損なう結果を招きかね

ないとして厳しく批判された。だがその後2001年10月31日付法律第10303号によって，支配権取得者の義務（支配権取得の際，少数株主が保有する株式を公開買付により取得する義務）が復活した（現行の株式会社法第254条A）。ただし，支配権取得者が少数株主の保有株式に支払うべき対価は，支配権取得者が支配株主に支払う一株当たり株価の80％相当額を最低買取価額とすべきと定められている（同条A本文）。現在は多数の公開会社が定款において，会社全体の15～30％程度の株式を取得する者に対し，それ以外の全株式の買取を同一条件で義務づけている。なお，前述のBM&F BOVESPAの新市場では，公開会社の支配権を取得する際，公開買付，すなわち同社の少数株主が保有する株式を，支配株主に支払う一株当たり単価と同額で買い取ることを条件とする旨を定款中に規定しなければならないとされている（BM&F BOVESPA，規則第8.1条）。

また，CVMは支配権取得のための公開買付について，2002年に指令第361号（ブラジル公開買付規則）を発布したが，その後に増加した敵対的買収事案の経験をふまえ，10年に指令第487号を発布し，公開買付規則の一部改正を行った。

国際財務報告基準▶ 2007年，法律第11638号により，ブラジルにおける企業会計の国際財務報告基準（IFRS：International Financial Reporting Standard）へのコンバージェンス措置が取られ，08年事業年度から施行された。同法第177条5項は証券取引委員会（CVM）に対し，公開会社に適用される会計規範を，国際的な会計基準に準拠した形で定める権限と義務を付与した。また同法は，公開会社ばかりでなく閉鎖会社も，CVMが制定する規則に則り，コンバージェンスの過程に参加できる旨を定めている（第177条6項）。中小企業も含めIFRSを採用することで，ブラジル企業全般の

信頼性向上につながり，それによってコーポレート・ガバナンスが強化されることを目指す動きである。ブラジルには，粉飾等の不正会計処理が慣行化し，それが企業に対する社会的信用の失墜を招いてきた過去がある。そこでこの問題に対処すべく，先進諸国に先駆けて IFRS の採用を決定した。

なお，この 2007 年改正法は株式会社ばかりでなく，有限会社など他の企業形態にも適用される場合がある。すなわち，総資産額が 2 億 4,000 万レアルを超える，もしくは年間総売上高が 3 億レアルを超える組織は，企業形態を問わず IFRS に準拠した会計諸規則に従わねばならず，その計算書類は独立監査人によって監査されなければならない。(阿部博友)

❖ **資本市場法**

ブラジルの金融システム▶ 証券取引委員会（CVM）は，1976 年の証取委員会法（12 月 5 日付法律第 6385 号）によって創設され，ブラジル中央銀行（BCB）に代わって証券市場の監督機能を担うこととなった。以来，同国の金融秩序のうち金融機関，通貨および信用供与（狭義の金融市場）に関する規律は BCB，証券市場に関する規律は CVM の権限のもとにおかれている。そして広義の金融市場（狭義の金融市場と資本市場の双方）の政策を決定し規律するのが，BCB と CVM 双方の上位機関である通貨審議会（CMN）である。

証券取引委員会の組織▶ 1976 年に制定された証取委員会法によって，資本市場の規制と執行に関する包括的な権限が CVM に付与され，これによってブラジル資本市場は本格的に機能し始めた。CVM は財務省（MF）の管轄下にあるが，特別法のもとで組織としての独立性を認められている。CVM は大統領が任命する総裁と 4 名の理事から成る合議体（Colegiado）によって運営され，役員（総裁および理事）の任命は連邦上院議会での議論を経て行われる。役員の任期は 5 年で再選は認められず，また 5 名のうち 1 名は毎年改選される。役員は自らの辞任，確定判決または財務省による懲戒手続きによらなければ，その地位を奪われない。行政府の一機関でありながら，行政府のみならず規制対象である経済組織からも高い独立性を保つことが保証されている点が CVM の特徴である（ちなみに経済擁護行政委員会［CADE］など，他の規制機関にもこうした独立性が保証されている）。CVM 総裁には，合議体の招集権，合議体において採決が分かれた場合の決定権，CVM 全体の運営方針・任務執行に関する権限，外部に対して CVM を代表する権限などが付与されている。また 4 名の理事は，合議体での議論・議決に参加するほか，総裁から委託された特定プロジェクトの遂行についての権限と責任を有する。

CVM の役割と権限▶ CVM の役割は，ブラジル証券市場を規律し，発展させ，管理・監督することにある。CVM はこれらの目的を達成するため，①安全な証券取引の保証，②証券保有者の保護，③詐欺的な取引の防止，④証券発行会社に関する情報開示の保証，⑤公正・公平な証券取引の保証，⑥貯蓄の形成と証券取引の振興の推進，⑦証券市場の機能発揮と発展に努めること，⑧公開会社の資本市場への投資を恒常的に推進すること，⑨国際的な会計・監査基準の導入に向けて専門機関等と協定することなどを行い，それらに呼応する責任・権限を付与されている。

CVM はまた，規律違反の予防または制裁のため，事実を調査し，違反に対しては行政制裁措置を与える権限を有する。制裁金（multa）は違反によって生じた損害への賠償の要素は含まず，(i) 50 万レアル，(ii) 発行価額または違法な操作を行った額の 50%，(iii) 違法な操作によって得た経済的利益または生じた損害の 3 倍を超えない額，のうち最も高

い額とされている。なお，制裁金の算定に際しては，違反者の経済情勢も考慮することとされている。

行政制裁は通常，2008年の政令第6382号に基づき，CVM内に設けられた制裁手続管理局（SPS：Superintendência de Processos Sancionadores）が連邦特別法務局（Procuradoria Federal Especializada）と協力して執行する。不正行為等の調査は基本的にSPSが担当する。

また1997年の法律第9457号によって，公益の観点から，CVMは調査対象者と和解する権限を与えられた。これは米国の同意判決（consent decree）の制度に倣ったものである。CVMは和解に関する排他的権限を有し，裁判所による承認を得ずして和解をすることが認められている。

なお，インサイダー取引規制に関しては，CVM法第27条Dに基づき刑事制裁が定められており，CVMは調査段階でこれに関与する。☞次項

（阿部博友）

❖インサイダー取引規制

インサイダー取引の定義▶ インサイダー取引は，一般に証券市場の公正性や健全性に対する投資家の信頼を確保する上で障害となる行為として規制の対象となっている。ブラジルにおいてインサイダー取引は，「内部者が専門的業務の遂行を通じて，会社の重要情報（informações relevantes）が公知となる以前に，当該会社の発行する証券の取引を行うこと」と定義されている。この行為により内部者は，証券の価格が自ら有する情報の影響を受ける前に，証券の売買を行うことが可能となる。その規制による保護法益は，資本市場の健全な発展に不可欠な情報の透明性を維持し，資本市場の安定と効率の保全を図ることにある。

規制の法的枠組み▶ インサイダー取引は，株式会社法（主に第153～160条：会社の管理役員の義務および責任），証券取引委員会（CVM）法第4～12条および第27条D，そしてCVM指令によって規制されている。

CVM法第27条Dはインサイダー取引を，資本市場に対する犯罪（crimes contra o mercado de capitais）と規定し，刑事制裁の対象としている。インサイダー取引の疑いが生じた場合，CVMは事実調査を始めるにあたって，刑事起訴の可能性をふまえて検察庁に通告しなければならない（2008年，CVMと検察庁は，インサイダー取引の防止・制裁を目的に情報交換などに関する協定を結んでいる）。第27条Dに定められた刑事制裁措置は，禁錮（reclusão）1～5年，および取引によって得た利益の3倍までの罰金の併科である。再犯の場合は当該金額の3倍までの罰金が科される。

インサイダーの範囲▶ 2001年の株式会社法改正でインサイダー（内部者）の範囲が拡大され，「いかなる者であれ，未公開の重要情報を知り得た者」とした（第155条4項）。これを受けて02年のCVM指令第358号では，規制の対象となる内部者について，「重要な事実または情報を知り得た者であり，かつそれらの事実または情報が市場に公開されていないことを知っていた者」と規定し，さらに「特に当該事実または情報に関わる会社との間で，商業的もしくは専門的関係，ないし信認関係にある者」と例示している（第13条1項）。これらの例示から，具体的には会社と契約関係にある弁護士，会計士，証券アナリストなどが含まれると解釈される。他方で，重要情報に関わる会社との専門職業的関係（nexo professional）を何ら有しない第三者が，偶然に重要情報を知るに至った場合には，当該第三者は内部者に該当しないと解釈されている。しかしまた，そうした専門職業的関係の有無を問わず，上記「重要な事実または情報を知り得，かつそれらが市場に公開されていないことを知っていた者」はすべて規制の対象になるという解釈も有力である。

重要情報の定義▶ 株式会社法第155条1項は,「管理役員が職務上知ることができ,まだ市場に知られておらず,流通証券の相場に相当程度影響し得る情報」をインサイダー取引における重要情報と定め,規制の対象としている。法的に開示が義務づけられているかどうかを問わず,証券市場における相場価格に一定の影響を与える可能性のあるすべての情報が該当するといえる。

一方CVM指令第358号第2条は,重要情報を「すべての支配株主の決定,公開会社の株主総会または経営機関の決議,もしくはあらゆる業務上の事実で,それが証券市場における相場,投資家の判断または証券等保持者の権利に相当程度影響を与えるもの」と定義する。また同条では「支配権の譲渡,非公開化,新設合併,吸収合併,会社分割,組織変更または会社の解散など」をはじめ,計22種類の重要情報を例示している。なお,重要情報の判断に際しては,当該指令に例示されていない場合であっても,それが証券市場に相当程度の影響を与えることになった場合は,その事実をもって事後的に重要情報と判断される。

重要情報の市場への公開▶ 株式会社法第157条4項は,公開会社の管理役員について,「株主総会または業務執行機関のすべての決議,会社の取引に関する重要な事実(fato relevante)のうち,会社発行の流通証券を売買する市場の投資家に相当な影響を及ぼすものを,ただちに証券取引所に通知し,印刷物によって広報しなければならない」と定めている。これはすべての重要事実・情報の開示とともに,「ただちに」という文言により即時開示の義務を課している。また,CVM指令第358号(2002年)第3条は,重要情報の公開についてその態様を具体的に規定している。

法的責任▶ インサイダー取引規制に違反した場合の法的責任については,①管理役員の会社および第三者に対する民事上の損害賠償責任,②行政制裁,③刑事制裁という3つに分類して検討する必要がある。なお,①は管理役員の全般的な責任であり,必ずしもインサイダー取引の場合に限定されない。ところでインサイダー取引の定義にしたがえば,未公開の重要情報を「有価証券の取引」以外の目的に利用した場合は規制の対象とはならない。また,重要情報を単に第三者に開示する行為も,CVM法第27条Dに定められた刑事制裁の対象にはならないと解されている。ただし,こうした秘密情報漏洩行為は,株式会社法第155条の忠実義務に違反することは明らかであり,それを行った管理役員は民事上の損害賠償責任を負うほか,CVMから行政制裁を科せられる可能性がある。

その他の予防的措置▶ 株式会社法第157条本文は,インサイダー取引の予防的措置として,「公開会社の管理役員はその就任にあたり,株式会社およびその従属会社もしくは同一グループの会社の株式,新株引受書,株式買取オプション,および株式転換可能社債のうち,自己を名義人とするものの数を公表しなければならない」と規定している。また2001年の改正により同条6項が追加され,「公開会社の業務執行者は,CVMの決定に従い,CVMおよび(会社の発行する証券が取引を認められた)証券取引所,または組織された店頭市場団体に対して,会社における株式のポジションの変動をただちに通報しなければならない」と規定された。

(阿部博友)

5. 経済法

❖**競争保護法**

1988年憲法第170条は、「経済の秩序は、人間の労働の尊重と創業の自由に基づき、〔…〕社会正義の規範に従い、すべての者に尊厳に値する生活を保障することを目的とする」と規定している。この「自由競争の保障」を具体化するのが、日本の独占禁止法のような競争法令（direito da concorrência）であるが、ブラジルの競争政策は長らくその脆弱性を指摘されてきた。1994年には経済力の濫用抑制を定めた法律第4137号（62年）を廃止し、経済秩序維持法（法律第8884号）を制定したが、2000年以降その改正を求める議論が活発化し、11年11月30日付法律第12529号により新たに競争保護法（Lei de Defesa da Concorrencia）が制定された（12年5月29日施行）。同法の執行には、法務省（MJ）関連の事案について決裁権限を有する独立行政機関である経済擁護行政委員会（CADE）があたる（同法第4条）。CADEは94年法の下で3つに分散していた執行機関を効率性の観点から統合し、執行権限を強化した組織である。

企業結合に関する法制改革▶ 1994年の経済秩序維持法では、合併や株式取得等の企業結合に関して事後届出制を採用し、届出が必要な対象については「形態の如何にかかわらず、自由競争を制限または阻害する可能性のある行為および契約のすべて」と定めていた。これに対し2011年の競争保護法は、事前届出制を採用し（第88条本文）、届出が必要な対象について「いずれかの当事者の国内売上高が7.5億レアル以上で、他のいずれかの当事者の国内売上高が7,500万レアル以上の場合」等と、行為類型（同第90条）と当事者規模（同88条本文および1項）により規定した。CADEなどの競争当局の許可を得ずに企業結合を実行した場合、当該結合行為は無効とされる可能性があり、さらに制裁金として6万〜6,000万レアルが課される（同第88条3項）。また競争当局による審査期間を240日間と定め、当事者が延長を希望すれば60日間、当局が必要と判断すれば90日間の延長を認めており、審査期間は最長で330日間となる（同第88条2項、9項）。このように長期にわたる法定の審査期間がM&A実務に及ぼす影響が懸念されたが、実際には2011年の法改正により審査日数は短縮されている。図7-5-1は、企業への集中審査に要する年度別平均日数を、経済秩序維持法下と競争保護法下で比較した資料である。

カルテル等の取締強化▶ 2011年の競争保護法では、カルテルなど競争を制限する違法な行為に参加した当事者へのリニエンシー（制裁金減免制度）の適用範囲を、違法行為で中心的役割を果たした当事者にまで拡大した（同第86条1項）ほか、カルテルに関与した個人

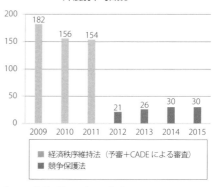

図7-5-1 企業集中審査に要する日数の推移
（年度別平均日数）

注：2015年は5月28日までのデータ。
出所：2015年5月CADE資料（*Balanço do triênio da Lei 12.529/11*, at 10）

に対する制裁を禁錮刑と罰金の併科（それまではいずれか一方であった）と改正するなど，カルテル等の取締が強化されている。さらに，1994年経済秩序維持法と同様，違反した会社が属する経済集団（grupo econômico）の他の構成会社は，違反行為に伴う責任を連帯して負担すると規定されている。「経済集団」の概念は，構成会社の経営の独立性および競争政策に対する経済集団としての方針の有無について，個別事例に即して判断される。

経済秩序維持法下では，行為者の手続き開始の前年の売上高の1～30％が罰金額とされていたが，2011年競争保護法の下では違反分野に関わる連結売上高の0.1～20％に変更された。なお，罰金額は違法な行為による収益額を下回らないとする点は従前と同様である。また個人に対しては，会社に課せられた罰金額の1～20％相当額が課される。図7-5-2は，CADEによる行政制裁等の年度別徴収額の推移を示したものである。

リニエンシー制度▶ 先述の通り，経済秩序維持法の下では，リニエンシー（制裁金減免制度）は主犯格当事者には申請が認められていなかったが，競争保護法ではこれらの者にも適用範囲が拡大された。また付随合意（adtivos）を締結することによって，リニエンシー申告企業の関係者やグループ会社も制裁金減免の恩典を享受できるが，すべての当事者は当局の調査に協力するなどの義務を遂行しなければならない。リニエンシー制度は違法行為者または企業にとって，責任を最小にとどめるための唯一の選択肢でもあり，その活用が徐々に広がりつつある（図7-5-3）。(阿部博友)

図7-5-2　CADEによる行政制裁等の年度別徴収額推移

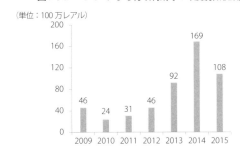

図7-5-3　リニエンシー合意件数の推移

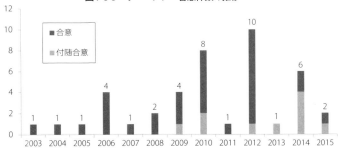

注：いずれも2015年度は5月28日までのデータ。
出所：2015年5月CADE資料（7-5-2：*Balanço do triênio da Lei 12.529/11*, at 17.
　　7-5-3：*Balanço do triênio da Lei 12.529/11*, at 22）

❖ 資金洗浄規制法

　1980年代以降，資金洗浄（マネーロンダリング lavagem de dinheiro）への規制に関して，国際法を通じた明文化への世界的な取り組みが国連経済社会理事会（ECOSOC）を中心に開始された。その背景には，同時期に違法薬物に関わる経済活動が国際的に問題視されるようになった事実がある。ブラジルは88年に採択された「麻薬及び向精神薬の不正取引の防止に関する国連条約」（ウィーン条約），2000年に採択された「国際組織犯罪防止条約」（パレルモ条約），および01年に採択された「テロリズムに対する資金供与の防止に関する国際条約」にそれぞれ署名・批准している。

　そして上記に呼応する形で1998年3月3日付法律第9613号（以下「1998年規制法」という）を制定し，同法に基づいて財務省（MF）に属する組織として金融活動管理審議会（COAF：Conselho de Controle de Atividades Financeiras）を創設した。2001年には補足法第105号に基づき，銀行情報に関するCOAFのアクセス権限が拡大された。また，1998年規制法の改正法である03年7月9日付法律第10701号では，テロ活動への資金供与を資金洗浄罪の前提犯罪と規定し，さらにCOAFの情報収集権限を拡大して銀行勘定登録制度（registro nacional de contas bancárias）を創設している。

　2012年には法律第12683号により，1998年規制法がさらに改正された（以下「2012年規制法」という）。この2012年規制法は，1998年規制法第1条に規定されていた前提犯罪をすべて削除し，あらゆる違法行為に関連する資金洗浄行為を規制の対象とした。また，資金洗浄の監視機構を構成する金融機関などの，違反行為の管理・報告の義務を負う者が，法令で定める義務を怠った場合の制裁金額が20万レアルから2,000万レアルに引き上げられた（ただし，違法操作額または不当利得額の2倍相当額のいずれか高い方の額を下回らないものとする）。その他，COAFの調査権限の一層の強化，差し押さえ資産の早期処分権限など，資金洗浄犯罪の調査および訴追を効率化するための一連の改正が行われた。

　ブラジルは2000年，マネーロンダリング規制のための政府間機関である金融活動作業部会（FATF：Financial Action Task Force on Money Laundering）に加盟した。同年，FATFによる関する同国への最初の審査，03年には第2次審査が実施され，政府はその結果をふまえて04年より資金洗浄撲滅国家戦略を開始した。これにより，司法省，財務省をはじめ関係各省庁が連携してマネーロンダリング撲滅に取り組む体制が構築され，06年にはその他の腐敗行為の規制を含めた国家戦略として再編された。また10年には，南米における資金洗浄金融作業部会（GAFISUD：Grupo de Acción Financiera de Sudamérica）とFATFが共同で実施した調査報告書が公表され，ブラジルの資金洗浄規制法の問題点として，資金洗浄犯罪が法人のために行われた場合，当該法人に対する処罰規定が存在しない点が指摘されている。☞次項

（阿部博友）

❖ 腐敗行為防止法

　ブラジルの刑法では，国内の公務員の贈収賄に関して個人に対する刑事罰を規定しているが，1998年にOECD（経済協力開発機構）外国公務員贈賄防止条約に署名したことから，2000年の立法府命令第3678号により同条約を国内実施し，併せて02年の法律第10467号によって刑法を一部改正し，外国公務員に対する贈賄行為も刑事罰の対象となった。一方で法人については法的規定が存在しなかったところ，13年に成立した腐敗行為防止法（法律第12846号）が内外の公務員に対する贈賄等，行政を不法に害する行為に関連して法人の行政責任を規定し，同法は14年から施

行された。同法が定める違法行為は，国内外の公的財産に対する侵害行為，公的行政の支配原則に反する行為，ブラジルが批准する国際協定に反する行為を違法行為とし，具体的には「公務員または公務員と関係のある第三者に対して，直接的または間接的に不当な利益を約束すること」などと規定している。行為者がその所属する法人等の利益を図るために上記の違法行為をなした場合には法人処罰規定が適用され，原則として行政手続き開始前の直近の会計年度の総売上高から税金を控除した金額の 0.1〜20％相当の制裁金が課される。

腐敗行為防止法第 8 条は，「法人の責任の調査のための行政手続きの開始および審判の権限は行政，立法，司法の三権それぞれの公的機関または公共団体の長に委ねる」と規定し，連邦行政権については「法人の責任に関する行政手続きの開始，あるいは開始した手続きについてその遵守または修正の状況を確定するための本法律に基づいた指図を行う同等の権限」を連邦総監督局（CGU）局長に付与している。なお CGU は，法律第 10683 号に基づき 03 年に創設された連邦政府機関である。

リニエンシー制度▶ 腐敗行為防止法においてもリニエンシー（制裁金減免制度）の合意が認められている。本制度の活用を図るためには，企業内で実効性のあるコンプライアンス・プログラム（o programa de integridade）を実施し，不正・違法行為の早期発見と対応に努めなければならない。なお，制裁の減免に合意した法人は罰則を免除され，制裁金は 3 分の 2 まで減額される。リニエンシー合意が認められるためには，①特定された違法行為の調査について当局に協力を申し出た最初の法人であること，②違法行為への関与を完全に中止していること，③違法行為に関与したことを認めること，④違法行為の調査に十分な協力を行うこと，⑤違法行為に関する情報や書類等を提供することが必要である（2015 年立法府命令第 8420 号第 30 条）。これら所定の条件を満たす場合は，合意書に連名で署名し，合意が成立する。またその場合，合意の効力は，事実上および法律上同じ経済グループに属する法人にも援用される。

コンプライアンス抗弁▶ 腐敗行為防止法は，行政制裁について無過失責任原則を採用しているが，違法行為に関与した企業が当局にコンプライアンス・プログラムに基づく抗弁（コンプライアンス抗弁）を申し立てた場合，当局は「プログラムの制定・適用について法人の上級管理者がコミットし支援を行っているか否か」など 2015 年立法府命令第 8420 号が定める 16 の基準に従ってその適合性を判断し，もし適合性が認定された場合は制裁金の 1〜4％の減額が認められる可能性がある。

（阿部博友）

❖知的財産権関連法制

産業財産権法▶ 1988 年憲法第 5 条は，「すべての者はいかなる性質の差別なく法の前に平等であり，国内に居住するブラジル人および外国人に対し，〔…〕生命，自由，平等，安全および財産権に関する権利の不可侵が保障される」と規定している。また同条 29 項には，「法律は，社会的利益並びに国の技術的および経済的発展を考慮して，工業発明者に対し，その使用の期限の定めのある特権，または工業的創造，商標の所有権，商号および他の標章に対する保護を保障する」としている。

同国では産業財産権法（Lei da Propriedade Industrial, 1996 年 5 月 14 日付法律第 9279 号, 2001 年 2 月 14 日付法律第 10196 号により一部改正）が，知的財産権（商標，特許，実用新案および意匠）の保護およびそれらの工業所有権庁（INPI）における登録手続きを定めている。INPI は法律第 5648 号に基づき，産業財産権の登録および保護に関し責任を有す

る機関として，開発商工省（MDIC）の所管のもと1970年に設立された。

同法はまた不正競争の禁止も規定するなど，知的財産権保護にとどまらず幅広い規制内容を有する。著作権については著作権法（Lei de Direito Autoral，1998年2月19日付法律第9610号）が規定している（2013年8月14日付法律第12853号により一部改正）。またブラジルは「文学的及び美術的著作物の保護に関するベルヌ条約」（1886年）にも署名している。

ブラジルは1990年代以降の市場開放政策への転換に伴い，市場グローバル化のもとで一層重要性を増している知的財産権の保護法制について，国際的調和を目指している。ブラジルは世界貿易機関（WTO）の原加盟国であり，産業財産権法の内容はWTOの「知的所有権の貿易関連の側面に関する協定（TRIPS）」に合致している。また，「工業所有権の保護に関するパリ条約」（1883年3月20日）および世界知的所有権機関の特許協力条約（1970年6月19日）の締結国でもある。ただし，商標の国際登録を簡素化するマドリッド協定（89年）には加盟していない。表7-5-1（次頁）は，同国の知財関連法制の概要をまとめたものである。

知的財産権に関するブラジルの司法制度▶ 発明および実用新案に対する知的財産権は，INPIによる特許の付与により取得される。商標，意匠，原産地の地理的表示に対する知的財産権は，INPIへの登録により取得される。知的財産権に関わる訴訟については，INPIの決定に基づく行政訴訟は連邦裁判所が，侵害案件は州裁判所が第一審となる。また2011年6月30日，知的財産保護および不正競争防止を含めたビジネス分野の係争を専門的に取り扱う特別機関として，サンパウロ州高等裁判所内にビジネス法専門高等裁判所が設置された。

商標権▶ 商標登録件数は2000年代後半から急速に増加しており，ブラジル居住者のみならず非居住者による登録件数の増加も著しい。文字，図形，それらの混合，あるいは立体物など，視覚的に認識でき，識別性を有するものは，法律で禁止されていないものに限り商標登録を受けることができる。また著名な商標については，INPI決議第107号（2013年8月20日付）に基づき，独自の手続きにより著名商標としての認定を受けることが可能となった（14年2月7日付INPI命令第27号，3月施行）。

なお，ブラジルと協定を結んでいる国もしくは国際機関において登録申請された商標に対しては，海外での申請から6カ月以内であればブラジルでの申請のための優先権が保証される。

商標は，登録証明書の発効日から数えて10年間保護され，以後10年ごとに更新が可能である。また，商標登録の付与日から5年以内に商標の使用が開始されない場合，および継続する5年間に使用しない場合には，商標登録の取消が請求され得る。

特許権および実用新案権▶ 特許については，登録に際して新規性，発明活動や発明行為，工業への適用可能性等が考慮される。実用新案については，実用物品またはその一部が工業への適用可能性を有し，その使用または製造における機能的改良をもたらす新規の形態または構造を有し，かつ進歩性を有しているかどうかが考慮される。特許・実用新案ともに，科学理論や数式，情報，医療技術・診断方法，純粋に抽象的な概念，道徳に反するもの，コンピュータ・プログラム，核変換分野，微生物を除く動植物などに対しては権利が与えられない。また，公共の利害に関わる場合や国家的緊急時には，与えられた権利が停止される可能性がある。

発明特許の権利存続期間は依頼申請日から数えて20年間，実用新案は15年間である。

表 7-5-1　ブラジルの知的財産権関連法制

種類	根拠法令	制定年月日	主管官庁または登録先	権利の存続期間・特記事項
特許	産業財産権法（法令第 9279 号）第 1 編	1996.5.14	INPI	● 出願日から起算して 20 年間。ただし、付与日から起算して 10 年未満であってはならない（第 40 条） ● 特許申請手続きは特許規則（Ato Normativo 127/97）に定める
商標	同上・第 3 編	同上	INPI	● 登録から 10 年間（更新可能） ● 商標登録手続きは商標規則（1997 年 4 月 23 日付法律第 131 号）に定める
実用新案	同上	2001.2.14 施行（最新実用新案法）	INPI	● 出願日から起算して 15 年間 ● ただし、付与日から起算して 7 年未満であってはならない（第 40 条）
意匠	同上・第 2 編	1996.5.14	INPI	出願から 10 年間（5 年ずつ 3 回延長可能）
著作権	著作権法（法律第 9610 号）	1998.2.19	国立図書館	● 著作権は創作により発生し、任意で登録が可能（第 18 条、19 条） ● 著作権（財産権）は全部またはその一部を譲渡することができるが、完全かつ最終的な譲渡は書面による譲渡契約を通じてのみ有効とされる（第 49 条第 2 号） ● 著作権の保護期間は著作者の死後 70 年間（第 41 条） ● 著作権法は著作権侵害に対する民事上の救済のみを規定し、刑事罰については刑法第 184 条が定める ● いずれかのメディアによる放映・放送を含む音楽・文学の著作物およびレコードの公の演奏、ならびに視聴覚著作物の展示に対する著作物利用料の徴収・分配は、中央徴収分配センター（ECAD）が行う
植物品種	法律第 9456 号	1997.4.25	植物品種保護局（SNPC）	● 同法は国内で開発された新たな植物品種または植物の従属品種の保護を旨とする ● 保護期間：仮保護証明書の付与日から起算して、ブドウの木、果物、森林樹および観賞用樹木は 18 年間、その他の植物は 15 年間（第 11 条）
ソフトウェア	法律第 9609 号	1998.2.19	INPI（登録は任意、登録が無い場合も保護される）	● 50 年間（第 2 条 2 項） ● コンピュータ・プログラムの技術移転については INPI への登録が必要
遺伝子組み換え作物	バイオセキュリティ法（法律第 11105 号）	2005.3.24	バイオセキュリティ審議会（CNBS）	遺伝子組み換え作物に関する規制を定め、その執行機関として CNBS を創設（本法により 1995 年法律第 8974 号は廃止された）
集積回路レイアウト	法律第 11484 号	2007.5.31	INPI	保護期間：出願日または最初の実施日から起算して 10 年間（第 35 条）

出所：筆者作成

ただし、発明特許は付与日から数えて 10 年、実用新案は 7 年を下回ってはならないとされている。

意匠権▶　意匠登録については、新規かつ独創的な視覚的効果をもたらし、工業生産のためのひな型にすることができるかどうかが考慮される。純粋に芸術的な性質の作品は意匠とはみなされず、また通常あるいは一般に備える必然的な形状、技術的もしくは機能的配慮によって本質的に決定される形状も意匠とは認められない。モラルや公序良俗に反するもの、他人の名誉やイメージを侵害するもの、信教の自由・信条・信仰・理念・尊厳・崇拝を害するものは登録することができない。

意匠権は申請の日から数えて 10 年間有効であり、1 回につき 5 年、最高 3 回まで延長することができる（上限は 25 年間）。

不正競争の規制▶　違法な競争は、産業財産権法および競争保護法（法律第 12529 号、2012 年 5 月 29 日施行）により規制されている。産業財産権法では「他の事業者に損害を与えることを目的とした事業者の行為」を不正競争

とみなし，規制の対象としている。競争保護法では経済秩序を損なう行為が不正競争とされるが，産業財産権法の対象規定は極めて包括的かつ具体的である。第195条には不正競争行為として，①競争上の利益を得るために競争者に関する虚偽の情報等を流布する行為，②競争上の利益のために不正な手段を用いて競争者の顧客を獲得する行為，③製品または企業について混同を生じさせる目的をもって，他者の宣伝表現または標識を使用または模倣する行為，などが例示されている。

技術移転契約の登録▶ 1991年11月30日付法律第8383号によって，親子会社間（支配会社と従属会社間）の技術移転契約やその他の工業所有実施契約に関して，INPIおよびブラジル中央銀行（BCB）に登録された契約については最長で5年間（5年間延長可能），ロイヤルティ送金が認められるようになった。さらに1962年9月3日付法律第4131号に基づき，INPIへの技術移転契約の登録も認められている。1964年11月30日付法律第4506号に基づき，ロイヤルティ送金が認められるのは発明，製造工程・方式，商標，著作権などの使用・利用から生じる各種利益である。これらの対象となる契約としては，①特許または商標権の使用許諾契約，②技術情報取得契約，③フランチャイズ契約を挙げることができる。このうちフランチャイズ契約については，1994年12月15日付法律第8955号が各種の要件を定めているが，フランチャイザーとフランチャイジー間の権利義務関係については民法によって規律される。

図7-5-4は，主要な技術供給国別に2000〜12年の契約登録件数を示したものである。

（阿部博友）

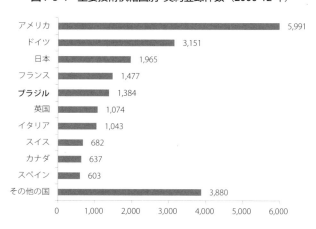

図7-5-4　主要技術供給国別 契約登録件数（2000-12年）

出所：INPI 契約・原産地表示登録局（DICIG）2013年7月現在

6. 租税法

❖租税法の概要

ブラジルの租税体系は複雑で重畳的でもある。2012年8月19日付『*O Estado de São Paulo*』紙オンライン版（Infograficos欄）によれば，携帯電話やノート型パソコンの小売価格の実に73%が流通過程で発生した税金である。本節では，主要な租税に限定して課税主体別に説明する。ブラジルの租税体系は憲法第145条～162条によって骨格が与えられ，国税法典（Código Tributário Nacional）により公租公課の種類が定められている。その基本的概念については本書旧版（新評論，2005年）第9章第3節を参照されたい。 （浜口伸明）

❖連邦税

個人所得税（IRPF）は，所得から扶養者控除や社会保険料，医療費，教育費等の所定の控除を適用した後の課税標準（Base de cálculo）に税率（alíquota）を掛けて計算される。2009年に課税標準が3階層から5階層に変更され，かつて税率15%であった中間所得階層のうち低い所得集団として7.5%の階層が，税率27.5%であった高所得階層のうち低い所得集団として22.5%の階層が設定された。最も低い所得階層は所得税を免除されている。

納税者は全世界で得た所得がブラジルで課税対象となりうる。日本とブラジルは二重課税を防ぐ租税条約を1967年12月に締結している。

法人所得税（IRPJ）の基本税率は15%だが，月平均実質利益（Lucro real）から2万レアルを引いて，四半期ごとに計算する場合は3を，1年まとめて計算する場合は12を掛けた額の10%が追加課税される。実質利益は当該会計期間の経常利益から行政令（Decreto）第3000号（1999年3月26日施行）に規定されている特別損益を調整して計算される。

年間総収入が7,800万レアル以下の企業は，実質利益ではなく，総収入額に所定の利益率（製造業が8%，サービス業が32%）を乗じた推定利益（Lucro presumido）から同様に課税額を算出することもできる。

この他，年間総収入が360万レアル以下の小規模・零細企業は，補足法（Lei complementar）第123号（2006年12月14日制定）に基づくシンプレス・ナシオナル（Simples Nacionalまたは Super Simples）の認定を受けて，法人所得税のほか後述する工業製品税（IPI），商品・サービス流通税（ICMS），法人純益に対する社会保障負担金（CSLL），社会保障財源負担金（COFINS），社会統合計画（PIS）分担金，公務員財産形成計画（PASEP）分担金を一つの税率にまとめて納税を簡単化することができる。なお，総収入が低い企業には低い税率が認められている。

工業製品税（IPI）は行政令第7660号（2011年12月23日制定）において，国際標準HSコードに準ずるメルコスル対外共通関税番号（NCM）の8桁分類に対応させて税率が定められている。基礎消費財は基本的に非課税対象あるいは税率ゼロである。燃料となるガソリンやエタノールおよび医薬品も課税されない。嗜好性が高い消費財には高い税率が課せられており，菓子類5%，ミネラルウォーター15%，ジュース類27%，アルコール飲料40%，たばこ300%などとなっている。自動車は，シリンダー容積が1,000 cm^{2}以下であれば7%，1,500 cm^{2}以下が13%（フレックス燃料車［FFV］は9%），1,500 cm^{2}を超えるものは25%（同18%）と段階的に税率が高まる。

荷物運搬を目的とする商用車は税率が10％以下である。財務省歳入局（Secretaria da Receita Federal［MF］）によれば，自動車，たばこ，飲料がIPI税収源全体の約30％を占める。IPIは国産品だけでなく輸入品に対しても同率で課税されており，輸入品からIPI税収の約30％を徴収している。国内で生産し輸出される財貨には課税されない。

2008年以降のリーマン・ショック後に景気対策として自動車，家具・白物家電，建設資材などのIPI減税が実施され，減税分が価格に反映されて国内需要が刺激された。しかし財政再建の必要から自動車については2015年に減税策は撤廃されている。

憲法第159条により，IRPF，IRPJ，IPIは連邦政府の財源になるとともに，地方交付金財源の州・連邦区分配基金（FPE），市分配基金（FPM）の原資にもなる。

財政再建に向けて，地方交付金の対象に含まれない連邦政府だけの財源となる連邦税が強化されてきた。行政令第6306号（2007年12月14日制定）で規定される金融取引税（IOF）はその一つで，金融機関が行う融資，保険契約，証券取引，企業間ローン取引，運用，為替取引などに対して課税するものである。IOFは税収を上げる目的以外に，資本市場への外国投資促進のために引き下げられたり，逆に外国から投機的な短期資金が過剰に流入して金融市場が不安定になれば引き上げられたりするなど，経済政策手段としても利用される。2013年12月には，ブラジル人が海外旅行で行ったクレジットカード支払いが経常収支赤字を拡大させたことに対して，IOFを0.38％から6.38％に引き上げた。

社会保障制度の提供は連邦政府の責任であるが，企業従業員と雇用主が支払う社会保険料の財源不足は年々拡大しており，政府は社会保障制度を維持するために企業に多岐にわたる追加負担を求めている。

まず法人純益に対する社会保障負担金（CSLL）は，法人所得税引前利益（実質利益あるいは推定利益）の9％に課税される。また法律第9718号（1998年11月27日制定）では，総売上を課税対象とする社会保障財源負担金（COFINS），および民間労働者を対象とする社会統合計画（PIS）と公務員を対象とする公務員財産形成計画（PASEP）の分担金を規定している。実質利益を法人所得税の課税標準とする企業・団体には非累進的な課税方式を適用し，税率はCOFINSが7.6％，PISとPASEPが1.65％である。推定利益を法人所得税の課税標準とする企業・団体には累進的課税方式を適用し，COFINSが3％，PISとPASEPが0.65％である。

2015年の税制改革論議では，政府は社会保障財源として金融取引暫定負担金（CPMF）の再導入を図っている。CPMFは統一保健医療システム（SUS）を支える時限的措置の目的税として，法律第9311号（1996年10月24日制定）に基づいて97年に導入され，金融機関で発生する資金移動の0.25〜0.38％を徴収した。その後貧困対策や社会保障に使途を拡大しつつ，2007年に議会で期間延長が否決されるまで徴収されていた。
　　　　　　　　　　　　　　（浜口伸明）

❖州税

商品・サービス流通税（ICMS）は，補足法第87号（1996年9月13日制定，別名カンジール法 Lei Kandir）でその運用が規定されている。ICMSは州内で生産される財貨とサービス，州内に輸入される外国製品，州間・市間の輸送・通信サービスの価格に対して，州の法律が定める税率により徴収される。

州内での取引や輸入品に適用される税率は基本的に17〜19％である。アルコール飲料，たばこ，大口電力消費など奢侈的消費には25〜30％とより高く，食品など基礎的消費には7〜12％とより低い税率が課される。

ICMSは非累進的でなければならない。サプライチェーンにおいて，企業は中間財購入時に徴収されたICMSをクレジットとして製品販売時の課税額から相殺する。例えば，B社がA社製品を中間財として20レアルで購入，C社がB社製品を中間財として50レアルで購入して製造した製品を，消費者に100レアルで販売すると仮定し，税率は18%とする。まずA社はB社から20×0.18＝3.6レアル徴収し，州政府に納付する。次にB社はC社から50×0.18＝9レアル徴収するが，そこからすでに徴収されている3.6レアルを差し引いて5.4レアルを州政府に納付する。同様にC社は100×0.18＝18レアルを消費者から徴収し，18－9＝9レアルを州政府に納付する。100レアルの最終製品に対して消費者が払った18レアルの税が，それぞれの付加価値の比率に応じてA社，B社，C社から納付されているともいえる。なお，このように各流通段階で支払われるべきICMSを最初の取引段階で一括して支払う代理納税（substituição tributária）が採用される場合がある。

ICMSは州財政にとって重要な財源であるが，税率引き下げにより企業を誘致しようとする州間の「財政戦争（guerra fiscal）」と税収の喪失が問題になっている。これに関連して，輸入品が州をまたいで取引される際にかかる移出州側の税率が，2013年1月に4%に統一された。その狙いは，輸入業者を誘致して雇用創出と港湾利用を促進する目的で税率を引き下げ合う「港戦争」を終わらせることにあった。☞3-2「財政戦争」

連邦政府は国産品の州間取引にかかるICMSに関しても，税率を統一するための改革をこれまで幾度も試みているが，税収の決定権と企業誘致の手段を失うことに対する州政府の抵抗にあい，合意形成が困難になっている。

またカンジール法により，輸出される財貨に関してICMSの徴収が禁じられたことで，州は税収の一部を失うことになった。喪失分は連邦政府から還付されることになっていたが，その合意は守られていない。

自動車，船舶，航空機の所有者を対象とする自動車所有税（IPVA）は，ICMSに次いで重要な州税である。税率は州が公示する自動車等の実勢価格を基準とする。道路整備を目的とした目的税ではなく，普通税である。

（浜口伸明）

❖市税

サービス税（ISS）は，国の補足法第116号（2003年7月31日施行）に則って市の法律により規定される。同法附表で課税対象となるサービスが挙げられており，最高税率は5%と定められている。ただし，物品の販売行為はサービス業ではあるが，ISSではなく州税である商品・サービス流通税（ICMS）の対象となる。ISSとICMSの境界はあいまいであるとしばしば指摘されている。例えば画家に家族の肖像画を描いてもらう場合はISSの対象であり，ギャラリーで絵を購入する場合はICMSの対象となる。なおISSは，流通過程における累進制の相殺が認められていない。

市街地土地建物税（IPTU）は，市が公示する標準土地価格に基づいて算出される物件評価額（valor venal）と累進税率により課税額が決定される。生存者間の不動産譲渡を事由とする生存者間不動産取引税（ITBI）も，市の土地公示価格に基づく物件評価額を基準に課税される市税である。他方，遺産としての死後贈与にかかる遺産相続贈与税（ITCMD）は州税である。ITCMDの税率は，1992年に連邦上院議会で定められた8%を上限とする範囲で，州の法律で定められる。（浜口伸明）

7. 労働法

❖労働法の概要

1988年憲法は，教育や保健などと並んで労働を社会的権利と定め（第6条），正当な理由のない解雇から保護される権利，失業保険を受ける権利，勤続年限保障基金（FGTS）からの支払いを受ける権利などをはじめ，34項目にわたる権利を規定している（第7条）。これら憲法で保障された権利は，統合労働法（CLT，1943年法規命令［decreto-lei］第5452号）およびその他の労働規範により保護されている。

（阿部博友）

❖労使関係の成立と終了

労働契約と雇用関係の成立▶ CLTに基づき，使用者（法人または自然人）は労働雇用省（MTE）の指令に従い，労働者登録（Registro dos Trabalhadores）を行わなければならない。その際，労働者の資格，雇用関連の資料，労災事故や労働保護に関する事項が記載されなければならない（CLT第41条）。登録を怠った場合は罰金が課される可能性がある（同第47条）。また，CLTに規定された使用者とは，「経済活動のリスクを負担し，人的労務の供給を受け，給与を支払い，かつ指揮命令する者」（同第2条）であることから，労働契約が締結されていない場合であっても実質的な雇用関係は発生する。ちなみに労働者は，「使用者に従属し，賃金によって労務を提供する自然人」（同第3条本文）と定義されている。労働契約は労働者の同意がなければ変更できないが，同意が得られた場合でも，労働者の利益を損なう変更は無効となる（同第468条）。

解雇規制▶ 一般の労働契約は，その終期が定められていないので，期限の定めのない契約と捉えられる。そして，そのような無期限の終期労働契約の下で，労働者に労働関係終了の原因が無いにもかかわらず終了する場合には，当該企業よりその労働者が受給した最高額の給与を基礎に補償金を受け取る権利が生じる（CLT第477条本文）。逆に言えば，補償金の支払いを条件として労働契約の終了が可能となるが，法律により雇用の安定性が保障されている者（例えば妊娠中の女性労働者，労働組合の指導者など）については解雇が認められない。解雇が認められる場合は，その労働者の雇用期間に応じて30〜90日前までの予告が必要となり，その間労働に従事させるか，労働を免除して補償を与えることが必要となる。

他方で，労働者の側に法律上または労働契約上の義務違反があった場合は，使用者は雇用契約を解除することが可能である。そのような解除原因としては，不正行為，職務怠慢・放棄，勤務時間中の飲酒などを挙げることができる。ただし，解雇理由の存否の認定については労使間で紛争が生じる場合が多く，その際はCLT上の一般原則である「疑わしきは労働者の利益に」が適用される。

ブラジルには定年制度がないので，解雇のための正当事由が存在する場合（違法行為や明らかな職務怠慢の証拠を会社が有する場合等に限定される）は別として，一般的には当該労働者と使用者の話し合いによって雇用関係の解消を図る場合が多い。その場合は，たとえ本人の申出による契約終了であっても，休暇および13カ月賃金（クリスマス期に支払われる給与1カ月分のボーナス）の清算が必要となる。また，就業期間が1年以上にわたった労働者が辞める場合，所属の労働組合で労働契約の解約手続きを行うことが必要とな

る（同第 477 条）。　　　　　　　(阿部博友)

❖**労働者の権利**

労働時間・休日等勤務・超過勤務▶ 統合労働法（CLT）において1日あたりの労働時間は8時間，週の労働時間の上限は44時間と定められている。食事休憩は，1日に6時間を超えて働く場合は最低1時間，最長2時間とされる。時間外勤務は1日あたり2時間を超過することはできない。超過した分の報酬は通常勤務の報酬の50％増しとなる。ただし管理職（cargo de confiança）にある者については，原則として時間外手当を支給する必要はない。深夜就業（22時から翌朝5時まで）については，52分30秒の勤務を1時間勤務として計算し，最低20％の割り増し賃金を支給しなければならない。

日曜または祝日の労働は法律で禁止されているが，労働契約に規定があれば日曜または休日に勤務した場合に，他の平日に代休を与えて相殺することが可能である。代休が与えられない場合には，日曜日または休日の労働について，原則として通常の賃金の倍額が支払われる。特に社有車の運転手など，休日を中心に出張者の送迎やアテンドで労働する事例も多く，そのような休日勤務が恒常的に認められる場合は高額な賠償を請求される可能性がある。

賃金▶ 労働者の賃金は，契約で合意された給与にとどまらず，使用者が支払う各種手数料，歩合，合意された賞与，出張日当や特別手当を含む（CLT 第 457 条）。また，食料，住居，衣服，その他現物支給により，使用者が契約に従い，または慣習的に労働者に支給するすべてのものは賃金に含まれるとされる。なお，労働者は法律で定める全国一律の最低賃金が保障されている。最低賃金は，労使協約に基づき職種別に制定されているので注意を要する。

休暇の権利▶ 労働者は12カ月ごとの勤務につき最大30暦日の有給休暇を取得することが認められている。さらに，月給の3分の1相当額のボーナスを休暇取得日の2日前までに受給する権利を有する。休暇を取得する時期については使用者の利益も考慮した上で協議され，30日間を2回に分割して取得するケースもある。休暇の権利が権利発生から12カ月以内に与えられない場合は，使用者は有給休暇期間について通常の2倍の給与を支払わなければならない。

ブラジル人の雇用義務▶ 国内の企業は従業員の3分の2はブラジル人を雇用しなければならない（CLT 第 352 条, 359 条）。ただし，国内に居住する外国人にもブラジル人と同様の労働の権利が保障されているため，上記 CLT の規定は無効であるという見解もある。

労働者に対する名誉毀損▶ いわゆるセクシャルハラスメントやパワーハラスメントなどの嫌がらせ行為，および会社都合による解雇による精神的苦痛に対して賠償請求が認められる可能性がある。また，使用者もしくはその代理人が，労働者もしくはその家族の名誉を毀損した場合にも，労働者は契約を解除されたものとみなし補償の請求を認められる（CLT 第 483 条本文 e 号）。

労働者の利益参加の権利▶ 2000年12月19日付法律第 10101 号によって，企業の利益に対する労働者の参加権が認められた。利益配分の具体的方法は労使双方の話し合いで決定することになる。当該利益への参加による支出については，給与に付帯する負担金の納入義務は生じない。また，休暇や13カ月賃金の計算対象から除外される。一般的には利益参加を3回以上繰り返して認めた場合は既得権と認定されるという問題が提起されていたが，本法令に基づいた支払いについては既得権の対象とはみなされない。

女性または年少労働者の保護▶ CLT は女性労働

者に対する様々な保護規定を有する（第372〜401条）。妊婦に対しての保護規定（第391〜393条）にも注意が必要である。またCLTにおいて年少労働者と規定される14〜18歳までの労働者（第402条）については，22時〜翌朝5時の夜間労働が禁止されている（第404条）ほか，危険または不衛生な職場での労働をさせることは禁じられている（第405条）。

労働安全衛生▶ CLT第162〜164条は，労働環境の安全，衛生および医療に関する使用者の義務を規定している。特に第164条では，使用者と被雇用者の代表で構成され，企業の安全対策について協議する社内安全委員会（Comissão Interna de Prevenção de Acidente do Trabalho）の設置を定めている。☞3-4「労働者の法的権利」

(阿部博友)

❖労使協定

1988年憲法の下で，労働者には組合の結成・参加の自由が保障されている。ブラジルの労働組合は業種別に組織され，市町村，州，国レベルで集まり連盟や連合を形成している。現在，労働雇用省（MTE）に登録されている労働組合の組織数は1万余に達するといわれる。全部門に組合員を有する労働者統一本部（CUT）など全国規模の組織は，ナショナルセンターを頂点とするピラミッド型の階層構造をなしている。登録されている12のナショナルセンターのうち，MTEに承認されている組織はCUTをはじめ，加盟人数の多い上位5団体のみである。

労使交渉の時期は業種によって異なるが，交渉の結果合意が成立すると団体労使協定（Convenção Coletiva）が作成される。規範的性格の合意協定であり，これに基づき2または3以上の部門を代表するナショナルセンター等の組織が，使用者組織との間で適用されるべき労働条件を協議する（CLT第611条）。

また，ある部門を代表する労働団体は，当該部門の1または2以上の企業との間で個別に労使協定を締結することができる（同条1項）。
☞2-3「経済団体・業界団体・労働組合」，3-4「労働者の法的権利」

(阿部博友)

❖労働訴訟

労働裁判所▶ 1988年憲法の下で，労働者は地方労働裁判所（TRT），高等労働裁判所（TST）に労働訴訟を起こすことができる。第一審の判決に対して第二審への控訴が可能であり，原則として第二審で判決が確定すると判決の執行が可能となる。通常の訴訟は訴訟の対象となった企業が登記されている場所のTRTで処理されるが，連邦法違反事例についてはTSTで審理され，さらに憲法違反が絡んでいる場合は連邦最高裁判所（STF）への上告が可能である。

労働裁判所への訴訟提訴件数（新規案件）は400万件を超過しており，またほぼ同数の継続案件を抱え，裁判所の処理能力を超えた状況が続いている（次頁図7-7-1）。

社内事前調停委員会▶ 2000年1月12日付法律第9958号によりCLTが改正され，少額案件の解決を図るための社内事前調停委員会（Comissão de Conciliação Prévia）の設置が制度化された。上記のように労働裁判所が案件超過状況にあるため，訴訟の前に労働者と使用者の代表で構成される同委員会で調停を行うことを定めたものである。調停が成立した場合には，合意内容について裁判所の判決と同じ拘束力が認められる。

簡易裁判制度▶ 2000年1月12日付法律第9957号によりCLTが改正され，簡易裁判制度（Procedimento Sumaríssimo）が定められた。これも前記同様の目的によるもので，訴訟金額が最低賃金の40倍までの少額案件については簡易裁判を申請し，迅速な判決が期待できる。

(阿部博友)

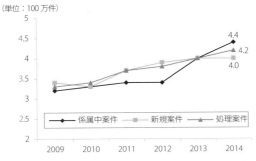

図7-7-1 労働訴訟件数の推移（2009-14年）

出所：*Justiça em Números 2015* at 182 (Conselho Nacional de Justiça, 2015)

8. 環境法

❖**環境法制**

ブラジルは，ラテンアメリカあるいは開発途上国のなかでは環境法制が整備されている国である。整備の契機となったのは，1972年にストックホルムで開かれた国連人間環境会議（ストックホルム会議）や，92年にリオデジャネイロで開催された国連環境開発会議（地球サミット），また市民運動の国際的な活発化などである。開発に伴うアマゾン等の森林破壊や生物多様性の減少，大気・水質汚染，有害ごみの増加など都市環境の悪化もまた同国に環境法の整備を要求した。しかし法整備の一方で，深刻化し多様化する環境問題への政策対応（法の実効性）が不十分であるという問題をかかえている。

ブラジルの環境保護の基盤となる法は，1988年憲法と環境基本法（法律第6938号，1981年）である。1988年憲法はブラジル憲政史上初めて，健康な生活に不可欠で生態学的に均衡のとれた環境に対する権利として環境権を認め，公権力と社会に対しては現在および将来の世代のために環境を保護・保全する義務を課した（第225条）。また，明確に定義されてはいないが，環境権の主体すなわち権利者は個々の国民であり，義務者は政府および国民である。公権力が負う義務については，同条1項で生態系の保全・回復，遺伝子資源の多様性保全などを詳細に定め，3項で環境を害する自然人および法人に対する刑事上・行政上の罰則，4項でアマゾン森林，大西洋沿岸森林などを国有財産とすることなどを規定している。

ブラジルの環境政策の骨格を確立したのは，1988年憲法に先立って制定された環境基本法であった。その目的は，国の環境政策の原則と内容を定め，政策立案と実施のための制度を設立することであった。環境基本法では，環境政策を包括的に立案・実施するための制度として，政策に関わる連邦，州，ムニシピオ政府，団体等で構成される全国環境システム（SISNAMA：Sistema Nacional do Meio Ambiente）の構築を定め，政策を立案し大統領を補佐する最高機関として政府審議会を設置した。さらに環境政策の諮問・審議機関として環境審議会（CONAMA）を，また政策実行機関として特別環境庁（SEMA：Secretaria

Especial do Meio Ambiente）を設置した。これらの機関は政権ごとに数度にわたって改編され，1999年に現在の環境省（MMA）となった。個別の環境政策については SISNAMA 以前に多様な組織が関わってきたが，それらを統合して89年にブラジル環境・再生可能天然資源院（IBAMA）が設立された。現在の SISNAMA は，最高機関としての政府審議会，諮問・審議機関としての CONAMA，政策実施機関としての MMA およびその外局としての IBAMA，環境規制・監督に携わる州・ムニシピオ政府で構成されている。

連邦レベルの環境規制のほか，有力州は大気・水質汚染など都市環境問題に関して独自の法を定め，専門機関を設置している。サンパウロ州環境衛生技術公社（CETESB），リオデジャネイロ州立環境研究所（INEA：Instituto Estadual do Ambiente）がその代表例である。ま

たアクレ州は連邦に先立って，州政令第98863号（1990年）によってブラジル初の採取保全林を設置した。アマゾナス州も州法第3135号（2007年）によって気候変動と持続的開発に関する政策を定めた。ブラジルではまた，地球サミットに前後して多数の環境NGOが設立され，環境政策に関わっている。

〈小池洋一〉

❖部門別の環境法制と地球環境条約の批准

ブラジルには憲法や環境基本法などに基づく包括的な環境法制のほか，部門別に数多くの環境法が存在する（表 7-8-1）。水，鉱業，狩猟などに関する法は，制定当初は資源の利用を目的としていたが，次第に資源の保存に重点を移し，今日では持続可能な利用が目的となっている。

全国保護区域システム（SNUC：Sistema

表 7-8-1　ブラジルの環境法制

法令	制定年	内容
政令第 24643 号	1934	水資源の利用と保全を規制
政令法第 227 号	1967	鉱業法。鉱業活動に伴う環境汚染を規制
法律第第 517 号	1967	狩猟法。動物の狩猟を保全目的で規制
政令法第 221 号	1967	漁業法。漁猟を保全目的で規制
CONAMA 決議第 5 号/1989	1989	大気汚染プログラム（PRONAR）
CONAMA 決議第 1 号/1990	1990	騒音基準を設定
CONAMA 決議第 3 号/1990	1990	大気の質，汚染物質密度の基準を設定
法律第 9433 号	1997	水資源政策。水利用を規制
法律第 9966 号	2000	石油その他危険物質による水質汚染を規制
法律第 9985 号	2000	全国保護区域システム（SNUC）を制定
法律第 11105 号	2005	遺伝子組み換え生物（GMO）を規制。法律第 8974 号（1995年）を廃止
法律第 11284 号	2006	公有林管理法。現地住民に対する公有林利用のためのコンセッション付与を規制
法律第 12187 号	2009	気候変動政策（PNMC）
政令第 7390 号	2010	温暖化ガス削減の部門別の具体的目標を設定
サンパウロ州法第 13577 号	2009	土壌汚染を規制
法律第 12305 号	2010	固形廃棄物管理政策
法律第 12651 号	2012	新森林法。法律第 4771 号（1965 年）を改正
法律第 8124 号	2013	油による水質汚染を規制
法律第 13123 号	2015	生物多様性法。暫定措置第 2186-16 号（2001 年）を廃止

出所：筆者作成

Nacional de Unidades de Conservação）は，絶滅危惧種を含めて生物多様性を保護・回復することを目的に，それまで存在していた保護区を整理するとともに新しいカテゴリーを定めたものである。保護区域は，教育・科学目的を除き立ち入りが禁止される完全保護区と，天然資源の持続的な利用を認める持続的利用区の二つに大別されている。森林法は 1934 年の政令第 23793 号に起源をもつが，体系的な法となったのは 65 年の法律第 4771 号であった。同法は森林保全の観点における不備を補うため，2000 年に暫定措置第 1956-50 号によって改正された。その結果全国で，法定アマゾンの森林地域の 80％，同セラードの 35％，それ以外のセラードの 20％を自然のまま保全することが義務づけられた。しかし 12 年の法律第 12651 号によって，アマゾン丘陵や河岸における小規模農による耕作を認め，08 年以前の違法伐採に特赦を与えるなどの制度変更がなされた。また生物多様性保護は，暫定措置第 2186-16（2001 年）によって定められ，その後法律第 13123 号（15 年）によって正式に法制化された。同法は遺伝子資源と伝統的知識へのアクセスを規制し，生物多様性の持続的利用と公正な利益配分を定めている。

環境法制のなかで現在最も議論があるのは地球温暖化に関わるものである。ブラジルは法律第 12187 号（2009 年）によって気候変動政策（PNMC：Política Nacional sobre a Mudança do Clima）を打ち出し，2020 年までに温暖化ガスを想定量の 36.1〜38.9％の幅で削減することを国際社会に約し，その実行のため各省間の連携による気候変動委員会，気候変動基金，排出権取引などの制度を定めた。続いて政令第 7390 号（10 年）によって，部門別の削減目標を設定した。

ブラジルはこうした国内法整備の一方で，地球環境に関する多くの国際条約に批准している。その主要なものは「絶滅のおそれのある野生動植物の種の国際取引に関する条約（ワシントン条約）」，「生物多様性条約」，「海洋法に関する国連条約」，「オゾン層の保護のためのウィーン条約」，「オゾン層を破壊する物質に関するモントリオール議定書」，「有害廃棄物の国境を越える移動及びその処分の規制に関するバーゼル条約」，「国連気候変動枠組条約」，「京都議定書」，「残留性有機汚染物質に関するストックホルム条約」，「バラスト水及び沈殿物の管制及び管理のための国際条約」，「船舶による汚染防止のための国際条約（マルポール条約）」，「油による汚染損害についての民事責任に関する国際条約」，「特に水鳥の生息地として国際的に重要な湿地に関する条約（ラムサール条約）」，「砂漠化に対処するための国連条約（砂漠化防止条約）」，「国際貿易の対象となる特定の有害な化学物質及び駆除剤についての事前のかつ情報に基づく同意の手続に関するロッテルダム条約」などである。

（小池洋一）

❖ 環境ライセンス制度

環境ライセンスは予防的な規制手段である。環境ライセンスおよびそれに先立って実施される環境影響アセスメントについては，憲法第 225 条 1 項 4 号，環境基本法第 9 条 3 号，および環境審議会（CONAMA）決議第 1 号（1986 年）が根拠法となる。環境基本法は，環境汚染の可能性がある建設物・施設の設置・拡張ならびに操業，あるいは天然資源の利用について，事前の環境ライセンス取得を求めている。ライセンスは環境影響アセスメントを踏まえて譲許される。CONAMA 決議第 1 号によれば，環境影響とは，人工的な活動が人の健康・安全・平安，社会・経済活動，動植物，景観・衛生，天然資源の質に与える影響を指す。環境影響アセスメントの実施の最終権限は連邦政府にある。アセスメントの実施にあたり，事業者には調査報告書の作成

が義務づけられている。環境ライセンス取得の手続きを定めた CONAMA 決議第 237 号（97 年）によれば，ライセンスは事前許可（LP：Licença Prévia），設置許可（LI：Licença de Instalação），操業許可（LO：Licença de Operação）の三段階に分けられる。LP は事業の企画段階において発給されるもので，この段階で環境影響アセスメントおよび関連する報告書の提出が求められる。LI は事業の設置あるいは拡張段階で発給されるもので，関連する法令に準拠しているかどうかが発給の条件となる。LO は操業段階で発給されるもので，LP および LO で定められた条件を満たしているかどうかが基準となる。各段階において市民環境団体等が事業者に対して公聴会の開催を要求できる。ライセンスの発給権限は，全国的あるいは地域的に重大な環境影響を及ぼす可能性のある事業については IBAMA が，それ以外は州に委任されている。　　　　　（小池洋一）

❖環境犯罪法

　現行憲法はブラジル憲政史上初めて，環境を破壊する行為・活動をなす自然人または法人に対して刑事罰または行政罰を科すことを定めた（第 225 条 3 項）。憲法のこの規定を受けて 1998 年に環境犯罪法（法律第 9605 号）が公布された。同法は環境破壊行為を行った，もしくはそれに加担した法人の取締役，経営審議会委員，監査人，管理職などを対象に，その有責の程度に応じて処罰を定めている（第 2 条）。違反が法律上あるいは契約上の代表者，もしくは関連する団体の代表者の決定によって犯された場合，当該法人ないし団体が行政上，民事上および刑法上の責任を負う（第 3 条）。損害の賠償にあたり法人格が障害となる場合には，法人格が否定されることとなる（第 4 条）。

　同法第 5 章には処罰の対象となる犯罪として，動植物，大気・水，都市の秩序や文化財等の破壊のほか，環境行政に対する犯罪（公務員による虚偽の供述，情報の隠匿など）を挙げ，それぞれについて具体的な内容と罰則を示している。環境犯罪に対する罰則は，コミュニティにおける無償労働，諸権利（政府との契約，税その他の恩典，入札参加権等）の一時的停止（故意は 5 年間，過失は 3 年間），部分的あるいは全面的な活動停止，被害者あるいは社会活動を営む公的・私的団体への金銭支払い（金額は裁判官が決定），自宅拘留となっている（第 8〜13 条）。法人に適用される刑罰は，罰金，権利制限，地域社会に対する役務供与である（第 21 条）。また重大な違反の場合は強制的解散の対象となりえる（第 24 条）。　　　　　　　　　（小池洋一）

9.　民事訴訟法・倒産法・仲裁法

❖民事訴訟法

　1974 年 1 月から施行された旧民事訴訟法（73 年 1 月 11 日付法律第 5869 号）はその制定以降，数次の改正を重ねてきたが，人口増加や経済の発展とともに訴訟件数が飛躍的に増加しているにもかかわらず，裁判所職員数は削減され，また訴訟手続きが煩雑で判決が下されるまでに長期を要することや，控訴・上告の件数が多いことなどから，裁判所に係属中の訴訟件数は年々増加し，判決までに相当長期を要する状況にあった。そこで司法の機能不全を解消し，国民をはじめとする訴訟当事者の司法への信頼を回復することを目的として，民訴法の抜本的改革案が 2010 年に議会に提出され，その後 5 年間の議会における審議を経て，新民事訴訟法が 2015 年 3 月 16

日付法律第13105号として成立した（16年3月施行）。この新民訴法は1072条から成り、その主要な改正点は以下の通りである。

調停手続▶ 新民訴法は、民訴手続きの基本準則として、裁判官、弁護士その他の訴訟当事者に調停をはじめとする和解による紛争解決を推奨している（第3条3項）。当事者が和解の可能性が無いと判断しない限り、担当判事はまず調停人による聴聞手続きを開始しなければならない。

案件審理の順序▶ 改正前は、必ずしも提起の順序ごとに審理されていなかったが、新民訴法では原則として提起された日付順に審理される旨が明定された。

迅速な審理と上級審判例の活用▶ 新民訴法では、下級審において上級審の判例が類似事例ガイドとして活用されるべき旨を規定している。また上級審は訴訟の効率性と法的安定性の観点から、ガイドとなる判例の数を増やす必要がある。

控訴・上告件数の制限▶ 新民訴法は、判決の確定を遅らせることのみを目的とした控訴・上告を禁じている。違反した当事者に対しては課徴金が課される場合がある。また、控訴のための訴訟費用および弁護士報酬も増額されたため、従来と比較して控訴に必要な費用は25％程度増加するといわれている。

当事者主義の徹底▶ 当事者主義（sistemas adversarios）とは、事案の解明や証拠の提出に関する主導権を当事者に委ねる原則を指す。新民訴法第10条は裁判官に対して、いかなる場合も訴訟当事者に反論の機会を与えることなく職権による判断を下すことを禁じている。また訴訟手続きにおいて不意打ち的な主張を回避し、双方に主張の機会を平等に与えることを保証している。

証拠の提出手続き▶ 改正前も訴訟手続き開始前の証拠提出は認められていたが、そのような緊急の必要性は厳格に解釈され、法廷が事前提出を認めることはまれであった。新民訴法では、事前提出を認めることによって和解が促進される可能性が高まる場合には、法廷はそれを認めるものと規定している。

法人格否認の手続き▶ 法人格否認の主張は増加傾向にあり、新民訴法は法的安定性と予見可能性の向上を図るため、否認のための手続きを規定している。

判決の執行▶ 判決執行にあたり、勝訴した当事者の債権を確保するため、新民訴法は債務者の資産の債権者への譲渡や処分の手続きについて詳細に規定した。

国内仲裁廷への協力義務▶ 新民訴法は、仲裁廷が書面で要求した場合、裁判所は仲裁廷の判断や決定の執行について必要な協力を行うべき旨を規定した。

訴訟管轄の当事者合意▶ 旧民訴法の下では、訴訟の原因がブラジル国内の事実に基づく場合、および被告・債務者が国籍にかかわらず国内に居住または国内に住所を有する場合は、国内の裁判所が管轄を有するとされていた（第88条）。また、国内の不動産に関する訴訟、もしくは国内にある財産の目録作成および分配を行う場合も国内裁判所が管轄を有する（同第89条）。消費者訴訟についても、消費者が国内に居住または国内に住所を有する場合は、被告が国内に住所を有さなくても国内の裁判所が管轄する。これらに関して、当事者間の合意によって国内裁判所の管轄を排除し、訴訟を国外管轄とした場合の効力について議論の余地が残されていた。そこで新民訴法では、当事者がその合意により訴訟を国外の管轄としうることを認めた。

国際司法協力▶ 新民訴法は国際的な司法協力について明示している。その範囲は送達や証拠調べにとどまらず、外国司法機関における中間判決のブラジルにおける執行など広範に及ぶ。また、国外の裁判所が発行した書類で予め翻訳が付されたものについて、在外ブ

ラジル領事による認証やブラジルの公認翻訳者による改めての翻訳を不要と規定した。ただし相互主義に基づき，書類を発行した裁判所の所在国が上記の認証等を要求している場合には，ブラジル側裁判所も認証等を要求する裁量権を有する。なおブラジルは，ハーグ国際私法会議で1961年に採択された「外国公文書の認証を不要とする条約」は批准していない（2015年10月現在）。　　　　（阿部博友）

❖仲裁法

国連国際商取引法委員会（UNCITRAL）は，国際商事紛争の処理手段として仲裁が極めて重要であるという認識のもと，各国の仲裁法および仲裁実務の統一が必要と判断し，1985年，国際商事仲裁モデル法（UNCITRAL Model Law on International Commercial Arbitration）を採択した（2006年には改訂モデル法が公表された）。

ブラジルでは伝統的に，事前に当事者間で締結された契約書に仲裁条項が規定されていたとしても，現実に紛争が発生した後に当事者間で仲裁に付託（compromisso）する旨を合意しない限り，仲裁条項は当事者を拘束しないといういわゆる付託理論が支配的であった。しかし1996年の仲裁法（法律第9307号，以下仲裁法）では，UNCITRALモデル法を参考に仲裁制度が再構築された。新たな仲裁法はUNCITRALモデル法をほぼ踏襲し，全7章・44条文から成る（第1章：総則，第2章：仲裁合意とその効力，第3章：仲裁人，第4章：仲裁手続，第5章：仲裁判断，第6章：外国仲裁判断の承認と執行，第7章：最終規定）。

仲裁法制定後，同法は憲法で保障された裁判を受ける権利を侵害するものであるとして違憲訴訟が提起されたが，2001年に連邦最高裁判所（STF）が仲裁法の合憲性を確認している。

なお，外国仲裁判断の承認については，かつてはSTFが管轄を有していたが，2004年の憲法修正第45号によって権限が連邦高等裁判所（STJ）に移管された。STJによる外国仲裁判断の承認は，特段の問題がなければ比較的短期間で判断に至るようである。また，ブラジル政府は02年，「外国仲裁判断の承認及び執行に関する条約」（ニューヨーク条約，1958年発効）を批准した。同条約は当事国で下された仲裁判断を自国におけるものと同様に扱う義務を定めており，これによってブラジルにおいても他の先進国並みの国際商事仲裁手続きが機能するための法的基盤が構築された。　　　　（阿部博友）

❖倒産法

ブラジルの倒産処理法制は，1945年6月21日付法規命令（decreto-lei）第7661号により約60年間規律されてきたが，2005年に改正倒産法（法律第11101号）が制定され，同年から施行されている。改正倒産法は全7章・201条文より成る（第1章：総則，第2章：会社更生と破産の共通規定，第3章：会社更生，第4章：破産手続きへの移行，第5章：破産，第6章：民事再生，第7章：最終規定）。

改正法によって，裁判外の手続きである民事再生（extra-judicial）と，裁判所の監督下におかれる会社更生（judicial）が規定された。民事再生では，倒産企業が裁判所の認可を受けて債権者に提示する再建計画に従って再建手続きが進められる。会社更生では，倒産企業はすべての債権者から再建計画について合意を得る必要がある。もし合意がなされない場合は，裁判所が当該企業の破産を宣告し，法定管財人が任命され，資産売却等により部分的に回収された金額を債権者に対し債権の優先順に配分することになる。　　　　（阿部博友）

10. 市民生活に関連する法

❖外国人労働許可制度

ブラジルでは統合労働法（CLT）の下で，役員を除く賃金労働者のうち，従業員数ベースおよび支払給与額ベース双方とも3分の2以上はブラジル人を雇用しなければならない（第352条，354条）。さらに，同一職務の場合，ブラジル人被雇用者の賃金は外国人被雇用者のそれよりも少額であってはならない（同第358条）。

日本との関連でいえば，2012年3月1日以降，「社会保障に関する日本国とブラジル連邦共和国との間の協定」が発効している。それまでは日本人がブラジルで働く場合，日伯両国の年金制度に加入する必要があったが，本協定により，ブラジルの法令適用が免除される場合には同国の社会保険料の支払いが免除されることとなった。

外国人がブラジルで労働報酬を得るためには，1980年8月19日付法律第6815号（外国人法）に基づき就労ビザが必要となる。なお，同法に基づき，労働雇用省（MTE）に属する合議機関として移民審議会（CNIg：Conselho Nacional de Imigração）が創設された。本審議会の組織と機能については，93年6月22日付政令第840号および2000年8月23日付政令第3574号に定められている。CNIgは出入国管理に関する基本政策の決定や，移民認可の具体的基準の策定など重要な責務を担っている。

ブラジルで外国人に発給されるビザには7種類ある。駐在員としてブラジル国内の企業で働く場合，一時居住ビザまたは永住ビザの取得が必要となる。

一時居住ビザ▶ 一時居住ビザ（正式名：第5種一時居住ビザ Visto Temporário V）は，現地法人を含むブラジル国内企業が外国人労働者を雇用する際に発給されるものである。雇用にあたりブラジル企業がMTEに事前申請を行い，許可が下りると日本のブラジル公館より発行される。2012年12月12日付CNIg決議第99号に基づき，取得条件は以下の通りとされている。①最低9年間の教育と2年間の職務経験，②1年以上の上級レベルの職務経験，③360時間以上の単位を伴う修士課程またはそれと同等の，当該職業に必要な学位の取得，④芸術または文化の分野での3年間の経験。

このほか，一時居住ビザには次のような様々な制約が課せられているので注意が必要である。(i) ビザ取得者はブラジル国内で給与を受け取る必要がある。(ii) グループ会社間の雇用契約の場合は，新たな給与が日本で最後に受け取った額を上回らねばならない（2007年2月9日付CNIg決議第74号）。(iii) ブラジル人被雇用者同様，ビザ取得者にもCLTが適用されるため，国籍による差別なく，同一職務の他の従業員と同一の賃金を支払わねばならない（CLT第460条）。なお，同じくCLTの適用により，ビザ取得者も雇用契約を証す労働・社会保障手帳（CTPS：Carteira de Trabalho e Previdência Social）の発給を受けることになる。

一時居住ビザの有効期間は2年間で，1回のみ2年間の延長が可能である。また滞在期間が2年を超えると，次に述べる永住ビザへの切り替えが可能となる（従前は4年であったのが，2011年11月23日付CNIg決議第96号により2年に短縮された）。ビザのステータスが一時居住ビザである場合は，会社の管理役員（経営審議会メンバー，取締役，監査役）

に就任することはできない。

また，日本企業とブラジル企業の間で技術移転・支援に関する契約が締結されている場合，期限1年間の就労ビザが発給され，1回に限り1年間の延長が可能である（2004年12月8日付CNIg決議第61号）。ほかに，同じく技術移転・支援契約に基づく90日間・延長不可の短期ビザの発給も認められている（13年4月23日付CNIg決議第100号）。さらに，ブラジル企業の本社，支社，系列子会社で訓練を受けるための1年間有効の研修ビザ（trainee visa）も認められている（10年9月15日付CNIg決議第87号）。☞3-4「正規雇用と非正規雇用」

永住ビザ▶ 日本企業がブラジルの現地法人に役員を派遣するには，永住ビザ（Visto Permanente）の取得が必要となる。当該派遣員はその申請時に，現地法人の定款に役員として記載されていなければならない。定款に記載された在任期間が永住ビザの有効期間となり，最長で5年とされている。有効期間後も継続して同役職に就くことが証明されれば更新が可能となる。

また，役員を派遣する企業は，永住ビザ1人分につき一定の金額以上の投資をブラジル国内で行う必要があり，かつこの投資がブラジル中央銀行の外国資本投資登録システム（SISBACEN：Sistema de Informações do Banco Central）により証明されなければならない。投資の基準額は，企業の設立あるいは外国人役員の着任から2年以内に10名以上の雇用を創出する計画がある場合は減額される。

（阿部博友）

❖**飲酒運転禁止法**

近年ブラジルでは交通事故の多発が深刻な社会問題となっている。2000年以降は事故件数・死亡者数とも拡大傾向にあり，08年の10万人当たりの死亡者数は17.0人（日本は約4.0人），自動車1,000台当たりの死亡者数は1.3人（同0.07人）であった。なかでも飲酒運転による事故が深刻視され，08年7月，飲酒運転禁止法（Lei Seca，法律第1705号）が制定された。同法はレストランなど飲食店での運転者に対する酒類販売禁止なども規定しており，世界トップレベルのビール消費量を誇るブラジルのアルコール飲料業界にとっては痛手になりそうである。

同法のもと，違反者には1,000レアル弱の罰金と1年間の免許停止処分が下される。施行後しばらくは罰則適用に関して問題が生じるケースもあった。例えばサンパウロでは，飲酒検問で酒気帯び運転が疑われたにもかかわらずアルコール検査を拒否した男性に対し，州高等裁判所が「何人も自身にとって不利となりうる証拠を提示する義務はない」として，検査拒否の正当性を認める判決を下した。しかし現在では検査拒否という行為自体，罰金および免停の対象とされている。

飲酒運転の基準は，「血液1リットル中に0.6 mg，または呼気1リットル中に0.3 mgのアルコール分が検出された場合」となっている（ちなみに日本では，呼気中アルコール濃度0.15mg以上が「酒気帯び運転」を問われる）。

2011年11月2日，連邦最高裁判所（STF）は，同法発効後の飲酒運転はその危険性の度合いや事故の有無にかかわらず犯罪行為にあたることを確認する判決を下した。これにより，従前は過失致死罪とみなされてきた飲酒運転による事故に対して，「故意の危険行為による死傷罪」を意味する危険運転致死傷罪が適用される可能性が高まった。

ブラジルでは現在，交通事故被害者およびその家族への扶助や年金の支払いが年間80億レアル以上に及んでいるとみられる。社会保障庁（INSS）が重大事故の運転者に対し，賠償責任を求める訴訟を起こした例もある。

2014年，サンパウロ市で飲酒運転禁止法違反で逮捕された運転者の数は4,085人にのぼり，前年の204人から20倍に増加した（*Folha de São Paulo*，15年3月10日付記事）。今後も飲酒運転の取締強化は続くとみられる。(阿部博友)

❖禁煙法

サンパウロ連邦大学（UNIFESP）の調査によると，ブラジルの全人口に占める喫煙人口の割合は，2006年の19.3％から12年には15.6％に減少しているという。世界的にみれば必ずしも高い喫煙率とはいえないが，サンパウロ州では09年8月から公共施設の屋内での喫煙を禁止する法律（禁煙法 Lei Antifumo，09年5月7日付サンパウロ州法律第13541号）が施行されている。禁止対象は一般の紙巻きの他，葉巻やパイプなどすべてのたばこ製品である。

同法に定められた「公共施設」とは，レストランやバー，公共交通機関の車内，ホテル，ショッピングセンター，銀行，スーパーマーケット，学校，オフィス，工場など広範囲に及び，一部でも屋根や壁で仕切られている場所はすべて公共の場とみなされ，喫煙は一切禁止されている。喫煙室を設置しているホテルなどもあるが，その場合もロビーやバンケットルーム等の公共エリアは禁煙である。結果的に喫煙可能なのは個人の家屋内もしくは屋外のみとなった。禁煙区域には横25 cm×縦20 cm（バスやタクシー内は横10 cm×縦7 cm）の警告シールを張ることが義務づけられている。禁煙区域で喫煙した者への制裁はその場所からの強制退去にとどまるが，当該建物・店舗の所有者にはより厳罰が科される（違反1回目は792.5レアル，2回目は1,585レアルの罰金。3回目は48時間，4回目は30日間の営業停止）。

その後サンパウロ州に続き，リオデジャネイロ州なども同様の立法を行った。2011年には連邦政府も法律第12546号を制定し（14年12月施行），ブラジル全土で公共・私営を問わずすべての閉鎖空間（屋根や壁などで全面的または部分的に仕切られた場所）での喫煙が禁止されることとなった。また同法では，たばこ製品の陳列を商店内に限定し，ポスター等による広告宣伝の禁止を定め，たばこの箱の裏面と両側面に喫煙の害を警告する文言の表示を義務づけた。これらの規定を守らない企業・施設・商店には2,000～150万レアルの罰金が科せられ，営業権剥奪の可能性もある。ただし喫煙者自身は罰せられない。

ブラジルは世界有数の葉たばこ産地であるが，禁煙法の拡大によりたばこ産業は逆風にさらされている。(阿部博友)

❖銃規制法

2015年5月に発表された国連教育科学文化機関（UNESCO）『暴力白書』によると，12年のブラジルにおける銃による死者数は4万2,416人，1日当たり116.2人，1時間当たり4.8人が銃の犠牲となっている（*Folha de São Paulo*，15年5月14日付記事）。同報道によれば，年齢別には15～29歳の死者数が最も多く，2万4,882人と全体の6割近くを占める。この年齢層の銃による死亡率は，それ以外の年齢層より285％も高い。また国内に存在する銃の数は約1,700万丁といわれており，国民11人に1人が銃を所持している計算になる。州別では，銃による死亡率が最も高いのはアラゴアス州の10万人当たり55人で，世界一危険とされるベネズエラと同水準である。人種別では黒人の死者数が2万8,946人と最多で，白人の1万632人と比較すると2.7倍にのぼる。

政府は2004年に銃の買い戻し計画を実施し，35万丁の拳銃やライフル，散弾銃を回収した。保健省（MS）の発表によれば，これにより銃・弾薬による死者数は8％低下したという。さらに05年10月，政府は「銃の販売

禁止」の是非を問う国民投票を実施した（ブラジルでは 16 歳以上の者に国民投票権があり，18〜70 歳は投票が義務づけられている）。結果は反対派が圧勝し，銃規制強化は見送られることになった（*Folha de São Paulo* 電子版，05 年 10 月 23 日付記事）。

　規制に反対している銃製造業界や保守派政治家は，「警察が十全に機能していない現状では，自分や家族を守るために銃が必要だ」「規制が実施されれば，関連産業に従事する約 9 万人が職を失う」と主張する。また先の国民投票の際，ブラジルの銃規制の影響が自国に波及することを懸念した全米ライフル協会（NRA）が，規制反対派を資金・戦略面で支援したとも報じられており，ブラジルにおける銃規制の困難が浮き彫りとなった。

〔阿部博友〕

略号一覧

ABA：Associação Brasileira de Anunciantes　ブラジル広告主協会

ABAC：Associação Brasileira das Administradoras de Consórcios　ブラジルコンソルシオ業協会

ABAD：Associação Brasileira de Atacadistas e Distribuidores de Produtos Industrializados　ブラジル工業製品卸売流通業会

ABAL：Associação Brasileira do Alumínio　ブラジルアルミニウム協会

ABCE：Associação Brasileira de Concessionárias de Energia Elétrica　ブラジル電力コンセッション事業者協会

ABCP：Associação Brasileira de Cimento Portland　ブラジルポルトランドセメント協会

ABDIB：Associação Brasileira da Infra-Estrutura e Indústrias de Base　ブラジルインフラストラクチャー基盤工業会

ABEL：Associação Brasileira das Empresas de Leasing　ブラジルリーシング業協会

ABEVD：Associação Brasileira de Empresas de Venda Direta　ブラジル直売業協会

ABIA：Associação Brasileira da Indústria de Alimentação　ブラジル食品工業会

ABICALÇADOS：Associação Brasileira da Indústria de Calçados　ブラジル履物工業会

ABIEC：Associação Brasileira das Indústrias Exportadoras de Carnes Industrializadas　ブラジル加工肉輸出業協会

ABIFINA：Associação Brasileira da Indústria de Química Fina　ブラジルファインケミカル工業会

ABIGRAF：Associação Brasileira das Indústrias Gráficas　ブラジルグラフィック工業会

ABIHPEC：Associação Brasileira da Indústria de Higiéne Pessoal, Pefumaria e Cosméticos　ブラジル化粧品・トイレタリー・香水工業会

ABIMAQ：Associação Brasileira da Indústria de Máquinas e Equipamentos　ブラジル機械装置工業会

ABIMCI：Associação Brasileira da Indústria de Madeira Processada Mecanicamente　ブラジル機械加工木材工業会

ABIMO：Associação Brasileira da Indústria de Artigos e Equipamentos Médicos e Odontólogos　ブラジル医療機器工業会

ABIMÓVEL：Associação Brasileira das Indústrias do Mobiliário　ブラジル家具工業会

ABINEE：Associação Brasileira da Indústria Elétrica e Eletrônica　ブラジル電機・電子工業会

ABIOVE：Associação Brasileira das Indústrias do Óleos Vegetais　ブラジル植物油工業会

ABIP：Associação Brasileira da Indústria de Panificação e Confeitaria　ブラジル製パン製菓工業会

ABIPEÇAS：Associação Brasileira da Indústria de Autopeças　ブラジル自動車部品工業会

ABIPLAST：Associação Brasileira da Indústria do Plástico　ブラジルプラスチック工業会

ABIR：Associação Brasileira das Indústrias de Refrigerantes e do Bebidas não Alcoólicas　ブラジルソフトドリンク・非アルコール飲料工業会

ABIQUIM：Associação Brasileira da Indústria Química　ブラジル化学工業会

ABIT：Associação Brasileira da Indústria Têxtil e de Confecção　ブラジル繊維縫製工業会

ABL：Academia Brasileira de Letras　ブラジル文学アカデミー

ABNT：Associação Brasileira de Normas Técnicas　ブラジル標準規格化協会

ABONG：Associação Brasileira de Organizações Não Governamentais　ブラジルNGO協会

ABRABE：Associação Brasileira de Bebidas　ブラジル飲料協会

ABRACICLO：Associação Brasileira dos Fabricantes de Motocicletas, Ciclomotores, Motonetas, Bcicletas e Similares　ブラジル二輪車生産者協会

ABRAFAS：Associação Brasileira de Produtos de Fibras Artificiais e Sintéticas　ブラジル化学合成繊維製品協会

ABRAS：Associação Brasileira dos Supermercados　ブラジルスーパーマーケット協会

ABRAVEST：Associação Brasileira do Vestuário　ブラジル衣料協会

ABRINQ：Associação Brasileira dos Fabricantes de Brinquedos　ブラジル玩具製造業者協会

AC：Acre　アクレ州

ACC：Adiantamento de Contrato de Câmbio　輸出前貸し金融

ACREFI：Associação das Instituições de Crédito, Financiamento e Investimento　ブラジル信用融資投資機関協会

AEB：Associação de Comércio Exterior do Brasil　ブラジル貿易会

AENDA：Associação Brasileira dos Defensivos Genéricos　ブラジルジェネリック農薬協会

AFREBRAS：Associação dos Fabricantes de Refrigenrantes do Brasil　ブラジル飲料製造者協会

AGU：Advocacia-Geral da União　連邦総弁護庁（大統領府）

AL：Alagoas　アラゴアス州

ALADI：Associação Latino-Americana de Integração　ラテンアメリカ統合連合

ALSHOP：Associação Brasileira de Lojistas de Shopping　ブラジルショッピングセンター協会

AM：Amazonas　アマゾナス州

AMCHAM：American Chamber of Commerce for Brazil　在ブラジル米国商業会議所

ANAC：Agência Nacional de Aviação Civil　民間航空監督庁

ANATEL：Agência Nacional de Telefonia　電気通信庁

ANBIMA：Associação Brasileira de Entidades dos Mercados Financeiro e de Capitais　ブラジル金融資本市場協会

ANDIF：Associação Nacional de Defesa dos Consumidores do Sistema Financeiro　全国金融問題消費者保護協会

ANEEL：Agência Nacional de Energia Elétrica　電力庁

ANEF：Associação Nacional das Empresas Financeiras das Montadoras　自動車金融業者協会

ANFAC：Associação Nacional de Factoring　全国ファクタリング協会

ANFAVEA：Associação Nacional dos Fabricantes de Veículos Automotores　全国自動車企業会

ANP：Agência Nacional do Petróleo, Gás Natural e Biocombustíveis　石油・天然ガス・バイオ燃料庁

ANPEI：Associação Nacional de Pesquisa e Desenvolvimento das Empresas Inovadoras　全国先端企業研究開発協会

ANTAQ：Agência Nacional de Transporte Aquaviários

略号一覧

水運庁

ANTF：Associação Nacional dos Transportes Ferroviários　全国鉄道輸送協会

ANVISA：Agência Nacional de Vigilância Sanitária　衛生監督庁

AP：Amapá　アマパ州

APP：Associação dos Profissionais de Propaganda　広告専門家協会

ASSOVESP：Associação dos Revendedores de Veículos Automotores no Estado de São Paulo　サンパウロ州中古車販売協会

BA：Bahia　バイア州

BASA：Banco da Amazônia S/A　アマゾニア銀行

BB：Banco do Brasil　ブラジル銀行

BCB（BACEN）：Banco Central do Brasil　ブラジル中央銀行

BID：Banco Interamericano de Desenvolvimento　米州開発銀行

BM&F BOVESPA：Bolsa de Mercadorias & Futuros e Bolsa de Valores de São Paulo　サンパウロ証券・商品・先物取引所

BNB：Banco do Nordeste do Brasil　北東ブラジル銀行

BNDES：Banco Nacional de Desenvolvimento Econômico e Social　国立経済社会開発銀行

BOPE：Batalhão de Operações Policiais Especiais　特殊警察作戦部隊（RJ）

BRICS：Brasil, Rússia, Índia, China e África do Sul　ブラジル，ロシア，インド，中国，南アフリカ

BRICs：Brasil, Rússia, Índia e China　ブラジル，ロシア，インド，中国

CADE：Conselho Administrativo de Defesa Econômica　経済擁護行政委員会（MJ）

CAE：Comissão de Assuntos Econômicos（do Senado）上院経済問題委員会

CAPES：Coordenação de Aperfeiçoamento de Pessoal de Nível Superior　高等教育支援評価機構

CBF：Confederação Brasileira de Futebol　ブラジルサッカー連盟

CBIC：Câmara Brasileira da Indústria da Construção　ブラジル建設業協会

CCBB：Centros Culturais Banco do Brasil　ブラジル銀行文化センター

CCJ：Comissão de Constituição e Justiça e Cidadanea　憲法・法務委員会

CDB：Certificado de Depósito Bancário　定期預金証

CDI：Certificado de Depósito Interbancário　銀行間預金証

CE：Ceará　セアラ州

CEF：Caixa Econômica Federal　連邦貯蓄金庫

CELAC：Comunidade de Estados Latino-Americanos e Caribenhos　ラテンアメリカ・カリブ諸国共同体

CEP：Códigos de Endereçamento Postal　郵便番号

CETESB：Companhia de Tecnologia de Saneamento Ambiental　環境衛生技術公社（SP）

CFC：Conselho Federal de Contabilidade　連邦会計審議会

CGI：Comitê Gestor da Internet no Brasil　ブラジルインターネット管理委員会（大統領府）

CGJ：Corregedoria Geral da Justiça　法務管理局

CGSN：Comitê Gestor do Simples Nacional　簡素税制運営委員会（MF）

CGU：Controladoria-Geral da União　連邦総監督局（大統領府）

CIDE：Contribuições de Intervenção no Domínio Econômico　経済領域への介入による分担金（連邦税）

CIEJB：Congresso Internacional de Estudos Japoneses no Brasil　ブラジル日本研究国際学会

CIESP：Centro das Indústrias do Estado de São Paulo　サンパウロ州工業センター

CLT：Consolidação das Leis do Trabalho　統合労働法

CMN：Conselho Monetário Nacional　通貨審議会

CNAE：Classificação Nacional de Atividades Econômicas　全国経済活動分類

CNAS：Conselho Nacional de Assistência Social　全国社会扶助審議会（MDS）

CNBB：Conferência Nacional dos Bispos do Brasil　ブラジル司教全国会議

CNC：Confederação Nacional do Comércio de Bens, Serviços e Turismo　全国商業・サービス業・観光業連盟

CNI：Confederação Nacional da Indústria　全国工業連盟

CNPJ：Cadastro Nacional da Pessoa Juridica　全国法人登録台帳

CNPq：Conselho Nacional de Desenvolvimento Científico e Tecnológico　全国科学技術開発審議会

CNS：Confederação Nacional de Serviços　全国サービス業連盟

CNseg：Confederação Nacional das Empresas de Seguros Gerais, Previdência Privada e Vida, Saúde Suplementar e Capitalização　全国保険事業者連盟

CNT：Confederação Nacional de Transporte　全国運送業連盟

COAF：Conselho de Controle de Atividades Financeiras　金融活動管理審議会（MF）

COFINS：Contribuicao para o Financiamento da Seguridade Social　社会保障財源負担金

COHAB：Companhia Metropolitana de Habitação de São Paulo　サンパウロ都市住宅公社

CONAB：Companhia Nacional de Abastecimento　食料供給公社

CONAMA：Conselho Nacional do Meio Ambiente　環境審議会

CONAR：Conselho Nacional de Autoregulamentação Publicitária　全国広告自己規制審議会

CONCLA：Comissão Nacional de Classificação　全国統計分類委員会（IBGE）

CONFAZ：Conselho Nacional de Política Fazendária　全国税制政策審議会（MF）

CONTRAN：Conselho Nacional de Trânsito　全国交通審議会（MT）

COPOM：Comitê de Política Monetária　金融政策委員会（BC）

CPF：Cadastro de Pessoa Física　自然人納税者登録

CPI：Comissão Parlamentar de Inquérito　議会調査委員会

CPLP：Comunidade dos Países de Língua Portuguesa　ポルトガル語諸国共同体

CPMF：Contribuição Provisória sobre Movimentação Financeira　金融取引暫定負担金（小切手税）

CPTM：Companhia Paulista de Trens Metropolitanos　サンパウロ市都市鉄道会社

CSLL：Contribuição Social sobre o Lucro Líquido　法人純益に対する社会保障負担金

CUT：Central Única dos Trabalahdores　労働者統一本部

CVM：Comissão de Valores Mobiliários　証券取引委員会（MF）

DDD：Discagem direta a distância　市外局番

DEIC：Departamento Estadual de Investigações Criminais　犯罪捜査部（各州警察）

DEM：Democratas　民主党

DENARC：Departamento Estadual do Narcotráfico 麻薬取引捜査部（各州警察）

DENATRAN：Departamento Nacional de Trânsito 交通局（MT）

DETRAN：Departamento Estadual de Trânsito 州交通局

DF：Distrito Federal 連邦直轄区

DIEESE：Departamento Intersindical de Estudos Econômicos, Sociais e Estatísticos 労働組合連合経済社会統計研究所

DNIT：Departamento Nacional de Infraestrutura de Transportes 交通インフラ局（MT）

DOU：Diário Oficial da União 官報

ELETROBRÁS：Centrais Elétricas Brasileiras S.A. ブラジル電力公社

ELETROS：Associação Nacional de Fabricantes de Produtos Eletroeletrônicos 全国電機電子製造事業者協会

EMBRAER：Empresa Brasileira de Aeronáutica S.A. ブラジル航空機会社

EMBRAPA：Empresa Brasileira de Pesquisa Agropecuária ブラジル農牧研究公社

EMPULLCJ：Encontro Nacional de Professores Uniersitários de Lingua, Literatura e Cultura Japonesa 全伯日本語・日本文学日本文化学会

EMURB：Empresa Municipal de Urbanização 市街地整備公社（各市）

ENEM：Exame Nacional do Ensino Médio 中等教育全国学力検定試験（大学入試）

ES：Espírito Santo エスピリトサント州

FAPERJ：Fundação de Amparo à Pesquisa do Estado do Rio de Janeiro リオデジャネイロ州研究支援財団

FAPESP：Fundação de Amparo à Pesquisa do Estado de São Paulo サンパウロ州研究支援財団

FAT：Fundo de Amparo ao Trabalhador 労働者支援基金

FEBEC：Federação Brasileira dos Exportadores de Café ブラジルコーヒー輸出業者連盟

FEBRABAN：Federação Brasileira de Bancos ブラジル銀行連盟

FEBRAFAC：Federação Brasileira de Factoring ブラジルファクタリング連盟

FEBRAFARMA：Federação Brasileira da Indústria Farmacêutica ブラジル薬品工業連盟

FECOMERCIOSP：Federação de Comércio de Bens, Serviços e Turismo do Estado de São Paulo サンパウロ州商業・サービス業・旅行業連盟

FENABRAVE：Federação Nacional da Distribuição de Veículos Automotores 全国自動車流通業連盟

FESESP：Federação de Serviços do Estado de São Paulo サンパウロ州サービス業連盟

FGTS：Fundo de Garantia do Tempo de Serviço 勤続年限保障基金

FGV：Fundação Getúlio Vargas ジェトゥリオ・ヴァルガス財団

FIEMG：Federação das Indústrias do Estado de Minas Gerais ミナスジェライス州工業連盟

FIESP：Federação das Indústrias do Estado de São Paulo サンパウロ州工業連盟

FINAME：Financiamento de máquinas e equipamentos 機械装置融資（BNDES）

FINEP：Financiadora de Estudos e Projetos 研究プロジェクト融資機構

FIPE：Fundação Instituto de Pesquisas Econômicas 経済研究所（サンパウロ大学）

FIRJAN：Federação das Indústrias do Estado do Rio de Janeiro　リオデジャネイロ州工業連盟

FMI：Fundo Monetário Internacional　国際通貨基金

FNDE：Fundo Nacional de Desenvolvimento da Educação　全国教育開発基金

FPE：Fundo de participação dos estados e Distrito Federal　州・連邦区分配基金

FPM：Fundo de Participação dos Municípios　市分配基金

FUNAI：Fundação Nacional do Índio　国立インディオ財団

FUNCEX：Fundação Centro de Estudos do Comércio Exterior　貿易研究センター

FUNDEB：Fundo Nacional de Desenvolvimento da Educação Básica　基礎教育開発基金

FUNDEF：Fundo de Manutenção e Desenvolvimento do Ensino Fundamental e de Valorização do Magistério　初等教育振興基金

GO：Goiás　ゴイアス州

Ibá：Indústria Brasileira de Árvores　ブラジル木材協会

IBAMA：Instituto Brasileiro do Meio Ambiente e Recursos Renováveis　ブラジル環境・再生可能天然資源院

IBC-Br：Índice de Atividade Econômica do Banco Central do Brasil　中央銀行経済活動指数

IBGE：Instituto Brasileiro de Geografia e Estatística　ブラジル地理統計院

IBOPE：Instituto Brasileiro de Opinião Púbulica e Estatística　ブラジル世論統計調査社

IBOVESPA：Índice da Bolsa de Valores de São Paulo　ボベスパ指数（BM&F BOVESPA）

IBPT：Instituto Brasileiro de Planejamento Tributário　ブラジル税務計画研究所

IBRAM：Instituto Brasileiro de Mineração　ブラジル鉱業協会

IBSA：India-Brazil-South Africa　インド, ブラジル, 南アフリカ

ICMS：Imposto sobre Circulacao de Mercadorias e Servicos　商品・サービス流通税

IDEC：Instituto Brasileiro de Defesa do Consumidor　消費者保護協会

IDH：Índice de Desenvolvimento Humano　人間開発指数

Iedi：Instituto de Estudos para o Desenvolvimento Industrial　産業開発研究所

IEL：Instituto Euvaldo Lodi　エウヴァルド・ロディ・インスティテュート

IGP：Índice Geral de Preços　総合価格指数

INCC：Índice Nacional do Custo da Construção Civil　全国建設費用指数

INCRA：Instituto Nacional de Colonização e Reforma Agrária　入植・農地改革院

INFRAERO：Empresa Brasileira de Infraestrutura Aeroportuária　ブラジル空港インフラ公社

INMET：Instituto Nacional de Meteorologia　気象庁

INPC：Índice Nacional de Preços ao Consumidor　全国消費者物価指数

INPE：Instituto Nacional de Pesquisas Espaciais：宇宙航空研究所

INPI：Instituto Nacional de Propriedade Industrial　工業所有権庁

INSS：Instituto Nacional do Seguro Social　社会保障庁

IOF：Imposto sobre Operações Financeiros　金融取引税

IPA：Índice de Preços por Atacado　卸売物価指数

IPC：Índice de Preços ao Consumidor 消費者物価指数

IPCA：Índice de Preços ao Consumidor Ampliado 拡大消費者物価指数

IPEA：Instituto de Pesquisa Econômica Aplicada 応用経済研究所

IPEM：Instituto de Pesos e Medidas 重量寸法規格庁

IPI：Imposto sobre Produtos Industrializados 工業製品税

IPTU：Imposto Predial e Territorial Urbano 市街地土地建物税

IPVA：Imposto sobre Propriedade de Veículos Automotores 自動車所有税

IRPF：Imposto de Renda da Pessoa Física 個人所得税

IRPJ：Imposto de Renda da Pessoa Jurídica 法人所得税

ISS：Imposto sobre Serviços サービス税

ITBI：Imposto sobre Transmissão de Bens Imóveis Inter-Vivos 生存者間不動産取引税

ITCMD：Imposto sobre Transmissões Causa Mortis e Doações 遺産相続贈与税

ITR：Imposto sobre a Propriedade Territorial Rural 農地税

JBIC：Japan Bank for International Cooperation 国際協力銀行

JBPP：Japan-Brazil Partnership Program 日本・ブラジル・パートナーシップ・プログラム

JICA：Japan International Cooperation Agency 国際協力機構

JUCESP：Junta Comercial do Estado de São Paulo サンパウロ州商業登記所

LBC：Letra do Banco Central 中央銀行手形

LC：Letra de Câmbio 外国為替手形

LDO：Lei de Diretrizes Orçamentárias 連邦予算基本法

LFT：Letra Financeira do Tesouro 国庫金融債

LOA：Lei Orçamentária Annual 年次予算法

LOAS：Lei Orgânica da Assistência Social 社会扶助基本法

LRF：Lei de Responsabilidade Fiscal 財政責任法

LTN：Letra do Tesouro Nacional 国債

MA：Maranhão マラニョン州

MAPA：Ministério da Agricultura, Pecuária e Abastecimento 農牧食料供給省

MASP：Museu de Arte de São Paulo サンパウロ美術館

MC：Ministério das Comunicações 通信省

MCidades：Ministério das Cidades 都市省

MCMV：Programa Minha Casa Minha Vida 私の家・私の暮らし計画

MCTI：Ministério da Ciência, Tecnologia e Inovação 科学技術イノベーション省

MD：Ministério da Defesa 防衛省

MDA：Ministério do Desenvolvimento Agrário 農村開発省

MDIC：Ministério do Desenvolvimento, Indústria e Comércio Exterior 開発商工省

MDS：Ministério do Desenvolvimento Social e Combate à Fome 社会開発飢餓対策省

ME：Ministério do Esporte スポーツ省

MEC：Ministério da Educação 教育省

Mercosul：Mercado Coumum do Sul 南米南部共同市場（メルコスル）

MF：Ministério da Fazenda 財務省

MG：Minas Gerais ミナスジェライス州

MI：Ministério da Integração Nacional 国家統合省

MinC：Ministério da Cultura　文化省

MJ：Ministério da Justiça　法務省

MMA：Ministério do Meio Ambiente　環境省

MME：Ministério de Minas e Energia　鉱山エネルギー省

MMIRDH：Ministério das Mulheres, Igualdade Racial e Direitos Humanos　女性・人種平等・人権省

MP：Medida Provisória　暫定措置法

MP：Ministério do Planejamento, Orçamento e Gestão　企画・予算・運営省

MPB：Música Popular Brasileira　ブラジルポピュラー音楽

MPE：Ministério Público Estadual　州検察庁

MPF：Ministério Público Federal　連邦検察庁

MPS：Ministério da Previdência Social　社会保障省

MRE：Ministério das Relações Exteriores　外務省

MS：Mato Grosso do Sul　マトグロッソドスル州

MS：Ministério da Saúde　保健省

MST：Movimento Sem Terra　土地なし農民運動

MT：Mato Grosso　マトグロッソ州

MT：Ministério dos Transportes　運輸省

MTE：Ministério do Trabalho e Emprego　労働雇用省

MTur：Ministério do Turismo　観光省

NCM：Nomencultura Comum do Mercosul　メルコスル対外共通関税番号

NOVO：Partido Novo　新党

NTN：Nota do Tesouro Nacional　短期国債

OAB：Ordem dos Advogados do Brasil　ブラジル弁護士会

OCB：Organização das Cooperativas Brasileiras　ブラジル協同組合機構

ODA：Official Development Assistance　政府開発援助

OEA：Organização dos Estados Americanos　米州機構

OECD：Organization for Economic Cooperation and Development　経済協力開発機構

OGU：Ouvidoria-Geral da União　連邦オンブズマン（大統領府）

OMC：Organização Mundial do Comércio　世界貿易機関

ONG：Organização não governamental　非政府組織

ONU：Organização das Nações Unidas　国際連合

OPEP：Organização dos Países Exportadores de Petróleo　石油輸出国機構

OSB：Orquestra Sinfônica Brasileira　ブラジル交響楽団

PA：Pará　パラ州

PAC：Pesquisa Anual de Comércio　年次商業調査

PAC：Programa de Aceleração do Crescimento　成長加速化計画

PAS：Pesquisa Anual de Serviços　年次サービス調査

PASEP：Programa de Formação do Patrimônio do Servidor Público　公務員財産形成計画

PB：Paraíba　パライバ州

PC do B：Partido Comunista do Brasil　ブラジルの共産党

PCB：Partido Comunista Brasileiro　ブラジル共産党

PCO：Partido da Causa Operária　労働者による告発の党

PDT：Partido Democrático Trabalhista　民主労働党

PE：Pernambuco　ペルナンブコ州

PEC：Proposta de Emenda à Constituição　憲法改正案

PEN：Partido Ecológico Nacional　全国エコロジー党

PF：Polícia Federal　連邦警察

略号一覧

PHS：Partido Humanista da Solidariedade　連帯の人道党
PI：Piauí　ピアウイ州
PIA：Pesquisa Industrial Annual　年次工業調査
PIB：Produto Interno Bruto　国内総生産
PIM：Pesquisa Industrial Mensal　月次工業調査
PINTEC：Pesquisa de Inovação　技術開発調査
PIS：Programa de Integração Social　社会統合計画分担金
PL：Patrimônio Líquido　純資産
PLANALTO：Presidência da República　大統領府
PM：Polícia Militar　軍警察
PMB：Partido da Mulher Brasileira　ブラジル女性党
PMC：Pesquisa Mensal de Comércio　月次商業調査
PMDB：Partido do Movimento Democrático Brasileiro　ブラジル民主運動党
PME：Pesquisa Mensal de Emprego　月次雇用調査
PMN：Partido da Mobilização Nacional　社会運動党
PMS：Pesquisa Mensal de Serviços　月次サービス調査
PNAD：Pesquisa Nacional por Amostra de Domicílios　全国家計サンプル調査（IBGE）
POF：Pesquisa de Orçamentos Familiares　家計調査（IBGE）
PP：Partido Progressista　進歩党
PPA：Plano Plurianual　多年度予算計画
PPB：Partido Progressista Brasileiro　ブラジル進歩党
PPL：Partido Pátria Livre　自由な祖国党
PPP：Parceria Público Privada　官民共同出資
PPS：Partido Popular Socialista　社会大衆党
PR：Paraná　パラナ州
PR：Partido da República　共和党
PRB：Partido Republicano Brasileiro　ブラジル共和党

PROAGRO：Programa de Garantia da Atividade Agropecuária　農牧業保証計画
PROCON：Procuradoria de Proteção e Defesa do Consumidor　消費者保護相談窓口
PRONATEC：Programa Nacional de Acesso ao Ensino Técnico e Emprego　技術教育・雇用機会提供全国計画
PROS：Partido Republicano da Ordem Social　社会秩序の共和党
PRP：Partido Republicano Progressista　進歩共和党
PRTB：Partido Renovador Trabalhista Brasileiro　ブラジル労働再生党
PSB：Partido Socialista Brasileiro　ブラジル社会党
PSC：Partido Social Cristão　キリスト教社会党
PSD：Partido Social Democrático　社会民主党
PSDB：Partido da Social Democracia Brasileira　ブラジル社会民主党
PSDC：Partido Social Democrata Cristão：キリスト教社会民主党
PSL：Partido Social Liberal　自由社会党
PSOL：Partido Socialismo e Liberdade　社会主義自由党
PSTU：Partido Socialista dos Trabalhadores Unificado　団結労働者の社会党
PT：Partido dos Trabalhadores　労働者党
PTAX：日平均為替レート
PTB：Partido Trabalhista Brasileiro　ブラジル労働党
PTC：Partido Trabalhista Cristão　キリスト教労働党
PTdoB：Partido Trabalhista do Brasil　ブラジルの労働党
PTN：Partido Trabalhista Nacional　全国労働党
PUC：Pontifícia Universidade Católica　カトリック大学
PV：Partido Verde　緑の党

REDE：Rede Sustentabilidade 持続可能性ネットワーク

RENAVAM：Registro Nacional de Veículos Automotores 全国自動車車両登録

RJ：Rio de Janeiro リオデジャネイロ州

RN：Rio Grande do Norte リオグランデドノルテ州

RNE：Registro Nacional de Estrangeiros 外国人登録

RO：Rondônia ロンドニア州

ROTA：Rondas Ostensivas Tobias Aguiar トビアス・アギア巡察隊（SP軍警察）

RR：Roraima ロライマ州

RS：Rio Grande do Sul リオグランデドスル州

S. A.：Sociedade Anônima 株式会社

SAC：Secretaria de Aviação Civil 民間航空庁（大統領府）

SBPE：Sistema Brasileiro de Poupança e Empréstimos 定期預金不動産融資制度

SC：Santa Catarina サンタカタリナ州

SCPC（**SPC**）：Serviço Central de Proteção ao Crédito 信用調査サービス

SD：Solidariedade 連帯の党

SE：Sergipe セルジッペ州

SEADE：Fundação Sistema Estadual de Análise de Dados 州立データ分析財団（サンパウロ州）

SEBRAE：Serviço Brasileiro de Apoio às Micro e Pequenas Empresas ブラジル零細小規模企業支援サービス

SECOM：Secretaria de Comunicação Social 社会広報庁（大統領府）

SELIC：Sistema Especial de Liquidação e Custódia 証券保護預かり決済特別制度（政策金利）

SENAC：Serviço Nacional de Aprendizagem Comercial 全国商業研修機関

SENAI：Serviço Nacional de Aprendizagem Industrial 全国工業研修機関

SENAR：Serviço Nacional de Aprendizagem Rural 全国農業研修機関

SENAT：Serviço Nacional de Aprendizagem dos Transportes 全国交通研修機関

SEP：Secretaria de Portos 港湾庁（大統領府）

SESC：Serviço Social do Comércio 商業社会サービス

SESCOOP：Serviço Social das Cooperativas 協同組合社会サービス

SESI：Serviço Social da Indústria 工業社会サービス

SEST：Serviço Social dos Transportes 交通社会サービス

SIMPI：Sindicato da Micro e Pequena Indústria 中小企業組合

SIMPLES：Sistema Integrado de Pagamento de Impostos e Contribuições das Microempresas e Empresas de Pequeno Porte 零細小規模企業向け税・分担金統合支払い方式

SINAVAL：Sindicato nacional da Indústria da Construção e Reparação Naval e Offshore ブラジル造船工業会

SINAP：Sistema Nacional de Pesquisa de Custos e Índices da Construção Civil 建設費用指数全国調査制度

SINCOMAVI：Sindicato do Comércio Varejista de Material de Construção 建設資材小売業組合

SINDIAUTO：Sindicato do Comércio Varejista de Veículos Automotores Usados no Estado de São Paulo サンパウロ州中古車小売販売組合

SINDIPEÇAS：Sindicato Nacional da Indústria de Componentes para Veículos Automotores 全国自動車部品工業組合

SINICON：Sindicato Nacional da Indústria da Construção Pesada　全国重量構造物建設業組合

SISCOMEX：Sistema Administrativa do Comércio Exterior　貿易管理システム

SISNAMA：Sistema Nacional do Meio Ambiente　全国環境システム

SNIC：Sindicato Nacional da Indústria de Cimento　セメント工業組合

Sobeet：Sociedade Brasileira de Estudos de Empresas Transnacionais e Globalização Econômica　ブラジル多国籍企業・経済グローバル化研究協会

SP：São Paulo　サンパウロ州

SRF：Secretaria da Receita Federal　連邦収税局

STF：Supremo Tribunal Federal　連邦最高裁判所

STJ：Superior Tribunal de Justiça　連邦高等裁判所

SUDENE：Superintendência para o Desenvolvimento do Nordeste　北東部開発庁

SUFRAMA：Superintendência da Zona Franca de Manaus　マナウス・フリーゾーン監督庁

SUS：Sistema Único de Saúde　統一保健医療システム

TCE：Tribunal de Contas do Estado　州会計検査院

TCM：Tribunal de Contas do Município　市会計検査院

TCU：Tribunal de Contas da União　連邦会計検査院

TEC：Tarifa Externa Comum　対外共通関税（メルコスル）

TJ：Tribunal de Justiça　州高等裁判所

TJLP：Taxa de Juros de Longo Prazo　長期金利

TO：Tocantins　トカンチンス州

TR：Taxa Referencial　参照金利

TRE：Tribunal Regional Eleitoral　地方選挙裁判所

TRT：Tribunal Regional do Trabalho　地方労働裁判所

TSE：Tribunal Superior Eleitoral　高等選挙裁判所

TST：Tribunal Superior do Trabalho　高等労働裁判所

UE：União Européia　欧州連合

UF：Unidade da Federação　連邦単位（州・連邦区）

UF：Universidade Federal　州連邦大学

UnB：Universidade de Brasília　ブラジリア大学

UNASUL：União de Nações Sul-Americanas　南米諸国連合

UNICAMP：Universidade Estadual de Campinas　カンピナス州立大学

UNICA：União da Agroindústria Canavieira do Estado de São Paulo　サンパウロ州サトウキビアグロインダストリー連合

UPP：Unidade de Polícia Pacificadora　常駐治安維持部隊

USP：Universidade de São Paulo　サンパウロ大学

ZFM：Zona Franca de Manaus　マナウス・フリーゾーン（保税区）

ブラジル関連年表（2000年～）

年	月	出来事
2000	1	ペトロブラスのドゥケデカシアス製油所で129万リットル以上がグアナバラ湾に流出する事故。
	2	カエターノ・ベローゾの『リーヴロ（Livro）』がグラミー賞最優秀ワールド・ミュージック・アルバム賞を受賞。
	3	ボリビアの天然ガスを運ぶパイプラインが終点フロリアノポリス（サンタカタリナ州）まで完成。 テキサコがパラ州マラジョ島近くで40万リットルの燃料をアマゾン川河口に流出させる事故。
	4	ブラジル「発見」500周年記念イベントに対する先住民の反対行動。 宇宙航空研究所（INPE）、アマゾンの森林が20年間で14％消失したと報告。 最低賃金を151レアルに改定。
	5	女性がパンツスタイルで裁判所に入廷することが許可される。 サンパウロ市長セルソ・ピタが汚職の罪で罷免される。
	6	教育省、1994～99年の間に高等教育の就学者数が43％増加し、計230万人になったと報告。 グスタボ・クエルテンがテニスの全仏オープンで2度目の優勝を飾り、ブラジル人プレイヤーとして初の世界ランク1位となる。
	7	アングラドスレイス第2原発（リオデジャネイロ州）が稼働。 サンタカタリナ州で、港とペトロブラスの製油所を結ぶ送油管から400万リットルの原油が流出する事故。
	8	リオグランデドスル州で牛の口蹄疫発生。 教育省、1999年の中等教育就学者数が750万人に達したと報告。 UNESCOがセルジッペ州サンクリストバン市のサンフランシスコ広場を世界文化遺産に認定。
	9	シドニー五輪でブラジルは銀メダル6個、銅メダル6個獲得、金メダルはゼロに終わる。
	10	統一市長選挙が実施される。 応用経済研究所（IPEA）、国民の35％にあたる5,410万人が貧困状態にあるとの調査結果を発表。
	11	サンパウロ州立銀行を民営化し、スペインのサンタンデール銀行に売却。 中央アマゾン保全地域群（ジャウー国立公園）とパンタナール湿原地帯がUNESCO世界自然遺産に認定される。
	12	エレン・グレイシ、連邦最高裁判所初の女性判事に就任。 国際サッカー連盟（FIFA）、ペレを「20世紀最優秀サッカー選手」に選出。
2001	1	第1回世界社会フォーラムがポルトアレグレ市で開催される。
	2	児童労働に関するILO（国際労働機関）第182号条約に批准し、82種類の児童労働を禁止。
	3	サンパウロ州知事マリオ・コバス（PSDB）が病死、副知事ジェラルド・アルキミンが昇格。 ブラジル農牧研究公社（EMBRAPA）で国内初のクローン牛誕生。
	4	最低賃金を180レアルに改定。 低所得層対象の児童就学支援条件付き現金給付ボルサ・エスコーラ開始。 ブラジル環境・再生可能天然資源院（IBAMA）、カーチンガ土壌地域の開発ガイドラインを発表。
	5	連邦政府、降雨不足による電力供給逼迫を受けて一般家庭節電計画を実施。
	6	メルコスル、加盟国が個別に他国との自由貿易協定を締結することを認めないことを決議。
	7	貧困撲滅基金を設立、金融取引暫定負担金（CPMF）の税率を0.3％から0.38％に引き上げてその財源に充てることとされる。

	8	保健省，HIV/AIDS 治療薬の国内特許権を認めず，公的研究機関でジェネリック薬を生産することを決定。 作家ジョルジ・アマード，心不全で死去（88歳）。
	9	連邦議会，大統領が法令化されない暫定措置法（MP）を繰り返し発令する権限を制限。
	12	ゴイアス州セラード保護地区（ベアデイロス高原とエマス国立公園）および大西洋諸島（フェルナンドデノロニャなど）が UNESCO 自然遺産，ゴイアス歴史地区が同文化遺産に認定される。
2002	2	アルゼンチンが経済危機に陥り，ペソの対ドル固定レートが放棄され切り下げが行われる。 降雨不足による節電計画が終了。
	4	最低賃金を 200 レアルに改定。
	6	日韓共同開催サッカーW 杯でブラジルが優勝。
	7	アマゾン監視システム（SIVAM）が稼働開始。 ジーコ，サッカー日本代表監督に就任。
	8	政権交代を予想した資本逃避に備え，国際通貨基金（IMF）から 300 億ドルの融資を受ける。
	10	ルーラ（PT），大統領に選出される。
2003	1	第一次ルーラ政権発足，「飢餓ゼロ」計画に着手。 新民法典施行。
	4	最低賃金を 240 レアルに改定。
	6	教育省，全国民の 13.6%にあたる 160 万人が読み書きができないと報告。 中央銀行，ルーラ政権下で初めて政策金利を 26.5%から 26%に引き下げる。さらにこの後，翌年 4 月までに急ピッチで 16%まで引き下げられる。
	7	リオグランデドスル州の病院で国内初の生体間膵臓移植が行われる。
	8	国内最大メディア，グローボ社の設立者ロベルト・マリーニョ死去（98歳）。
	9	土地なし農民運動（MST）の農地占拠活動をめぐる地主との紛争激化。死傷者が出たことで全国で抗議運動拡大。 連邦政府，暫定令によりこの年の遺伝子組み換え大豆栽培を解禁。
	10	「飢餓ゼロ」計画の一環として，ボルサ・エスコーラを拡大しボルサ・ファミリアに改編。
	11	年金改革が連邦議会で採択され，一定の所得以上の年金受給者の保険料支払いが義務づけられる。
	12	年金改革に反対し，政府と党執行部の姿勢を批判した PT 議員が党を除名される。
2004	4	人種・階級・グローバル化の研究で知られる社会学者オクタビオ・イアンニ死去（77歳）。
	5	最低賃金を 260 レアルに改定。
	6	建築家オスカル・ニーマイヤー，高松宮殿下記念世界文化賞を受賞。
	8	リオデジャネイロで脳卒中患者に国内初の幹細胞移植が行われる。 アテネ五輪でブラジルは金メダル 5 個（乗馬，ビーチバレー，セーリング 2 種目，男子バレーボール），銀メダル 2 個，銅メダル 3 個を獲得。
	9	小泉純一郎総理大臣がブラジルを公式訪問，「日・中南米 新パートナーシップ構想」を発表。 中央銀行，インフレ抑制のため，2005 年 5 月までの間に政策金利を 16%から 19.75%に引き上げると発表。
2005	5	最低賃金を 300 レアルに改定。 ルーラ大統領，日本を公式訪問。 PTB 党首ロベルト・ジェファーソンの暴露発言によりメンサロン汚職の実態が明らかになる。
	6	ヴァリグ・ブラジル航空，破産申請。
	10	中央銀行，政策金利を引き下げ金融緩和に転換。
2006	2	ペトロブラス，超深海プレソルト（岩塩層下）に大型油田を発見。

	3	地上デジタルテレビ放送導入にあたり日本方式の採用が決定。 ブラジル人初の宇宙飛行士マルコス・ポンテス，ロシアの宇宙船ソユーズに搭乗。
	4	最低賃金を 350 レアルに改定。
	7	ドイツで開催されたサッカーW杯でブラジルが準優勝を収める。
	9	マナウスからリオデジャネイロに向かっていたゴル航空のボーイング 737-800 機，プライベートジェットとの接触事故でマトグロッソ州北部で墜落，乗客乗員 154 名が死亡する大惨事となる。
	10	ルーラ大統領が再選を果たす。
	12	教育省，2005 年時点で高等教育就学者数が 445 万人に拡大したとの調査結果を報告。
2007	1	第二次ルーラ政権発足，「成長加速化計画（PAC）」を掲げる。
	3	ヴァリグ・ブラジル航空がゴル航空傘下に吸収される。
	4	最低賃金を 380 レアルに改定。
	5	ボリビア政府が石油国有化を宣言，ペトロブラスが製油施設をボリビア石油公社（YPFB）に売却。 サンパウロ証券・商品・先物取引所の株価指数（IBOVESPA）が，史上最高値の 73,438 ポイントを記録。
	10	2014 年のサッカーW杯開催地がブラジルに決定。
	12	連邦議会上院，金融取引暫定負担金（CPMF）の徴収延長を否決。
2008	2	ブラジルの外貨準備が対外債務を上回り，純債権国となる。 ジョゼ・パディーリャ監督作品『Tropa de Elite（精鋭部隊）』（邦題：エリート・スクワッド）がベルリン国際映画祭で金熊賞を受賞。
	3	最低賃金を 415 レアルに改定。
	4	日本ブラジル交流年，日本人ブラジル移住 100 周年記念式典。 中央銀行，9月までに政策金利を 11.25％から 13.75％に引き上げ，インフレ抑制を図ると発表。 格付け機関スタンダード＆プアーズ，ブラジルに投資適格国の格付けを与える。
	6	日本人ブラジル移住 100 周年を記念して皇太子殿下がブラジルを公式訪問。
	8	ブラジルポピュラー音楽（MPB）のレジェンド，ドリバル・カイミ死去（94 歳）。 北京五輪でブラジルは金メダル 3 個（水泳男子 50 m 自由形，女子バレーボール，女子走り幅跳び），銀メダル 4 個，銅メダル 8 個を獲得。 統一地方選挙実施。
	9	VASP 航空破産。
	10	IBOVESPA がリーマン・ショック後の最安値 29,435 ポイントを記録。
	11	バンコ・イタウとウニバンコが合併，イタウ・ウニバンコ発足。
2009	1	中央銀行，7月までの間に政策金利を 13.75％から 8.75％まで引き下げる積極的金融緩和を行うことを発表。
	2	最低賃金を 465 レアルに改定。
	3	低所得層向け住宅整備政策「私の家・私の暮らし計画」発表。
	5	食品加工業大手サジア社とペルジゴン社が合併，ブラジルフーズ社を設立。 リオデジャネイロからパリに向かっていたエールフランスのエアバス機が大西洋上で墜落し，乗員乗客 228 人が死亡。
	9	環境省，「セラード地域の森林伐採・焼却予防管理行動計画」を発表。
	10	2016 年夏季オリンピックの開催地がリオデジャネイロに決定。 ブラジル先住民居住地訪問記『悲しき熱帯』で知られるフランスの文化人類学者レヴィ＝ストロース死去（100 歳）。
	11	環境省，法定アマゾン地域の森林伐採は減少していると報告。

	12	国連気候変動ドーハ会議を前に，地球温暖化ガス排出量削減目標値などを盛りこんだ国家気候変動政策が連邦議会で採択される。
2010	1	最低賃金を510レアルに改定。
	3	連邦政府，成長加速化計画第2弾（PAC 2）を発表。
	4	中央銀行，インフレ抑制のため2011年7月までの間に政策金利を8.75％から12.5％まで引き上げると発表。
	5	ブラジル，トルコおよびイランとの間で核燃料スワップ合意（イランが国際原子力機関［IAEA］の監視下で低濃縮ウランをトルコに搬出するのと引き換えに高濃縮ウランを受け取ることを承認）。
	6	ブラジル，国連安保理で米国主導のイラン制裁決議に反対。
	7	クリーン候補者名簿（Ficha Limpa）法施行。 南アフリカで開催されたサッカーW杯で，ブラジルは準決勝でオランダに敗退。 TAM航空とチリのLAN航空が合併合意（2012年，LATAM航空グループ発足）。
	8	ブラジル地理統計院（IBGE），家計調査により20歳以上の14.8％が体格指数（BMI）30以上の肥満と分析。
	10	ルーラ政権の元文官長ジルマ・ルセフ（PT），大統領に選出される。
2011	1	第一次ルセフ政権発足。 リオデジャネイロ州の山間地区の集中豪雨と土砂災害で死者・行方不明者合わせて1,261名。
	3	最低賃金を545レアルに改定。 11日に発生した東日本大震災に際し，ブラジル外務省は25万人以上の在日ブラジル人の存在に触れつつ「ブラジル政府と国民は連帯と最大限の哀悼の意を表する」との声明を発表，50万ドルの義捐金を日本赤十字社に寄付することを決定。また在ブラジル日系人団体は計約6億円の義捐金を集め日本に送金。
	8	中央銀行，2012年10月までの間に政策金利を12.5％から7.25％まで引き上げると発表。
2012	1	最低賃金を622レアルに改定。
	5	新森林法制定。
	7	国連持続可能な開発会議（リオ＋20）。 UNESCO，リオデジャネイロの海と山の景観を世界文化遺産に認定。
	8	ロンドン五輪でブラジルは金メダル3個（柔道女子，男子体操種目別吊り輪，女子バレーボール），銀メダル5個，銅メダル9個を獲得。 メンサロン事件の裁判終了。元文官長，元PT党首，元下院議長を含む25人に有罪判決。
	10	統一市長選挙実施。
	12	失業率が2012年後半から最低を記録，以後14年末まで4〜5％で安定推移。 年間新車販売台数が過去最高の380万台を記録。 建築家オスカル・ニーマイヤー死去（104歳）。
2013	1	最低賃金を678レアルに改定。 リオグランデドスル州のナイトクラブ火災で242人が死亡。
	4	中央銀行，政策金利を引き上げ，金融引き締めに転じる。
	6	サンパウロ市のバス運賃値上げを契機に，全国100万人以上が参加する反政府デモが勃発。
	9	ルセフ大統領，米国家安全保障局（NSA）が大統領やペトロブラスの通信を傍受していたことに抗議し，米国への公式訪問を中止。
2014	1	最低賃金を724レアルに改定。 教育省，中等教育就学者総数を830万人と報告。
	3	検察省，ペトロブラス汚職疑惑をめぐる「カーウォッシュ作戦」に着手，本格的な捜査が始まる。

	6	リオデジャネイロほか12都市を会場に行われたサッカーW杯で，開催国ブラジルは準決勝でドイツに7対1の歴史的大敗を喫する。
	8	大統領候補エドゥアルド・カンポス（PSB）が移動中の飛行機事故で死亡。 安倍晋三総理大臣がブラジルを訪問し，中南米外交戦略を発表。
	10	マデイラ川の水位が通常の20mを超え，アクレ州とロンドニア州に甚大な浸水被害をもたらす。 ルセフ大統領，アエシオ・ネヴェス候補（PSDB）との接戦を制して再選される。
	12	2014年の経済状況はインフレ上昇，財政悪化，景気低迷，雇用悪化が鮮明に。
2015	1	第二次ルセフ政権発足。 最低賃金を788レアルに改定。
	3	全国で大規模な反政府デモ。
	9	スタンダード＆プアーズがブラジルの格付けを引き下げ，投資適格級を失う。
	10	日本ブラジル修好120周年を記念して秋篠宮ご夫妻がブラジルを公式訪問。
	11	保健省，妊婦のジカ熱感染と胎児の小頭症発症の因果関係を確認。 ミナスジェライス州でSamarco社鉄鉱山の鉱滓ダム決壊。
	12	国会がルセフ大統領に対する弾劾審議開始を決定。
2016	2	連邦政府，各州にジカ熱ウイルス検査施設を整備。
	3	ルーラ前大統領，ペトロブラス汚職事件への関与をめぐり連邦警察の事情聴取を受ける。 反政府デモ，全国300万人規模に拡大。

あとがき

　今回はブラジル日本商工会議所にとって，6 回目の事典編纂となる。これまで，ブラジルの「失われた 10 年」であった 1980 年代の空白期を除き，ほぼ 10 年ごとに同種の事典の編集発行を手がけてきた。前回 2005 年 7 月発行の『現代ブラジル事典』は，研究者のみならず一般社会人や学生にとっても，「この 1 冊があればブラジルのすべてが分かる」初の総合事典として編纂されたものであった。今回はその内容のうち，大きな変化のない自然・地理，歴史，文化の分野は割愛し，そのかわり近年の日伯関係および新たな激動期に入ったブラジルの今を理解する上で欠かせない分野については解説を厚くした。ブラジル関連ビジネスに携わる方々にとっても必携の事典となっていると自負する。

　今回も前回同様，錚々たる研究者各位，専門家各位に項目をご執筆いただくことができた。しかも執筆者数が前回の 155 名から 50 名に大幅に縮小された結果，編集作業期間を 3 年から 1 年に短縮することができた。これらはひとえに編集委員長 浜口伸明氏のリーダーシップとご尽力の賜物であり，改めて深謝する次第である。

　本事典の企画にあたっては 3 年前から周到な準備を始め，毎年 1 回，日本で小池洋一氏（前『現代ブラジル事典』監修代表）や桜井悌司氏（元関西外国語大学教授，元ジェトロ監事，元ジェトロサンパウロ事務所長）と構想会議を重ね，2015 年の最終会議には浜口新編集委員長にもご出席いただき，貴重なご助言をいただいた。また，昨年ブラジル三井物産社長を退かれ，本社常務執行役員（事業統括部長）にご栄転された藤井晋介元会頭や他の常任理事の皆様，特に近藤剛史渉外広報委員長の本事典出版に対するご理解とご協力に対し，併せて厚くお礼を申し上げる。

2016 年早春

ブラジル日本商工会議所 事務局長

平田藤義

人名索引

ア行

アゼヴェド（Roberto Azevêdo）　67
アダージ（Fernando Hadadd）　151
アマード（Jorge Amado）　33
アラエス（Miguel Arraes）　148
アルキミン（Gerardo Alckmin）　153
アレンカール（José Alencar）　42
アンドウ，ゼンパチ　35
泉靖一　34
ヴァルガス（Getúlio Vargas）　60, 143, 152, 185,
ヴィエイラ（Mauro Luiz Iecker Vieira）　61
越後，セルジオ　36
オリヴェイラ（Oswaldo De Oliveira Filho）　37

カ行

カサビ（Gilberto Kassab）　156
カリェイロス（Renan Calheiros）　56
カリェイロス・ノヴァイス（Olavo Calheiros Novais）　56
カリェイロス・フィーリョ（Renan Calheiros Filho）　56
カルドーゾ（Fernando Henrique Cardoso）　19, 39, 40-41, 42, 77, 148, 185
　カルドーゾ政権　18, 40-41, 47, 52, 56, 58, 63, 64, 65, 76, 98, 131, 140, 141
カンポス（Eduardo Campos）　55
クーニャ（Eduardo Cunha）　49, 57
クルピ（Lévir Culpi）　37
小泉純一郎　17, 20
コエーリョ（Paulo Coelho）　33
ゴラール（João Goulart）　43
コロル（Fernando Collor de Mello）　39, 40, 47, 49, 56, 148, 149

サ行

サイトウ，ジュンイチ　53
斎藤広志　34, 35
サルネイ（José Sarney）　42, 47, 165
三都主アレサンドロ　36, 37

ジェノイーノ（José Genoino）　40
ジーコ（Zico, Arthur Antunes Coimbra）　36, 37
シルヴェイラ（Breno Silveira）　33
ジルセウ（José Dirceu）　40, 42
シルバ（Edinho Silva）　40
シルバ（Marina Silva）　55
ジルベルト（João Gilberto）　34
ジル，ジルベルト（Gilberto Gil）　34
スプリシー（Marta Suplicy）　155
セーラ（José Serra）　42, 43, 155

タ行

田中マルクス闘莉王　36, 37
テメル（Michel Miguel Elias Temer Lulia）　54
デ・メロ（Arnon Afonso de Farias Mello）　56

ナ行

ネヴェス（Aécio Neves）　43, 55, 153
ネヴェス（Tancredo Neves）　148
ネグロモンテ（Mário Negromonte）　44

ハ行

パウリーニョ（Paulinho, Paulo Pereira da Silva）　153
パタ（Ricardo Patah）
パディーリャ（José Padilha）　33
パロッシ（Antonio Palocci）　43
ヒラタ，ジョー　38
ブアルキ（Chico Buarque）　33
フランコ（Itamar Augusto Cautiero Franco）　40, 76
ブリゾーラ（Leonel Brizola）　43, 148
フルタード（Celso Furtado）　34, 175
フレイレ（Gilberto Freyre）　143
ペレイラ・ドス・サントス（Nelson Pereira dos Santos）　33-34
ホトシ，マサオ　38

マ行

マガリャンエス（Antônio Carlos Magalhães）　40
マシャード・ジ・アシス（Joaquim Maria Machado de Assis）
　33
マツバラ，ルマ　38
マリーニョ（Luiz Marinho）　153
マルフ（Paulo Maluf）　42
メルカダンテ（Aloísio Mercadante）　40
メンドンサ（Duda Mendonça）　42
モントロ（Franco Montoro）　148

ヤ行

吉村，ネルソン　36
与那城ジョージ　36

ラ行

ラモス瑠偉　36
ルセフ（ルセーフ）（Dilma Rousseff）　17, 18, 19, 33, 39, 40, 43-44, 47, 48, 49, 54, 55, 56, 61, 64, 124, 133, 142, 151, 153, 154
　ルセフ政権　43-44, 47, 49, 53, 59, 61, 64, 65, 66, 71, 72, 87, 133, 140, 141, 153, 161
ルッソマンノ（Celso Russomanno）　57
ルーラ（Luiz Inácio Lula da Silva）　17, 19, 20, 39, 40, 41-43, 44, 47, 57, 62, 63, 65, 66, 67, 148, 149, 152, 153, 160, 164
　ルーラ政権　18, 24, 39, 41-43, 44, 52, 57, 63, 64, 65, 66, 70, 85, 86, 87, 88, 89, 107, 110, 111, 124, 131, 139, 140, 141, 142, 144, 153, 161, 164
レルネル（Jaime Lerner）　183
ローシャ（Glauber Rocha）　34
ロドリゲス（Nelson Rodrigues）　34
呂比須ワグナー　36

事項索引

ア行

「愛情あるブラジル」プログラム 133, 141, 142
アグリビジネス 85, 91-97, 162
アグロエナジー 85, 96-97
　バイオマス発電 29, 101, 160, 175
アグロフォレストリー 174-176, 177, 178
　岡島農場 177
　トメアス式アグロフォレストリー（SAFTA） 174-176, 178
　トメアス日系総合農協（CAMTA） 175, 177
アジアとの関係 18-19
アファーマティブ・アクション 144-145, 147, 150
　クオータ制 57, 133, 145, 150
アフリカとの関係 18, 62, 63, 64, 65, 66
アマゾン
　アマゾン開発 107, 147, 149, 157, 160, 162-165, 174, 175, 176
　アマゾン監視システム（SIVAM） 53, 163
　アマゾン基金創設法 161
　アマゾン森林保全・違法伐採防止のための ALOS 衛星画像の利用プロジェクト 28
　法定アマゾン森林減少モニタリング・プロジェクト（PRODES） 163
　アマゾン熱帯雨林（森林） 160, 162-163, 215, 217
　アマゾンの気温 159, 160
　アマゾンの降水量 158, 159
　アマゾンの貧困と環境プログラム（POEMA） 177
　アマゾン保護システム（SIPAM） 53
　森林伐採リアルタイム探知システム（DETER） 163
　ブルー・アマゾン管理システム（SISGAAZ） 53
　法定アマゾン 150, 162, 163, 164
　法定アマゾンにおける森林伐採の予防管理行動計画（PPCDAM） 160, 163
アルミニウム 22, 69, 97, 98
アロンバード 168-170

e コマース（電子商取引） 117

違憲立法審査 45, 50
遺産相続贈与税（ITCMD） 211
意匠権→「知的財産権」の項
一次産品輸出 24, 78, 80, 82, 86-87, 89, 115
一斉休暇 84
委任法 188
IBSA（インド，ブラジル，南アフリカ）対話フォーラム 19, 62
　IBSA 基金 63
医薬品（市場，部門） 85, 88, 105-106, 111, 135, 209
　国家必須薬品リスト（RENAME） 105
EU（ヨーロッパ連合）
　対 EU 貿易 64, 67, 80,
医療機器 113-114
医療ツーリズム 135
衣料品 88, 104-105
インサイダー取引規制 200-201
飲酒運転禁止法 222-223
インターネット普及率 60, 129
インデックス債 75
インフォーマル・セクター，インフォーマル雇用 80-81, 83, 132
インフラ 19, 20, 27, 29, 41, 48, 51, 57, 70, 71, 86, 87, 89, 94, 99, 107, 113, 118, 121, 124-129, 178, 182,
インフレーション（インフレ） 24, 26, 40, 41, 44, 69, 72-73, 75, 83, 100, 110, 117, 131, 141, 185,
　インフレ目標 72
　インフレ率指標 72
飲料（市場，部門） 102, 103-104, 209, 210, 222

ヴァーレ社 19, 22, 26, 27, 29, 90, 97, 98, 125

ABC 地区（ABC paulista：サンパウロ市近郊のサントアンドレ Santo André，サンベルナルドドカンポ São Bernardo do Campo，サンカエターノドスル São Caetano do Sul の 3 工業都市区） 111, 153
映画 10, 33-34
　ブラジル映画祭 34

エウヴァルド・ロディ・インスティテュート（IEL） 57
エコツーリズム 166-167
エタノール→「再生可能エネルギー」の項
NGO→非政府組織
M&A法制 198
エルニーニョ現象 159
演劇 34
エンブラエル社 9, 22, 52, 53, 114-115

大泉町（群馬県） 14, 16, 38
オートバイ産業 109-110
岡島農場→「アグロフォレストリー」の項
音楽 10, 15, 33, 34
温室効果ガス 29, 160, 161

カ行

解雇規制 25, 81, 82, 212, 213
外国人旅行客数 120-121
外国人労働許可制度 221
外食産業 120
化学工業 111
　石油化学工業 111
学術交流・学生交流協定 32
家族経営農場融資プログラム（PRONAF） 92, 93, 175
家族法 193-195
カタドレス→「ごみ・廃棄物処理」の項
カーニバル 34, 38
株式会社法 196-197
カポエイラ 15, 34
紙・パルプ生産 112
環境基本法 215,
環境権 215
環境犯罪法 218
環境保護（運動、団体） 132, 149, 150, 155
環境ライセンス制度 217-218
観光業 58, 120-121, 166, 167, 168
カンジール法 210, 211
感染症 135, 136, 137, 138
干ばつ 28, 159, 160, 170, 171-172
官民共同出資（PPP） 29, 124

議会 48-49
　市（ムニシピオ）議会 51, 55, 56, 154, 188

州議会 49, 55, 56, 188
連邦議会 46, 47, 48-49, 55, 186, 189
議会調査委員会（CPI） 49
企業 88-91
企業進出
　日本企業のブラジル進出 9, 24-26, 29, 34, 90, 115, 120, 196
　ブラジル企業の海外（日本含む）進出 19, 26-27
企業法 192, 196
気候変動 17, 18, 27, 51, 52, 158-160, 161, 216
　国家気候変動政策 160-161, 217
技術移転契約 208, 222
技術教育・雇用機会提供全国計画（PRONATEC） 133
規範命令 189
牛肉→「食肉産業」の項
教育
　学力基礎教育評価システム 132
　高等教育 132-133, 145
　国家教育計画（PNE） 133, 134
　初等教育 35, 132, 133
　全国識字評価 132
　中等教育 35, 132
　中等教育全国学力検定試験（ENEM） 133
　民衆教育 134
　幼児教育 132, 133
行政規則 189
競争保護法 185, 202-203
禁煙法 223
勤続年限保障基金（FGTS）
金融機関 29, 110, 117-119
　外資系金融機関 118-119
　国立経済社会開発銀行（BNDES） 29, 88, 91, 118, 125
　ブラジル銀行（BB） 118
金融政策委員会（COPOM） 72, 118
金融取引暫定負担金（CPMF） 76, 210
金融取引税（IOF） 210

クオータ制→「アファーマティブ・アクション」の項
クラスC→「中間層の拡大」の項
クリーン開発メカニズム（CDM） 161
クリーンレコード法 49, 56
クリチバ市 182-184

経済活動指数（IBC-Br） 70, 71
経済擁護行政委員会（CADE） 199, 202, 203
経済力濫用禁止法 185
警察制度 54, 142-143
　軍警察 54, 142, 151
　市民警察（PC） 142-143
　特殊警察作戦部隊（BOPE） 143
　文民警察 54
　連邦警察（PF） 142, 143
　連邦道路交通警察（PRF） 142, 143
刑事訴訟法 191
携帯電話加入者数 129
鶏肉→「食肉産業」の項
刑法 190-191
下水道普及率 128, 180-181
決定 189
検察制度 53-54
　検察庁 49-50, 53, 152, 200
県人会 13-14
　ブラジル日本都道府県人会連合会（県連） 30
建設業 121-122
　セメント見掛消費量 121
憲法 44-45
　1988年憲法 41, 44, 45, 46, 48, 49, 50, 52, 73, 80, 81, 131, 135, 139, 147, 149, 150, 154, 157, 186-188, 190, 191, 194, 202, 205, 212, 214, 215
　憲法修正 45, 50, 188
　憲法補足法 74, 188
公開会社法制 197-198
公開買付規則 198
工業・科学技術・貿易に関する指針（PITCE） 87-88
工業社会サービス（SESI） 57, 58
工業所有権庁（INPI） 205-208
工業製品税（IPI） 21, 23, 76, 88, 107, 109, 209
航空機生産 9, 22, 78, 89, 114-115, 211
航空事業 126-127
合計特殊出生率 139
降水量 158-160, 172
口蹄疫（牛，豚） 95
交番制度（システム） 54, 143
公務員財産形成計画（PASEP） 209, 210
小売業 90, 116-117
高齢化（少子高齢化） 51, 137, 138, 139, 140

港湾 70, 94, 121, 125, 127-128, 211
　港戦争 211
国債 74, 75, 76
国際学習到達度調査（PISA） 133
国際協力機構（JICA） 28, 31, 32, 54, 112, 116, 143, 163, 175, 177
　草の根技術協力事業 31
国際協力銀行（JBIC） 29
国際交流基金 32, 35, 36
国際交流協会 15, 16, 31
国際財務報告基準（IFRS） 198-199
国際収支 78-79
　サービス収支 79
　対外債務 9, 75, 78, 79, 185
　投資収支 79
　貿易収支 21, 78, 102, 105, 107, 115, 161
国際物品売買契約に関する国連条約（CISG） 195
黒人→「マイノリティ」の項
穀物生産 92, 93-94, 127, 164
国連安保理改革 17, 18, 19, 61
国連環境開発会議（地球サミット） 150, 157, 161, 215, 216
国連平和維持活動（PKO） 53, 61
国家物流計画（PNLT） 124
国家ブロードバンド計画（PNBL） 129
国境監視総合システム（SISFRON） 53
国境なき科学計画 32, 33, 133
固定電話加入者数 129
コーポレート・ガバナンス 197, 198, 199
ごみ・廃棄物処理 181-182, 215
　カタドレス（零細廃品回収業者） 181, 182
　ごみ交換プロジェクト（クリチバ市） 183, 184
　全国資源ごみ回収者運動（MNCR） 182
　緑の交換プロジェクト（クリチバ市） 183, 184
　リサイクル（資源ごみの再利用） 32, 181-182
小麦生産 94
雇用
　雇用保護プログラム（PPE） 84
　正規雇用／非正規雇用 80-81
コロニア→「日系人」の項
コンソルシオ 110

サ行

在外公館　63
債権法　191, 192
再生可能エネルギー　19, 20, 101-102
　エタノール外交　161
　バイオエタノール　17, 22, 26, 80, 85, 92, 96, 101, 108, 114, 161, 164, 180, 209
　バイオディーゼル　96-97, 164, 170, 183
　ブラジル環境・再生可能天然資源院（IBAMA）　163, 165, 216, 218
財政責任法　45, 46, 74-75
財政戦争　77-78, 211
最低価格保証制度　93
最低賃金　72, 80, 81, 139, 140, 141, 152, 213
在日ブラジル人　11, 14-15, 27, 63
　在日ブラジル人企業　27
　在日ブラジル人支援　15-16
　在日ブラジル人の文化活動　37-38
　外国人集住都市会議　15
　帰国支援事業　14
　本国送金　15
裁判所
　高等軍事裁判所（STM）　188
　高等選挙裁判所（TSE）　40, 49, 54, 188
　高等労働裁判所（TST）　49, 187, 214
　州高等裁判所（TJ）　49, 187
　地方選挙裁判所（TRE）　188
　地方労働裁判所（TRT）　187, 214
　連邦高等裁判所（STJ）　49, 187, 220
　連邦最高裁判所（STF）　49, 53, 77, 146, 187, 194, 214, 220, 222
再保険市場　119
債務管理　75-76
サトウキビの農業生態学的ゾーニングに関する大統領令　164
サービス収支→「国際収支」の項
サービス税（ISS）　76, 211
参加型行政　132, 154-155
　参加型予算　46, 154, 155
　審議会　154-155
三角協力　27, 28
産業機械生産　112-113

産業財産権法→「知的財産権」の項
産業政策　58, 86, 87-88
三者同盟論　89
三審制　25, 49
暫定措置法（MP）　46, 49, 82, 188
サンパウロ証券・商品・先物取引所（BM&F BOVESPA）　117, 123, 198
　ボベスパ指数（IBOVESPA）　117
サンパウロ大学日本文化研究所　36
サンパウロ日伯援護協会（援協）　30
サンフランシスコ川流域開発公社（CODEVASF）　173

G20（Group of Twenty）　66
Jリーグ　36, 37
市街地土地建物税（IPTU）　76, 77, 211
ジカ熱　138
資金洗浄（マネーロンダリング）規制法　204
失業（率）　14, 39, 72, 83-84
質権　192, 193
実用新案権→「知的財産権」の項
自動車
　自動車保有税（IPVA）　211
　新自動車政策（Inovar-Auto）　21, 23, 88, 109
　生産台数　107, 108
　販売台数　85, 107, 108, 109
　輸出台数　107, 109
　フレックス燃料車（FFV）　85, 96, 108, 157, 164, 209
ジニ係数　82, 83
司法権　25, 49, 187
市民社会組織　58, 134, 135, 154, 155-156
社会統合計画（PIS）　118, 209, 210
社会燃料スタンプ　96
社会扶助基本法（LOAS）　141
社会扶助統一システム（SUAS）　142
社会保障（制度）　41, 73, 74, 76, 77, 80, 131, 139, 140, 141, 210, 221
　継続扶助（BPC）　140, 141
　社会保障財源負担金（COFINS）　209, 210
　社会保障省（MPS）　73, 186
　社会保障庁（INSS）　73, 139, 222
　社会保障負担金（CSLL）　209, 210
　　法人純益に対する社会保障負担金（CSLL）　77, 209, 210

若年層の社会人間開発プログラム　141
社内事前調停委員会　214
就学率　132-133
銃規制法　223-224
奨学金　133
商業社会サービス（SESC）　58
条件付き現金給付制度　41, 42, 140, 141, 142
　　ボルサ・エスコーラ　41, 132, 140, 142
　　ボルサ・ファミリア　42, 140-141
証券取引委員会（CVM）　117, 198, 199-200, 201
　　CVM法　198, 199, 200
上水供給，上水道普及率　28, 128
常駐治安維持部隊（UPP）　143
譲渡担保権　192, 193
消費電力量　98
商標権→「知的財産権」の項
商品・サービス流通税（ICMS）　76, 77, 209, 210-211
情報公開　40, 47-48, 50
情報法　107
食肉産業　94-95, 103
　　食肉消費量　95
　　牛肉　78, 85, 94, 95, 103
　　鶏肉，養鶏　22, 78, 85, 94, 95, 103, 171, 172
　　豚肉　94, 95, 103, 171
食品（市場，部門）　102-103
所得税
　　個人所得税（IRPF）　76, 209, 210
　　法人所得税（IRPJ）　76, 209, 210
所得分配　41, 82
所有権留保　192, 193
親権　195
新自動車政策→「自動車」の項
人種　132, 143-145, 150, 223
　　国連反人種主義・差別撤廃世界会議　147, 150
　　人種差別，人種主義　143-144
　　人種的平等促進政策庁　146
　　人種民主主義　143
信用手形　195-196
信用保証基金（FGC）　118
森林法　157, 162, 163, 164, 178, 217

水運　127
水質汚染　155, 180-181, 215, 216

政策金利（SELIC）　72, 118
生産開発プログラム（PDP）　87-88
成長加速化計画（PAC）　70-72, 86, 124, 125, 181
性的少数者（LGBT）→「マイノリティ」の項
製鉄業　89, 111-112
　　粗鋼生産量　111
政党　41, 46-47, 48-49, 54-55, 56, 57, 153-154
　　政党連合　54-55, 56
政府開発援助（ODA）　27
生物多様性　51, 58, 105, 161, 166, 215, 217
世界社会フォーラム　59, 135, 147
世界貿易機関（WTO）　17, 67, 88, 93, 105, 151, 206
石油開発・生産　26, 29, 80, 85, 89, 99-101
　　国家石油・ガス産業振興政策（PROMINP）　115
　　石油・天然ガス・バイオ燃料庁（ANP）　97
　　石油公社ペトロブラス　26, 29, 39-40, 42, 47, 49, 53, 56, 85, 89-90, 99-101, 115, 116, 121, 148,
　　プレソルト（岩塩層下）の油田開発　29, 89, 99-100, 111
セニブラ社（CENIBRA）　26, 112
セラード（ブラジル中央部のサバンナ地域）　35, 157, 160, 164, 166, 169, 170, 178, 179, 217
セルトン（北東部内陸の乾燥地帯）　170, 171-172
選挙　55-56
　　大統領選挙　41-42, 43, 48, 55, 56, 148-149
　　電子投票　42, 56
　　非拘束名簿式比例代表制　48, 49, 55, 56, 57
全国工業研修機関（SENAI）　57, 58, 77, 115, 116
全国工業連盟（CNI）　19, 20, 57, 58
全国司法審議会（CNJ）　50, 189, 194
全国商業・サービス業・観光業連盟（CNC）　58
全国商業研修機関（SENAC）　58
全国保護区域システム（SNUC）　216-217
先住民→「マイノリティ」の項
全伯日本語・日本文学・日本文化学会（ENPULLCJ）　36

造船業　115-116
相続法　191, 195
租税法　209-211
ソブラディーニョ・ダム　170, 173

タ行

対外債務→「国際収支」の項
大気汚染　155, 179-180, 215, 216
大規模灌漑　170, 173
大豆生産　22, 28, 69, 78, 79, 80, 85, 91, 93-94, 95, 127, 150, 162, 164, 169, 170, 178
　　大豆モラトリアム　162
大統領制　46-47
　　Diretas-Já!（「今すぐ直接選挙を！」運動）　148
　　連合大統領制　46-47, 48
太陽光発電　102, 160
脱工業化　87
多年度計画　73, 164
多文化共生　16, 38, 149

治安　142-143
チエテ川流域改善事業　28
地上デジタルテレビ放送（日本方式）　17, 107
知的財産権　205-208
　　意匠権　207
　　産業財産権法　205-206
　　実用新案権　206-207
　　商標権　206
　　著作権　206
　　特許権　206-207
地方交付金　210
地方分権化　46, 135, 136, 155
中間層の拡大　9, 23, 42, 82, 123, 141
　　クラスC　9, 42, 83
中国との関係　18, 19
　　中国・ブラジル地球資源衛星（CBERS）　19
　　ブラジル・中国ハイレベル調整・協力委員会（COSBAN）　19
　　対中国貿易・通商　18, 19, 23, 24, 64, 79, 86, 94, 97, 104, 105, 112, 113
仲裁法　26, 185, 192, 220
中小・零細企業　87, 91, 103, 113, 198
私の家・私の暮らし計画（PMCMV：中・低所得者層向け住宅整備政策）　121, 123
中東との関係　18, 63, 64, 65, 66, 95
調停手続　219
著作権→「知的財産権」の項

通常法　74, 188

抵当権　192-193
定年制度　212
デカセギ（出稼ぎ）　9, 13, 14-15, 27, 32, 35, 37, 38, 69
　　デカセギ文学　38
鉄鉱石生産　21, 22, 26, 29, 69, 78, 79, 80, 85, 97, 111, 125, 127, 128
鉄道　124, 125-126
電気・電子工業　106-107
電子政府（e-Government）　48
天然ガス　79, 99, 101, 111, 180
電力供給源多様化プログラム（PROINFA）　101
電力部門改革　98-99

トイレタリー・化粧品（市場，部門）　105
統一保健医療システム（SUS）　46, 105, 135-136, 210
統合輸送ネットワークシステム（RIT，クリチバ市）　183
統合参謀本部（EMCFA）　52
統合労働法（CLT）　80-81, 82, 84, 152, 185, 212-214
倒産法　220
投資収支→「国際収支」の項
同性婚　146, 194
トウモロコシ生産　22, 85, 91, 93, 94, 95, 127, 170
都市化　178-179
土地なし農民運動（MST）　151, 153
特許権→「知的財産権」の項
トメアス式アグロフォレストリー→「アグロフォレストリー」の項

ナ行

南南外交　63, 65-66
南米諸国連合（UNASUL）　62, 64, 65
南米南部共同市場→メルコスル

ニオブ　97, 98
日伯協会（一般財団法人）　30
日系ブラジル人　10-16, 35, 36, 37, 69
　　コロニア　13
　　定住化，定住者資格　11, 13, 14, 15
　　日系人企業　11-12

日系人就労準備研修　16
　　日系人向け留学制度　32
　　日系（人）社会　9, 13-14, 17, 28, 53
　　日系人の数　9, 10, 13, 30
　　日系団体　13, 30
　　日系ブラジル文学　33, 36
　　日本語習得　11, 15, 16, 32, 35-36
日本学術振興会　32
日本学術振興会　32
日本学生支援機構　32
日本経済団体連合会（経団連）日本ブラジル経済委員会　19
日本との関係
　　外交　17-20
　　社会保障に関する日本国とブラジル連邦共和国との間の協定　221
　　政府開発援助（ODA）　27-28
　　戦略的グローバルパートナーシップ　17, 19
　　対日貿易　20-23
　　投資　24-27
　　日・中南米 新パートナーシップ構想　17
　　日伯戦略的経済パートナーシップ賢人会議　20, 29
　　日伯21世紀協議会　20
　　日伯外交樹立120周年　18, 30, 36
　　日本人ブラジル移住100周年　17, 30, 36
　　日本ブラジル経済合同委員会　20, 29, 57
　　日本ブラジル交流年　17
　　日本ブラジル中央協会（一般財団法人）　30
　　日本・ブラジル・パートナーシップ・プログラム（JBPP）　28
　　日本におけるブラジル研究　34-35
　　日本祭り　14
　　ブラジルにおける日本研究　33, 35-36
入国管理法（入管法）　11, 14, 15, 32, 35, 69
年金制度　73, 80, 119, 138-140, 141, 221, 222
年次予算法（LOA）　73

農業金融　94-95
農業政策　92-93
農業保険料補助計画（PSR）　93
ノルデステ（北東部）　77, 170-173

ハ行

バイオエタノール→「再生可能エネルギー」の項
バイオディーゼル→「再生可能エネルギー」の項
バイオマス発電→アグロエナジー
不正競争の規制　206, 207-208
パセ・リヴレ（無賃乗車）運動（MPL）　151
発電・送電・配電事業分離　98
パルプ生産　69, 78, 80, 112
パンタナール　166-170

PPP→官民共同出資
東アジア・ラテンアメリカ協力フォーラム（FEALAC）　18, 63
東日本大震災　14, 27
ビザ
　　一時居住ビザ　221-222
　　永住ビザ　222
非政府組織（NGO）　9, 28, 31, 58-59, 132, 134, 135, 141, 147, 155, 162, 175, 178
美容整形　135
貧困人口の割合　82-83
貧困削減対策　42, 58, 82-83, 131, 140-142, 144, 182, 183, 184

ファヴェーラ　142, 143, 183
ファストフード　85, 120
風力発電　29, 101-102
夫婦財産制度　193, 194
フェアトレード　176-177
豚肉→「食肉産業」の項
物権法　192-193
物流投資プログラム（PIL）　124-125
不当課税　26
不動産業　122-123
腐敗行為防止法　204-205
プライマリー収支　73-74
ブラジル拡大計画（PBM）　87, 88
ブラジル・コスト　24, 57, 86, 87, 142
ブラジル日本研究協会（ABEJ）　35, 36
ブラジル日本研究国際学会（CIEJB）　36
ブラジル日本商工会議所　24, 30, 58
ブラジル日本文化福祉協会（文協）　13, 30

ブラジル農牧研究公社（EMBRAPA）　92
フランチャイズ契約　208
プレソルト→「石油」の項
フレックス燃料車→「自動車」の項

米国との関係　22, 24, 25, 63, 64, 65,
　　在ブラジル米国商業会議所（AMCHAM）　58
　　対米投資・貿易　67, 79, 80, 95, 100, 102, 107, 111, 112,
　　113, 115, 116, 120, 121, 143, 161, 174, 186
ペトロブラス→「石油」の項
ベロモンテ・ダム（水力発電所）　58, 149, 165

貿易収支→「国際収支」の項
法人格　192, 196-197, 218, 219
法定アマゾン→「アマゾン」の項
保険市場　119-120
ポリティカル・エコロジー　168
ボルサ・エスコーラ→「条件付き現金給付制度」の項
ボルサ・ファミリア→「条件付き現金給付制度」の項
ポルトガル語諸国共同体（CPLP）　62

マ行

マイノリティ
　LGBT（性的少数者）　144, 145-146, 147, 148, 150
　黒人　131, 132, 133, 143, 145, 150, 223
　先住民　44, 50, 54, 58, 131, 133, 134, 143, 144, 145, 146,
　147, 148, 149, 150, 157, 165, 175
　　先住民の土地（TIs）　150
マスメディア　59-60
マナウス・フリーゾーン（ZFM）　107, 110

民事訴訟法　25, 218-220
民法　185, 186, 191-195, 196

ムニシピオ　44, 45, 46, 48, 51-52, 55, 59, 74, 75, 76, 77, 83,
　106, 122, 125, 127, 132, 134, 135, 154, 178, 181, 182, 187,
　188

メルコスル（南米南部共同市場）　18, 42, 52, 64, 65, 67,
　79, 94, 112, 209
メンサロン事件　40, 42, 43, 49, 50

ヤ行

有価証券法　195-196
有限会社法　196

予算制度　73

ラ行

ラテンアメリカ・カリブ諸国共同体（CELAC）　62, 64,
　65
陸域観測技術衛星「だいち」（ALOS）　28, 163
離婚　15, 194-195
立法府命令　188-189
リニエンシー（制裁金減免制度）　202, 203, 205
リーマン・ショック　11, 14, 15, 16, 20, 27, 38, 85, 87, 95,
　103, 106, 210, 238

連邦制　45-46, 48, 186
連邦貯蓄金庫（CEF）　118

ロイヤルティ送金　208
労働組合　57, 58, 81, 82, 84, 131, 132, 152, 153, 155, 212,
　214
　ブラジル一般労働組合（UGT）　153-154
　労働組合の力（FS）　153
　労働者総同盟（CGT）　58, 152, 154
　労働者統一本部（CUT）　58, 152, 153, 214
労働契約　49, 81, 212, 213
労働・社会保障手帳（CTPS）　80, 81, 221
労働者党（PT）　39, 41, 43, 47, 48, 54, 56, 58, 76, 82, 132,
　140, 144, 148, 151, 152, 153, 154
労働者の法的権利　81-82, 213-214
労働訴訟　214

執筆者一覧

50音順／（ ）内は所属／＊は編集委員

秋山祐子（緒方不動産鑑定事務所）
阿部博友＊（一橋大学）
石田信義（京都外国語大学）
イシ，アンジェロ（武蔵大学）
ウエハラ，アレシャンドレ（サンパウロ大学，リオブランコ総合大学）
奥田若菜（神田外語大学）
折井陽太（三井物産）
外務省中南米局南米課
加藤　巌（三井住友銀行）
河合沙織（龍谷大学）
菊池啓一（日本貿易振興機構アジア経済研究所）
岸和田　仁（日本ブラジル中央協会）
小池洋一（立命館大学）
小嶋吉広（石油天然ガス・金属鉱物資源機構）
小林千晃（国際協力機構）
子安昭子＊（上智大学）
近田亮平＊（日本貿易振興機構アジア経済研究所）
桜井敏浩＊（ラテンアメリカ協会，徳倉建設）
佐々木剛二（慶應義塾大学）
澤田眞治（防衛大学校）
沢田啓明（ブラジルサッカージャーナリスト）
清水純一（農林水産省）
清水裕幸（在日ブラジル商業会議所）
鈴木　茂（東京外国語大学）
住田育法（京都外国語大学）

高木　耕（神田外語大学）
高野　剛（国際協力機構）
竹下幸治郎（日本貿易振興機構）
田村梨花（上智大学）
二宮正人（サンパウロ大学，二宮正人法律事務所）
二宮康史＊（日本貿易振興機構）
浜口伸明＊（神戸大学）
深沢正雪（ニッケイ新聞）
福島義和（専修大学）
舩木弥和子（石油天然ガス・金属鉱物資源機構）
細江清司（日伯協会）
細島孝宏（米州開発銀行）
堀坂浩太郎（上智大学）
舛方周一郎（神田外語大学）
松山　洋（首都大学東京）
丸山浩明＊（立教大学）
水上啓吾（大阪市立大学）
向井裕樹（ブラジリア大学）
森　和重（国際社会貢献センター）
山崎圭一＊（横浜国立大学）
山下亜紀郎（筑波大学）
山田祐彰（東京農工大学）
吉田圭一郎（横浜国立大学）
吉岡誠一郎（国土交通省）
渡部直人（株式会社アグリ・エナジー インターナショナル）

【編者】

ブラジル日本商工会議所（CCIJB：Câmara de Comércio e Indústria Japonesa do Brasil）

ブラジルで活動する日本企業，地場企業を会員とし，会員の商工業活動に関する相互啓発，日本・ブラジル間の貿易・投資の促進，会員の商工業活動に関して両国政府ならびに関係機関に対する総合的意見を表明することなどを活動目的とする公益社団法人。その起源は1926年の商工組合設立に遡る。35年を画期として進展した日伯貿易の拡大により機構強化を迫られ，サンパウロ日本商業会議所として40年5月29日付サンパウロ州官報でその設立が公表され，蜂谷專一が初代会頭に就任した。第二次世界大戦によって活動を中断したものの，51年に宮坂国人によって商業会議所が再開され，その後54年に現在のブラジル日本商工会議所に改名。日本経済団体連合会その他の日本の経済団体と関係を持ち，日本・ブラジル間の経済交流の中心的な組織として活動。広報活動では各種講演会開催，インターネット上でのブラジル情報提供，ブラジル法の翻訳紹介のほか，ほぼ10年ごとに『ブラジル経済事典』を発行。

【編集委員】

阿部博友（あべ・ひろとも）　一橋大学大学院法学研究科教授。法学博士。専攻は国際取引法・ブラジル経済法。『ブラジル・リスクマネジメント研究会報告書』（共著，日本貿易振興会，2015年），『現代企業法務』（共編著，大学教育出版，2014年）他。

子安昭子（こやす・あきこ）　上智大学外国語学部教授。専攻はブラジル政治・外交論。『ポルトガル語圏世界への50のとびら』（共編著，上智大学出版，2015年），『躍動するブラジル』（共著，アジア経済研究所，2013年）他。

近田亮平（こんた・りょうへい）　日本貿易振興機構アジア経済研究所 副主任研究員。専攻はブラジル地域研究，都市社会学。『The Post-New Brazil』（編著，アジア経済研究所，2015年），『躍動するブラジル』（同，2013年）他。

桜井敏浩（さくらい・としひろ）　海外経済協力基金（現・国際協力機構），日伯紙パルプ資源開発（CENIBRA 投資会社），日本アマゾンアルミニウム（同 ALBRAS）を経て徳倉建設特別顧問。(社) ラテンアメリカ協会常務理事，(公財) 海外日系人協会理事。『現代ブラジル事典』（共編著，新評論，2005年），『日本ブラジル交流史』（共著，日本ブラジル中央協会，1995年），『ブラジル新時代』（共著，勁草書房，2004年）他。

佐藤美由紀（さとう・みゆき）　杏林大学総合政策学部教授。東京大学大学院法学政治学研究科講師などを経て現職。専攻はイベロ・アメリカ法，公法。『ブラジルにおける違憲審査制の展開』（東京大学出版会，2006年），『現代ブラジル事典』（共編著，新評論，2005年）他。

二宮康史（にのみや・やすし）　日本貿易振興機構（ジェトロ）勤務。サンパウロ事務所，海外調査部，アジア経済研究所副主任研究員等を務める。『ブラジル経済の基礎知識』（ジェトロ，2007年，改訂版11年），『ラテンアメリカの中小企業』（共著，アジア経済研究所，2015年），『躍動するブラジル』（共著，アジア経済研究所，2013年）。2014年度，15年度上智大学非常勤講師（ブラジル経済論）他。

浜口伸明（はまぐち・のぶあき）　神戸大学経済経営研究所教授。大阪外国語大学ポルトガル・ブラジル語科卒業。ペンシルバニア大学 Ph.D（地域科学）。前職はアジア経済研究所（1987～2003年）。2011年より独立行政法人経済産業研究所地域経済プログラムディレクター兼ファカルティフェロー。『ラテン・アメリカ社会科学ハンドブック』（共著，新評論，2014年），『ブラジルにおける経済自由化の実証研究』（共著，神戸大学経済経営研究所，2011年）他。

丸山浩明（まるやま・ひろあき）　立教大学文学部教授。理学博士。専攻は人文地理学，ラテンアメリカ地域研究。『ブラジル』（編著，朝倉書店，2013年），『パンタナール』（編著，海青社，2011年），『砂漠化と貧困の人間性』（古今書院，2000年），『ブラジル日本移民』（編著，明石書店，2010年）他。

山崎圭一（やまざき・けいいち）　横浜国立大学大学院国際社会科学研究院教授。専攻は途上国経済，ラテンアメリカ地域研究。『進化する政治経済学』（レイライン，2013年），『新自由主義に揺れるグローバル・サウス』（共著，ミネルヴァ書房，2012年）他。

【新版】現代ブラジル事典

2016年4月20日　初版第1刷発行

編　者　ブラジル日本商工会議所

編集委員会　阿部博友　子安昭子　近田亮平
　　　　　　桜井敏浩　佐藤美由紀　二宮康史
　　　　　　浜口伸明　丸山浩明　山崎圭一

発行者　武市一幸

発行所　株式会社　新評論
電話　03（3202）7391
FAX　03（3202）5832
振替　00160-1-113487

〒169-0051　東京都新宿区西早稲田3-16-28
http://www.shinhyoron.co.jp

定価はカバーに表示してあります
落丁・乱丁本はお取り替えします

装丁　山田英春
印刷　神谷印刷
製本　松岳社

© ブラジル日本商工会議所

ISBN978-4-7948-1033-5
Printed in Japan

JCOPY 〈(社)出版者著作権管理機構 委託出版物〉

本書の無断複写は著作権法上での例外を除き禁じられています。複写される場合は、そのつど事前に、(社)出版者著作権管理機構（電話 03-3513-6969、FAX 03-3513-6979、E-mail: info@jcopy.or.jp）の許諾を得てください。

好評既刊

ブラジル日本商工会議所 編
小池洋一・西沢利栄・堀坂浩太郎・西島章次・三田千代子・桜井敏浩・佐藤美由紀 監修

現代ブラジル事典

自然・地理，歴史，政治，経済，産業，社会，文化，環境，法制度，日本との関わりから「世界の未来を担う大国」の全体像を活写する，初の総合事典。

A5上製　518頁　6000円　ISBN4-7948-0662-0　【品切】

小池洋一

社会自由主義国家

社会政策と経済成長の両立という理念のもと多元的な制度の構築に取り組むブラジルに，新自由主義の弊害を乗り越える新たな開発モデルを学ぶ。

A5上製　240頁　2800円　ISBN978-4-7948-0966-7

ラテン・アメリカ政経学会 編

ラテン・アメリカ社会科学ハンドブック

第一線の研究者26名が，経済・政治・社会の重要なトピックを平易に解説。研究のみならず国際交流やビジネスの分野でも役立つ最良の手引き。

A5並製　296頁　2700円　ISBN978-4-7948-0985-8

国本伊代 編

ラテンアメリカ 21世紀の社会と女性

1990年代以降，国際社会の後押しを受けてジェンダー格差解消に取り組んできた域内20カ国の「いま」を鮮やかに切りとる，地域女性研究の集大成。

A5並製　392頁　3800円　ISBN978-4-7948-1024-3

佐野　誠・内橋克人 編　　シリーズ〈「失われた10年」を超えて〉❶

ラテン・アメリカは警告する

「構造改革」日本の未来

日本の知性・内橋克人と第一線の中南米研究者による注目の共同作業，第一弾！　中南米の経験を軸に日本型新自由主義を乗り越える戦略的議論を提示。

四六上製　355頁　2600円　ISBN4-7948-0643-4

田中祐二・小池洋一 編　　シリーズ〈「失われた10年」を超えて〉❷

地域経済はよみがえるか

ラテン・アメリカの産業クラスターに学ぶ

多様な資源，市民・行政・企業の連携，厚みある産業集積を軸に果敢に地域再生をめざす中南米の経験に，現代日本経済への示唆を探る。

四六上製　432頁　3300円　ISBN978-4-7948-0853-0

＊表示価格はすべて税抜本体価格です